促进

中国经济长期持续均衡增长的公共投资问题研究

CUJIN ZHONGGUO JINGJI CHANGQI CHIXU
JUNHENG ZENGZHANG DE GONGGONG
TOUZI WENTI YANJIU

杨飞虎 著

人民出版社

责任编辑：吴炤东
封面设计：肖 辉

图书在版编目(CIP)数据

促进中国经济长期持续均衡增长的公共投资问题研究/杨飞虎 著. —北京：
 人民出版社,2016.12
ISBN 978－7－01－017148－7

Ⅰ.①促… Ⅱ.①杨… Ⅲ.①政府投资–研究–中国 Ⅳ.①F832.48

中国版本图书馆 CIP 数据核字(2016)第 305334 号

促进中国经济长期持续均衡增长的公共投资问题研究

CUJIN ZHONGGUO JINGJI CHANGQI CHIXU JUNHENG ZENGZHANG DE
GONGGONG TOUZI WENTI YANJIU

杨飞虎 著

人民出版社 出版发行
(100706 北京市东城区隆福寺街 99 号)

北京中科印刷有限公司印刷 新华书店经销

2016 年 12 月第 1 版 2016 年 12 月北京第 1 次印刷
开本：710 毫米×1000 毫米 1/16 印张：23
字数：330 千字

ISBN 978－7－01－017148－7 定价：68.00 元

邮购地址 100706 北京市东城区隆福寺街 99 号
人民东方图书销售中心 电话 (010)65250042 65289539

目　　录

前　言 ………………………………………………………………… 1

第一章　公共投资与经济长期持续均衡增长概述…………… 1
　　第一节　选题的背景及意图 ……………………………………… 1
　　第二节　文献综述 ………………………………………………… 3
　　第三节　研究逻辑思路与研究方法 …………………………… 26

第二章　概念界定与理论基础 ………………………………… 28
　　第一节　公共投资概念界定 …………………………………… 28
　　第二节　经济长期持续均衡增长的界定 ……………………… 32
　　第三节　理论基础 ……………………………………………… 40

第三章　中国经济长期持续均衡增长中的公共投资因素研究 ………… 56
　　第一节　中国经济长期持续均衡增长的挑战、动力及战略
　　　　　　选择 …………………………………………………… 56
　　第二节　公共投资促进中国经济长期持续均衡增长的驱动
　　　　　　机制研究 ……………………………………………… 75
　　第三节　中国经济增长与公共投资关系探析 ………………… 86
　　第四节　促进中国经济长期持续均衡增长的公共投资因素
　　　　　　调查 ………………………………………………… 104

第四章　中国经济长期持续均衡增长与公共投资：实证分析………… 119
　　第一节　促进中国经济长期持续均衡增长的公共投资规模
　　　　　　分析 ………………………………………………… 119

    第二节　促进中国经济长期持续均衡增长的公共投资结构

          分析 ……………………………………………………… 138

    第三节　促进中国经济长期持续均衡增长的公共投资效率

          分析 ……………………………………………………… 169

    第四节　促进中国经济长期持续均衡增长的公共投资效应

          分析 ……………………………………………………… 196

第五章　发达国家促进经济长期持续均衡增长的公共投资

      政策:经验和借鉴 ……………………………………… 248

    第一节　典型发达国家或地区公共投资与长期经济增长

          态势分析 ………………………………………………… 248

    第二节　发达国家促进经济长期持续均衡增长的公共投资

          政策经验 ………………………………………………… 259

    第三节　对我国的借鉴意义 ……………………………………… 275

第六章　促进中国经济长期持续均衡增长的公共投资政策 ……… 281

    第一节　建立健全高效、可持续的公共投资制度 ……………… 281

    第二节　采取相机抉择公共投资政策以保持适度投资率

          水平 ……………………………………………………… 290

    第三节　健全和加强科技研发领域和生活性领域的公共

          投资政策 ………………………………………………… 297

    第四节　促进区域经济持续协调发展的公共投资政策 ………… 304

    第五节　促进战略性新兴产业成长的公共投资政策 …………… 313

    第六节　推进高效、包容、可持续的城镇化的公共投资

          政策 ……………………………………………………… 320

第七章　研究结论与展望 …………………………………………… 330

    第一节　研究结论 ………………………………………………… 330

    第二节　进一步研究展望 ………………………………………… 335

附　录　关于中国经济增长和公共投资问题的调查说明 …………… 337

参考文献…………………………………………………… 344

后　记…………………………………………………… 359

前　言

一个经济体的国民福利和国家实力，归根结底来自其长期的经济增长绩效。对此著名学者曼昆透彻地指出："长期经济增长是一国国民经济福利的唯一的最重要的因素。"发达国家长期经济增长经验表明：保持宏观经济长期持续增长是可行的，但受制于经济周期等复杂因素，保持宏观经济长期持续稳定增长无异于天方夜谭，如政策设计合理，使宏观经济长期趋于适当的持续动态均衡增长率在特定条件下能够实现。然而，一国或地区经济长期持续均衡增长的外部性问题，市场机制无力解决，需要政府主导的公共投资制度发挥巨大效能去纠偏和优化市场运行机制；无数经典研究表明，公共投资与长期经济持续均衡增长有直接和显著联系，但过度的公共投资会抑制长期经济增长，有效的公共投资政策设计可促进经济长期持续均衡增长。中国经济发展经验表明：公共投资对于促进中国经济持续快速增长和稳定经济运行的作用是不可或缺的。在当前复杂的国际环境下，探讨中国经济如何实现长期持续均衡增长问题具有战略价值。因此，研究公共投资对中国经济长期持续均衡增长的作用机理，探讨影响中国经济长期持续均衡增长的公共投资问题，对促进中国经济社会长期可持续发展具有重要的战略意义。

本书全面贯彻党的历次中央会议精神，贯彻中国国民经济和社会发展"十三五"规划纲要精神，运用国民经济学、宏观经济学、制度经济学、公共经济学、数量经济学、计量经济学、投资学等不同学科的研究方法；通过运用实地调研方法、动态系统分析方法、经验比较和模型分析方法，力求做到宏观分析与微观分析有机结合、实证分析与规范分析有机结合、定性分析与定量分析有机结合、面上分析与案例分析有机结合、理论创新与政策建议有机结合。本书深入探讨了中国经济长期持续均衡增长中的公共投资规模、结构、效率、效应问题，通过借鉴发达国家促进经济长期持续均衡增长的公共投资政策经验，提出促进中国经济长期持续均衡增长的公共投资政策设计。

本书主要研究内容如下：（1）界定及探析了相关概念及理论基础；（2）探讨了中国经济长期持续均衡增长中的公共投资因素；（3）探讨了促进中国经济长期持续均衡增长的公共投资最优规模问题；（4）探讨了促进中国经济长期持续均衡增长的公共投资结构问题；（5）探讨了促进中国经济长期持续均衡增长的公共投资效率问题；（6）探讨了促进中国经济长期持续均衡增长的公共投资效应问题；（7）研究了发达国家促进经济长期持续均衡增长的公共投资政策；（8）研究了促进中国经济长期持续均衡增长的公共投资政策设计问题。

通过本书的研究，获得以下有价值的结论：（1）中国公共投资最优规模为 GDP 的 9.9%；并基于生产函数法获得以下结论：当公共投资的边际收益等于边际成本，即公共资本边际产出为 1 时，1978—2011 年间中国公共投资的最优规模为 9.7%；中国经济长期持续均衡增长存在公共投资的最优规模，约占 GDP 的 12.57%，为促进中国经济长期持续均衡增长，必须高度重视公共资本投入的规模、结构、效率和效应问题。（2）需要建立公平的公共投资政策来实现城乡之间的协调发展；应减少各区域内部总投资中公共投资的比重；在公共投资的区域配置结构中，应减少东部地区比重，增加中部、西部地区的相对比重；中国公共领域行业投资与行业新增产出仍保持正向关系，但投资驱动产出增长能力却有逐年下滑的态势。（3）中国公共投资驱动经济增长的总体经济效率持续下滑，从 1998 年起中国进入公共资本供给过度阶段，应控制公共投资占总投资的比重。（4）人均公共投资的增长可以促进福利水平的提高，生产性公共投资对中国产生正向就业效应；公共投资与私人投资关系是一种典型的"倒 U 曲线"且存在长期均衡关系；公共投资与部分战略性新兴产业及中小企业成长与之间存在显著的正向长期均衡关系；公共投资与城镇化率之间也存在长期均衡的显著正向关系等。

本书指出我国公共投资政策重点应该遵循从一般性投资向战略性投资转变，从基础性领域向前瞻性领域转变，从简单维持经济高增长率向突破经济发展瓶颈目标转变的一般规律。指出应从以下六个方面设计促进中国经济长期持续均衡增长的公共投资政策：（1）建立健全高效、可持续的公共投资制度；（2）采取相机抉择公共投资政策以保持适度投资率水平；（3）设计健全和加强科技研发领域和生活性领域的公共投资政策；（4）设计公共投资政策以促进区域持续协调发展；（5）设计促进战略性新兴产业成长的公共投资政策；（6）设计推进高效、包容、可持续的城镇化的公共投资政策等。

由于本书依据国家社科基金项目成果成书，而国家社科基金项目的研究依据数据主要截至2011年年底，为了使本书的精神和结论与国家社科基金项目成果一致，在数据上没有进行更新。同样，由于认知和能力水平的原因，本书对解决该领域问题还远远不够，仍有许多难题需进一步探究。对本书中相对陈旧的数据及不甚完美的内容给参阅同行带来的困惑和不便之处，本人深表遗憾和歉意！

本书出版受国家哲学社会科学基金重点项目（12AJL006）和中央财政支持地方高校发展项目：理论经济学项目资助，在此深表感谢！

第一章　公共投资与经济长期
持续均衡增长概述

第一节　选题的背景及意图

一个经济体的国民福利和国家实力，归根结底来自其长期经济增长绩效。对此，著名学者 N. 格雷戈里·曼昆（N. Gregory Mankiw）曾深刻地指出："长期经济增长是一国国民经济福利的唯一的最重要的因素。相比之下，宏观经济学家研究的其他每一件事如失业、通货膨胀、贸易赤字等都黯然失色。"经济增长多少年才算长？当前的发达国家都有一段辉煌的经济长期持续增长，例如法国、英国等老牌资本主义国家已经经历了三四百年的经济增长，美国建国以来至今经济增长时期也维持了两百多年，德国、日本经济也增长了一百多年。然而，经济长期增长并不意味着经济在既定的较长时间内都始终保持持续稳定增长，受经济周期、科技创新、战争、自然灾害等因素影响，发达国家经济在保持长期持续增长的大趋势下某一时期也发生过大起大落的波动，严重影响国民福利的提高并阻碍经济运行效率的提升，可见，保持一国经济长期持续均衡增长是多么艰难及重要。

需要明确的是，经济持续均衡增长与经济持续稳定增长并不是同一概念。经济稳定增长侧重于强调经济体系中各种相互关联和相互对立的因素在既定范围内的变动中处于相对平衡和相对稳定的状态；经济均衡增长强调总量均衡和结构均衡，侧重于对经济结构状态的描述，主要指经济增长各个局部、过程之间一种能动的、能满足适当比例与和谐要求的相互关系。① 经济持续均衡增长本身包含经济结构均衡优化，经济增长方式及经济增长动力可持续性，人口、资源及环境的协调发展，长期经济增长模式注重通过人力资本和技术进步提高资源使用效率和环境质量，增加居民福利并实现人与自然的和谐以及城乡间、区域间的协调发展。促进宏观经济长期持续均衡增长是世界各国追求的最重要宏观经济目标之一。当前，国际金融危机阴影挥之不去，发达国家仍在经济复苏的泥潭中苦苦挣扎，经济合作发展组织 2013 年报告指出：由巴西、俄罗斯、印度和中国组成的金砖四国的经济增速正显现出令人担忧的下滑迹象。特别是中国，GDP 增长率迅速从 2008 年的 9.63% 下滑到 2015 年的 6.9%，而且 2016 年尚无明显反转迹象。考虑到 1978 年到 2008 年中国的平均 GDP 增长率高达 9.97%，而且在 2007 年 GDP 增长率创出 14.16% 的峰值，因此，国际金融危机以来中国 GDP 增长率更像是自由落体的态势，以至于中国经济"泡沫论""崩溃论"甚嚣尘上。中国经济是暂时告别持续高增长的辉煌还是从此一蹶不振而坠入中低经济增长速度的陷阱，在当前已成为理论界及实务界高度关注的世界焦点问题。

促进宏观经济长期持续均衡增长是公认的理论及实践难题，中国政府高度重视该问题并在政策上优先安排并予以实施。改革开放三十多年来，中国创造了史上最长时期的大国经济高增长的奇迹，经济成就举世瞩目。但应该指出的是，中国经济增长在该时期内并不稳定，经济增长率波动较大，既有 1984 年、1992 年、2007 年高达 15.18%、14.24%、14.16% 的超高速 GDP 增长率，也有 1989 年、1990 年、2015 年低至 4.06%、3.84%、6.7% 的中低速 GDP 增长率。中国经济增长的大幅波动不仅受制度创新、要素投入、科技研发、经济结构、资源禀赋、历史文化等内生动力的影响，而且国际环境的风云变幻作为外在冲击及诱因也严重影响中国经济增长的持续稳定性。

---

① 按照陈云的综合平衡思想，经济均衡增长的关键是按照比例调整经济结构，他认为按照比例发展经济才能保证经济均衡增长。

发达国家长期经济增长经验表明：保持宏观经济长期持续增长是可行的，但受制于经济周期等复杂因素，保持宏观经济长期持续稳定增长无异于天方夜谭，如政策设计合理，使宏观经济长期趋于适当的持续动态均衡增长率在特定条件下能够实现。事实上，各国宏观经济政策的着眼点均为促进宏观经济长期持续均衡增长。亚洲开发银行在 2007 年首次提出"包容性增长"概念，指出包括经济、政治、文化、社会、生态等各个方面，经济增长应该是相互协调的。胡锦涛在 2010 年亚太经合组织会议也提出这一概念，明确中国经济增长应保持社会和经济协调发展、促进可持续发展，也为中国经济达到长期持续均衡增长的目标作出了政策设计。然而，包容性增长的外部性问题市场机制是无力解决的，需要政府主导的公共投资制度发挥巨大效能去纠偏和优化市场运行机制；同样，无数经典研究表明，公共投资与长期经济持续均衡增长有直接和显著联系，过度的公共投资会抑制长期经济增长，有效的公共投资政策设计可促进经济长期持续均衡增长。中国经济发展经验表明：公共投资对于促进中国经济持续快速增长和稳定经济运行的作用不可或缺。在当前复杂的国际环境下，在中国步入经济增长新常态之际，探讨中国经济如何实现长期持续均衡增长问题具有战略价值。因此，研究公共投资对中国经济长期持续均衡增长的作用机理，探讨影响中国经济长期持续均衡增长的公共投资问题，对提高公共投资效益，充分发挥公共投资的作用，促进中国经济社会长期可持续发展具有重要的战略意义。

第二节　文献综述

国内外关于公共投资与经济增长和研究文献已有非常丰富的成果，就国外文献而言，截至 2015 年 8 月 31 日，通过 Wiley Online Library 电子期刊全文库（人文社科）、Social Science Citation Index（社会科学人文索引）、SAGE 人文社科期刊等知名的国外期刊数据库可以查阅 12000 份以上涉及公共投资的文献，本书研究时实际下载参阅了 150 余篇，实际引用了 62 篇，浓缩系数约为 5‰。通过查阅中国知网全文数据库，从 1958 年到 2015 年 8 月 31 日，本书共查到与公共投资相关的文献 4167 篇，考虑到政府投资与公共投资高度相似，本书又检索到与政府投资相关文献 1121 篇，合计 5288 篇研究成果；本书研究时，共下载参阅国内文献 400 余篇，实际引用 211 篇，浓缩系数约为 4%。通过对上述文献进行梳理，以下对相关文献研究成果进行分类综述如下：

一、国外研究文献综述

（一）国外对经济长期持续均衡增长问题的研究综述

如何促进宏观经济长期持续均衡增长是一个充满挑战和无限魅力的政策追求及理论探讨难题，国外众多知名学者长期以来孜孜不倦地研究这个课题，取得众多富有影响力的成果。在国际上，熊彼特（Schumpeter，1934）指出："企业家精神而不是资本主义精神才是长期经济增长的真正源泉，认为企业家精神是异常重要的生产要素，企业家精神就是具备了创造性破坏的灵魂的企业家。"[1] 韦伯（Weber，1958）指出："发源于以勤奋工作、节俭和苦行为主要内容的清教伦理的资本主义精神是长期经济增长源泉。"[2] 罗默（Romer，1986）和卢卡斯（Lucas，1988）开创的"内生增长理论"认为："强烈的资本主义精神会导致快速的资本积累，进而提高长期经济增长率；一国经济的长期增长是由人力资本、知识或技术进步等内生变量决定的；人力资本积累外部性、知识外溢效应、技术外部性等问题可以通过政府的财政政策解决，与此同时，还可以通过刺激和增加人力资本、R&D 等方面的投资来提高长期经济增长率。"[3] 曼昆、罗默和韦尔（Mankiw，Romer & Weil，1992）指出："长期稳定状态下一国单位

---

[1] Schumpeter J., *The Theory of Economic Development*, Cambridge：Harvard University Press, 1934.

[2] Weber M., *The Protestant Ethic and the Spirit of Capitalism*, New York：Charles Scribners Sons, 1958.

[3] Romer P., "Increasing Returns and Long Run Growth", *Journal of Political Economy*, No. 94 (1986), pp. 1002–1037. Lucas R., "On the Mechanics of Economic Development", *Journal of Monetary Economics*, No. 22 (1988), pp. 3–42.

劳动力的实际产出水平与储蓄率正相关，与劳动力增长率负相关，资本在收入的影响因素中所占权重约为 0.60。"[1] 诺思（North，1994）认为："制定规则的政治结构成为经济长期增长的关键，制度是决定长期经济绩效的根本因素。"[2] 伊顿和卡图姆（Eaton & Kortum，1996）指出："1929—1978 年的 50 年中美国生产率的增长有 40% 是由于技术创新获得的；外国专利申请带来除了五个主要研发国家之外的所有 OECD 国家 90% 以上的生产力增长；技术水平越落后的 OECD 国家生产率增长越依赖国外专利。"[3] 格里默和罗爵（Grimaud & Rouge，2003）指出："如存在有效的 R&D 产出，人均产出就可能存在最优增长率。"[4] 徐和蒋（Xu & Chiang，2005）指出："发展中国家生产率的增长与本国拥有的国外专利的数量呈正相关关系。"[5] 阿西莫格鲁和鲁宾逊（Acemoglu & Robinson，2012）指出："包容性政治制度和包容性经济制度是实现长期经济增长的关键……在包容性制度下，经济增长速度以一个相对比较稳定的速度持续增长。在攫取性制度下，经济增长的速度可能会越来越慢，最终不再增长，即负增长。"[6]

（二）国外对经济长期持续均衡增长中公共投资因素的研究综述

国外学者认为在促进宏观经济长期持续均衡增长的推动力中，公共投资是必不可少的重要因素。国外学术界对其在促进宏观经济长期持续均衡增长中所扮演的角色高度关注，涌现出大量经典学术成果。国外学者系统地从公共投资规模、结构、效率以及效应等方面进行深入研究，为公共投

---

① N. Gregory Mankiw, David Romer & David N. Weil, "A Contribution to the Empirics of Economic Growth", *The Quarterly Journal of Economics*, Vol. 107, No. 2 (1992), pp. 407-437.

② ［美］道格拉斯·C. 诺思：《制度、制度变迁与经济绩效》，刘守英译，上海三联书店 1994 年版，第 143—156 页。

③ Eaton J. & Kortum S., "Trade in Ideas: Patenting and Productivity in the OECD", *Journal of International Economics*, Vol. 140, No. 3/4 (1996), pp. 251-278.

④ Grimaud A. & Rouge L., "Non-renewable Resources and Growth with Vertical Innovations: Optimum, Equilibrium and Economic Policies", *Journal of Environmental Economics and Management*, No. 45 (2003), pp. 433-453.

⑤ Xu B. & Chiang E. P., "Trade, Patents and International Technology Diffusion", *Journal of International Economic Development*, Vol. 14, No. 1 (2005), pp. 115-135.

⑥ Daron Acemoglu & James A. Robinson, *Why Nations Fail: Origins of Power, Poverty and Property*, New York: Randon House, 2012.

资促进经济发展提供理论支持。

1. 关于公共投资对于长期经济增长的作用

国外学术界普遍认为公共投资在一定程度上对长期经济增长具有正效应。如马斯格雷夫（Musgrave, 1969）认为："公共投资从本质上看对于长期经济增长具有特别重要的战略意义。"[1] 普里切特（Prichett, 1996）认为："公共投资通过转化为公共资本促进经济增长，但公共投资驱动经济增长的效率取决于公共投资转化为公共资本的效率以及公共资本的使用效率。"[2] 塞巴斯蒂·安德旭和雷埃雷拉（Sébastien Dessus & Rémy Herrera, 2000）指出："公共投资对长期经济增长具有正效应，但当公共投资过度时，公共投资会抑制经济增长。"[3] 霍尔库姆（Erden & Holcombe, 2006）对发展中国家进行分析后认为："不管是从长期来看还是从短期来看，公共投资和私人投资均存在互补的关系，公共投资、私人投资和 GDP 增长率三者之间存在长期均衡关系。"[4] 卡子·伊克巴尔和史蒂芬·诺夫斯基（Kazi Iqbal & Stephen Turnovsky, 2007）认为："政府的生产性支出对于长期经济增长有着重要的作用。"[5] 安东尼奥和奥宾（Antonio & Aubyn, 2009）认为："公共投资和私人投资都对长期产出有正的影响。"[6] 马里奥·斯克申（Mario Seccareccia, 2011）指出："20 世纪 90年代加拿大的紧缩财政以及参照国际惯例通过公共投资（或者凯恩斯称为的投资社会化）来提升公共经济在 GDP 中的比重等政策所带来的危害

---

① Musgrave R. A., *Fiscal Systems*, New Haven: Yale University Press, 1969.

② Prichett L., "Mind Your P's and Q's: The Cost of Public Investment is not the Value of Public Capital", *World Bank Working Paper*, No. 1660 (1996).

③ Sébastien Dessus & Rémy Herrera, "Public Capital and Growth Revisited: A Panel Data Assessment", *Economic Development and Culture Change*, Vol. 48, No. 2 (2000), pp. 407–418.

④ Erden, L. & Holcombe, R. G., "The Linkage between Public Investment and Private Investment: A Cointegration Analysis of a Panel of Developing Countries", *Eastern Economic Journal*, No. 32 (2006), pp. 202–223.

⑤ Kazi Iqbal & Stephen Turnovsky, "Intergenerational Allocation of Government Expenditures: Externalities and Optimal Taxation", *Working Papers UWEC-2007-21-P*, Seattle: University of Washington, Department of Economics, 2007.

⑥ Antonio & Aubyn, "Macroeconomic Rates of Return of Public and Private Investment: Crowding-in and Crowding-out Effects ", *Manchester School*, Vol. 77, No. s1 (2008), pp. 21–39.

有必要消除……不过公共投资份额越高，为经济'增重'越大，则金融冲击拖累实体经济的难度越高。"① 罗德里格斯等（Andrés Rodríguez-Pose et al.，2012）运用希腊1978—2007年间的公共投资数据研究指出："人均公共投资对地区的经济增长具有积极的长期效应，这种效应不收敛而且会产生巨大的外溢效应；但不同类型的公共投资的效应不同，其中教育和基础设施的效应最强；公共投资的外部性对区域经济增长的持久影响要比直接的公共投资要高，这种效应还受政治和政治相关因素的影响。"

2. 关于促进经济增长中公共投资规模问题

国外学者在公共投资规模问题的研究上起步较早，基于巴罗的经典研究，取得重要的研究成果。如阿罗、克鲁兹（Arrow，Kruz，1970）和巴罗（Barro，1990）经典研究指出："当公共投资低于最优投资额时，其对经济增长具有正效应；当公共投资高于最优投资额时，其对经济增长具有负效应，公共投资规模与经济增长率之间存在倒U型曲线关系。"② 卡拉斯（Karras，1996）指出："世界平均最优政府支出规模为23%。按地区分别为：经合组织国家最优政府支出规模为14%，北非国家最优政府支出规模为33%。"③ 费雪和诺夫斯基（Fisher & Turnovshy，1998）通过1947—1997年美国数据分析指出："美国联邦政府支出的最优规模为国内生产总值的17.45%。"④ 皮尔西（Pevcin，2004）分析12个欧洲国家37年数据指出："最优政府规模为国内生产总值的37%—46%。"⑤ 马雷罗

① Mario Seccareccia, "The Role of Public Investment as Principal Macroeconomic Tool to Promote Long-Term Growth", *International Journal of Political Economy*, Vol. 40, No. 4 (2011), pp. 62-82.

② Arrow, K. J. & M. Kurz, *Public Investment, the Rate of Return, and Optimal Fiscal Policy*, Baltimore: Johan Hopking Press, 1970. Barro, R. J., "Government Spending in a Simple Model of Endogenous Growth", *Journal of Political Economy*, Vol. 98, (1990), pp. 407-418.

③ Georgios Karras, "Foreign Aid and Long-run Economic Growth: Empirical Evidence for A Panel of Developing Countries", *Journal of International Development*, Vol. 18, No. 1 (2006), pp. 15-28.

④ Walter H. Fisher & Stephen J. Turnovshy, "Public Investment, Congestion, and Private Capital Accumulation", *The Economic Journal*, Vol. 108, No5 (1998), pp. 399-413.

⑤ Pevcin P., "Economic Output and Optimal Size Government", *Economic and Business Review*, Vol. 6, No. 3 (2004), pp. 213-227.

（Marrero，2008）指出："较低跨期消费替代倾向的低增长经济体的最优公共投资占产出的比例较小，通过公共投资占产出的最优比例确定最优公共投资规模。"① 林内曼和沙贝特（Linnemann & Schabert，2008）指出："最优投资条件下私人资本和公共资本的边际产出相等。"② 阿格诺尔（Agénor，2009）指出："政府支出的目标不仅在于经济增长，而且应界定使'社会福利最大化'的基础设施最优规模和实施方案。"③

3. 关于促进经济增长中公共投资结构问题

国外学者对此问题的理论研究由来已久，如重商主义时期，法国政府就有运用行政手段干预经济的想法，国家拨出大量经费改良公路、开凿运河，成为公共投资理论的雏形。威廉·配第（William Petty，1662）从课税公正和社会安定角度阐述了增加公共投资中生产性支出而减少非生产性支出的理由。④ 亚当·斯密（Adams Smith，1776）从财政支出、税收和公债三个方面系统阐述了公共投资问题，主张："国家公共投资应该主要用于军事用途和有利于带动经济发展的交通设施和教育设施等公共事业。"⑤ 李斯特（Liszt，1841）认为："国家应优先投资于有利于创造生产能力的部门，即加强教育投资以及对产业结构进行优化。"⑥

4. 关于促进经济增长中公共投资效率问题

国外学者关于公共投资效率分析的思想最早由阿肖尔（Aschauer，1989）进行了开创性研究，将公共资本作为一种投入要素引入模型，并

① Marrero, Gustavo A., "Revisiting the Optimal Stationary Public Investment Policy in Endogenous Growth Economies", *Macroeconomic Dynamics*, Vol. 12, No. 2 (2008), pp. 172-194.

② Linnemann, Ludger & Andreas Schabert, "Optimal Government Spending and Unemployment", *Tinbergen InstituteDiscussion Paper*, TI 2008- 024/2.

③ Agénor, Pierre-Richard, "Infrastructure Investment and Maintenance Expenditure: Optimal Allocation Rules in a Growing Economy", *Journal of Public Economic Theory*, Vol. 11, No. 2, (2009), pp. 233-250.

④ ［英］威廉·配第：《赋税论》，陈冬野等译，商务印书馆1997年版，第17—29页。

⑤ ［英］亚当·斯密：《国民财富的性质和原因的研究》，郭大力、王亚南译，商务印书馆1981年版，第252—253页。

⑥ ［英］弗里德里希·李斯特：《政治经济学的国民体系》，陈万煦译，商务印书馆1961年版，第19章。

建立标准生产函数进行分析指出："美国 1949—1985 年的公共资本的产出弹性约为 0.39—0.56。美国 1971—1985 年全要素生产率（TFP）下降的主要诱因是公共资本增速降低。"[①] 穆勒（Munnell，1992）指出："美国 48 个州 1970—1986 年的公共资本的产出弹性约为 0.36。1969 年以后由于人均公共资本存量下降，导致美国劳动生产率下降 78%。"有关公共资本与私人资本效率的探讨，存在两种迥乎不同的结论和观点。一种观点认为公共资本产出效率高于私人资本效率。例如，康拉德和塞茨（Conrad K. & Seitz H.，1994）通过对欧洲 12 个国家 1957—1987 年的数据进行实证分析指出："公共资本的产出弹性约为 0.25，但私人的产出弹性仅为 0.11。"[②] 奥塔和沃斯（Otta & Voss，1994）指出："澳大利亚 1966—1990 年的公共资本的产出弹性约为 0.38—0.45，其效率远高于私人资本效率。"[③] 同时，另一种观点不认为公共资本产出效率高于私人资本效率，认为在实际投资政策调控中更应注重私人投资作用的发挥。如霍尔茨·艾金斯（Holtz Eakins，1994）实证分析指出："私人部门资本的产出效率高于公共资本。"[④] 卡恩和古玛（Khan & Kumar，1997）指出："发展中国家中，公共资本的产出效率通常低于私人资本。"[⑤] 阿肖尔（2000）基于 46 个中低收入国家 1970—1990 年数据进行分析指出："公共资本的产出弹性约为 0.24，而私人资本产出弹性却高达 0.45。"[⑥] 桑哈蒂（Senhadji，2000）基于 28 个发展中国家 1981—1991 年的数据分析指出："公共资本

① Aschauer D. A., "Is Public Expenditure Productive?", *Journal of Monetary Economics*, Vol. 23 (1989), pp. 177–200.

② Conrad K. & Seitz H., "The Economic Benefit of Public Infrastructure", *Applied Economic Journal*, No. 26 (1994), pp. 303–311.

③ Otto G. & Voss G. M., "Public Capital and Private Production in Australia", *Southern Economic Journal*, Vol. 62, No. 3 (1996), pp. 723–738.

④ Holtz-Eakin, "Public-Sectorrivate Capital and the Productivity Puzzle", *Review of Economic and Statistics*, No. 76 (1994), pp. 12–21.

⑤ Kaganovich, Zilcha, "Education, Social Security and Growth", *Journal of Public Economics*, Vol. 71, No. 2 (1999), pp. 289–309.

⑥ Etsuro Shioji, "Public Capital and Economic Growth: A Convergence Approach", *Journal of Economic Growth*, No. 6 (2001), pp. 205–227.

积累对 GDP 增长率的贡献具有明显的正效应，但同时私人资本对 GDP 增长率的边际影响却是公共资本的 2 倍。"[1]

5. 关于促进经济增长中公共投资效应问题

国外学者关于公共投资效应分析主要从公共投资对私人投资的挤出、挤入效应以及公共投资的社会福利效应两大领域进行了深入研究，并取得了许多优秀成果。公共投资对私人投资的挤出、挤入效应是当前国外长期关注的研究领域，国际上在公共投资对私人投资的挤出、挤入效应的研究中，主要存在四类观点：第一种观点，认为公共投资与私人投资之间没有显著相关性。如卡苏和兰辛（Cassou S. P. & Lansing，1998）指出："信贷的可得性对私人投资有影响，而政府支出的影响并不显著。"[2] 第二种观点，认为公共投资对私人投资存在"挤入效应"。如阿肖尔（1989）针对美国 1949—1985 年的数据分析表明："美国公共投资对私人投资的挤入效应更明显。"[3] 尔登等（Erden et al.，2005）认为："公共投资每增加 10%可以引起私人投资 2%的增长，且这一结论更适合发展中国家。"[4] 第三种观点，公共投资对私人投资存在'挤出效应'。"如巴罗（1971）指出："如劳动市场存在超额供给和商品市场存在超额需求，公共投资增加会完全挤出私人投资。"[5] 巴尔兰等（Bairam et al.，1993）研究 OECD 国家指出："公共投资对私人投资存在负面的'挤出效应'。"[6] 哈里法等（Khalifa et al.，1998）研究指出："公共投资无论在短期还是长期对于私

---

① Yu Changge, "An Analysis of Economic Effect of Government Public Investment", *Journal of Finance and Economics*, No. 2 (2006), pp. 30-41.

② Cassou S. P. & Lansing K. J., "Optimal Fiscal Policy, Public Capital, and The Productivity Slowdown", *Journal of Economic Dynamics and Control*, Vol. 22, No. 6 (1998), pp. 911-935.

③ Aschauer D. A., "Is Public Expenditure Productive?", *Journal of Monetary Economics*, Vol. 23, No. 2 (1989), pp. 2177-2200.

④ Erden L. & Holcombe R. G., "The Effects of Public Investment on Private Investment in Developing Economies", *Public Finance Review*, Vol. 33, No. 5 (2005), pp. 575-602.

⑤ Barro R. J. & Grossman H . I., "A General Disequilibrium Model of Income and Employment", *American Economic Review*, Vol. 61, No. 1 (1971), pp. 82-93.

⑥ Bairam E. & Ward B., "The Externality Effect of Government Expenditure on Investment in OECD Countries", *Applied Economics*, Vol. 25, No. 6 (1993), pp. 711-716.

人投资都存在负效应。"① 第四种观点，公共投资对私人投资既表现出"挤入效应"又表现出"挤出效应"，差别仅在于两种效应的净影响。如阿方索和圣奥宾（Afonso A & St Aubyn M.，2009）利用 VAR 模型以及脉冲响应函数分析欧盟 14 国以及美国、加拿大、日本的公共投资对私人投资的影响指出："不同国家效应存在差异，正面的公共投资冲动在比利时、爱尔兰、加拿大、英国和荷兰会导致私人投资下降，而在奥地利、德国、丹麦、芬兰、希腊、葡萄牙、西班牙和瑞典则主要引起私人投资的增加。"②

　　因为公共投资天生具有公益性的本质属性，所以公共投资的社会福利效应广受关注。公共投资的就业效应是广义社会福利效应的重要内容，也是公共投资政策效果追求的重点方向之一，公共投资的就业效应在国际学术界及实务界广受关注。如约翰·梅纳德·凯恩斯（John Maynard Keynes）在《就业、利息和货币通论》提出了有效需求理论，该理论包含着这样一个思想，即公共支出能够促进就业。德蒙莱斯和马姆尼斯（Demetriades & Mamuneas，2000）利用利润函数导出劳动力需求函数指出："公共投资的就业效应为正。"③ 劳里奇和索罗利亚（Raurich & Sorolla，2002）以内生增长模型为基础研究证明："公共投资对就业具有正效应。"④ 德斯特梵和塞纳（Destefanis & Sena，2008）研究指出："可交易部门的就业与公共投资的弹性为正。"⑤ 当前国际上关于公共投资对战略性新兴产业驱动效应研究的文献比较薄弱，由于新兴产业对每个国家和地区而言，多数尚处于成长阶段，少数学者对此进行了有价值的研究。

---

　　① Khalifa H. Ghali，"Public Investment and Private Capital Formation in A Vector Error-Correction Model of Growth"，*Applied Economics*，Vol. 30，No. 6 (1998)，pp. 837-844.

　　② Afonso A. & St Aubyn M.，"Macroeconomic Rates of Return of Public and Private Investment：Crowding-in and Crowding-out Effects"，*The Manchester School*，Vol. 77，No. 1 (2009)，pp. 21-39.

　　③ Demetriades P. & Mamuneas T.，"Intertemporal Output and Employment Effects of Public Infrastructure Capital：Evidence from 12 OECD Economies"，*The Economic Journal*，Vol. 110，(2000)，pp. 687-7121.

　　④ Raurich X. & Sorolla V.，"Unemployment and Wage Formation in a Growth Model with Public Capital"，*UFAE and IAE Working Papers*，Vol. 508，No. 2 (2002).

　　⑤ Destefanis & Sena，"Public Capital，Productivity and Trade Balances：Some Evidence for the Italian Regions"，*Empirical Economics*，No. 37 (2008)，pp. 533-554.

如陈政芳等（Jengfang Chen et al.，2012）运用中国台湾 1996—2005 年间的公共风险资本的数据分析指出："公共风险资本投资能够较好地增加新 IPO 企业的价值，表现在不但能够满足企业的融资需求，还可以建立更好的公司治理结构。"[①] 国外关于公共投资与城镇化发展开展了卓有成效的前期研究，如安德列-罗杰斯和杰夫瑞-威廉姆森（Andrei Rogers & Jeffrey G. Williamson，1982）从公共品供给角度分析第三世界国家城市化发展对公共服务和基础设施的需求指出："公共投资不仅满足城市居民对公共服务和基础设施的需求，同时满足商业发展和城市结构的改变的需求。"[②] 可见，由于公共投资的战略性、外部性等属性，国外学者公共投资效应包含高质量就业机会提供、建设健全高效的基础设施、科教文卫体等基本公共服务均等化、战略性新兴产业稳健成长、经济结构优化协调、构建包容性经济增长模式等方面内容，上述公共投资经济效应有力地促进了宏观经济长期持续均衡增长。

二、国内相关研究文献综述

（一）国内对经济长期持续均衡增长问题的研究综述

我国理论界对如何促进我国经济长期持续均衡增长的问题持续高度关注，做了大量的研究分析，并取得众多有价值的理论成果，且由于我国经济属于赶超型和转轨型特点，致使我国理论学界的研究具有自身特点。如邹恒甫（1993）探讨了积累、节俭与长期经济增长的关系指出："为积累而积累的资本主义精神能提高一国的储蓄率，而高储蓄率又转化为高投资率和高的产量增长率；长期增长率与资本的边际生产率正相关，而与时间

[①] Jengfang Chen, Woody M. Liao & Chiachi Lu, "The Effects of Public Venture Capital Investments on Corporate Governance: Evidence from IPO Firms in Emerging Markets", *ABACUS*, Vol. 48, No. 1 (2012), pp. 86-103.

[②] Rogers, Andrei & Williamson, Jeffrey G., "Migration, Urbanization, and Third World Development: An Overview", *Economic Development and Cultural Change*, Vol. 30, No. 3 (1982), pp. 463-482.

偏好负相关；资本主义精神越强，长期经济的增长率便越大。"① 张胜等
（2001）指出："促进中国经济均衡增长、实现共同富裕的途径应消除东
部与中西部在储蓄率、外资流入、人力资本投资与人口增长的差异。"②
桁林（2003）指出："长期经济持续增长来源于劳动积累、资本积累和技
术进步，而技术进步归根结底也来源于劳动积累和资本积累，因此经济增
长的源泉是劳动积累和资本积累；从劳动积累到资本积累、再到更高形式
上的劳动积累及知识生产，则是实现长期经济持续增长的必然要求。"③
林毅夫（2004）认为："政府所奉行的发展战略对长期经济持续均衡增长
极端重要。"④ 刘剑、胡跃红（2004）认为："一国经济长期增长取决于以
知识或技术进步、人力资本等对政府政策（特别是财政政策）敏感的核
心变量，合适的财政政策在长期增长中发挥着重要的作用；我国要保持经
济长期持续均衡增长应采取有效的财政政策，增加人力资本、基础设施、
研究与开发等方面的投资，加快人力资本积累和促进技术进步。"⑤ 娄洪
（2004）分析了公共基础设施资本促进长期经济增长的动力机制指出：
"纯公共性及拥挤性的外生公共基础设施资本都能够提高长期经济增长
率；……基础设施资本为纯公共性质能产生恒定的内生增长，如基础设施
资本为拥挤性质，虽然不能产生恒定的内生增长，但能减缓增长率的递
减，从而提高长期经济增长率；……公共投资政策的研究重点不应当是政
策的短期逆周期调节的效果，而应当是其推进长期经济增长的作用。"⑥
庄子银（2005）指出："企业家精神是经济长期增长的动力和源泉。一国
增强企业家研发投资的努力的财政、税收和货币政策的调整，法律和文化

① 邹恒甫：《积累欲、节俭与经济增长》，《经济研究》1993年第2期。
② 张胜、郭军、陈金贤：《中国省际长期经济增长绝对收敛经验分析》，《世界经济》2001年第6期。
③ 桁林：《是什么因素创造了长期经济增长的根本动力》，《浙江学刊》2003年第3期。
④ 林毅夫：《发展战略与经济发展》，北京大学出版社2004年版。
⑤ 刘剑、胡跃红：《财政政策与长期经济增长——基于内生增长理论的解说》，《山西财经大学学报》2014年第10期。
⑥ 娄洪：《长期经济增长中的公共投资政策——包含一般拥挤性公共基础设施资本存量的动态经济增长模型》，《经济研究》2004年第3期。

制度的变迁，对一国的经济增长率和人均收入的提高有积极作用。"[1] 王艺明等（2008）指出："自然灾害频发将会阻碍长期经济增长，但自然灾害对长期增长的影响幅度取决于由其造成的人力资本存量损失大小，而非实物资本存量损失大小；自然灾害发生的可能性上升在一定程度上降低实物资本的预期收益，但同时也会促使经济主体投资人力资本，从而对经济增长产生正向影响。"[2] 郭玉清（2006）指出："我国要保持持续的长期经济增长须加快人力资本积累和促进技术进步。"[3] 胡学勤（2007）指出："为确保我国经济长期持续地发展，必须确立制度创新与技术自主创新、扩大消费需求、资源节约的经济增长方式等战略导向。"[4] 刘京豫（2007）指出："一国经济长期增长主要取决于它的知识积累、技术进步和人力资本的水平，要实现中国经济长期增长，就必须加强人力资本的投资。"[5] 于凌云（2008）指出："中国的政府和非政府投入对于人力资本积累和经济增长具有短期效应，在教育投入比相对较低的地区，物质资本投入是拉动经济增长主要原因，而非政府投入的增长对人力资本积累的效果更加明显；政府应在调整各地区的教育投入水平、区域间产业结构调整以及劳动力流动管理等方面有所作为。"[6] 陈昆亭、周炎（2008）指出："社会文化背景对长期经济增长有重要影响，穷国发展之路在于促进传统落后文化的变革以使社会环境向有利于经济发展的方向发展，大力促进农村劳动力转移以提高本国农业边际劳动产出并同时控制人口增长，大力发展特色民族出口工业并逐步缩小同发达国家工业化差距，走科技强国之自强之路等。"[7]

---

① 庄子银：《企业家精神、持续技术创新和长期经济增长的微观机制》，《世界经济》2005年第 12 期。

② 王艺明、陈美兰、王晓：《自然灾害对长期经济增长的影响》，《经济管理》2008 年第 Z1 期。

③ 郭玉清：《技术内生化、长期经济增长与财税政策选择》，《河北经贸大学学报》2006 年第 9 期。

④ 胡学勤：《论我国长期经济增长方式的战略导向》，《经济纵横》2007 年第 6 期。

⑤ 刘京豫：《人力资本投资与中国经济长期增长》，硕士学位论文，首都经济贸易大学，2007 年，第 1—2 页。

⑥ 于凌云：《教育投入比与地区经济增长差异》，《经济研究》2008 年第 10 期。

⑦ 陈昆亭、周炎：《富国之路：长期经济增长的一致理论》，《经济研究》2008 年第 2 期。

中国经济增长与宏观稳定课题组（2008）认为："政府转型是确定中国未来的新增长机制关键。应限制政府利益刚性，明确政府福利支出与企业发展能力相匹配，不准靠债务融资推动福利和增长，更多地让市场发挥激励创新和优化配置资源的功能，以促进经济的可持续增长。"[①] 中国经济增长与宏观稳定课题组（2009）指出："为保持中国经济的可持续增长，应减少城市化成本的过快上升，转变城市化模式，以促进工业化和城市化的协调发展。"[②] 冯涛、李英东（2009）指出："国家、市场、产权之间良性的互动关系及均衡结构可以实现一国经济长期稳定增长；在国家有效发挥职能的基础上，释放出市场和私有产权的因素，可使经济获得持续增长。中国的现代化进程面临着体制转轨、经济增长、文化与意识形态转变等多重任务，关键是建立国家、市场与产权三者关系良性化的制度框架。"[③] 赵玉林、徐娟娟（2009）指出："创新是主导性高技术产业成长的诱导因素，主导性高技术产业成长过程中应注重人力资本投资与创新资源投入、创新资源利用效率的协同，确保产业素质的快速提升。"[④] 林兆木（2009）指出："我国今后中长期 GDP 潜在增长率为7%—8%；应大力增加对节能减排和环保产业的投入以加快发展低碳经济，使之成为调整优化经济结构和转变经济增长方式的结合点和重要方向；应加快发展服务业，大幅度增加对教育、卫生和社会保障等方面的投入，积极促进这些方面发展；应增强自主创新能力，加快研发先进技术，抢占高新技术领域的制高点。"[⑤] 曾凯（2010）指出："社会结构转型为中国长期经济增长的持久动力。"[⑥] 巴曙

---

①　中国经济增长与宏观稳定课题组：《中国可持续增长的机制、证据、理论和政策》，《经济研究》2008 年第 10 期。

②　中国经济增长与宏观稳定课题组：《城市化、产业效率与经济增长》，《经济研究》2009 年第 10 期。

③　冯涛、李英东：《国家、市场、产权关系重构与经济增长——基于中国近现代经济史的新解释》，《陕西师范大学学报》（哲学社会科学版）2009 年第 3 期。

④　赵玉林、徐娟娟：《创新诱导主导性高技术产业成长的路径分析》，《科学学与科学技术管理》2009 年第 9 期。

⑤　林兆木：《危机对我国中长期经济增长格局的影响》，《山东经济战略研究》2009 年第 7 期。

⑥　曾凯：《新经济史视角下的社会结构演进、制度变迁与长期经济增长》，博士学位论文，西北大学，2010 年，第 1—6 页。

松等（2010）指出："城市化成为中国经济长期增长的策动力……展望未来10—20年，中国城市化问题直接决定未来中国经济长期增长的动力并将对全球经济产生深远影响。"① 陈漓高、钟俊亮（2010）指出："当新技术对生产力推动的潜力被充分发挥时，超额利润动机的丧失将使得世界经济出现危机与衰退……对于处于生产可能性曲线之内的发展中国家比如中国来说，通过持续的改革及城市化的推动有望比美国等发达国家更快进入长期上升通道。"② 王明华、张健（2010）指出："人力资本的溢出效应对产出的增长有显著的正向作用，教育的城乡差异是导致收入差距不断扩大的重要原因。"③ 中国经济增长前沿课题组（2011）指出："转变政府职能、财政体制和筹资用资模式能推动城市化带动的经济持续增长。"④ 张卫国等（2011）指出："地方政府投资行为对经济长期增长有着显著的促进作用，但各级地方政府独享本区域经济发展成果意愿明显增强，行政性垄断不利于全国整体市场规模经济效应的发挥，政治租金损害经济长期增长。"⑤ 马利军（2011）指出："产权、政府、开放是支撑长期经济增长的三大体制因素。"⑥ 刘勇政、冯海波（2011）指出："公共支出效率与经济增长呈显著正向关系，而腐败通过影响公共支出效率从而显著负向作用于经济增长，反腐败以及其他有利于提高公共支出效率的政策都将有利于经济长期增长。"⑦ 张长春（2012）指出："资本形成仍是我国经济长期持续增长的重要动力。"⑧ 严成樑（2012）指出："社会资本对我国自主创新、

① 巴曙松、邢毓静、杨现领：《城市化与经济增长的动力：一种长期观点》，《改革与战略》2010年第2期。

② 陈漓高、钟俊亮：《全球金融危机后的中美长期经济增长趋势分析——基于熊彼特周期性增长理论的视角》，《未来与发展》2010年第4期。

③ 王明华、张健：《人力资本投资、经济增长与城乡收入差距》，《生产力研究》2010年第8期。

④ 中国经济增长前沿课题组：《城市化、财政扩张与经济增长》，《经济研究》2011年第11期。

⑤ 张卫国、任燕燕、侯永建：《地方政府投资行为对经济长期增长的影响——来自中国经济转型的证据》，《中国工业经济》2010年第8期。

⑥ 马利军：《产权、政府、开放支撑长期经济增长的三大体制因素》，硕士论文，浙江财经大学，2011年，第1页。

⑦ 刘勇政、冯海波：《腐败、公共支出效率与长期经济增长》，《经济研究》2011年第9期。

⑧ 张长春：《有效发挥资本形成对推动经济长期增长的作用》，《中国投资》2012年第12期。

实际产出和长期经济增长有显著的促进作用。"① 严成樑、崔小勇（2012）还指出："资本投入对我国人均实际产出水平与经济增长的影响存在地区差异。我国东部地区和中部地区可能是物质资本与人力资本相互作用驱动的经济；西部地区可能是物质资本与 R&D 资本相互作用驱动的经济……中部地区物质资本投资和 R&D 投资回报率最高，东部地区教育投资回报率最高，西部地区健康投资回报率最高。"② 严成樑、龚六堂（2012）指出："经济增长极大化的财政政策与社会福利极大化的财政政策不是等价的；从改善民生的角度考虑，应适当提高财政支出规模，并加大消费性财政支出的投入力度。"③ 袁富华（2012）提出长期经济增长过程中"结构性加速"与"结构性减速"的观点时指出："未来几十年，中国经济结构的服务化趋势逐渐增强，结构性加速向结构性减速转换及相应问题将会凸显。"④ 陈德铭（2012）指出："我国经济发展中均衡的增长是相对的、短暂的，而非均衡的增长则是绝对的、长期的，非均衡始终在均衡的周围波动，推动着我国经济增长。"⑤ 李勇（2013）通过研究中国近代以来长期经济增长轨迹时指出："科学的认识发展战略和产权结构是中国经济长期增长并走向强国道路的关键因素。"⑥ 巴曙松（2013）指出："中国经济正处于从高速向中速的转换期，潜在增长率约在 7%—8%，之后会趋于寻找一个均衡点的过程，估计在 6%—7%；政策上不应人为刺激，让经济稳定在一个可持续的中速增长上。"⑦ 刘世锦（2014）指出："中国经济将进入

---

① 严成樑：《社会资本、创新与长期经济增长》，《经济研究》2012 年第 11 期。

② 严成樑、崔小勇：《资本投入、经济增长与地区差距》，《经济科学》2012 年第 2 期。

③ 严成樑、龚六堂：《最优财政政策选择：从增长极大化到福利极大化》，《财政研究》2012 年第 10 期。

④ 袁富华：《长期增长过程的"结构性加速"与"结构性减速"：一种解释》，《经济研究》2012 年第 3 期。

⑤ 陈德铭：《经济非均衡增长是绝对的长期的》，2012 年 3 月 18 日，见 http：//www. sina. com. cn。

⑥ 李勇：《发展战略，产权结构和长期经济增长》，博士学位论文，西北大学，2013 年，第 1—2 页。

⑦ 巴曙松：《寻找均衡持续经济增长点 不应人为刺激》，2013 年 7 月 12 日，见 http：//economy. caijing. com. cn。

一个中高速的增长阶段，这种中高速增长的均衡点还没有找到。"① 蔡昉 (2014) 指出："中国经济的潜在增长率在'十二五'期间即 2011 年到 2015 年期间约 7% 或 6%，在'十三五'期间潜在增长率要降到 6.2%。"②

（二）国内对经济长期持续均衡增长中公共投资因素的研究综述

由于我国长久以来一直奉行投资驱动经济增长的理念，且自改革开放以来私人投资力量一直不足，导致公共投资成为我国经济增长主要依靠的关键因素之一。为此，国内学者有关公共投资驱动我国经济增长的研究广泛而成系统，从公共投资促进经济的作用、投资规模、结构、效率以及效应等领域进行了深入分析研究，涌现出大量经典学术成果，为理论界提供了宝贵财富，并为促进我国经济长期持续均衡增长以及经济转型提供了理论支持。

1. 关于公共投资对于长期经济增长的作用

国内学者对公共投资与经济增长之间关系做了广泛而深入的研究，虽然方法不尽相同，但众多经典文献研究表明，公共投资与长期经济增长存在直接的、显著的联系，是长期经济增长的关键因素，设计有效的公共投资政策可促进经济长期持续均衡增长。如马拴友 (2000) 指出："应通过增加基础设施投资促进短期和长期经济增长。"③ 刘国亮 (2002) 指出："公共投资特别是其中的公共基础设施和科学研究和技术服务项目，对人均 GDP 增长具有明显的积极意义。"④ 娄洪 (2004) 指出："公共基础设施资本能够提高长期经济增长率；当公共投资提供纯公共性基础设施时，能够产生内生增长，阻止长期经济增长率的递减，并且长期经济增长率随劳动力的增加而增加；在相当长时期保持积极的公共投资政策，是我国保证较高的长期经济增长率的重大战略。"⑤ 于长革 (2006) 指出："我国不

---

① 刘世锦：《中国尚未找到经济中高速增长的均衡点》，2014 年 3 月 26 日，见 http：//business. sohu. com。

② 蔡昉：《我看增长减速》，《小康（财智）》2014 年第 3 期。

③ 马拴友：《中国公共资本与私人部门经济增长的实证分析》，《经济科学》2000 年第 6 期。

④ 刘国亮：《政府公共投资与经济增长》，《改革》2002 年第 4 期。

⑤ 娄洪：《长期经济增长中的公共投资政策——包含一般拥挤性公共基础设施资本存量的动态经济增长模型》，《经济研究》2004 年第 4 期。

能忽视对基础设施或具有自然垄断行业的公共投资，以促进短期和长期经济增长。"① 郭庆旺、贾俊雪（2006）把公共资本投资分为政府物质资本投资和人力资本投资并指出："这两种形式的公共资本投资与经济增长之间存在着长期均衡关系，其中政府公共物质资本投资对长期经济增长的正影响更显著。"② 杨大楷、孙敏（2009）指出："由公共物质资本投资、人力资本投资及研发投资构成的公共投资与国内生产总值具有长期的正向均衡关系。"③ 严成樑（2009）指出："我国政府研发投资与经济增长之间存在长期均衡关系，政府研发投资可以促进长期经济增长；此外，政府研发投资对民间物质资本投资和民间人力资本投资也有直接的促进作用。"④ 张卫国等（2010）指出："地方政府投资行为对经济长期增长有显著促进作用，但行政性垄断必然损害经济的长期增长。"⑤ 张中华、郑群峰（2010）指出："构建合理有效的公共投资运行机制和制度安排可对经济增长有显著促进作用。"⑥ 杨飞虎（2014）指出："为促进中国经济长期持续均衡增长，公共投资最主要作用是引导战略产业成长，公共投资最应该投向的领域是科教文体卫等公益项目，公共投资与 GDP 最合适比例应在 10%左右，公共投资最应该发挥的是社会福利效应。"⑦

2. 关于促进经济增长中公共投资规模问题

有关公投资规模方面的研究，我国经济学者同国外学者一样，是基于巴罗模型等经典模型进行估算我国公共投资的适度规模，但是由于模型选

---

① 于长革：《政府公共投资的经济效应分析》，《财经研究》2006 年第 2 期。

② 郭庆旺、贾俊雪：《政府公共资本　投资的长期经济增长效应》，《经济研究》2006 年第 7 期。

③ 杨大楷、孙敏：《我国公共投资经济增长效应的实证研究》，《山西财经大学学报》2009 年第 8 期。

④ 严成樑：《政府研发投资与长期经济增长》，《经济科学》2009 年第 2 期。

⑤ 张卫国、任燕燕、侯永建：《地方政府投资行为对经济长期增长的影响——来自中国经济转型的证据》，《中国工业经济》2010 年第 8 期。

⑥ 张中华、郑群峰：《西方公共投资和私人投资关系研究综述》，《经济学动态》2010 年第 9 期。

⑦ 杨飞虎：《促进中国经济长期持续均衡增长中的公共投资因素——基于 1489 份调查问卷的统计分析》，《经济理论与经济管理》2014 年第 2 期。

取差异较大，以及公共投资或公共支出数据统计口径不一致等原因，导致研究获取的公共投资适度规模估计值存在很大偏差。如马拴友（2000）估计指出："我国政府适度规模大约为 26.7%。"[1] 马树才和孙长清（2005）指出："我国最优财政支出规模为 24%。"[2] 刘卓珺和于长革（2006）指出："我国公共投资支出占 GDP 比重为 4.25% 时为适度规模。"[3] 王君萍和孔祥利（2006）指出："我国公共支出最优规模为 GDP 的 22.97%。"[4] 饶晓辉（2007）指出："我国政府的最优规模为 GDP 的 28.2%。"[5] 钱谱丰和马添翼（2007）指出："我国公共投资支出占 GDP 适度规模为 12%。"[6] 张治觉（2007）指出："我国平衡增长路径中政府投资的最优规模为 8.5%。"[7] 刘长生等（2008）指出："我国政府最优支出规模为 GDP 的 39.21%。"殷强（2008）指出："我国 GDP 与包括大口径公共投资和小口径公共投资的经济变量之间存在长期的均衡关系，分析得出，大口径公共投资的最优规模是公共投资占 GDP 的 29.74%，小口径公共投资的最优规模是公共投资占 GDP 的 17.25%。"[8] 别暄（2010）指出："我国公共投资的最优规模为 GDP 的 15.26%。"[9] 张光南等（2011）指出："我国电力、燃气和水的生产与供应业、交通运输、仓储和邮电通信业、水利、环境和公共设施管理业等各项基础设施和政府总投资的边际

---

① 马拴友：《政府规模与经济增长：兼论中国财政最优规模》，《世界经济》2000 年第 11 期。

② 马树才、孙长清：《经济增长与最优财政支出规模研究》，《统计研究》2005 年第 1 期。

③ 刘卓珺、于长革：《公共投资的经济效应及其最优规模分析》，《经济科学》2006 年第 1 期。

④ 王君萍、孔祥利：《公共支出最优规模：1978—2003 样本数据求解》，《财经论丛》2006 年第 5 期。

⑤ 饶晓辉：《财政支出的效率和规模——基于中国实证分析》，《统计与信息论坛》2007 年第 3 期。

⑥ 钱谱丰、马添翼：《试析政府公共投资的经济增长效应》，《金融教学与研究》2007 年第 2 期。

⑦ 张治觉：《经济增长与政府支出的最优规模——基于国家效用函数的研究》，《决策参考》2007 年第 22 期。

⑧ 殷强：《公共投资效率研究》，经济科学出版社 2008 年版，第 59—73 页。

⑨ 别暄：《我国公共投资最优规模分析》，硕士学位论文，华中科技大学，2010 年，第 12—21 页。

产出分别为 5.65%、2.20%、1.20% 和 1.76%；最优规模分别为 4.6%、3.9%、5.2% 和 20.5%，各项基础设施的实际投资均低于最优规模。"[1] 国际货币基金组织研究报告指出："中国已严重过度投资，当前投资占 GDP 比重已超出均衡水平 12—20 个百分点……中国各级政府为高额投资进行融资所导致的巨大负担每年约为 GDP 的 4%，实际上为居民所承担。"[2]

3. 关于促进经济增长中公共投资结构问题

对于中国经济增长中公共投资结构问题，我国学者也进行了众多有价值的研究，如付文林、沈坤荣（2006）指出："我国公共支出的规模与结构在改革以来的时序变化特征与工业化国家明显不同。"[3] 邵学峰（2007）指出："对传统财政的路径依赖构成了公共投资支出结构不均衡的制度性根源。公共投资支出存在结构不均衡的态势，表现为硬性支出膨胀、软性支出短缺……市场经济条件下公共投资多元化供给的激励机制和保障机制尚未建立，从而陷入公共产品需求增量加大和公共投资供给单一的两难困境。"[4] 王威（2008）指出："公共投资的发展趋势应当为社会提供教育、保健等福利性质的公共产品。"[5] 殷强（2008）指出："公共投资的结构优化可以表述为公共投资各部门投入要素的边际转换率相等，且等于要素的边际替代率时，此时公共投资结构的优化达到了最优状态。"[6] 刘洋（2009）研究优化公共投资结构的对策时指出："现阶段目标是大力加强文教、科学、基础产业和社会保障等方面；中长期目标是政府逐步退出竞争性领域，主要承担公共服务、维护社会公平、促进经济发展、保障国家安全等职能……公共资本投入力度大幅度向中西部地区、农村地区、偏远

① 张光南、周华仙、陈广汉：《中国基础设施投资的最优规模与最优次序——基于1996—2008年各省市地区面板数据分析》，《经济评论》2011年第4期。
② 李蕾：《IMF专家：中国已是过度投资，巨大负担为居民所承受》，2013年4月16日，见 http：//roll. sohu. com。
③ 付文林、沈坤荣：《中国公共支出的规模与结构及其增长效应》，《经济科学》2006年第1期。
④ 邵雪峰：《财政转型下的公共投资结构分析》，《吉林大学社会科学学报》2007年第5期。
⑤ 王威：《论我国公共投资结构的调整与优化》，《理论界》2008年第3期。
⑥ 殷强：《中国公共投资效率研究》，经济科学出版社2008年版，第74—91页。

山区倾斜，改善城乡区域发展不平衡……大幅度向社会福利领域倾斜，改善收入分配不均的局面等。"①

4. 关于促进经济增长中公共投资效率问题

对于中国经济增长中公共投资效率问题，我国学者也取得众多有价值的成果。如刘溶沧、马拴友（2001）指出："公共投资对私人投资具有正的外部性。"② 刘国亮（2002）指出："公共投资的产出弹性大于非公共投资，公共投资和私人投资的产出弹性约为 0.55 和 0.3。"③ 郭焱涛、朱永杰（2010）指出："我国绿色公共投资对经济增长有显著贡献，但产出弹性小于非绿色公共投资的产出弹性。"④ 骆永民（2011）指出："基础设施投资具有空间溢出和门限效应，基础设施投资效率对本地区和相邻地区的经济增长有显著促进作用。"⑤

5. 关于促进经济增长中公共投资效应问题

有关公共投资效应方面的研究，我国学者取得众多有价值成果。关于公共投资对私人投资挤入、挤出效应的研究，众多成果具有学术价值及现实意义，如郭庆旺和赵志耘（1999）指出："公共投资对私人投资有显著拉动作用。"⑥ 马拴友（2000）指出："公共投资和积极的财政政策对中国私人投资有显著拉动作用。"⑦ 尹贻林和卢晶（2008）指出："长期内，我国公共投资与私人投资之间存在着唯一的长期稳定的均衡关系，并且公共投资对私人投资的综合效应表现为挤入效应；在短期内，公共投资对私人投资则具有挤出效应。"⑧ 汪伟（2009）指出："政府公共投资对私人部门

① 刘洋：《中国公共投资问题研究》，博士学位论文，华中科技大学，2009 年，第 94—99 页。
② 刘溶沧、马拴友：《赤字、国债与经济增长关系的实证分析——兼评积极财政政策是否有挤出效应》，《经济研究》2001 年第 2 期。
③ 刘国亮：《政府公共投资与经济增长》，《改革》2002 年第 4 期。
④ 郭炎涛、朱永杰：《我国绿色公共投资的宏观效率分析》，《经济问题》2010 年第 3 期。
⑤ 骆永民：《基础设施投资效率的空间溢出与门限效应研究》，《统计与信息论坛》2011 年第 3 期。
⑥ 郭庆旺、赵志耘：《论我国财政赤字的拉动效应》，《财贸经济》1999 年第 6 期。
⑦ 马拴友：《中国公共资本与私人部门经济增长的实证分析》，《经济科学》2000 年第 6 期。
⑧ 尹贻林、卢晶：《我国公共投资对私人投资影响的经验分析》，《财经问题研究》2008 年第 3 期。

投资在挤进的同时又挤出，最终起主导作用的是挤进效应。"[1] 刘忠敏等
（2009）指出："我国政府支出和公共投资及各项政府行政管理支出在长
期和短期都挤出了私人投资，但社会文教支出对私人投资短期有挤出效应
而长期有挤入效应。"[2] 张勇和古明明（2011）指出："中国公共投资对私
人投资的实际拉动作用显著为负，而资本成本对私人投资贡献显著为
正。"[3] 郑群峰等（2011）指出："无论从长期还是短期看公共投资对私人
投资都有挤入效应。"[4] 我国学者对公共投资的就业效应进行了深入研究，
如林毅夫等（2003）指出："政府的政策门槛设置制度和保护主义，阻碍
了农村人口进城经商、投资和就业。"[5] 于爱晶、周凌瑶（2004）指出：
"公共投资与就业呈正比关系。"[6] 张卫国（2005）指出："地方政府主导
的投资由于缺乏严格预算约束，其效率总体上来讲并不高。这导致了就业
弹性不断下降。"[7] 徐旭川、杨丽琳（2006）指出："中国的公共投资增长
在短期内减少就业，但长期内对就业有显著的正效应。"[8] 王威、潘若龙
（2009）指出："公共投资的增加引起第二、第三产业就业的增加，却引
起第一产业就业的减少。"[9] 我国学者关于公共投资与战略性新兴产业相

---

[1]　汪伟：《公共投资对私人投资的挤出挤进效应分析》，《中南财经政法大学学报》2009 年第 5 期。

[2]　刘忠敏、马树才、陈素琼：《我国政府支出和公共投资对私人投资的效应分析》，《经济问题》2009 年第 3 期。

[3]　张勇、古明明：《公共投资能否带动私人投资：对中国公共投资政策的再评价》，《世界经济》2011 年第 2 期。

[4]　郑群峰、王迪、阚大学：《中国政府投资挤出（挤入）效应空间计量研究》，《财贸研究》2011 年第 3 期。

[5]　林毅夫、刘培林：《经济发展战略对劳均资本积累和技术进步影响——基于中国经验的实证研究》，《中国社会科学》2003 年第 4 期。

[6]　于爱晶、周凌瑶：《我国政府投资与经济增长、居民收入和就业的关系》，《中央财经大学学报》2004 年第 2 期。

[7]　张卫国：《转型期中国地方政府投资行为对经济增长与就业的影响》，博士学位论文，复旦大学，2005 年，第 12—17 页。

[8]　徐旭川、杨丽琳：《公共投资就业效应的一个解释——基于 CES 生产函数的分析及其检验》，《数量经济技术经济研究》2006 年第 11 期。

[9]　王威、潘若龙：《公共投资的就业效应——基于 VAR 模型的检验分析》，《社会科学战线》2009 年第 4 期。

关关系的研究很少，有少数学者进行了开拓性研究，如姚芸芸等（2012）指出："应充分利用风险资本承担高风险、谋求高回报的本性，利用公共风险资本、私人风险资本来推进战略性新兴产业发展。"[①] 李燕萍等（2012）指出："构建产业公共创新服务平台，完善创新服务支持链，支持战略性新兴产业发展。"[②] 时雁等（2012）指出："应完善公共风险资本与私人风险资本合作机制，推进新兴产业集群的发展。"[③] 刘晴（2012）提出："应以政府投入公共资本引导私人资本进入战略性新兴产业研发。"[④] 有关公共投资与城镇化发展之间的联系，我国学者也做了相应的研究，如蒋时节等（2005）指出："短期内基础设施投资不会带来确定的城市化水平的提高；长期情况下，随着城市化的提高，等量化的城市化水平需要的基础设施投资逐渐增加。"[⑤] 蒋时节等（2009）指出："传统的生产性基础设施投资对城市化的影响逐渐减小，贡献率也在降低，而文化教育类和社会服务类基础设施的投资与城市化的相关性最大，贡献程度也在增加。"[⑥] 宗振利（2010）根据 Logistics 曲线预测未来城镇化人口，进而预测未来城镇化进程中的公共投资规模，结果得出 2030 年我国城镇化大概需要的公共投资规模为 30 万亿元。[⑦] 王国刚（2010）指出："城镇化是中国未来经济的重心，从长远的角度来看中国经济的重心在于投资特别是

①   姚芸芸、蔺楠、余淑萍：《我国战略性新兴产业集群公共风险资本与私人风险资本介入研究》，《科技进步与对策》2012 年第 19 期。

②   李燕萍、吴绍棠：《武汉市战略性新兴产业发展的公共创新服务平台研究》，《科技进步与对策》2012 年第 2 期。

③   时雁、蔺楠、余淑萍：《新兴产业集群形成中公共风险资本与私人风险资本合作机制研究》，《科技进步与对策》2012 年第 1 期。

④   刘晴：《战略性新兴产业研发活动公共资本和私人资本的演化均衡——基于公共资本投入的视角》，《软科学》2012 年第 10 期。

⑤   蒋时节、刘贵文、李世蓉：《基础设施投资与城市化之间的相关性分析》，《城市发展研究》2005 年第 2 期。

⑥   蒋时节、周俐、景政基：《分类基础设施投资与城市化进程的相关性分析及实证》，《城市发展研究》2009 年第 9 期。

⑦   宗振利：《城镇化进程中公共投资结构的优化》，硕士学位论文，青岛科技大学，2010年，第 36—41 页。

消费性投资，这里所指的消费性投资是基础设施投资范畴的一部分。"[1]
敬辉蓉（2013）指出："城镇化水平的提高会带来投资的增长，而且平均
城镇化水平提高 1%会带来投资约 11.83%的增长，从而保证经济持续增
长。"[2] 王晓丽（2013）强调："城镇化与投资间存在较强的正向交互影响
作用，并且长期的影响更显著、更有效。"[3] 从国内学者的研究可以发现，
公共投资一般表现为挤入效应，公共投资一般具有正向就业效应。而因为
我国战略性新兴产业 2010 年才正式由国务院划定七大战略性新兴产业，
时间短，所以从统计口径、资料、数据等方面均存在较大的不足，后续的
研究有待推进。因此，探讨公共投资促进战略性新兴产业成长的效应和机
制并设计合理的公共投资政策，是促进我国战略性新兴产业的稳健发展的
关键。同时，基础设施建设和公共服务完善是城镇化健康发展的内涵，其
中公共投资在基础设施建设和公共服务完善方面发挥着重要的作用。

三、国内外相关研究评述

从上述文献可以发现，在看待经济长期持续均衡增长问题上，更多学
者主要是从长期经济增长视角出发，而把经济均衡增长看作经济长期增长
下的某一特定时点。经济长期增长从本质上是非均衡的，但实现经济均衡
增长始终是经济长期增长的政策努力方向，经济长期增长在特定时期趋于
均衡增长甚至实现均衡增长是可以达到的。众多学者从不同角度研究了经
济长期持续增长的影响因素，如制度、产权结构、发展战略、历史文化传
统、自然资源禀赋、技术进步、投资特别是公共投资等等。特别是公共投
资因素，由于其战略性、基础性、公益性、外溢性等典型特征，被认为是
提升科技进步、优化经济结构、稳定适度投资水平、促进经济长期持续均
衡增长的关键因素之一。

---

[1] 王国刚：《城镇化：中国经济发展方式转变的重心所在》，《经济研究》2010 年第 12 期。
[2] 敬辉蓉：《基于 VEC 模型的城镇化与投资间动态影响关系的实证研究》，《特区经济》2013 年第 3 期。
[3] 王晓丽：《我国城镇化发展与产业结构、投资的动态分析》，《中国物价》2013 年第 6 期。

通过综述国内外经典文献可以发现，国内外学者普遍认为公共投资与长期经济增长之间存在直接的、显著的联系，公共投资是长期经济增长的关键因素；并且，公共投资存在最优规模，公共投资规模不足或过剩均对长期经济增长起阻碍作用。而且根据上述研究还可以发现，公共投资对于经济结构优化及社会福利最大化具有很强的正向促进效应，不仅对就业、科教文卫体公共事业、经济结构优化、区域经济协调发展具有显著正向推动效应，还可以实现城乡之间、区域之间、行业之间基本公共服务的均等化，促进城乡之间、区域之间、行业之间经济社会均衡发展，并且大部分学者认为公共投资对私人投资有挤入效应。为此，设计有效的公共投资政策有助于促进我国经济长期持续均衡增长，缩小城乡之间、区域之间的差距，通过上述我国学者对公共投资规模、结构、效率、效应等文献可以发现，针对当前中国国情，学者们对最优公共投资规模和结构等方面认识仍存在分歧。可见，虽然我国学者对促进中国经济长期持续均衡增长的公共投资问题做了许多具有理论价值和实际借鉴意义的研究，丰富了该领域理论研究。但鉴于公共投资领域复杂性及涉及群体利益众多等特性，试图设计促进中国经济长期持续均衡增长的最优公共投资政策注定任务异常艰巨，后续的研究有待进一步深入。

第三节　研究逻辑思路与研究方法

一、研究逻辑思路

本书全面贯彻党的历次中央会议精神，贯彻中国国民经济和社会发展"十三五"规划纲要精神，运用国民经济学、宏观经济学、制度经济学、公共经济学、数量经济学、计量经济学、投资学等不同学科的研究方法，探讨促进中国经济长期持续均衡增长的公共投资政策设计；基于系统分析和模型分析，探讨中国经济长期持续均衡增长中的公共投资规模、效率、结构、效应等相关问题；以发达国家多年来促进经济长期持续均衡增长的相关公共投资政策经验为依据，提出促进中国经济长期持续均衡增长的公共投资政策设计，探讨我国公共投资如何向战略性投资转变、向前瞻性领域转变、向促进经济长期持续均衡增长的目标转变。本书研究成果力求加强国内该领域的理论研究力度，研究成果可供理论界进行学术交流，也可供实务部门决策时参考和借鉴。

　　本书逻辑结构如图 1-1 所示。

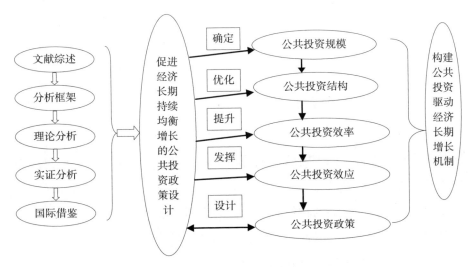

图 1-1　本书研究逻辑结构图

二、研究方法

　　在研究方法上，运用实地调研方法、动态系统分析方法、经验比较和模型分析方法，力求做到宏观分析与微观分析有机结合、实证分析与规范分析有机结合、定性分析与定量分析有机结合、面上分析与案例分析有机结合、理论创新与政策建议有机结合。本书为我国有关部门制定促进中国经济长期持续均衡增长的公共投资政策提供有较大参考价值的依据，对促进中国经济长期持续均衡增长具有重要的意义。

第二章　概念界定与理论基础

第一节　公共投资概念界定

一、公共投资含义的界定

公共投资作为促进经济长期均衡增长的财政政策手段之一为世界各国学者及政府所重视。德国财政学家马斯格雷夫（R. A. Musgrave）曾提出过"经济发展的公共投资支出增长理论"，认为："在市场经济条件下，在一国经济增长和发展的初始阶段，公共部门的投资在整个国家经济总投资中占有很高的比重，以便为经济进入起飞中级阶段打下基础。到了此阶段之后，政府将继续进行公共部门投资，而此时的公共部门投资将逐步成为日益增长的私人部门投资的补充。但在经济发展的所有阶段，政府都必须始终通过增加公共部门投资活动解决市场失灵问题。"① 发展经济学家罗斯托也指出："在经济发展的初始阶段，政府公共投资的重点是提供必要的社会基础设施，而在经济发展进入成熟期后重点应转向提供教育、卫生和福利等方面的服务上来。"② 在这些理论思想影响下，各国政府对公共投资都非常重视，尤其是进入 20 世纪 90 年代以来，西方国家政府有意识地运用公共投资手段去分配社会资源，引导私人投资活动，由过去仅限

---

① Musgrave R. A., *Fiscal Policy for Industrialization and Development in Latin America*, Gainesville: University of Florida Press, 1969.

② Rostow W. W., *Politics and Stage of Growth*, Cambridge: Cambridge University Press, 1971, pp. 169–179.

于公共基础设施投资扩展到国营企业投资、支持私营企业贷款、支持农业投资以及支持落后地区建设等。

公共投资一般被界定为由中央和地方政府投资形成的固定资产的投资，并以此区别财政消费性支出。政府作为投资主体，其投资往往被限定在特定的公共服务领域，因此有时公共投资也被称为政府投资。大多数论著或教材对于投资内涵的定义有广义和狭义之分。鉴于公共投资属于狭义投资的范畴，笔者这里仅对狭义的投资进行阐述。狭义的投资，是指将资本投入土地、建筑物、机器设备或厂房、道路桥梁等，以及可以用来生产商品和服务的知识、直接或间接形成生产能力的经济行为。公共投资作为投资的一种形式，既满足于上述投资特点的同时，还应考虑其特殊性即公共性。鉴于此，一些经济学家提出公共投资具有形成生产性公共资本效应的观点。如阿罗和库兹（1970）、巴罗（1990）认为通过公共投资形成的公共资本具有生产性效应。阿尔弗德雷·格雷纳（2000）认为公共投资对私人资本的边际生产率的正效应主要是通过公共资本存量而产生的。[①]上述文献说明公共投资作为社会的基础性和先行性资本，明显具备生产性效应，能降低私人资本运行成本以至于引致私人投资增长，夯实经济社会发展的基础，从而实现社会经济的持续增长。

万道琴、杨飞虎（2011）认为："在市场经济条件下，公共投资可以理解为以政府为主导，提供用于满足社会需要的公共产品和服务，进而形成生产性公共资本，为社会生产能力的构成提供必要的条件，从而促进整个社会经济持续增长的经济行为。然而应该指出，公共投资的承担主体一般为政府（包括中央政府及地方政府），政府控制着投资总量、结构的决策权和建设项目立项决策权。但是，在一些国家尤其是中国等发展中国家，公共投资有很大一部分是由公共企业去完成的。公共企业与私人企业相比，产生的经济外部性可在一定程度上进行自我弥补，而私人企业的生

① Etsuro Shioji, "Public Capital and Economic Growth: A Convergence Approach", *Journal of Economic Growth*, No. 6 (2001), pp. 205-227.

产与消费不能解决外部经济性等问题。鉴于此，许多学者将私人企业的公共事业活动及目标相似的政府企业的投资也纳入公共投资。在我国，政府同国有企业间关系模糊，特别是公用事业企业投资明显具有公共性质，甚至类似于政府预算开支部分，但这部分投资并不进入正式的财政统计中。"①

公共投资一般是为了促进经济稳定增长、经济结构合理化以及弥补市场缺陷，通过政府或政府企业对投入量大、周期长、投资利润率低的公共部门，私人无法或不愿进入的外部效应很强的部门，或关系国计民生的关键性、支柱性产业或部门所进行的投资。公共投资一般表现为实物资产投资的形式。公共投资的含义既体现了公共性的要求，也包含了投资本身的含义，其考虑的角度是整个社会层面。公共投资提供的产品和服务是以弥补市场失灵、满足公共需求为出发点；同时，这些产品和服务形成了社会生产的公共资本，为社会生产力提供必要的条件，这从根本上促进社会经济持续增长。因此，公共投资是从社会角度提供生产活动必要的条件，为经济社会持续发展提供必要的公共基础设施，进而从根本上保障整个社会经济的持续增长。

二、我国公共投资范围的界定

亚当·斯密（1723—1790）指出国家的义务之一是"建设并维持某些公共事业及某些公共设施（其建设与维持绝不是为着任何人或任何少数人的利益）"。② 主张政府必须将公共投资用于国防、司法、行政及公共设施、土木工程建设方面。美国经济学家汉森指出公共投资领域必须服从于三种计划："有些计划由于规模或风险的巨大，即使在最后能达到自给程度甚至有大利可图，但决不能由私人企业来承担；有些计划按其性质不能指望有收益来补偿其直接成本，但其真正利益是在扩大国民总收入，

---

① 万道琴、杨飞虎：《严格界定我国公共投资范围探析》，《江西社会科学》2011年第7期。
② ［英］亚当·斯密：《国民财富的性质和原因的研究》（下卷），郭大力等译，商务印书馆1997年版，第225页。

扩大的数量至少等于它们的成本；有些计划对于国民总产值贡献极少，但就文化和社会价值而论，其对于福利的贡献已经值得把生产资源投之于这些活动作为成本。"可见，凡是企业愿意并有能力进入、市场机制可以发挥作用的领域应放开让企业自主投资，而将企业不愿或无力进入或发生市场失灵的领域确定为公共投资领域。根据世界各国公共投资理论与实践，公共投资领域主要包括基础设施如交通运输、邮电通信、城市公共设施领域，基础产业如农业，重点产业如能源工业、重要原材料工业，部分支柱产业及高新技术产业，人力资本投资与科研开发投资，以及区域开发投资领域等。[①]

国内的很多研究将公共投资仅局限于政府预算内投资，显然忽略了我国具体国情，我国众多国有企业特别是公用事业企业执行政府宏观政策，其行为贯彻政府意志，所进行的基础设施投资显然应纳入经营性公共投资范围，不然肯定低估我国的公共投资规模。我国公共投资是政府行为和公共企业行为，其目的并非追求利润或产值最大化，而是社会效益最大化与外部效益最大化；公共投资的结果是形成对长期经济均衡增长具有生产性的、具有正外溢性的公共固定资本，因此界定公共投资是固定资产投资行为。它一方面具有将资源在公共部门间、产业间进行合理地配置，形成公共资本与民间资本（或私人资本）协同效应功能；另一方面有利于社会福利的改进，实现所谓的帕累托最优化。例如，政府对于科教文卫体事业的固定资产投资，其目的是为了促进劳动者素质的提高，为经济发展创造条件。另外，随着我国市场化改革的深入，一部分民营资本也进入了公共领域，但这部分资本就总量而言目前依然很少，丝毫不能撼动我国公共投资领域政府主导的地位。我国公共投资是政府主导的形成公共固定资本的投资行为，应服从于国家产业政策发展需要，以促进各产业的协调发展和产业结构的合理化、高级化，保障经济社会可持续发展。

---

① 尹贻林、卢晶：《我国公共投资范围研究》，《上海经济研究》2007 年第 10 期。

　　根据上述探索，本书沿用马拴友（2000）[①] 和刘国亮（2002）对私人部门投资和公共投资的分类方法，参照谢进城（2002）、汪伟（2010）[②] 等人对公共投资范围的界定，界定我国公共投资范围为我国政府及相关公共企业对公共部门所进行的固定资产投资。根据《中国统计年鉴2013》按主要行业部门划分的全社会固定资产投资，本书的私人部门是指农林牧渔业、采矿业、制造业、建筑业、信息传输、计算机服务和软件业、批发和零售业、住宿和餐饮业、金融业、房地产业、租赁和商业服务业等行业部门，它们一般为竞争性领域或私人企业部门，是市场经济中私人部门的基本组成部分，这些部门固定资产投资形成的资本为私人资本。公共部门是指电力、燃气及水的生产和供应业，交通运输、仓储和邮政业，科学研究、技术服务和地质勘查业，水利、环境和公共设施管理业，居民服务和其他服务业，教育，卫生、社会保障和社会福利业，文化、体育和娱乐业，公共管理和社会组织等行业部门，这些部门固定资产投资形成的资本为公共资本。由于公共部门固定资产投资基本上以项目形式运行，因此，万道琴、杨飞虎（2011）认为："公共投资也可以理解为公共投资项目，对正在投资建设或尚未正式运营使用的公共投资项目界定为公共投资建设项目。"[③]

第二节　经济长期持续均衡增长的界定

一、经济长期增长理论

　　哈罗德与多马首先建立起研究经济增长的数学模型，运用数理分析方法开启了经济增长模型探索之路。之后，索洛（1956，1957）将经济增

---

　　① 马拴友：《中国公共资本与私人部门经济增长的实证分析》，《经济科学》2000年第6期。

　　② 汪伟：《公共投资产出效率与经济增长相关性分析：1978—2007》，《经济问题探索》2010年第3期。

　　③ 万道琴、杨飞虎：《严格界定我国公共投资范围探析》，《江西社会科学》2011年第7期。

长理论与新古典经济学相结合，成功地解决了经济增长路径的稳定性问题，并提出技术进步对经济增长的重大作用，此时的技术进步被看作外生变量。[①] 罗默（1986）、卢卡斯（1988）为代表的经济学家，致力于将技术进步内生化以探究经济增长的内生机制，完成了经济增长理论从外生均衡分析到内生均衡分析的转变。[②] 总体来说，经济增长理论演变历程中最重要的问题便是对生产函数及其假定的修正。索洛提出劳动和资本可以完全替代，而哈罗德—多马则假定要素替代刚性，解决了经济增长路径的稳定性问题。以罗默（1986）、卢卡斯（1988）为代表的内生增长理论在新古典增长模型的基础上加入了人力资本变量，引入了技术进步方程。技术进步成为此后经济增长过程中不可或缺的重要变量。从本质上看，哈罗德—多马模型和索洛模型均采用的均衡分析方法。哈罗德—多马模型所推导的均衡条件是 I=S，索洛模型导出的均衡增长方程为：

$$\dot{k} = sf(k) - (n + \delta)k \tag{2-1}$$

研究长期经济增长时，通常采用内生增长模型。一般内生增长理论认为，一国经济增长主要取决于内生化的知识积累和专业化的人力资本水平。罗默（1986）、卢卡斯（1988）认为无意识的知识或人力资本积累是经济长期增长的决定性因素，理解增长的钥匙在于知识的"连续增进"。

中国多年的经济增长主要是劳动和资本两要素投入、结构的优化配置以及制度上的创新，这种方式的经济增长背后面临着能否保持经济持续均衡增长的问题。内生增长理论则认为转变目前的增长方式，从外延式增长向内涵式增长转变，从主要依靠要素驱动向依靠技术和知识驱动转变是实现经济的持续均衡增长的有效途径。以人力资本作为技术进步的支撑，以

① Solow R. M., "A Contribution to the Theory of Economic Growth", *The Quarterly Journal of Economics*, No. 2 (1956), pp. 65-94. Solow R. M., "Technical Change and the Aggregate Production Function", *The Review of Economics and Statistics*, No. 39 (1957), pp. 312-320.

② Romer P. M., "Increasing Returns and Long-run Growth", *The Journal of Political Economy*, No. 94 (1986), pp. 1002-1037. Lucas R. E., "On the Mechanics of Economic Development", *Econometric Society Monographs*, No. 29 (1998), pp. 61-70.

技术进步作为长期持续均衡增长的动力源泉是长期持续增长模式的关键所在。关于"技术进步"却一直没有明确的定义。阿罗（1962）、罗默（1986）忽视了人力资本所体现的技术进步在生产中的累积资本代表当时的知识水平，从而将技术进步直接内生化。[①] 乌扎瓦（Uzawa，1965）、卢卡斯（1988）忽视累积资本中所体现的技术进步，直接引入人力资本变量，认为技术进步依赖于人力资本水平及从事人力资本建设的投入程度。[②] 综合两条研究主线的观点，技术进步应该体现在两个方面：其一，累积资本中所体现的有形技术进步，即机器设备的技术更新，主要取决于研发部门的新发明、新创造；其二，人力资本中所体现的无形技术进步，即劳动者的素质和效率的提高，主要取决于教育投入。以物质资本为载体的有形技术进步和以人力资本为载体的无形技术进步，共同促进经济的持续均衡增长。

二、经济长期持续均衡增长的内生机制分析

本部分基于内生增长模型，探究经济长期持续均衡增长的内生机制。模型的建立借鉴韩廷春（1999）[③] 的研究，具体模型结构如下。

假定国民经济分为三个部门：主要生产消费品 C 和投资品 I 的最终产品部门，主要生产用于最终产品部门的人力资本部门、人力资本部门和研发部门的人力资本 H，研发部门主要生产用于最终产品部门及研发部门所使用的研发资本 R。假定最终产品部门是物质资本存量、人力资本存量和研发资本存量的函数，研发部门的生产依赖一部分的人力资本投入及研发资本投入；人力资本部门主要使用一部分已有人力资本存量生产新的人力资本。

---

① Arrow K. J., "The Economic Implications of Learning by Doing", *The Review of Economic Studies*, Vol. 29, No. 3 (1962), pp. 155–173.

② Uzawa H., "Optimum Technical Change in an Aggregative Model of Economic Growth", *International Economic Review*, Vol. 6, No. 1 (1965), pp. 18–31.

③ 韩廷春：《经济持续增长的内在机制分析》，1996 年 6 月，见 http：//www. ccer. edu. cn cn。

最终产品部门：

$$
\begin{cases}
Y = C + I_K \\
\dot{K} = I_K - \delta_1 K \\
Y = A_1 K^{\alpha} \left[(1 - X_1 - X_2) H \right]^{\beta} R^{\gamma}
\end{cases}
\tag{2-2}
$$

其中，第一个方程代表最终产品部门生产消费品和投资品；第二个方程是物质资本的变化方程，δ_1 为物质资本的折旧率；第三个方程表示产出是物质资本、人力资本、研发资本的函数，其中 H 为人力资本数，R 为研发资本数，X_1、X_2 分别是指用于人力资本部门和研发部门的人力资本占总人力资本的份额。整合三个方程可得：

$$
C + \dot{K} + \delta_1 K = A_1 K^{\alpha} \left[(1 - X_1 - X_2) H \right]^{\beta} R^{\gamma}
\tag{2-3}
$$

人力资本部门：$I_H = \dot{H} + \delta_2 H = A_2 (X_1 H)$ $\tag{2-4}$

研发部门：$I_R = \dot{R} + \delta_3 R = A_3 (X_2 H)^{\omega_1} R^{\omega_2}$ $\tag{2-5}$

其中，δ_2、δ_3 分别为人力资本和研发资本的折旧率。

建立消费者效用最大化函数：

$$
\max \int_0^{\infty} \frac{\left[C(t)^{1-\sigma} - 1 \right]}{1 - \sigma} e^{-\rho t} \mathrm{d}t
\tag{2-6}
$$

其中，ρ 为时间贴现率，越大表明消费者对时间的耐心越好；σ 为消费边际效用弹性的负值。

综上可以建立消费和生产最优增长问题：

$$
\begin{cases}
\max \int_0^{\infty} \dfrac{\left[C(t)^{1-\sigma} - 1 \right]}{1 - \sigma} e^{-\rho t} \mathrm{d}t \\
\text{s. t.} \\
C + \dot{K} + \delta_1 K = A_1 K^{\alpha} \left[(1 - X_1 - X_2) H \right]^{\beta} R^{\gamma} \\
\dot{H} + \delta_2 H = A_2 (X_1 H) \\
\dot{R} + \delta_3 R = A_3 (X_2 H)^{\omega_1} R^{\omega_2}
\end{cases}
\tag{2-7}
$$

为了更清晰地把握经济增长的内生机制，将上述模型采用人均的形式表达。

假设 $h(t)$ 为 t 时期的平均人力资本水平，$N(t)$ 为 t 时期一个国家总人数（假定总人口数等于劳动力总数），则：

$$H(t) = h(t)N(t) \tag{2-8}$$

假定人力资本的增加主要依赖于原有人力资本水平和投入到人力资本部门的人力资本份额；新增的研发资本主要取决于原有研发资本的水平及投入研发部门的人力资本份额。技术进步的演进机制可以如下表达：

$$\dot{h}(t) = \theta_1 X_1(t)h(t) \tag{2-9}$$

$$\dot{R}(t) = \theta_2 X_2(t)R(t) \tag{2-10}$$

其中，$X_1(t)$、$X_2(t)$ 分别是投入人力资本部门和研发部门的人力资本份额，θ_1、θ_2 分别是人力资本部门和研发部门的生产率。

消费用人均消费 $c(t)$ 和总劳动人数 $N(t)$ 表示：

$$C(t) = c(t)N(t) \tag{2-11}$$

假定不考虑资本折旧，可将模型简化为：

$$\begin{cases} \max \int_0^\infty \dfrac{[c(t)^{1-\sigma} - 1]}{1-\sigma} N(t)e^{-\rho t}\mathrm{d}t \\[2mm] \text{s. t.} \\[2mm] c(t)N(t) + \dot{K}(t) = A[K(t)]^\alpha [1 - X_1(t) - X_2(t)h(t)N(t)]^\beta R(t)^\gamma \\[2mm] \dot{h}(t) = \theta_1 X_1(t)h(t) \\[2mm] \dot{R}(t) = \theta_2 X_2(t)R(t) \end{cases}$$

$$\tag{2-12}$$

运用庞特里亚金最大值原理，对上述方程求解，得出以下结果，推算出了内生变量 $c(t)$、$K(t)$、$h(t)$、$R(t)$、$X_1(t)$、$X_2(t)$ 的最优增长路径。

$$
\begin{cases}
\alpha \dfrac{c(t)N(t) + \dot{K}(t)}{K(t)} = \sigma \dfrac{\dot{c}(t)}{c(t)} + \rho \\[2ex]
\dfrac{\dot{h}(t)}{h(t)} \dfrac{1 - X_1(t) - X_2(t)}{X_1(t)} = \sigma \dfrac{\dot{c}(t)}{c(t)} - \alpha \dfrac{\dot{K}(t)}{K(t)} - \beta \dfrac{\dot{h}(t)}{h(t)} - \gamma \dfrac{\dot{R}(t)}{R(t)} \\[2ex]
\quad + (1 - \beta)\ln(1 - X_1(t) - X_2(t)) + \rho - \beta n \\[2ex]
\dfrac{\dot{R}(t)}{R(t)} \dfrac{\gamma(1 - X_1(t) - X_2(t))}{\beta X_2(t)} = \sigma \dfrac{\dot{c}(t)}{c(t)} - \alpha \dfrac{\dot{K}(t)}{K(t)} - \beta \dfrac{\dot{h}(t)}{h(t)} - \gamma \dfrac{\dot{R}(t)}{R(t)} \\[2ex]
\quad + (1 - \beta)\ln(1 - X_1(t) - X_2(t)) + \rho - \beta n \\[2ex]
c(t)N(t) + \dot{K}(t) = A[K(t)]^{\alpha}[(1 - X_1(t) - X_2(t))h(t)N(t)]^{\beta}R(t)^{\gamma} \\[2ex]
\dot{h}(t) = \theta_1 X_1(t)h(t) \\[2ex]
\dot{R}(t) = \theta_2 X_2(t)R(t)
\end{cases}
$$

$$(2-13)$$

本书探究的是经济长期持续均衡增长，因此侧重关注平衡增长的路径，即各个变量的增长率为常数。整个经济系统持续均衡增长的条件是人均消费增长率、人均物质资本增长和人均产出率相等，根据上述微分方程组可推导得出：

$$
\frac{\dot{c}(t)}{c(t)} = \frac{\dot{k}(t)}{k(t)} = \frac{\dot{y}(t)}{y(t)} = \frac{\beta[\theta_1 - (\rho - n)] + (\alpha + \beta - 1)n}{\beta\sigma + (1 - \alpha - \beta)}
$$

$$
= \frac{[\gamma\theta_2 - \beta(\rho - n)] + (\alpha + \beta - 1)n}{\beta\sigma + (1 - \alpha - \beta)} \qquad (2-14)
$$

从式（2-14）可以看出，经济的均衡增长率主要取决于人力资本部门和研发部门的生产效率 θ_1 和 θ_2，以及时间贴现率 ρ 和劳动增长率 n 相关。其与人力资本部门和研发部门的生产效率正相关，与时间贴现率负相关，与劳动人口增长率正相关。国家的人力资本部门和研发部门的生产效率越高，均衡增长率越高；若储蓄率过高，即人们推迟消费的耐心越大，增长率便越低；若劳动增长率为 0，其均衡增长率仍然存在。因此，可以总结得出，一个国家的经济长期持续均衡增长主要来源于技术进步，包括物质资本所包含的技术进步和人力资本所包含的技术进步，技术进步的源泉则主要是人力资本与研发资本的增长。

三、经济长期持续均衡增长的概念界定

经济长期持续均衡增长的含义可以从两个方面作出解释。第一是经济长期持续增长。运用内生增长模型的观点，经济增长中可持续的动力是以人力资本和研发资本增长为支撑的技术进步。第二是经济均衡增长。均衡增长是指经济增长的各个局部、过程之间一种能动的、能满足适当比例与和谐要求的相互关系，其本身包含了经济结构的优化、经济增长方式转变等多项内容。均衡增长主要是受结构因素和制度因素的影响。一方面，由市场机制自发配置资源优化经济结构，尤其是产业结构。但市场机制也会导致区域结构失衡等问题。中国东部地区经济发达，要素趋于流向东部，中西部地区则面临要素贫乏等问题制约经济增长，地区间差距拉大，经济结构失衡。此时，中国政府便扮演着优化经济结构的重要角色。另一方面，制度因素是未来中国经济增长的最关键因素，良好的制度环境和有效的激励机制均对政府有较强的依赖性。政府在优化制度设计，引导市场机制充分发挥效用方面具有重要的作用。如何处理好政府与市场的关系，让市场在资源配置中起决定性作用；如何转变经济发展方式，从外延式向内涵式转变，从高能耗向绿色低碳转变，从要素驱动向技术驱动转变；如何实现人口、资源与环境的和谐协调发展；如何满足居民的持续提升的福利需求及发挥国家的影响力等，均是中国经济持续均衡增长的关键问题。

经济长期持续均衡增长是指以经济增长动力可持续为前提，以优化经济结构，转变经济增长方式为手段，以促进资源优化配置，人与自然协调发展，提高居民福利为最终目的的经济增长。其包含经济增长动力、经济结构优化、经济增长方式转变三个重要的方面；从影响因素看，其受供给因素、结构因素和制度因素综合影响；从本质上看，技术

进步是动力，教育和研发投入是支撑，市场和政府相配合是手段，制度
设计是关键。

四、影响经济长期持续均衡增长的因素分析

　　关于经济长期持续均衡增长的影响因素，新古典增长理论将产出视
作资本积累、劳动投入和外生技术进步的函数。以罗默、卢卡斯为代表
的内生增长理论，将技术进步作为内生变量，通过引入人力资本变量，
提出人力资本的规模和生产效率是长期经济增长的源泉。在此基础上，
结构主义派针对上述两种理论中未涉及的结构因素予以补充，在多部门
模型只能够引入需求结构和劳动力结构变量，提出需求结构和产业结构
也和经济增长密切相关。制度学派则认为经济增长的根本原因是制度的
变迁，具有激励的有效产权制度是促进经济增长的决定性因素。综合各
个学派的观点，经济长期持续均衡增长的影响因素包含了结构因素、供
给因素和制度因素。结构因素主要是指部门之间的边际生产率差异或需
求结构变动所引致的资源再配置；供给因素主要是指劳动、资本的积累
以及人力资本积累和研发资本积累所导致的技术进步；制度因素是指完
善的市场机制和合理的制度设计所带来的经济效率。这些因素在国家的
各个发展阶段发挥着不同的作用。在经济发展初期，要素投入不足时，
劳动和物质资本成为最有效的驱动力，在劳动和物质资本累积到一定程
度后，人力资本和研发资本的效用才能得到发挥。在经济高速发展阶
段，要素对经济增长的驱动力逐渐减弱，结构因素登上舞台，由于部门
间的边际生产率差异以及需求结构变动所引起的产业结构变动，导致了
生产要素等资源向生产率较高的部门流动，从而加快了经济增长。在经
济发达阶段，持续均衡增长成为经济增长的关注点。主要依靠要素投入
和结构转变所带动的经济增长也无法持续下去，经济增长必须从外延式
向内涵式转变，技术进步才是经济持续均衡增长的源泉。同时，制度因
素成为最关键的因素，良好的制度环境、完善的市场体系和有效的激励
机制都能激发人们的创新活动，极大地促进技术进步；同时能充分发挥

各种经济要素的生产潜力。

　　政府公共投资作为物质资本、人力资本和研发资本的主要投资来源，其投资的规模、结构和效率都会影响供给因素。同时，公共投资具有引导产业结构升级效应、社会福利效应、城镇化效应、就业效应等，这些效应会影响需求结构和引导资源再配置，进一步影响结构因素。此外，制度因素中也涉及公共投资制度设计内容。因此，公共投资对于经济长期持续均衡增长有着重要的意义，是本书后面章节重点研究的内容。具体见图2-1。

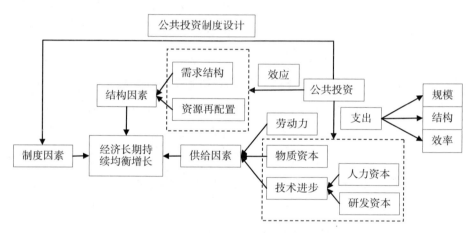

图 2-1　经济长期持续均衡增长的影响因素

第三节　理论基础

　　在清晰界定公共投资定义及范围、经济长期持续均衡增长的含义、机制及影响因素之后，将对本书研究的理论基础进行梳理。在公共投资的研究上，主要包含政府公共投资决定理论、凯恩斯政府干预理论、公共产品供给理论、公共产品供给投资价值理论和项目区分理论。在此基础上结合内生增长理论，探究其在长期经济增长中的作用。其理论梳理如图2-2所示。

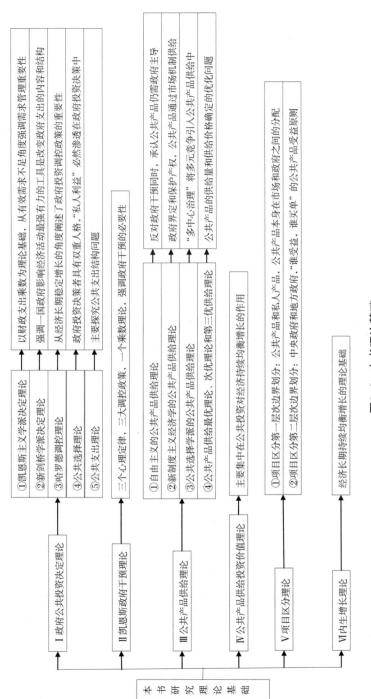

图2-2 本书理论基础

一、政府公共投资决定理论

政府公共投资决定理论主要包含五个方面，分别是凯恩斯主义学派公共投资决定理论、新剑桥学派的公共投资决定理论、哈罗德调控理论、公共选择理论及公共支出理论。

（一）凯恩斯主义经济学的政府公共投资决定理论

凯恩斯主义学派的政府公共投资决定理论，主要以财政乘数作为理论基础，从有效需求不足角度来强调需求管理的重要性。财政支出乘数理论主要研究财政收支变动对总收入变动的影响。在凯恩斯主义中，财政支出乘数就是指政府购买劳务和物品支出的增加所引起的国民生产总值或者国民收入增加或减少的倍数。在有关财政支出乘数阐释中，有以下注意事项：（1）这里所说的财政支出是指在购买商品或劳务方面发生的支出。转移支付的乘数效应一般比购买商品或劳务支出的乘数效应弱。政府用于贷款和偿还债务的支出，一般情况下与商品或劳务购买支出的乘数相同。（2）假定财政支出全部用来购买本期商品或劳务。如果用于购买像土地、建筑物等资产，只要卖方不将其全部收入用于投资支出或消费支出，财政支出的乘数效应就会小。（3）这里假定税率不变。实际上，政府支出的变动常常伴随着其他参数的相应变动。（4）支出乘数和投资乘数一致的时候，除了前面提出的假设以外，还由于政府支出而获得收入的人们，其边际支出倾向与经济整体水平相等。其特殊情形是，当救济性支出存在的情况下，由于收入获得者的最初边际支出倾向一般都格外高，财政支出乘数会超过投资乘数值。（5）在经济繁荣时期，财政支出增加对实际收入的影响力出现减弱趋势。因为在这种经济状况下，财政支出扩张将导致国民支出增加，这会刺激价格水平上升，从而对实际国民收入的增长来说，其作用不大。（6）财政支出乘数效应受到利率的影响。在国民收入提高时，出于交易目的的货币需求会增大；在货币供给不变的情况下，一般是利率上升。利率的这种变化会抑制民间投资，因而，财政支出的扩张效应在一定程度上被抵消。（7）财政支出的增加一般要使货币量和公债规模发生变化，并通过对利率行业货币资产的影响，从而对民间消费和民间投资产生间接影响。①

（二）新剑桥学派的政府投资决定理论

新剑桥学派又称为后凯恩斯主义经济或英国凯恩斯主义，其重要代表人物有罗宾逊、卡尔多、戴维森等。新剑桥学派以产业结构和分配结构作为分析的重点，同时吸收了凯恩斯理论中注重历史因素和制度因素，强调不确定性预期等优点，克服了凯恩斯忽视"市场垄断"，忽视资本主义经济中的积累过程、增产过程和分配过程的缺点，而将自己的理论发展为独具特色的后凯恩斯主义理论体系。新剑桥学派认为，政府开支不是来源于赋税就是来源于借款，不管哪种形式都会对企业的生产经营产生影响。一国政府影响经济活动最强有力的工具就是改变政府支出的内容和结构。政府支出的增加可以刺激总需求，促进经济的增长；政府支出的减少则会抑制总需求，引起经济的衰退。但是，政府在运用支出手段时，必须注意支出的内容，以免造成经济的盲目和资源的浪费。由于"冒牌凯恩斯主义者"错误理解凯恩斯关于扩大政府支出可以增加就业的理论，盲目追求扩大政府开支以增加就业总量，却不顾政府支出的内容和资源的合理利用，以至于造成资本主义经济的盲目高速增长和国民经济的军事化，导致社会资源的巨大浪费和环境污染，因而提出应对投资实行全面的社会管制政策。

（三）哈罗德的政府公共投资调控理论

哈罗德（1981）从经济长期稳定增长的角度阐述了政府投资作为宏观调控手段的重要性。② 储蓄作为推动经济增长的动力，哈罗德除在研究动态经济增长理论过程中，除了考虑了时间因素，还考虑了储蓄作用下的经济增长率，并以此为核心来建立经济增长模型。在哈罗德的模型中，根据储蓄在经济增长中的不同作用，将经济增长率分为实际增长率、保证增

---

① ［英］凯恩斯：《就业、利息和货币通论》，商务印书馆 2005 年版，第 28—41 页。

② ［英］罗伊·哈罗德：《动态经济学》，黄范章译，商务印书馆 1981 年版，第 39—56 页。

长率和自然增长率。实际增长率用储蓄率与资本产出率之比表示，主要描述经济体系的实际增长情况；保证增长率用人们满意的储蓄与满意的资本产出率之比表示，主要描述在不考虑技术进步和人口变动的前提下，令企业满意的均衡增长率；自然增长率用考虑了人口增加和技术进步的储蓄率与资本产出率之比表示，主要描述长期经济增长的内在增长率。现实经济运行中，三种增长率是不一致的，经济增长受到诸多因素的干扰而出现波动，其本质原因是三种增长率情况下的储蓄率不一致以及人们意愿投资和实际投资不一致，而这些均是无法通过市场内部调节的，因此，哈罗德主张政府采取适当的政策使三种储蓄率相等，人们意愿投资和实际投资相等，其中政府公共投资便是重要的政策之一。可见，该模型中，政府的公共投资作为调节长期经济稳定增长的手段之一。

（四）公共选择理论

公共选择理论主要研究非市场决策问题，该理论认为人类社会由两个市场组成，分别是经济市场和政治市场。经济市场的主体是消费者和生产者，其根据个人利益最大化来进行决策；政治市场的主体是选民、利益集团、政治家和官员，人们通过选票来选择能带来最大利益的政治家、政策及法律制度。经济市场中决策者是利己主义的代表，政治市场中决策者是利他主义的代表。但同一个人在经济市场和政治市场中根据两个标准来进行决策是难以实现的，公共选择理论试图将这两种情况纳入统一的分析框架。若应用于政府公共投资决策领域，政府抉择者应将公众利益作为投资决策的首要考量，但实践中却并非如此，决策者除了考虑公共利益之外，还夹杂了个人利益、部门利益或者地方利益等，由此导致可能存在不合理的政府公共投资。政府公共投资决策者具有双重人格，既是利己主义的代表，又是利他主义的代表，会出现私人利益渗透在政府投资决策中。

（五）公共支出理论

公共支出理论主要研究公共支出的结构，即公共支出应投向哪些领域才是最优的。国外经典研究文献对此也存在分歧。威廉·配第认为国家加强生产性支出而减少非生产性支出，是保证社会安定和课税公正的前提。

亚当·斯密是自由主义学派的代表人物，其倡导市场自由竞争，反对政府干预，但其也支持在国防开支、司法开支、公共工程和公共机构的开支、维护君主尊严的费用需要政府主导，同时基础设施和教育方面的开支也必不可少。[①] 德国经济学家李斯特（1961）主张："国家是经济活动中最重要的角色，强调优先发展生产力大的部门，优化产业结构，增加教育支出。"[②] 凯恩斯则主张采用财政政策干预经济，政府支出的范围扩大到基础设施建设、环保和农业等经济领域。马斯格雷夫（1992）认为："公共支出结构应该与经济发展阶段相适应。经济发展初期，公共投资比重增加，主要用于基础设施建设，以创造良好的私人投资环境，挤入私人投资；经济发展到一定阶段后，公共支出比重开始下降；经济发展成熟以后，公共支出主要用于对私人消费品的补偿投资。"[③]

（六）政府公共投资决定理论与中国经济增长

从政府公共投资决定理论来看，为确保基础设施领域合理发展与布局，确保经济结构合理与优化，确保就业水平稳定在一定合理水准上，特别是通过调控公共投资规模来引致私人投资规模在一定的合理水平，从而确保经济持续均衡增长，我国公共投资必须在稳增长、稳就业、优结构中发挥关键作用，因而，我国通过调控公共投资规模和结构可有效促进经济长期持续均衡增长。

二、凯恩斯政府干预理论

（一）理论概述

凯恩斯政府干预理论的核心是通过扩大政府支出来增加就业，认为有效需求不足是资本主义社会生产过剩的大量失业的原因。凯恩斯在其

---

① ［英］亚当·斯密：《国民财富的性质和原因的研究》（下卷），郭大力等译，商务印书馆1997年版，第225页。

② ［德］弗里德里希·李斯特：《政治经济学的国民体系》，陈万熙译，商务印书馆1961年版，第19章。

③ Musgrave R. A., *Fiscal Policy for Industrialization and Development in Latin America*, Gainesville: University of Florida Press, 1969.

《就业、利息与货币通论》中提出三个心理定律和一个投资乘数理论来论证人们心理对有效需求的影响。在凯恩斯的逻辑里，有效需求不足的原因是三大心理定律影响人们的消费和投资。凯恩斯三大心理定律分别是：（1）边际消费倾向递减。收入的增加会带动消费的增加，收入增长初期，消费增加幅度较大，当收入增加到一定程度后，消费增加呈现递减趋势。（2）资本的边际效率递减。与边际消费倾向递减类似，投资增加的初期和中期，投资收益与投资成正比，投资热情高涨，随着越来越多的投资涌入某个领域，投资收益率下降，投资热情降低。（3）流动性偏好。所谓流动性偏好是指人们在心理上对持有现金存在偏好，主要基于交易动机、谨慎动机和投机动机。根据这三大定律，宏观经济在完全自由的市场上无法达到均衡，便会出现经济危机。要解决经济危机，就需要政府对经济进行干预，增加全社会的有效需求，抵消三大心理定律对宏观经济的负面影响。政府投资具有乘数效应，即投资的增加可以带动收入和就业的成倍增加。因此，政府支出是解决失业和经济危机的最有效手段。[①]

孔令润（2010）认为："凯恩斯的国家干预经济政策主要有三类：（1）财政政策。通过赤字和发行国债的方式，不断扩张政府支出，包括公共投资和公共消费，着重用于公共事业投资。（2）货币政策。通过降低利息率来刺激投资，通过通货膨胀政策来压低实际工资。由此提高企业的利润率，进一步增加投资和就业。（3）对外扩张政策。对外扩张包含对外商品扩张和对外资本扩张，对外商品扩张有助于解决国内产品过剩问题，对外资本扩张则有利于过剩资本投资，共同促进有效需求的增加，进而带来就业的增加。"[②]

（二）凯恩斯政府干预理论与中国经济增长

通过凯恩斯政府干预理论可以发现公共投资是政府调控社会总需求不足及就业问题的有力政策工具。2008年国际金融危机以来，我国政府推

[①]　［英］凯恩斯：《就业、利息和货币通论》，商务印书馆2005年版，第93—150页。

[②]　孔令润：《哈耶克与凯恩斯的论争与启示》，硕士学位论文，云南大学，2010年，第6—7页。

出强力"四万亿经济刺激计划",从而对稳定我国经济运行态势发挥重要的良性驱动作用。尽管政府的强力干预也有种种负面效应,但毋庸讳言的是,每一个宏观政策均有成本,不能因为政府干预存在问题就否定一切,否定中国政府在推动经济增长中所发挥的关键作用。由于现代宏观经济运行的脆弱性及非均衡性,而且现代市场经济的一般态势为有效需求不足,因此在稳定中国经济运行,从而推动宏观经济长期持续均衡增长,我国政府干预具有充分的必要性及合理性。

三、公共产品供给理论

（一）理论概述

公共产品供给理论的观点主要包含自由主义的公共产品供给理论、新制度主义经济学的公共产品供给理论、公共选择学派公共产品供给理论、公共产品供给最优理论、次优理论和第三优供给理论。

自由主义学派以英国古典经济学家亚当·斯密为代表,其倡导自由竞争,反对政府干预,将政府定位于"守夜人"的角色,但又不否认国家和政府是市场自由竞争的前提,在国防开支、司法开支、公共工程和公共机构的开支、维护君主尊严的费用四个方面,政府起主导作用。尤其强调政府在公共事业和公共设施上的重要作用。

新制度主义经济学的代表人物科斯强调公共产品的供给可以多样化,征税或补贴不是解决市场外部性最好的方式。只要在产权明晰的情况下,私人也可以参与公共产品供给,通过对使用者收取费用的方式实现收益。公共产品的产权由私人拥有,其可以自行出卖或处置。政府则只需界定产权和保护产权,创造良好的市场交易环境及公共产品供给机制即可。

公共选择学派主要以埃莉诺·奥斯特罗姆为代表。迈克尔·麦金尼斯提出的"多中心治理"理论将多元竞争引入公共产品供给中,提出政府和私有化不是唯一解决"公地悲剧"的方案,社会可以作为市场和政府之外的组织供给公共产品。公共产品不一定由政府或私人单一垄断,也可以是混合经济。[①] 政府在提供公共产品及服务的同时，也可以通过引入私人和其他组织参与竞争的方式提供公共产品。政府可以通过合约签订来委托非政府机构提供公共服务。目前，社会组织较发达的西方国家，很多都实现了社区自治和社区内公共产品供给，政府给予一定的资金支持。

公共产品供给的最优理论主要探究公共产品的供给量和供给价格应确定在何种水平上，才能满足消费者的需求，使消费者效用最大化，达到公共产品的供求均衡。英国福利经济学家庇古认为对于个体而言，当公共产品消费的边际效用等于税收的边际负效用时的公共产品供给是最优的。公共产品的局部均衡理论根据消费效用不可分性和消费的非竞争性提出集体中个人可支配的数量是一样的，而愿意支付的价格存在差异，因而全体个人对一定数量的公共产品所愿意支付的价格是由不同个人的需求线垂直相加而得到的。该理论从个人偏好推导至集体偏好。之后，萨缪尔森在其《公共支出纯理论》一文中采用一般均衡方法，将公共产品和私人产品视作两种商品，分析认为公共产品的最优供给发生在消费者对两种商品的边际替代率之和等于两种商品的边际转换率。此外，维克塞尔和林达尔也各自提出了自己的公共产品最优供给模型，试图把公共产品的供给与实际政治生活中的决策过程联系起来。

由于最优供给存在很多限制性条件，难以实现，当资源最优配置的所有条件无法全部得到满足的时候，如何作出最佳的选择是公共产品供给次优理论研究的问题。当已经有一个最优条件无法得到满足时，最佳的选择便是离开其他所有最优的条件，达到一个次优的状态。然而，福利经济学家研究认为次优的实现也是非常复杂的，即使有了必要的信息，还可能存在行政费用。在此情况下，第三优理论便诞生了，第三优理论允许实现帕累托最优约束条件的存在。同时，也允许考虑信息成本和行政开支费用的

---

① ［美］迈克尔·麦金尼斯：《多中心体制与地方公共经济》，毛寿龙译，上海三联书店2000年版，第98页。

存在，因此这弥补了市场效率评价标准中的理论缺陷。

（二）公共产品供给理论与中国经济增长

公共产品供给理论主要体现的是公共投资供给规模、结构及公共投资资金的来源。从我国具体实践看，由于大规模地进行基础设施领域的公共投资，我国拥有了世界一流的基础设施，从而有效克服了阻碍中国长期经济增长的关键瓶颈。但应该指出的是，我国公共投资在城乡之间、区域之间、行业之间配置并不均衡合理，这些因素阻碍了我国经济的长期持续均衡增长。因此，优化公共投资配置结构，合理通过 PPP 项目模式引致私人资本进入公共投资领域，保持合理的公共投资规模和结构，应是中国经济保持长期持续均衡增长的关键因素之一。

四、公共产品供给投资价值理论

（一）理论概述

公共投资的价值理论更多的是集中在促进经济增长效应上面，即公共投资对经济持续均衡增长的作用。凯恩斯（Keynes，1936）认为公共投资对增加就业和扩大有效需求具有重要作用。[1] 索洛（Solow，1956）的新古典经济增长模型融入了经济增长中知识、技术的作用，并在此基础上提出内生增长理论。[2] 巴罗（1990）直接将公共投资引入宏观生产函数，分析了公共品有效供给得以实现的最优税收政策，并认为公共投资可以为私人资本投资提供公共服务从而提高私人投资资本的收益率，进而从公共投资的正外部性出发解释内生经济增长。[3] 国内外学者们还通过生产函数法或成本函数法等方法对公共产品的作用开展了实证研究。阿肖尔（1989）和穆勒（1990）利用生产函数来探讨公共物品的作用，研究发现公共产

---

① ［英］凯恩斯：《就业、利息和货币通论》，商务印书馆 2005 年版，第 137—162 页。

② Solow R. M., "A Contribution to the Theory of Economic Growth", *The Quarterly Journal of Economics*, No. 2 (1956), pp. 65-94.

③ Barro Robert J., "Government Spending in B Simple Model of Endogenous Gmm", *Journal of Political Economy*, Vol. 98, No. 5 (1990), pp. 103-125.

品投资对产出有巨大的促进作用和价值创造提升。[①] 林德和里奇满
（Lynde & Richmond，1992）利用成本函数法来估计公共投资对经济发展
的影响，也得出了公共投资对总产出具有显著的促进作用。[②] 另外，公共
产品供给投资不但对经济发展有显著影响，而且由于公共服务融资及公共
服务对不同人群有不同的影响，因此公共产品供给投资对收入分布、区域
经济发展及其差异也有影响。伊斯玄（Estache，2003）认为由于加强贫
困地区公共服务的提供有助于低收入者和贫困地区融入全国甚至全世界的
经济活动，降低生产成本和交易成本，使他们有更多的发展机会和更高的
福利水平。[③] 卡尔蒙和刘（Gaxmon & Liu，1997）通过该理论模型推导出
公共产品供给投资有减少收入差异的作用，公共投资不仅有减少收入差距
的作用，通过提高欠发达区域的公共投资还可以降低生产和交易成本，从
而有助于区域协调发展。[④] 雅客比（Jacoby，2000）的研究发现公共投资
有助于减少区域差异，使得贫困地区的收入向富裕地区趋同。[⑤] 樊胜根、
张林秀和张小波（2002）发现中国农村公共投资对地区经济和收入分布
有影响，对经济发展和降低收入分布差距也具有重要作用。[⑥] 此外，一些
研究还分析了科研投资对经济发展的作用价值性。马克和库（Mac &
Koo，1997）采用 DEA 方法并使用中国 1984—1993 年的 29 个省份数据，
分析了农业部门的全要素生产率和技术效率，指出了增加农业部门科研的

---

① Asohauer A. D.，"Is Public Expenditure Productive?"，*Journal of Monetary Eeonomics*，Vol.
23，No. 2（1989），pp. 177-200. Munnell A. H.，"Why has Productivity Growth Declined? Produc-
tivity and Public Investment"，*New England Economic Journal*，No. 1（1990），pp. 4-22.

② Lynde C. & Richmond J.，"The Role of Public Capital in Production"，*Review of
Economics&Statistics*，No. 74（1992），pp. 231-249.

③ Estache A.，"On Latin America's Infrastructure Privatization and Its Distributional Effects"，
Ssrn Electronic Journal，2003.

④ Gannon C. & Liu Z.，"Poverty and Transport"，*General Information*，Vol. 95，No. 2
（1997），pp. 942-955.

⑤ Jacoby H.，"Access to Rural Markets and the Benefits of Rural Roads"，*The Economic Journal*，
No. 110（2000），pp. 713-737.

⑥ 樊胜根、张林秀、张晓波：《中国农村公共投资在农村经济增长和反贫困中的作用》，
《华南农业大学学报》（社会科学版）2002 年第 1 期。

公共投资对技术进步的重要性。[1] 目前，关于公共投资对消费者福利影响的研究较少，主要集中在基础设施领域。阿罗和库兹（Arrow & Kruz，1970）认为基础设施作为一种混合公共品，其提供具有一定的门槛规模，超过特定门槛规模的多余的设施不会给消费者带来效用，很多基础设施供给会降低公众的福利水平，相反却会因为增加供给而对公众征税，降低公众的福利。[2] 当然，伴随着知识经济的到来及内生增长理论的形成和发展，知识、人力资本对经济增长的重要作用日益显露，而且劳动力要素的质量比数量更为重要。公共投资将会重视社会基础设施建设，特别是公共教育。因此，公共投资对经济增长作用的实证分析主要集中在通过公共教育来提高劳动者的智力和劳动技能，从而影响私人投资。在公共投资对贫穷和不平等的作用和价值方面。莫斯利（Mosley，2004）运用跨国数据估计了政府支出在不同区域对贫困人口数量产生的影响，发现对教育、农业、住房以及市政建设较高的政府支出对减贫的影响比较显著。[3]

（二）公共投资的价值理论与中国经济增长

公共投资的价值理论主要说明如何进行公共投资配置对经济增长有利。众多研究发现公共投资配置结构对经济增长的促进作用并不相同。从我国的实践来看，显然，投入到经济性领域的公共投资对促进经济增长更加有利。尽管生活性领域公共投资促进经济增长的效应比较间接，但由于其主要涉及科教卫文体等民生领域，是提升居民福利最大化的直接推手及促进经济增长的最终目标，因此，我国的公共投资促进经济增长的政策设计应从生产性领域逐步向生活性领域转移并增大比重，从而实现普惠型的长期经济增长。

---

[1]　Man Weining & Koo Won W., "Productivity Growth, Technological Progress, and Efficiency Change in Chinese Agriculture after Rural Economic Reforms: ADEA Approach", *China Economic Review*, No. 2 (1997), pp. 157-174.

[2]　Arrow K. & Kruz M., *Public Investment, the Rate of Return and Optimal Fiscal Policy*, Baltimoro: John Hopkins University Press, 1970.

[3]　Mosley P. & Hudson J., "Aid, Poverty Reduction and the New Conditionality", *The Economic Journal*, No. 114 (2004), pp. 217-243.

五、项目区分理论

（一）理论概述

项目区分理论是在传统的公共产品理论基础上进一步发展得来的，主要是根据性质将公共产品区分为经营性和非经营性公共产品。彭清辉（2011）进一步明晰不同性质的公共产品的投资主体、融资模式等方面，并指出："经营性的公共产品以市场作为投资主体，非经营性的公共产品以政府作为投资主体。"[①] 按照投资和运作主体不同，项目区分理论包含两个层次的边界：一是政府和市场的供给边界；二是公共产品在中央政府和地方政府之间的供给边界。

第一个层次的边界主要包含两个方面的内容：（1）公共产品和私人产品如何在政府和市场之间划分；（2）公共产品本身如何在政府和市场之间划分。公共产品和私人产品在政府和市场之间的划分，主要包含具有典型意义的公共产品，例如公共安全、城市照明等，此类公共产品的提供无法带来直接的经济效益，但具有明显的社会效益，且部分产品的提供具有非排他性，容易产生"搭便车"行为，人们往往因此不愿明确表达自己的偏好，出现市场失灵问题，此时政府成为此类公共产品的最优供给方。关于公共产品本身在政府和市场之间的划分，主要针对准公共产品，该类产品兼具经济效益和社会效益，比如城市供电供水、部分医疗服务等。政府并不一定是这类产品的最优供给者，可以选择与私人签订合同的形式，充分发挥市场的力量，提供这类型的公共产品。针对公共物品提供的第一层次边界的划分，可以为不同性质的公共物品确定不同的供给主体，将市场和政府力量有机地结合起来，从而提高公共物品供给的效率和效益，为有效解决公共物品投融资主体选择矛盾，合理划分政府参与经济的程度意义重大而深远。第二层次的边界划

---

① 彭清辉：《我国基础设施投融资研究》，博士学位论文，湖南大学，2011 年，第 13—14 页。

分主要解决公共产品如何在中央政府和地方政府之间进行分配，根据
"谁受益，谁买单"原则进行划分。根据公共产品供给主体不同，可以
将其分为全国性公共产品和地方性公共产品。全国性公共产品的正外部
性能惠及整个国家范围，由中央政府来提供。地方性的公共产品的正外
部性一般局限在某个特定的区域之内，体现了某个特定区域居民的偏好
和需求，由该区域的地方政府来提供效率更高。一方面，地方政府能更
好地针对本地的实际需求情况提供相关产品；另一方面，便于接受社会
监督，提高公共产品的供给效率。

项目区分理论的确立，对于合理界定政府与私人部门之间以及中央政
府与地方政府之间参与公共产品市场活动的界限给予了理论指导，对转型
期的我国社会主义市场经济的快速发展意义重大而深远。

（二）项目区分理论与中国经济增长

通过项目区分理论可以界定我国公共投资活动中政府与市场的关
系，明晰我国中央政府与地方政府在公共投资项目供给的责任和边界。
我国需要长期稳定一定的投资规模尤其是公共投资规模，但如何调动私
人资本进入公共投资领域，从而有效发挥私人资本活力是宏观政策必须
关注的难题，最近广为推行的 PPP 模式成为一个广泛而意义深远的尝试。
但 PPP 模式中也存在官欲退而民不进的窘境，如何解决决定了政府与市
场分工的合理性与有效性。特别是目前，我国中央政府与地方政府在财权
与事权之间存在较大的非对称性，如何在两者之间划分合理权责，对地方
政府实施有效的激励约束机制，也是促进中国经济长期持续均衡增长的
关键。

六、内生增长理论

（一）理论概述

20 世纪 80 年代中期以来，以罗默、卢卡斯等为代表的一批经济学家
对新古典增长理论进行重新思考，通过总结前人的经济增长思想基础上提
出了一组以"内生技术变化"为核心的论文，重新看待长期经济增长的

源泉这一问题，构筑了一种新的增长理论——内生增长理论。

内生增长理论认为经济的长期增长率是正的，积累的生产要素收益为递增。通过将知识、人力资本等因素引入经济增长模型中从而产生递增的收益并使整个经济的规模收益递增。罗默（1986）认为："知识具有非竞争性并且具有外溢效应。这种外溢效应和知识产生的递增生产力具有两方面的作用，一方面看其能够使自身形成递增收益，另一方面也使物质资本、劳动等其他要素也具有递增收益，从而会促进长期经济增长。"[①] 卢卡斯（1988）则认为："社会劳动力的平均人力资本水平等人力资本的外部效应为增长的发动机，其不断地传播会对所有生产要素的生产率都产生贡献，从而使生产呈现规模递增收益。"[②] 与新古典增长理论相反，内生增长理论认为，知识或技术是内生要素，并且是由谋求利润极大化的厂商的知识积累推动的。因此，从一定程度上看，知识的增长及技术进步与其投入成正比例，并通过引入人力资本积累因素解释技术进步和经济增长的内生性。罗默（1990）将知识或技术进步完全内生化，认为："技术进步是决定经济增长的内生变量。技术进步主要通过中间产品及知识总量两种方式进入生产。"[③]

（二）内生增长理论与中国经济增长

简而言之，内生增长理论认为，内生化的知识积累和专业化的人力资本水平为一国经济增长主要因素。将知识或人力资本积累视为经济长期增长的决定性因素。在知识和人力资本的外溢效应下，投资与资本收益率可以是知识存量和资本存量的递增函数。各国的既有知识存量不同也决定了各国投资与资本收益率的差异，进而决定了各国长期经济增长的不同。可见，由于知识投资的外溢性性质，决定私人投资的短缺性，为了保持知识

① Romer P., "Increasing Returns and Long Run Growth", *Journal of Political Economy*, No. 94 (1986), pp. 1002-1037.

② Lucas R., "On the Mechanics of Economic Development", *Journal of Monetary Economics*, No. 22 (1988), pp. 3-42.

③ Romer P. M., "Endogenous Technological Change", *Journal of Political Economy*, Vol. 98, No. 2 (1990), pp. 71-102.

投资在合理水平从而促进实现合理的人力资本水准，我国政府必须在科教文卫体和研发领域保持适度的公共资本投入规模，从而保证中国经济长期内生增长。

第三章　中国经济长期持续均衡增长中的
　　　公共投资因素研究

第一节　中国经济长期持续均衡增长的
　　　　挑战、动力及战略选择

一、中国经济长期持续均衡增长的挑战

（一）技术进步缓慢问题

根据众多经典文献研究成果，决定一个经济体长期持续均衡增长的最关键因素就是技术创新及其决定的技术进步水平。如果将生产要素质量提高、知识进展（技术创新）、资源优化配置、规模经济、管理水平和政策影响等方面归纳到广义技术进步的范畴，那么在丹尼森的经济增长因素分析中，技术进步对美国经济增长的贡献率（1948—1969 年）高达 53.5%。与 20 世纪初的 5%—20%、20 世纪中叶 50% 的数字相比，20 世纪 80 年代以来发达国家技术进步对经济增长的贡献率上升到 60%—80%，成为促进长期经济持续增长的主导因素。然而根据我国学者估算，1953 年到 1978年，我国的技术进步贡献率竟为负值（-20%—-30%），是一种效率极低的资源高投入高消耗增长模式；改革开放以来，我国的技术进步贡献率在10%—20%，与发达国家相比差距巨大。

根据中国科学技术发展战略研究院最新发布的《国家创新指数报告2013》显示，中国创新基础仍比较薄弱，提升创新能力仍需长期持续努力；中国创新基础仍比较薄弱，最近 20 年的科研经费累计投入量低于发

达国家近几年的累计投入量。这表明，提升国家创新能力，我国仍需持续加大投入，并付出长期努力。根据国家统计局社科文司《中国创新指数（CII）研究》课题组在发布 2005—2011 年中国创新指数（China Innovation Index，CII）的基础上，对 2012 年的创新指数进行了测算。测算结果显示，2012 年中国创新指数（CII）为 148.2（以 2005 年为 100），比上年增长 6.2%。中国创新指数（CII）评价指标体系包括创新环境、创新投入、创新产出、创新成效四个方面，共 21 个评价指标（见表 3-1）。2012 年创新指数中的创新环境指数、创新投入指数、创新产出指数和创新成效指数分别为 144.0、152.2、164.2 和 132.4，比 2011 年分别增长 4.3%、8.2%、9.5% 和 2.2%。测算结果表明，我国创新环境继续优化，创新投入力度不断加大，创新产出能力明显提高，创新成效稳步增强。应该强调的是，创新成效指数 2006—2012 年分别增长 4.4%、5.6%、4.7%、7.6%、4.1%、3.1%，特别是反映技术创新对国民经济发展促进效果的科技进步贡献率指数在此期间分别增长 2.5%、4%、6.5%、-1%、5.8%、1.9%、1.1%，增速远低于同期 GDP 增长率，这反映我国科技进步相对缓慢，科技进步对经济发展贡献低下的事实。

（二）收入差距巨大问题

根据国家统计局数据，2012 年，我国城乡之间、区域之间、行业之间收入差距较大，严重影响国民福利水平及经济均衡增长。如 2012 年，我国城乡居民收入差距巨大，城镇居民人均可支配收入与农村人均纯收入之比高达 3.1 倍。2012 年，我国不同行业收入差距巨大，且行业内不同经济成分之间收入差距也很明显；如收入水平最高的金融业城镇单位就业人员平均工资为 89743 元，但同行业私营单位仅有 32696 元；收入水平最低的农林牧副渔城镇单位就业人员平均工资仅为 22687 元，其同行业私营单位也仅有 21973 元。2012 年，我国不同区域的收入差距巨大，如省级区域收入最好的是北京市，其城镇单位就业人员平均工资为 84742 元，但省级区域收入最低广西壮族自治区其城镇单位就业人员平均工资仅有 36386 元；在东部、中部、西部三大区域之间同样收入差距明显，如东部地区城镇单位就业人员平均工资有 52952 元，中部地区城镇单位就业人员平均工资只有 39790 元，西部地区城镇单位就业人员平均工资也仅有 43293 元。

通过对基尼指数的估算也可反映我国收入差距巨大。据国家统计局数据显示，从 2003 年到 2013 年，我国居民收入基尼系数在 0.47 到 0.49，2008 年达到最高的 0.491 后，开始逐步回落，在 2013 年基尼系数为 0.473，远超过 0.4 的国际警戒线。无论怎样衡量，中国已列入世界贫富差距较大的国家之一。由于收入差距过大，财富过于集中，足以给经济发展造成相当大的威胁。由于收入差距拉大，贫困人口低下的生活条件会让他们失去劳动积极性，降低生产效率；社会的不公正与不平等还减弱国家凝聚力并导致严重的社会问题，严重威胁中国经济长期持续均衡增长。

（三）政治体制改革滞后问题

当前我国政治体制改革相对于经济体制改革是滞后的，如著名学者刘伟（2010）指出七个垄断行业职工占全国职工总数 8%，而工资、福利收入却占全国总额的 50% 以上，已形成特殊利益集团。如 2013 年银行业一年期官方贷款利率 6%（很多银行针对中小企业贷款利率 10% 以上），但同期银行业一年期官方存款利率仅仅 3%，考虑到 2013 年年底金融机构贷款总额为 71.9 万亿元，金融业垄断的无风险收益高达 2.157 万亿元，而这恰恰是国民福利的损失；垄断行业的超额垄断收益基本进入行业从业人员腰包，如显示 2013 年中国薪酬状况的"中欧—博尔捷薪酬指数"指出金融、地产两大行业平均薪酬远超社会平均工资，在被调查的 17 个城市中，金融行业的平均工资（509095 元）是当地政府公布的 2012 年社会平均工资的平均数（48537 元）的 10.5 倍。

政治体制改革滞后危害很多，如人民难以监督权力和官员，一些官员"只唯上、难唯下"，导致决策偏离科学民主轨道等；地方政府竞争严重，导致经济结构同质化及非协调化，不合理的政绩观导致"增长型""开发型"政府心态严重，导致地方政府债务高筑，严重影响我国财政安全、金融安全及宏观经济运行安全等等。

（四）资源环境恶化问题

改革开放三十多年来，我国从一个经济发展水平比较低、资源相对丰裕、劳动力充足、资本和技术稀缺的国家依靠廉价的资源环境和劳动力来吸引资本和技术投入，迅速发展成为世界第二大经济体（2013年我国GDP为90386.6亿美元）及第一对外贸易大国（2013年我国进出口贸易总额为4.16万亿美元），经济成就举世瞩目；但伴随而来的却是资源枯竭、能源短缺、水资源紧缺、土地荒漠化、国土重度污染、十面"霾伏"……环保部和国土资源部2014年发布全国首次土壤污染状况调查公报指出，全国土壤环境状况总体不容乐观，部分地区土壤污染较重；全国土壤总的点位超标率为16.1%，其中耕地土壤点位超标率更是高达19.4%。[①] 我国经济增长越来越体现出举步维艰与不可持续性，这体现出我国经济增长的涸泽而渔及人口、资源与环境的严重失调，不仅资源环境难以支撑，而且会使经济发展本身缺乏内生动力而突然崩溃。

中国工业经济联合会会长李毅中指出中国工业增长仍然过度依赖物质资源的投入，生态环境恶化的状况并未得到有效遏制，从能源资源消耗看，2012年中国一次能源总消耗折36.2亿吨标准煤，约占全球的21.3%，预计2020年将突破45亿吨标煤，单位GDP能耗是国际的2倍，是发达国家的4倍；迅速发展的经济活动对资源和环境的压力越来越大，工业增长仍过度依赖物质资源的投入，生态环境恶化的状况并未得到有效遏制，如果再继续"粗放"下去，资源环境不可支撑。[②] 可见，我国长期依靠低成本的资源环境和劳动力参与国际竞争、获取利润，企业的创新动力大大削弱，甚至有可能被锁定在低技术含量、低附加值、低劳动收入的发展路径上，一些国家在经历几十年的快速发展后陷入中等收入陷阱的教训，为我们提供了前车之鉴。

[①] 王硕：《全国16.1%土壤污染物超标，农产品质量受影响》，2014年4月18日，见 http://gongyi. sohu. coml。

[②] 李毅中：《我国生态环境恶化并未有效遏制》，2013年7月30日，见 http://www. cnnb. com. cn。

（五）经济结构扭曲问题

扭曲的经济结构似乎是改革开放以来一直挥之不去的"病魔"，细究从党的十二大到十八大的历史文献及历届政府的施政策略，都或多或少地有调整经济结构的词语和意图，可是随着改革开放步伐和力度的加大，经济结构的扭曲程度也日益加剧，严重制约了经济运行效率的提升，增加了经济社会发展成本。这可从内外需经济结构、三大产业配置结构、投资消费结构、区域发展非均衡结构、城乡二元经济结构等方面进行说明。首先，内外需经济结构失调，2013 年对外需非常倚重，对外出口贸易总额为 22096 亿美元，约占 GDP 的 24.45%，对外进出口贸易顺差总额为 2592 亿美元，约占 GDP 的 2.87%，年末国家外汇储备急剧上升到 38213 亿美元，导致我国经济受国际因素影响。其次，三大产业配置结构失调，2013 年我国第三产业增加值比重为 46.1%，第三产业增加值占比首次超过第二产业，而该比重发达国家基本在 70%—80% 之间，导致我国服务业发展严重滞后，影响产业结构优化升级。最后，投资消费结构扭曲，在 2012 年，我国消费率为 49.5%，投资率为 47.8%，如考虑用全社会固定资产投资作为当年的投资额，则投资率将高达 72.13%，在世界大国中首屈一指，很明显投资严重挤压了最终居民消费，导致国民福利提升缓慢。

我国经济结构扭曲的原因主要是行政主导的投资行为扭曲了经济结构，又采取行政主导的投资策略纠正自身的错误，而结果是进一步加剧了经济结构的扭曲程度。政策的失误演绎了这样一个恶性循环的逻辑：积极的行政主导投入→加热并带动民间投资→少数既得利益者大肆敛财→GDP 高速增长→物价攀升、民众叫苦→收缩积极政策，浇水降温→市场变冷、行业感冒→企业亏损、失业加剧→再次采取积极投入的策略。如此循环的最大恶果就是经济结构日趋恶化。导致经济结构扭曲的核心在于作用于经济活动的行政权力太过强大且权力结构严重畸形。其演变逻辑如下：经济结构畸形的直接恶果是内需乏力→内需乏力的主要原因是收入结构扭曲→收入结构扭曲是因为就业结构扭曲→就业结构扭曲是因为分配结构扭曲→分配结构扭曲是因为产业结构扭曲→产业结构扭曲是因为投资结构扭曲→

投资结构扭曲是因为资源配置结构扭曲→资源配置结构扭曲是利益结构扭曲→利益结构扭曲是因为权力结构扭曲并导致分配机制不公等。可见，扭曲的权力结构是导致经济结构扭曲的核心原因，要从根本上优化经济结构，就要逐步把权力关进笼子里，把遭受严重压抑的市场化的能量释放出来，让市场规律来修复整个经济肌体。[①]

（六）经济增长过于依赖投资驱动问题

我国经济增长过于依赖投资驱动，2001 年到 2012 年全社会固定资产投资总额占 GDP 比重从 33.94% 急剧上升到 72.20%，在 2001 年产出 1 元钱需要投资 0.3394 元，但到 2012 年产出 1 元钱却需要投资 0.722 元；在此期间，全社会固定资产投资总额年均增长率为 22.6%，而 GDP 年均增长率却仅为 10.16%。可见，投资对经济增长的推动力急剧下滑，经济增长的投资依赖症日趋严重，投资驱动经济增长的效率严重下滑。表现在三个方面：（1）投资乘数趋于下滑。投资乘数表示新增 1 单位投资引致产出增加的倍数，如 2001 年至 2012 年，我国投资乘数从 2.43 下降到 0.73，在 2009 年及 2012 年投资乘数甚至低达 0.52 及 0.73，基本趋于无效。（2）资本边际生产率下降态势明显。资本边际生产率表示新增 1 元钱资本所引致的产出增量，2001 年至 2012 年，我国资本边际生产率分别为 0.28、0.245、0.278、0.34、0.282、0.285、0.36、0.279、0.119、0.24、0.23、0.122，下滑态势明显。（3）投资驱动就业能力严重不足，从 2001 年至 2012 年，我国新增 1 万元投资驱动就业的能力（人）分别为 191、111、82、75、43、30、25、14、12、11、10、7.6。可见，投资对就业的拉动力越来越边缘化，普通公众越来越难以分享经济增长成果。

（七）地方政府债务问题

中国社科院 2013 年发布《中国国家资产负债表 2013》，据测算，截至 2012 年年底，我国政府债务总额为 27.7 万亿，占 GDP 比重为 53%，

[①]　江濡山：《优化经济结构的关键举措是什么》，2013 年 10 月 1 日，见 http：//blog. ifeng. com。

其中地方政府债务规模达到 19.94 万亿。审计署 2013 年公布的审计结果显示，截至 2013 年 6 月底，全国各级政府负有偿还责任的债务 206988.65 亿元，其中地方政府负有偿还责任的债务为 178908.66 亿元。根据不同口径估算，截至 2013 年地方政府债务总额约在 15 万亿—20 万亿元，约是同期地方政府财政总收入的 2—4 倍。地方政府举债动机主要基于政绩生产及地方政府竞争，主要投向为各种地方政府投融资平台项目。国际货币基金组织研究报告指出中国已严重过度投资，认为当前投资占 GDP 比重已超出均衡水平 12—20 个百分点；并且研究报告指出中国各级政府为高额投资进行融资所导致的巨大负担每年约为 GDP 的 4% 且实际上为居民所承担。[①] 地方政府债务问题如不予以高度关注，必将导致地方政府政权危机、宏观财政危机、金融危机及政治经济危机。

对于一些重债缠身的地方政府而言，在经济增长与土地财政面临瓶颈的情况下地方政府将无法还债。房产税的推行是解决地方政府财政的有效措施但其有严重的负面影响。陷入破产危机的美国底特律市的衰败则是血淋淋的铁证。可见，巨额债务已是政府的一大威胁，化解危机的关键还是看中央政府的决心和介入。[②]

（八）城镇化问题

中共中央、国务院 2014 年印发《国家新型城镇化规划（2014—2020 年）》，指出："常住人口城镇化率达到 60% 左右，户籍人口城镇化率达到 45% 左右，户籍人口城镇化率与常住人口城镇化率差距缩小 2 个百分点左右，努力实现 1 亿左右农业转移人口和其他常住人口在城镇落户。"但城镇化是政府主导还是市场主导是关键问题，市场主导的城镇化进程缓慢，且市场逐利的结果导致大城市膨胀及小城镇凋敝，不利于城镇化的均衡发展，但形成的城镇化格局比较稳定；但政府主导的城镇化政策导向上追求

---

① 李蕾：《IMF 专家：中国已是过度投资，巨大负担为居民所承受》，2013 年 4 月 16 日，见 http：//money.163.com。

② 杨飞虎：《地方政府过度投融资行为动因分析及治理建议》，《经济问题探索》2014 年第 1 期。

均衡发展，但实际效果证明欠佳，政府可以建设现代化的公共基础实施，但政府无法通过行政命令供给高效的市场体系和成熟的产业体系，导致所形成的城镇化格局非常脆弱。如多地反映小城镇建设中农民上了楼留不下来，或者干脆拒绝上楼，类似新型农村社区建设中的"二次空心化"现象，多数是在缺乏产业、缺乏就业机会支撑的情况下简单造楼所致。

全国人大财经委副主任贺铿 2013 年指出我国城镇化问题：一是一味地大城市化，出现了交通拥堵、环境恶化、空气污染等严重的大城市病；二是市民化程度不高，存在 2.36 亿农民工，真实的城市化率不到 35%；三是城市的总体功能很差，出现不少"鬼城"等。仇保兴在 2014 年两会期间就当前城镇化问题表示"走了一城又一城，城城像欧洲；走了一镇又一镇，镇镇像非洲"。指出我国跟发达国家和其他一些发展中国家相比，人居环境差距最大的不是城市，而是小城镇；国家所有的支农政策都是"绕开小城镇直奔田间"，两万多个小城镇起不到城市化过程中"人口拦水坝"的作用，也起不到农业现代化过程中的"四化服务基地"的载体作用；大城市有城市维护费、土地出让金，小城镇缺乏规划，更缺乏资金。因此，中国城镇化重点是发展大城市还是小城镇是一个痛苦的抉择。此外，城镇化进程牵涉巨额资金的投入。这些资金如由政府提供，将成为压倒巨债缠身的地方政府身上的最后一根稻草，但如由市场提供多元化资金供给，民间资本逐利的本性怎么会加入一场赢利前景并不明朗的资本战场。可见，中国城镇化进程注定是一场事关国运的重大战略抉择。

二、中国经济长期持续均衡增长的动力

（一）技术进步水平稳步提高

根据中国科学技术发展战略研究院发布的《国家创新指数报告 2013》显示，中国创新能力稳步上升，国家创新指数排名在全球 40 个主要国家中升至第 19 位，研发经费达到 10298.4 亿元，稳居世界第 3 位，占全球份额由 2000 年的 1.7% 迅速提高到 11.7%，与美国、日本的差距进一步缩小；研发人员全时当量达到 324.7 万人年，居世界首位，占到全球总量的

29.2%；国际科学论文产出实现量质齐升，论文数量居世界第 2 位，高被引论文数量居世界第 4 位；本国人发明专利申请量和授权量分别居世界首位和第 2 位，占到全球总量的 37.9% 和 22.3%。高技术产业出口占制造业出口的比重居世界首位，知识服务业增加值居世界第 3 位。[1] 可见，如保持目前的人力、财力投入，我国技术进步水平实现从数量向质量的质变及跨度是完全可能的。

另根据国家统计局社科文司《中国创新指数（CII）研究》课题组发布的 2005—2012 年中国创新指数测算结果表明，我国创新环境优化，创新投入力度加大，创新产出能力明显提高，创新成效稳步增强，对我国技术进步水平稳步提升提供有力支持。见表 3-1。

表 3-1　2005—2012 年中国创新指数

	2005	2006	2007	2008	2009	2010	2011	2012
中国创新指数	100	105.7	110.8	116.5	125.5	131.8	139.6	148.2
一、创新环境指数	100	106.4	112.1	114.4	121.7	131.0	138.1	144.0
1. 经济活动人口中大专及以上学历人数指数	100	111.9	121.2	123.7	134.3	161.7	184.7	194.7
2. 人均 GDP 指数	100	112.1	127.3	138.9	150.9	165.9	180.4	193.8
3. 信息化指数	100	103.7	107.4	111.1	115.7	120.0	124.3	128.4
4. 科技拨款占财政拨款的比重指数	100	106.2	107.9	104.8	107.4	116.4	114.1	113.0
5. 享受加计扣除减免税企业所占比重指数	100	98.7	99.0	98.2	106.0	103.0	106.3	113.5
二、创新投入指数	100	103.1	107.8	113.5	130.5	132.7	140.7	152.2
1. 每万人 R&D 人员全时当量指数	100	109.5	125.9	141.8	164.5	182.5	205.0	229.7
2. R&D 经费占 GDP 比重指数	100	105.3	106.1	111.4	129.2	133.3	139.2	150.0
3. 基础研究人员人均经费指数	100	104.2	110.8	125.7	143.6	163.5	187.0	206.2

---

① 科技部：《中国创新能力稳步提升，国家创新指数排名升至世界第 19 位》，2014 年 5 月 6 日，见 http：//www.most.gov.cn。

续表

	2005	2006	2007	2008	2009	2010	2011	2012
4. R&D 经费占主营业务收入比重指数	100	101.8	104.9	108.3	107.2	112.8	115.9	119.7
5. 有研发机构的企业所占比重指数	100	99.8	102.6	103.4	132.3	117.6	124.4	142.7
6. 开展产学研合作的企业所占比重指数	100	98.3	98.6	96.0	114.6	103.7	100.9	102.5
三、创新产出指数	100	109.0	113.4	123.2	127.4	137.2	150.0	164.2
1. 每万人科技论文数指数	100	111.8	119.9	124.5	147.8	152.8	154.5	155.6
2. 每万名 R&D 人员专利授权数指数	100	118.5	138.2	142.6	174.2	230.6	243.8	284.9
3. 发明专利数授权数占专利授权数的比重指数	100	92.9	87.8	109.6	108.0	89.3	105.4	102.5
4. 每百家企业商标拥有量指数	100	98.7	99.0	102.3	94.7	100.1	112.0	125.2
5. 每万名科技活动人员技术市场成交额指数	100	127.0	130.6	142.9	127.8	155.3	171.7	211.1
四、创新成效指数	100	104.4	110.0	114.7	122.3	126.4	129.5	132.4
1. 新产品销售收入占主营业务收入的比重指数	100	101.3	107.4	109.7	118.7	115.2	113.9	111.5
2. 高技术产品出口额占货物出口额的比重指数	100	101.4	99.5	101.4	109.5	109.0	100.9	102.5
3. 单位 GDP 能耗指数	100	102.8	108.2	114.2	118.5	123.5	126.1	130.6
4. 劳动生产率指数	100	114.5	131.0	138.6	158.5	177.1	210.1	225.8
5. 科技进步贡献率指数	100	102.5	106.5	113.0	112.0	117.8	119.7	120.8

（二）政治体制改革有效进展

事实上，我国政治体制改革中央高度重视，并部署稳步推进。胡锦涛指出，政治体制改革是我国全面改革的重要组成部分，必须继续积极稳妥推进政治体制改革，发展更加广泛、更加充分、更加健全的人民民主。党的十八届三中全会通过《中共中央关于全面深化改革若干重大问题的决定》，提出全面深化改革的总目标是完善和发展中国特色社会主义制度，推进国家治理体系和治理能力现代化，注重改革的系统性、整体性、协同性，加快发展社会主义市场经济、民主政治、先进文化、和谐社会、生态文明，让一切劳动、知识、技术、管理、资本的活力竞相迸发，让一切创造社会财富的源泉充分涌流，让发展成果更多更公平惠及全体人民。因此，在党和国家高度重视下，中国政治体制改革打破既得利益的藩篱，真正有效构建并实施包容性制度是可以预期的。

（三）创新支撑经济结构协调优化

当前我国经济结构如总供求结构、城乡二元经济结构、区域经济结构、投资消费结构、产业配置结构存在严重扭曲失衡现象，这是"危"也是"机"。经济结构失衡导致中国当前经济的种种乱象，如收入差距问题、资源环境问题、地方政府债务问题、城镇化无序建设问题等等其实都是我国经济结构扭曲失衡的副产品，但如能通过制度设计促进我国经济结构协调化和高度化，那么，经济结构转型红利必将在今后 10—20 年成为驱动我国经济持续均衡增长的关键力量。

经济结构要实现协调优化，关键还是要靠创新，要依靠制度创新、发展方式创新、发展理念创新、关键科技创新。可以说，在中国改革开放以来的驱动三十多年高速增长的改革红利、市场化红利、人口红利、国际化红利等释放完之后，必须设计有效的制度，依靠创新引领中国经济充分释放经济结构红利，这是中国经济凤凰涅槃的靓丽转变。如果转变顺利，中国将大步跨越中等收入陷阱而加入发达国家之林，真正实现现代化和大国崛起，否则将羁绊在中低收入陷阱里痛苦挣扎。李克强总理新一届政府施政理念可理解为"不刺激、去杠杆、调结构"，追求"理性的繁荣"等；党的十八届三中全会提出要让市场在资源配置中起决定性作用，提出优化中国经济结构的种种政策设计。中国经济结构要优化升级，必须打破既得利益集团的分利格局，这要求经济体制深化改革必须与政治体制改革双轮驱动，最终依靠创新支撑经济结构协调化和高度化。

（四）公共投资效率持续提升

要促进中国经济持续均衡增长必须要高度关注公共投资因素。在当前及今后相当长一段时期，投资仍然是驱动中国经济增长的关键力量，这也和当前我国的高储蓄资源背景相吻合。投资意味着资源，意味着对资源环境的开发利用，意味着国民节欲并压低最终消费需求，这在短期内确实能够大幅推动经济增长，但经济增长的成果更容易被靠近决策权力及资源配置权力的权贵资本集团攫取，广大民众分享经济增长的成果有限并被边缘化，经济增长陷入尴尬的"无福利增长""无就业增长"，显然这是一种攫取性而不是包容性的经济增长模式，注定投资驱动的经济增长模式的不可持续性。

因噎废食显然是不可取的。众多经典经济增长模型早已论证投资是经济增长的第一驱动力，而且资本设备优化升级是科技创新的最关键物质技术基础，没有关键资本设备的支撑就不可能创造持续的技术进步态势。而且当前投资结构决定将来的产业结构，因此，当前投资结构协调化和高度化将决定今后相当长一段时期我国是否成功构建具有国际竞争力水准的产业体系；投资区域配置决定了当前区域发展结构。因此，应高度关注投资规模、投资结构及投资效率问题。在总投资中，私人投资因其逐利性质由市场配置，公共投资是政府能够影响并进行政策调控引诱私人投资投向和投量的关键变量，公共投资是稳投资的关键政策变量，而稳投资又是稳增长、稳就业的演进路径，可见，公共投资是长期经济持续均衡增长的核心变量，公共投资效率决定了总投资的效率并对经济产生恒定的持久影响。因此，必须高度关注公共投资效率问题，公共投资效率持续提升决定居民福利持续提高及包容性、普惠性经济增长模式的最终形成，并有效推动中国经济长期持续均衡增长。

（五）战略性新兴产业稳健成长

发展战略性新兴产业已经成为世界主要国家抢占新一轮经济和科技发展制高点的重大战略。如著名的苹果公司仅一家公司2013年海外工厂雇佣近150万工人，并创造近370亿美元利润；中国商务部研究报告指出预计2020年中国新能源汽车销售将达到200万辆，如果顺利完成目标将改写汽车产业格局。可见，战略性新兴产业对于我国培育具有国际竞争力的产业体系是多么关键，但战略性新兴产业的培育和发展不仅要受到市场前景、成长潜力、资源条件、产业结构等要素影响，还受到科学技术创新这一关键要素影响。普拉哈拉德和哈梅尔观在《竞争大未来》中指出在全球化时代企业要获得新的竞争优势和增强核心竞争力，必须选择产业创新战略，发展战略性新兴产业，引领产业优化升级。

我国高度重视战略性新兴产业成长，并将其视为促进中国经济长期持续均衡增长的主导因素。我国科技部 2012 年发布《高新技术产业化及其环境建设"十二五"专项规划》，提出"十二五"时期要大力培育和发展战略性新兴产业。我国明确了战略性新兴产业发展应坚持"创新驱动、市场导向、内生增长、绿色发展"原则，坚持市场导向强调在高新技术产业发展上市场配置资源的决定性作用；内生增长指应通过创新创业培育内生企业，不应将重点放在规模粗放增长上；绿色发展就是坚持节能减排并注重发展的质量；内生增长和绿色发展都是强调战略性新兴产业发展质量，内生增长强调动力机制，绿色增长强调的是发展对环境的影响。在深入贯彻落实党的十八大提出的坚持走中国特色自主创新道路、深化科技体制改革、完善知识产权体系、实施国家科技重大专项、强化需求导向、推动战略性新兴产业健康发展，都将有力促进我国高技术产业和战略性新兴产业的快速发展，并为中国经济长期持续均衡增长提供持续驱动力量。

（六）城镇化进程有序推进

城市化进程有序推进可极大释放中国的投资需求和消费需求，成为引导中国今后 20 年乃至更长时期经济增长的重要动力源泉。改革开放三十多年来，我国城市化进程很快，城市化率由 1978 年的 17.92% 提高到 2012 年的 52.57%，提高了 34.65 个百分点，平均每年提高 1 个百分点。中国城镇化进程必须是政府和市场双轮驱动模式，这就要求政府完善区域规划，完善公共基础设施和社会基础设施，改善投资环境、发展环境和生活环境，以吸引民间资本加盟和社会公众置业安居。按照国际经验，一国城市化率与投资率呈"倒 U 型"曲线关系，而与消费率却呈"U 型"曲线关系。陈昌兵（2010）研究发现："我国城市化率小于 59.93% 时，投资率随着城市化率的增大而增大，当城市化率大于 59.93% 时，投资率随着城市化率的增大而减少；然而，当城市化率小于 54.31% 时，消费率随着城市化率的增大而减少，当城市化率大于 54.31% 时，消费率随着城市化率的增大而增大。"① 所以，我国的城市化进程可极大优化经济结构，改变改变当前投资、消费结构扭曲的关系。

我国目前城市化水平不高，要成为一个工业化的国家、现代化的国家，我国城镇化进程必须有序推进。金微（2014）认为："我国财政部2014 年预计 2020 年城镇化率达到 60%，由此带来的投资需求约为 42 万亿元，主要来自社会投资，亟需建立规范、透明的城市建设投融资机制，PPP 模式将成为城镇化资金来源的重要渠道。"② 国务院发展研究中心和世界银行 2014 年联合发布《中国：推进高效、包容、可持续的城镇化》指出中国应坚持新型城镇化模式，政府应当支持而不是取代市场，政府应当允许中国的城市有更多机会和更高效地成长。当前发达国家城市化率都高于 95%，中等发达的国家和地区例如韩国、中国台湾的城市化率已经达到 85%，依照邓小平同志的设想，我国在 2050 年要达到中等发达国家的水平即我国在 2050 年真正的城市化率应该达到或者接近 85%。因此，我国推进城市化的任务还很重，城镇化进程应该是带动我国经济发展的长期潜在动力。

三、中国经济长期持续均衡增长的战略选择

（一）合理处理好政府与市场关系，实现经济社会可持续发展

诺思在他构造的国家理论中指出国家功能：一是努力实现社会产出最大化；二是努力实现统治者的利益最大化，认为"无论如何，产权的界定都是由国家负责的。最终，国家要对造成经济增长停滞和衰退的产权结构的效率负责"。③ 陈国富（2014）认为："政府通过建立一种支持市场的

①　陈昌兵：《城市化与投资率和消费率间的关系研究》，《经济学动态》2010 年第 9 期。

②　金微：《财政部：城镇化 6 年内需投 42 万亿，或多来自民资》，2014 年 3 月 21 日，见 http://news.163.com。

③　［美］道格拉斯·C.诺思：《经济史中的结构与变迁》，陈郁、罗华平等译，上海三联书店 1994 年版，第 17—18 页。

制度，促进经济发展，政府作为唯一合法拥有强制力的特殊组织，通过设立和保护产权，支持市场的发展。"① 可见，政府的角色应该构建支持市场发挥资源配置作用的制度安排，促进经济社会可持续发展。

细究当前我国的种种经济社会问题主要是因为发展理念及发展路径的非科学性、非持续性。不科学政绩观驱动下的粗放型经济增长对资源环境严重透支，导致资源枯竭、生态环境恶化，社会问题凸显，给当地发展、稳定造成巨大压力。在非均衡发展思路下，东部地区依靠东部、西部地区的廉价人力、金融、自然资源而迅速发展，而中部、西部地区经济发展却日益凋敝。马宏伟（2011）认为："我国的可持续发展面临着资源环境压力和经济社会矛盾的双重制约。消除这样的双重制约，根本途径就是实现技术经济和体制机制双重突破。要使当前我国经济体制机制从鼓励数量扩张、粗放增长转变为鼓励质量提升、集约发展，从偏重技术引进和简单模仿转变为鼓励自主创新和系统集成，从过于依靠投资和外需、依靠廉价的资源环境和劳动力投入转变为更多依靠消费需求扩大、人力资本提升和科技进步，形成创新驱动、消费拉动的经济增长内生机制。"②

（二）构建包容性、普惠性的经济增长模式

在当前及相当长一段时期，仍然要坚持"发展是硬道理"的战略观及大局观，在当前我国错综复杂、充满压力及风险的国际环境及周边环境中，唯有发展才是抵御及克服一切挑战的最有力武器。但"唯发展观"并非单纯偏颇的"唯增长观"，"发展观"追求长期经济持续均衡增长，追求经济结构协调优化、经济增长成果普惠、经济、社会及资源环境和谐及可持续发展，这就要求构建包容性、普惠性的经济增长模式，增长依靠全民实现、增长的收益归全民所享、全民都有机会参与到增长的实现中，增长是实实在在、没有水分并且是可持续的。李增刚（2013）指出："胡锦涛2010年对包容性增长进行解读，即让更多的人享受全球化成果、让

① 陈国富：《国家与产权：一个悖论》，《南开学报》（哲学社会科学版）2004年第6期。
② 马宏伟：《中国发展面临资源环境压力，亟须体制机制创新保障》，2011年11月24日，见 http：//www. chinanews. com。

弱势群体得到保护、在经济增长过程中保持平衡……实现包容性增长，根本目的是让经济全球化和经济发展成果惠及所有国家和地区、惠及所有人群，在可持续发展中实现经济社会协调发展……我们应该坚持社会公平正义，着力促进人人平等获得发展机会，逐步建立以权利公平、机会公平、规则公平、分配公平为主要内容的社会公平保障体系，不断消除人民参与经济发展、分享经济发展成果方面的障碍。应该坚持以人为本，着力保障和改善民生，建立覆盖全民的社会保障体系，注重解决教育、劳动就业、医疗卫生、养老、住房等民生问题，努力做到发展为了人民、发展依靠人民、发展成果由人民共享。"①

（三）完善制度及运行机制设计，提升公共投资效率

按照内生经济理论等经典理论成果政策含义，政府财政政策可克服经济外部性并实现经济长期恒定内生增长，其中公共投资作为直接提升公众福利、熨平经济波动、实现经济长期持续均衡增长的政策工具被世界各国政府所推崇。新中国成立以来政策实践也证明公共投资对保持经济稳定及宏观经济健康运行作用不可或缺，但大量腐败项目、问题项目、无效低效项目的涌现增加了公共投资促进经济社会发展成本，严重降低了公共投资促进经济增长的效率，可考虑完善制度及运行机制设计，提升公共投资效率以促进经济长期持续均衡增长。杨飞虎（2014）建议："（1）进行投融资制度改革，公共投资领域资源配置由市场发挥决定性作用；（2）构建和完善基于公众满意度为目标的公共投资项目决策制度，重塑社会公众在公共投资项目选择上的主体地位，充分保障社会公众在公共投资领域终端消费者的话语权；（3）构建和完善公共投资项目的监管体系和绩效评价体系，构建'各级人大+政府部门+社会公众+市场信誉'四位一体的对公共投资项目全过程动态监管体系，高度重视项目的社会效益、生态效益及可持续发展效益；（4）构建公共投资促进区域经济协调发展机制，确保

---

① 李增刚：《包容性制度与长期经济增长——阿西莫格鲁和罗宾逊的国家兴衰理论评析》，《经济社会体制比较》2013年第1期。

不同区域公众享有基本公共服务均等化水平；（5）完善公共投资助推战略性新兴产业成长机制，组建战略性新兴产业发展银行，提升我国产业高度化和国际竞争力；（6）加大科教文卫体等社会性领域的公共投资比重，提升我国人力资本和科技进步水平。长期来看，享受和谐环境，拥有健康乐观及雄厚人力资本的社会公众正是科技进步的绝对驱动力量，从而引领我国经济长期持续均衡增长；（7）科学设计公共投资对城市化进程的引领机制，形成自然、生态、社会良性循环的可持续发展环境；（8）完善公共投资领域激励约束机制，健全责任终身追究制度。要明确公共投资领域公务人员终身责任追究的约束机制；同样，私人机构在公共投资项目运营中若存在腐败或质量问题，应立即逐出并终身禁入公共投资市场，同时给予巨额罚款及采取司法行动。"①

（四）从多维度、多层面着手优化经济结构

要确保中国经济长期持续均衡增长就必须要解决当前经济生活中经济结构失衡扭曲等抑制经济活力的各种因素，通过经济结构优化实现经济体系中资源配置的量质、时空等方面的协调性和可持续性，实现中国经济长期各结构的全面优化。2013 年以来，《国务院批转发展改革委关于 2013 年深化经济体制改革重点工作意见的通知》《国务院办公厅关于金融支持经济结构调整和转型升级的指导意见》《国务院办公厅关于促进进出口稳增长、调结构的若干意见》等一系列政策的发布，对我国经济结构优化及解放生产力起到了积极的引导和推动作用。

为进一步促进我国经济结构优化，促进我国经济长期持续均衡增长，可考虑采取以下措施：（1）从战略层面上对我国国土空间的合理利用问题的全面部署规划；（2）优化城乡产业布局，通过产业布局政策、城镇化政策和生态补偿政策等优化城乡经济结构；（3）要加大高端技术研发及人力资本投入，为国家安全及可持续发展提供技术支撑；（4）要优化投资结构，经济结构问题归根结底是投资结构问题，为未来的产业结构和

---

① 杨飞虎：《提升我国公共投资效率的思考》，《宏观经济管理》2014 年第 4 期。

经济结构打下基础；（5）规范收入分配机制，优化投资消费结构，垄断行业的高额垄断利润及国有企业利润应由全体公民共享以拉动居民最终消费需求；做大"蛋糕"是生产力，切好"蛋糕"既是生产关系也是生产力；（6）发展战略性新兴产业以优化产业结构，但当前战略新兴产业发展要根据各地产业技术基础和比较优势有所分工，以达到合理布局、适度竞争、协调发展；（7）健全社会保障体系，逐步实现城乡与区域公共服务均等化、社会保障统筹的目标；（8）应坚持实体经济与虚拟经济协同发展，共同保障经济运行的均衡发展。①

（五）大力发展战略性新兴产业，提升我国产业国际竞争力

戴鹏（2012）指出："战略性新兴产业是以重大技术突破和重大发展需求为基础，对经济社会全局和长远发展具有重大引领带动作用，是知识技术密集、物质资源消耗少、成长潜力大、综合效益好的新兴产业。战略性新兴产业的发展是我国构建21世纪具有国际竞争力的产业体系关键环节，对我国产业结构的优化升级、自主创新能力的提高、经济增长方式的转变与可持续发展具有非常重要的意义。《国务院关于加快培育和发展战略性新兴产业的决定》《"十二五"国家战略性新兴产业发展规划》《国务院关于促进光伏产业健康发展的若干意见》《关于继续开展新能源汽车推广应用工作的通知》等相关文件均强调要加大政策扶持力度，形成多层次全方位的投入机制，促进我国战略性新兴产业发展。"②

完善我国战略性产业发展可考虑采取以下措施：（1）建立和完善多元化、多渠道的战略性新兴产业投入体系。应设立战略性新兴产业发展专项资金，加强财政引导和加大支持力度，吸引社会资金向战略性新兴产业投入。（2）加大财政补贴的支持力度，丰富财政政策的支持方式（肖兴志，2013）。③（3）加大对战略性新兴产业的政府采购力度，弥补初创期及成长期市场需求的缺口，为战略性新兴产业提供有效的市场需求，建立

---

① 刘治彦：《关于我国经济结构优化问题的思考》，《青海社会科学》2013年第2期。
② 戴鹏：《我国产业调整和发展的财税政策研究》，博士学位论文，西南财经大学，2012年。
③ 肖兴志：《中国战略性新兴产业发展的财税政策建议》，《财政研究》2011年第12期。

激励战略性新兴产业自主创新的政府采购制度。① (4) 完善战略性新兴产业发展的税收政策，进一步推进增值税、企业所得税个人所得税等优惠政策，鼓励企业技术研发投入及增强自主创新能力（徐祖跃等，2012）。② 从而实现我国战略性新兴产业发展加速实现从低成本优势向创新优势、从政府主导向市场主导、从规模扩张向质量增长的华丽转变。

（六）积极稳妥地推进我国城镇化进程

诺贝尔奖得主斯蒂格利茨指出，21 世纪人类最为耀眼的事件莫过于美国技术革命与中国城市化。中国作为世界上人口最多的国家，其城市化的发展历程必将是人类历史的重大转变。王国平（2013）指出："习近平总书记在 2012 年 12 月召开的经济工作会议上指出：'积极稳妥推进城镇化，着力提高城镇化质量。城镇化是我国现代化建设的历史任务，也是扩大内需的最大潜力所在。'李克强总理也指出：'城镇化是扩大内需的最大潜力''展望未来，城镇化是我国经济增长的巨大引擎。'这标志着城镇化不仅是支撑我国经济未来增长的新动力，也暗示着城镇化将进入以提高质量为核心的新型城镇化发展阶段。"③

当前应积极稳妥地推进我国城镇化进程，新型城镇化是产业结构、人居环境、生活方式、社会保障等方面的实质性转变。因此，在新的历史时期，实现高质量的新型城镇化关键是要把握好以下环节：第一，树立正确的政绩观；第二，注重提升区域创新能力，这是支撑新型城镇化发展的根本动力；第三，提高城市化的内在品质，这是实现新型城镇化的重要目标。应高度注重从生态、环保、集约、可持续的角度出发，着力改善人居环境，更加注重以人为本，注重可持续发展，注重创新发展动力，注重优化发展空间，注重城乡统筹发展的城镇化发展道路。新型城镇化道路的理

---

① 杨林、马顺：《促进战略新兴产业发展的财政政策研究》，《山东社会科学》2012 年第 2 期。

② 徐祖跃、彭疆鸣、胡学奎：《增强战略性新兴产业自主创新能力的税收激励制度》，《税务研究》2012 年第 6 期。

③ 王国平：《中国城镇化推进过程中的五个问题》，《中国市场》2013 年第 15 期。

念：城镇化发展根本价值取向——人民的幸福，走出一条符合我国国情实际的文明、宜居、承载力和可持续发展能力强的全新城镇化道路。新型城镇化道路以实现人的全面发展为根本，走经济低碳、城市智慧、社会文明、生态优美、城乡一体、生活幸福的生态型、可持续发展型城市化发展道路。坚持"以民为本保护第一、生态优先、文化为要、系统综合、品质至上、集约节约、可持续发展"八大原则，传承历史、面向未来，和谐发展、科学发展，应避免盲目扩张下"土地城市化过快"与"抑制内需"的不良倾向，消除户籍制度壁垒，减少人力资本流动阻力，给予外来务工人员以同等教育与就业机会，加快城镇化过程中人力资本积累速度。[①]

第二节　公共投资促进中国经济长期持续均衡增长的驱动机制研究

一、经典模型对投资与经济增长问题的诠释[②]

（一）哈罗德—多马经济增长模型对投资与经济增长问题的诠释

哈罗德—多马模型由英国经济学家哈罗德（Roy Forbers Harrod）和美国经济学家多马（Evsey Domar）提出。哈罗德—多马模型有以下假设：（1）全社会使用劳动和资本两种生产要素只生产一种产品；（2）资本产出比率保持不变；（3）储蓄率保持不变；（4）不存在技术进步，也不存在资本折旧；（5）人口按照一个固定速度增长。基本模型为：

$$g = S_t \times V_t \qquad\qquad (3-1)$$

其中，g 为经济增长率，S_t 为储蓄率，V_t 为资本产出比。

---

① 杨飞虎、余炳文、张鹏：《中国经济长期持续均衡增长的挑战、动力及战略选择》,《黑龙江社会科学》2016年第1期。
② 杨飞虎：《经典模型对投资与经济增长问题的诠释及我国借鉴价值》,《经济问题探索》2009年第3期。

公式的基本含义可理解为,经济增长率与储蓄率成正比,与资本—产出比成反比。

哈罗德—多马基本模型的假设过于严格,而且原假设隐含一个前提,即储蓄等于投资,因而储蓄率等于投资率。但事实上储蓄向投资有效转化取决于资本边际生产率(或投资效率),储蓄只有有效转变为投资才能对经济增长产生实质性影响。为此哈罗德—多马提出内生经济增长模型,认为经济增长一方面依靠高储蓄率,高投资率以及储蓄向投资有效转化;另一方面依靠劳动力、资本等生产要素有效使用,即投资效率提高。该模型由于放宽和淡化处理了假设条件的约束,更加有利于对经济增长的长期化、动态化分析。借鉴哈罗德—多马内生经济增长模型,经济增长机制可分解为以下因素:

$$g = \frac{\mathrm{d}Y_t}{Y_t} = \frac{\mathrm{d}Y_t}{\mathrm{d}K_t} \cdot \frac{\mathrm{d}K_t}{Y_t} = \frac{\mathrm{d}Y_t}{\mathrm{d}K_t} \cdot \frac{I_t}{Y_t} = \frac{\mathrm{d}Y_t}{\mathrm{d}k_t} \cdot \frac{\theta S_t}{Y_t} = E_t \theta S_t \qquad (3-2)$$

其中,g 为经济增长率,K_t 为资本存量,I_t 为实际投资,$E_t = \mathrm{d}Y_t/\mathrm{d}K_t$ 是资本边际生产率(或投资效率);θ 为储蓄转化为投资的比例,代表了储蓄向投资转化效率,S_t 为储蓄率。

由式(3-2)可见,根据哈罗德—多马内生经济增长模型,储蓄率 S_t、储蓄投资转化比率 E_t 以及资本边际生产率 E_t 构成了经济增长决定因素。

对哈罗德—多马内生经济增长模型进一步分析可发现经济增长事实上依靠投资率(或资本投资率)及资本边际生产率(或资本生产率)。为了测算的便利,哈罗德—多马内生经济增长模型可进行以下简化变型:

GDP 增长率=资本投资率×资本产出率　　　　　　　(3-3)

(二)新古典经济增长模型对投资与经济增长问题的诠释

提出新古典增长模型的主要代表人物是美国的索洛(R. Solow)和斯旺(T. Swan)及英国的米德(J. Meade),由于他们的模型像古典经济学家那样,把充分就业视为必然的趋势,因而被称为新古典增长模型。新古典增长模型主要包含以下假定:(1)全社会使用劳动和资本两种生产要素只生产一种产品；（2）劳动与资本之间可以相互替代，但不能完全替代；（3）生产的规模收益不变；（4）储蓄率不变；（5）技术进步是个常量，不存在折旧；（6）人口按照一个固定速度增长。其基本公式是：

$$G_Y = aG_K + (1 - a)G_L \tag{3-4}$$

式中，G_Y 为经济增长率，G_K 为资本增长率，G_L 为劳动增长率，α 为资本增长对经济增长的贡献。

推导如下：

根据柯布—道格拉斯生产函数，式中，Y 为产量，K 为资本，L 为劳动，A 为技术水平因子，α 为资本对产量的贡献，β 为劳动对产量的贡献且 $\alpha + \beta = 1$。

公式两边取对数得：$\ln Y = \ln A + a\ln K + (1 - a)\ln L \tag{3-5}$

对时间求导数得：

$$\frac{\mathrm{d}Y/\mathrm{d}t}{Y} = \alpha \frac{\mathrm{d}K/\mathrm{d}t}{K} + (1 - \alpha)\frac{\mathrm{d}L/\mathrm{d}t}{L} \tag{3-6}$$

用 G_Y、G_K、G_L 分别代表 $\dfrac{\mathrm{d}Y/\mathrm{d}t}{Y}$、$\dfrac{\mathrm{d}K/\mathrm{d}t}{K}$、$\dfrac{\mathrm{d}L/\mathrm{d}t}{L}$，则有：

$$G_Y = aG_K + (1 - a)G_L \tag{3-7}$$

如果对新古典增长模型进一步分析，可得出一个十分有用的结论：

$$G_K = \frac{\Delta K}{K} = \frac{I}{K} \tag{3-8}$$

由于投资等于储蓄率，于是得到以下公式：

$$G_K = \frac{S}{K} = \frac{S}{Y} \cdot \frac{Y}{K} = s \cdot \sigma \tag{3-9}$$

式中，s 为储蓄率，σ 为资本生产率。

由于 $G_Y = aG_K + (1 - a)G_L = as\sigma + (1 - a)G_L$，假定 a，s，G_L 均为常数，则：

$$\frac{\mathrm{d}G_K}{\mathrm{d}\sigma} = as, \quad \frac{\mathrm{d}G_K}{\mathrm{d}\sigma} = s \tag{3-10}$$

由于 $a < 1$，所以：$\dfrac{\mathrm{d}G_Y}{\mathrm{d}\sigma} < \dfrac{\mathrm{d}G_K}{\mathrm{d}\sigma}$

由此可以看出，G_Y 随 σ 变动而变动的速度小于 G_K 随 σ 变动而变动的速度，即随资本生产率的变动，经济增长率通常小于资本增长率（即投资增长率）。

（三）新剑桥经济增长模型对投资与经济增长问题的诠释

提出新剑桥增长模型的主要代表人物是英国的琼·罗宾逊和卡尔多等，由于琼·罗宾逊执教于剑桥大学，因而该模型被称为新剑桥增长模型。新剑桥增长模型以下三个假设：（1）资本生产率 σ 不变；（2）均衡时储蓄等于投资；（3）社会只有两大阶级，即利润收入者和工资收入者，他们的平均储蓄和消费倾向不变，都为常数，且利润收入者的平均储蓄倾向大于工资收入者的平均储蓄倾向。其基本公式是：

$$G = \sigma(S_\pi \frac{\pi}{Y} + S_w \frac{W}{Y}) \tag{3-11}$$

式中，G 为经济增长率，σ 为资本生产率，S_π 为利润收入者的储蓄倾向，$\dfrac{\pi}{Y}$ 为利润收入者收入占国民收入的比重，S_w 为工资收入者的储蓄倾向，$\dfrac{W}{Y}$ 为工资收入者收入占国民收入的比重。

推导如下：

$$G = \frac{\Delta Y}{Y} = \frac{\Delta Y}{I} \cdot \frac{I}{Y} = \frac{\Delta Y}{I} \cdot \frac{S}{Y} \tag{3-12}$$

由于资本生产率不变，所以：

$$\frac{\Delta Y}{I} = \frac{\Delta Y}{\Delta K} = \sigma$$

则：$G = \sigma \dfrac{S}{Y} = \sigma(\dfrac{S_\pi \cdot \pi}{Y} + \dfrac{S_w \cdot W}{Y}) = \sigma(S_\pi \dfrac{\pi}{Y} + S_w \dfrac{W}{Y})$　（3-13）

同样，对新剑桥增长模型作进一步分析，也可得出一个有用的结论：

$$G = \sigma(S_\pi \frac{\pi}{Y} + S_w \frac{Y - \pi}{Y})$$

$$= \sigma(S_\pi \frac{\pi}{Y} - S_W \frac{\pi}{Y})$$

$$G = \sigma(S\pi - S_W) \frac{\pi}{Y} + \sigma S_W \qquad (3\text{-}14)$$

显然，G 是 $\frac{\pi}{Y}$ 的函数。由于 $\sigma > 0$，$S_\pi - S_W > 0$，所以此函数是截距为 σS_W，斜率为正值的线性函数。如图 3-1 所示。

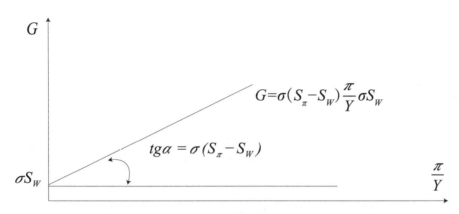

图3-1 利润收入者收入占总收入的比重与经济增长的关系

如果将模型作以下变换，得：

$$G = \sigma(S_W \cdot \frac{W}{Y} + S_\pi \frac{\pi}{Y}) = \sigma(S_W \cdot \frac{W}{Y} + S_\pi \frac{Y-W}{Y})$$

$$= \sigma(S_W \cdot \frac{W}{Y} + S_\pi \frac{Y-W}{Y})$$

$$= -\sigma(S_\pi - S_W) \cdot \frac{W}{Y} + \sigma S_\pi \qquad (3\text{-}15)$$

显然，G 是 $\frac{W}{Y}$ 的函数。由于斜率为负值，所以此函数是截距为 σS_π、斜率为 $-\sigma(S_\pi - S_W)$ 的线性减函数。如图 3-2 所示。

由上述分析可知，新剑桥经济增长理论认为经济增长取决于全社会资本生产率 σ 和综合储蓄率水平。由于经济均衡增长时储蓄等于投资即储蓄率等于投资率，因此在资本生产率 σ 不变时，经济增长主要取决于投

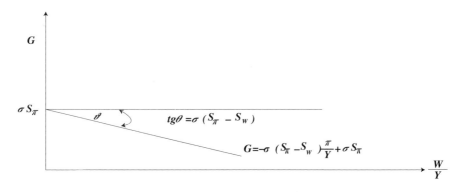

图3-2　工资收入者收入占总收入的比重与经济增长的关系

资率的提高。从上可推出以下结论：利润收入者收入占总收入的比重提高时，将提高全社会投资率水平从而有利于推动经济增长；工资收入者收入占总收入的比重提高时，将不利于提高全社会投资率水平从而不利于推动经济增长。从上述分析中还可以得出以下结论：当资本生产率 σ 不变时，经济增长率取决于收入的分配。提高利润收入者收入占总收入的比重，将提高经济增长率；但提高工资收入者收入占总收入的比重，可能降低经济增长率，会导致经济萧条。因此，社会可采取调整收入比重的办法来实现经济长期稳定地增长。

二、公共投资促进中国经济长期持续均衡增长的驱动机制

公共投资在促进我国经济增长机制的发挥，主要表现为三个方面：第一，公共投资需求作为社会总需求的重要构成部分，其扩张本身就引致社会总需求的扩张。由于总供给大于总需求已成为我国宏观经济运行常态，在政策层面上，我国注重利用公共投资扩张手段以实现经济持续稳定增长具有积极的意义。第二，公共投资的主要领域往往具有典型的外部正效应，比如基础产业与基础设施，它的发展直接为以此为发展基础的相关产业部门的扩张提供了支持，基础产业与基础设施广泛存在着正外部效益，该领域的投资与资本形成在经济增长中起着举足轻重的作用。第三，按照经典理论，经济增长主要取决于劳动力供给、资本形成

与技术进步三个基本要素，公共投资的一些特殊领域，比如人力资本投资与科技研发投资，本身就是技术进步的源泉，因此，我国公共投资可以通过技术进步促进经济的内生增长。我国公共投资扩张对私人投资总量与效率提高具有积极意义。由于正外部效益巨大，我国基础产业和基础设施领域私人投资意愿淡漠，甚至拒绝投资，该领域的主要矛盾是投资短缺。但基础产业和基础设施领域直接影响和制约着经济长期持续均衡增长，因此，公共投资主导对该领域投入，可有效缓解该域投资不足问题，缓解了我国经济社会发展中"瓶颈"产业及部门的牵制。公共投资的先期扩张，溢出了大量的正外部效益，私人业主可不付或少付成本享受，从而实际上增加了私人投资的收益，提高了预期投资回报率，往往会引致私人投资的繁荣。例如，某城市区域基础设施完善会显著地促进周边房地产增值，从而使房地产相关行业直接受益。同时，基础设施完善也有利于改善投资环境，有利于招商引资，促进地区经济繁荣，加强社会经济交流等。又如，建造风景优美的旅游风景区，可以导致其周边地区的房地产价值大幅度上涨，并使旅游和服务等相关行业极大受益。因此，我国政府主导的公共投资间接提高了私人投资的预期收益率，超额投资回报的预期激励了私人投资的扩张，从而扩大全社会投资需求，有利于经济增长。由于公共投资提供的是具有非竞争性和非排他性的公共产品，主要投资于基础产业与基础设施领域，这一方面为社会直接提供了基础设施等公共产品，另一方面，公共投资通过直接资本形成增加资本存量，从而为我国经济长期持续均衡增长带来累积效应。同时，经营性公共基础设施投资可直接转化为生产资本，加速了资本形成，带动了就业增加和科技进步，有利于促进经济增长。[①]

本书基于巴罗（1990）[②] 提出的内生增长模型对公共投资促进中国经

---

①　杨飞虎、周全林：《我国公共投资经济效率分析及政策建议》，《当代财经》2013 年第11 期。

②　Barro Robert J., "Government Spending in a Simple Model of Endogenous Growth", *Journal of Political Economics*, No. 98（1990），pp. 103–125.

济长期持续均衡增长机制进行分析。在巴罗（1990）的模型中，公共投资是作为流量纳入宏观经济生产函数的，通过影响私人资本的边际生产率形成内生经济增长。本书在上述基础上进一步采用了阿罗和库兹（1970）[①] 提出的方法，即公共投资通过直接资本形成增加资本存量，形成内生经济增长。[②]

（一）基本模型

在封闭经济中无限期存活的代表性家庭，寻求其下列效用的最大化：

$$U = \int_0^\infty u(c)e^{-\rho t}\mathrm{d}t \qquad (3-16)$$

其中，c 是人均消费，$\rho > 0$ 为时间偏好率常数，人口数量和工人与消费者的人数是一致和固定的。假定即时效用函数为：

$$U(c) = \begin{cases} \dfrac{c^{1-\sigma} - 1}{1 - \sigma} & \sigma > 0 \text{ 且 } \sigma \neq 1 \\ \ln c & \sigma = 1 \end{cases} \qquad (3-17)$$

这样，边际效用有固定的弹性 $\dfrac{1}{\sigma}$。

每个家庭——生产者的生产函数为：$y = f(k)$。

其中：y 和 k 分别代表工人的人均产出和人均资本。每个人的工作时间不存在劳动—休闲选择。代表家庭效用式（3-16）的最大化，意味着每一时点上消费的增长率为：

$$\frac{\dot{c}}{c} = \left(\frac{1}{\sigma}\right)(f' - \rho) \qquad (3-18)$$

其中，f' 是资本的边际产出。假定广义资本的规模收益不变，即：

$$y = Ak \qquad (3-19)$$

其中，$A > 0$ 是资本不变的净边际产出。

[①]　Arrow K. & Kruz M., *Public Investment*, *The Rate of Reture and Optimal Fiscal Policy*, Baltimore: John Hopkins University Press, 1970.

[②]　于长革:《政府公共投资的经济效应分析》,《财经研究》2006 年第 2 期。

在资本包括人力资本和非人力资本时，规模收益不变假设比较合理。把 $f' = A$ 代入式（3-18）得到：

$$\gamma = \frac{\dot{c}}{c} = (\frac{1}{\sigma})(A - \rho) \tag{3-20}$$

其中，γ 表示人均增长速度。

假定技术的生产可以保证稳态增长率为正，这种条件可表示为：

$$A > \rho > A(1 - \sigma) \tag{3-21}$$

其中，不等式前一部分意味着 $\gamma > 0$，后一部分在 $A > 0$、$\rho > 0$ 和 $\sigma \geq 1$ 时成立，它保证人们可获得的效用是有界的。

在模型中，经济总是处于稳态增长，所有变量即 c、k、y 都按方程（3-20）表示的 γ 增长。给定初始的资本存量 $K(0)$，可以求出所有变量的大小。特别是由于净投资等于 γk，初始的消费水平为：

$$c(0) = k(0) \cdot (A - \gamma) \tag{3-22}$$

（二）公共投资与内生经济增长

假定经济仅有一个典型无限寿命的个人，其目标是实现效用贴现流量的最大化：

$$C(t) = \max |c(t)| \int_0^\infty U(c(t))e^{-rt}dt \tag{3-23}$$

其中，$C(t)$ 表示私人消费，r 表示主观不变贴现率，效用函数 $U(\cdot)$ 是严格凹函数，并且 $U'(\cdot) < 0$。假设劳动供给没有弹性，恒定不变，即 $n = 0$，$L(t) = 1$，因此所有的变量都是人均数；个人的预算约束随政府征税的变化而变化。

经济中的生产部门由许多相同的企业构成，因此用一个企业做代表，其柯布—道格拉斯生产函数为：

$$Y(t) = \alpha K(t)^{1-\alpha} K_g(t)^\alpha \tag{3-24}$$

其中，$Y(t)$ 表示宏观经济产量，α 是正常数，$K(t)$ 表示物质资本存量，$K_g(t)$ 表示公共资本存量。在模型中不考虑挤出效应。同时，假定在自由竞争条件下，资本的成本 $i(t)$ 和工资率 $W(t)$ 分别等于各自的边际产量，即：

$$i(t) = (1 - \alpha)AK(t)^{1-\alpha}K_g(t)^{\alpha} \tag{3-25}$$

$$W(t) = \alpha AK(t)^{1-\alpha}K_g(t)^{\alpha}$$

假定政府通过征税筹集财政收入，然后用于公共投资 $K_g(t)$、公共消费 $C_p(t)$、一次性总转移支付 $T_p(t)$ 和投资补贴 $\theta K(t)$。在此，假定政府预算保持平衡，政府筹集到多少财政收入，便将相关收入按比例全部用于公共投资、公共消费、转移支付和投资补贴，既不存在盈余也不留缺口。如果用 $T(t)$ 表示 t 时期的税收收入，那么政府预算约束为：

$$T(t) = K_g(t) + C_p(t) + T_p(t) + \theta K(t) \tag{3-26}$$

如果用 φ_1 和 φ_2 分别表示税收收入用于转移支付和公共消费的部分，其中，$\varphi_1 + \varphi_2 < 1$，$\varphi_j \in (0, 1)$，$j = 1, 2$。于是有：

$$T_p(t) = \varphi_1 T(t) \tag{3-27}$$

$$C_p(t) = \varphi_2 T(t) \tag{3-28}$$

将式（3-25）和式（3-26）代入式（3-24），政府预算约束为：

$$T(t) = K_g(t) + (\varphi_1 + \varphi_2)T(t) + \theta K(t) \tag{3-29}$$

（三）公共投资对经济增长的影响

首先，假定政府支出用同期的所得税来筹集收入。根据上述有关条件，个人的预算约束为：

$$C(t) = K(t) = [W(t) + i(t)K(t)](1 - \tau) + \theta K(t) + T_p(t) \tag{3-30}$$

其中，所得税税率 $\tau \in (0, 1)$，投资补贴 $\theta \in (0, 1)$，以年单位总投资的消费品计量。在解效用最大化问题时，典型个人把一次性总转移支付 $T_p(t)$ 看作是既定的。为保持一般性，假定物质资本与公共资本的折旧率为零。

现在，可运用庞特亚金最大化原则来解典型个人效用最大化问题，该问题的现值汉密尔顿函数可以写为：

$$H(.) = U(c) + \gamma[-C + (W + iK)(1 - \tau) + T_p]/(1 - \theta) \tag{3-31}$$

于是，必要最优条件为：

$$\gamma = U_c(C)(1-\theta)$$

$$\dot{\gamma} = \gamma r - \gamma\Big[\frac{1-\tau}{1-\theta}\Big]i \tag{3-32}$$

$$K = \frac{-C + (W+iK)(1-\tau) + T_p}{1-\theta}$$

鉴于 $H(.)$ 是控制变量和状态变量上的联合凹函数，在有限横截性条件下：得到满足的情况下（ K^* 表示资本的最优值），最优必要条件也是充分条件，即：

$$\lim_{t\to\infty} e^{-rt}\gamma(N - K^*) \geqslant 0 \tag{3-33}$$

已知在均衡状态下 $T(t) = \tau AK(t)^{1-\alpha}K_g(t)^{\alpha}$ 成立，政府预算约束可重新写成：

$$\tau AK(t)^{1-\alpha}K_g(t)^{\alpha} = \dot{K}_g(t) + (\varphi_1 + \varphi_2)\tau AK(t)^{1-\alpha}K_g(t)^{\alpha} + \theta\dot{K}(t) \tag{3-34}$$

这等同于：

$$\dot{K}_g(t) = \tau AK(t)^{1-\alpha}K(t)^{\alpha}(1 - \varphi_1 - \varphi_2)\tau AK(t)^{1-\alpha}K_g(t)^{\alpha} - \theta\dot{K}(t) \tag{3-35}$$

利用均衡条件 $i(t) = (1-\alpha)AK(t)^{1-\alpha}K_g(t)^{\alpha}$， $W(t) = \alpha AK(t)^{1-\alpha}K_g(t)^{\alpha}$ 和定义 $T_p = \varphi_1\tau AK^{1-\alpha}K_g{}^{\alpha}$，长期经济持续增长机制描述如下：

$$\frac{\dot{C}}{C} = \frac{1}{\sigma}\Big\{-r + (1-\alpha)\Big[\frac{1-\tau}{1-\theta}\Big]AK^{1-\alpha}K_g^{\alpha}\Big\} \tag{3-36}$$

$$\frac{\dot{K}}{K} = -\frac{C}{K}\frac{1}{1-\theta} + \frac{1-\tau(1-\varphi_1)}{1-\theta}AK^{1-\alpha}K_g^{\alpha} \tag{3-37}$$

$$\frac{\dot{K}_g}{K_g} = A\Big[\frac{K}{K_g}\Big]^{1-\alpha}\Big[\tau(1-\varphi_1-\varphi_2) - \frac{\theta(1-\tau(1-\varphi_1))}{1-\theta}\Big] + \frac{\theta}{1-\theta}\frac{C}{G} \tag{3-38}$$

其中，$-\sigma \equiv -U_{cc}(c)/U_c(c) =$ 常数，表明边际效用弹性不变。

（四）结论

根据式（3-36）、式（3-37）和式（3-38）组成的微分方程组揭示了公共投资促进经济持续均衡增长的机制。于长革（2006）指出："随着物质资本存量的增加，其边际产出呈下降态势；但由于公共资本存量增加，且公共投资所形成的人力资本具有强外部性特点，其促进技术进步可以保证显著的正向稳态增长率，因此物质资本存量边际产出下降部分被弥补，从而导致经济长期持续的人均产出增长。"[①] 由于公共投资的外溢性，公共投资降低了私人资本的成本并增加其预期收益，从而引致私人投资增长；公共投资也直接形成公共资本，从而导致社会总资本存量的持续增加，这对促进长期经济持续均衡增长至关重要。

第三节　中国经济增长与公共投资关系探析

一、模型的构建及变量数据说明

（一）模型的设定

本书估计的模型是基于 Cobb-Douglas 生产函数，为了控制体制变革对经济增长与资本形成的影响，本书尝试用第三产业就业人口占总就业比重 $SJZB_{i,t}$ 来替代技术水平 $A_{i,t}$。因为就业人口向第三产业转移，第三产业就业人口占全社会总就业比例不断提高，本质上是技术进步的结果。构建模型如下：

$$Y_{i,t} = SJZB_{i,t}^{\lambda_1} JYRS_{i,t}^{\lambda_2} GGZB_{i,t}^{\alpha} SRZB_{i,t}^{\beta} \tag{3-39}$$

其中，（1）i 为截面单元，$Y_{i,t}$ 为第 t 期第 i 个截面单元的 GDP（1997 年不变价）；（2）$GGZB_{i,t}$，$SRZB_{i,t}$ 为第 t 期第 i 个截面单元的公共资本存量和私人资本存量（1997 年不变价）；（3）$JYRS_{i,t}$ 为第 t 期第 i 个截面单元的年末从业人员数；（4）$SJZB_{i,t}$ 为第 t 期第 i 个截面单元的第三产业人数占总就业比重；（5）λ_1、λ_2、α、β 为待估模型参数。

（二）相关变量数据说明

由于重庆市于 1997 年才成为直辖市，中经网数据库中广东、海南、

---

① 于长革：《政府公共投资的经济效应分析》，《财经研究》2006 年第 2 期。

西藏等省份 1997 年以前的固定资产投资价格指数缺失，本书以 1997—2011 年为样本期。本书对私人部门投资和公共部门投资的分类方法参见万道琴、杨飞虎（2011）的公共投资界定方法。

本书在永续盘存法的基础上将中国各省的资本存量界定为中国各省份某一基期的总资本量与历年新增的按照基期价格指数核算的资本形成总额之和，用模型表示为：

$$K_t = (1 - \delta_t)K_{t-1} + GCF_t/GCFPI_t \tag{3-40}$$

其中，K_t 为按照基期（1997 年不变价）核算的我国各省历年的资本存量，δ_t 为历年资本折旧率，GCF_t 为历年按当年价核算的中国各省的资本形成总额，$GCFPI_t$ 为历年我国各省的资本形成总额价格指数（1997 = 1），本书用固定资产投资价格指数替代。在此基础上，根据本书核算各省的 1997—2011 年私人部门投资和公共部门投资占总投资的比例，估算出 1997—2011 年各省的私人部门资本存量和公共资本存量。折旧率采用王小鲁和樊纲（2000）建议，统一按 5% 计算。相关变量的数据均来自中经网统计数据库以及《中国统计年鉴 1997—2011》整理所得。

二、模型实证分析

（一）1997—2011 年我国公共投资经济增长效应估算

1. 模型估计结果分析

根据所建模型，本书运用 EVIEWS6.0 分析软件，基于 1997—2011 年全国分省级面板数据对模型（3-39）进行回归分析。首先，本书基于全国视角对该期间中国总量生产函数模型进行估计，可获取 1997—2011 年期间中国总量生产函数估算结果，具体如表 3-2 所示。

表 3-2 1997—2011 年我国公共投资经济增长效应估计表

Variable	Coefficient	Std. Error	t-Statistic	Prob.
JYZB?	0.504232	0.035678	14.13269	0.0000
L?	0.316343	0.017141	18.45522	0.0000

续表

Variable	Coefficient	Std. Error	t-Statistic	Prob.
GZ?	0. 189877	0. 019830	9. 575392	0. 0000
PZ?	0. 555557	0. 019932	27. 87291	0. 0000
R-squared	0. 978248	Mean dependent var		8. 150262
Adjusted R-squared	0. 978107	S. D. dependent var		1. 149376
S. E. of regression	0. 170066	Akaike info criterion		−0. 696696
Sum squared resid	13. 33323	Schwarz criterion		−0. 661066
Log likelihood	165. 9819	Hannan-Quinn criter.		−0. 682672
Durbin-Watson stat	0. 083527			

在表 3-2 中，自变量 $JYZB?$ 表示 $\ln(SJZB_{i,t})$，自变量 $L?$ 表示 $\ln(JYBS_{i,t})$，自变量 $GZ?$ 表示 $\ln(GGZB_{i,t})$，自变量 $PZ?$ 表示 $\ln(SAZB_{i,t})$。从表 3-2 中可以发现，$R^2 = 0.978248$，调整的 $R^2 = 0.978107$，Log likelihood = 165.9819，模型参数 T 检验值均在 1% 的显著性水平上通过检验。从表 3-2 分析结果可以发现，D-W 值 = 0.083527，显然模型随机误差项序列存在强烈正相关性。

为了克服表 3-2 中所估计模型的随机误差项序列的正相关性，本书尝试在模型中定义滞后期的随机误差项以消除随机误差项序列的正相关性，如 $AR(1)$、$AR(2)$ 定义为滞后一期的随机误差项。本书在进行上述处理后对中国总量生产函数模型进行估计，假设全国总量模型不含固定效应及随机效应，可重新获取 1997—2011 年期间估算结果，具体如表 3-3 所示。

表 3-3 优化后 1997—2011 年我国公共投资经济增长效应估计表

Variable	Coefficient	Std. Error	t-Statistic	Prob.
JYZB?	−0. 095747	0. 026268	−3. 645031	0. 0003
L?	0. 462688	0. 032464	14. 25234	0. 0000
GZ?	0. 181824	0. 009017	20. 16562	0. 0000

续表

Variable	Coefficient	Std. Error	t-Statistic	Prob.
PZ?	0.401407	0.016070	24.97804	0.0000
AR（1）	1.476509	0.051450	28.69821	0.0000
AR（2）	-0.502389	0.051007	-9.849350	0.0000
R-squared	0.999269	Mean dependent var		8.255305
Adjusted R-squared	0.999260	S. D. dependent var		1.130007
S. E. of regression	0.030735	Akaike info criterion		-4.112069
Sum squared resid	0.375016	Schwarz criterion		-4.052531
Log likelihood	834.5818	Hannan-Quinn criter.		-4.088498
Durbin-Watson stat	2.088457			

在表 3-3 中，自变量 $JYZB?$ 表示 $\ln(SJZB_{i,t})$，自变量 $L?$ 表示 $\ln(JYRS_{i,t})$，自变量 $GZ?$ 表示 $\ln(GGZB_{i,t})$，自变量 $PZ?$ 表示 $\ln(SAZB_{i,t})$。从表 3-3 中还可以发现，$R^2 = 0.999269$，调整的 $R^2 = 0.999260$，Log likelihood = 834.5818，AIC 值为 -4.112069，SC 值为 -4.052531，HQC 值为 -4.088498，均优于表 3-2 中相关参数估计结果。从表 3-3 中还可以发现，D-W 值 = 2.088457，显然模型随机误差项序列不存在相关性，并且模型参数 T 检验值均在 1% 的显著性水平上通过检验，依据上述实证分析检验指标，模型显著通过检验。

根据上述分析结果，1997—2011 年期间适宜的我国总量生产函数如下：

$$\ln Y_{i,t} = -0.096\ln SJZB_{i,t} + 0.463\ln JYRS_{i,t} + 0.182\ln GGZB_{i,t} +$$
$$0.401\ln SRZB_{i,t} + 1.477AR(1) - 0.502AR(2) \qquad (3-41)$$
$$(-3.645) \qquad (14.252) \qquad (20.166) \qquad (24.978)$$
$$(28.698) \qquad (-9.849)$$

从模型（3-41）中可发现，在 1997—2011 年期间，中国私人资本的产出弹性（0.401）大于公共资本的产出弹性（0.182），并且资本投入的产出弹性（0.182 + 0.401 = 0.583）明显大于劳动投入的产出弹性

（0.463）。从模型（3-41）中还发现资本投入与劳动投入的弹性之和
（0.182+0.401+0.463＝1.046），说明该期间中国总量生产函数呈规模报
酬递增态势。

根据表3-3和模型（3-41）可以发现在全国总量生产函数中，私人资
本投入的产出弹性要大于公共资本投入的产出弹性。其原因可能在于公共
投资中的电力、交通运输、通信是核心基础设施和基础产业，具有显著的
正外部性。所以，以现代化的交通和通信业发展为核心的公共资本积累，
扩大了投资和消费需求，促进了社会总供给增加，对增长有较大推动作用。

2. 协整分析和检验

以下进一步探究公共投资等变量与产出 GDP 之间是否存在长期均衡
的协整关系。

为检验实证分析变量是否平稳是进行协整分析的前提，本书通过 LLC
检验、ADF-Fisher 检验、PP-Fisher 检验这三种方法检验相关变量面板单
位根，具体结果如表3-4所示。

表 3-4　相关变量单位根检验结果表

统计量 Statistic	水平值				二阶差分			
	y?	L?	GZ?	PZ?	y?	L?	GZ?	PZ?
LLC	13.61	9.40	-1.75*	15.13	-13.75***	-10.71***	-22.85**	-25.65***
ADF	4.77	16.42	19.67	0.68	231.26***	246.74***	367.32***	386.51***
PP	1.16	5.99	7.64	0.61	343.18***	338.65***	671.81***	647.03***

注：***、**分别表示在1%和5%的显著性水平下通过检验。

从表3-4可知，通过对上述相关变量单位根检验的水平值可知，模
型变量 y?、L?、GZ?、PZ? 检验接受了"存在单位根"的原假设，而对
其二阶差分值进行检验时，检验结果表明变量 y?、GZ?、PZ?、L? 能完
全拒绝"存在单位根"的原假设。可以认为，产出、公共资本、就业人
数和私人资本变量是二阶单整序列。因此，可以对变量 y? 与 L?、GZ?、
PZ? 进行面板协整分析。可见，公共投资等变量与产出 GDP 之间存在长

期均衡的协整关系。

（二）1997—2011 年我国区域层面公共投资经济增长效应估算

为了更好地说明我国区域层面公共投资对于经济增长产生的影响，本书继续利用上文中的数据和式（3-41）对各地区的公共投资与经济增长关系比较分析。对于东、中、西部地区的省（市、自治区）划分，参照国家统计局官方公布的划分方式进行。情况如下：

东部 12 省（市、自治区）：北京、天津、河北、辽宁、上海、江苏、浙江、福建、山东、广东、广西、海南；

中部 9 省（市、自治区）：山西、内蒙古、吉林、黑龙江、安徽、江西、河南、湖北、湖南；

西部 10 省（市、自治区）：重庆、四川、贵州、云南、西藏、陕西、甘肃、青海、宁夏、新疆。

1. 东部地区公共投资经济增长效应分析

根据式（3-41）所建模型，运用 Eviews6.0 软件对模型变量基于东部地区的视角进行回归分析，本书采用面板数据模型进行估计，获得最优结果如表 3-5 所示。

表 3-5　我国东部地区公共投资经济增长效应估计表

Variable	Coefficient	Std. Error	t-Statistic	Prob.
L?	0.269664	0.039217	6.876255	0.0000
GZ?	0.192524	0.012856	14.97560	0.0000
PZ?	0.563656	0.022521	25.02797	0.0000
AR (1)	0.931778	0.013925	66.91262	0.0000
R-squared	0.998915	Mean dependent var		8.798519
Adjusted R-squared	0.998895	S. D. dependent var		0.948349
S. E. of regression	0.031524	Akaike info criterion		-4.052640
Sum squared resid	0.162973	Schwarz criterion		-3.978259
Log likelihood	344.4217	Hannan-Quinn criter.		-4.022452
Durbin-Watson stat	0.606325			

其中，R-squared = 0.998915，Adjusted R-squared = 0.998895，Log likelihood = 344.4217，模型比较显著的通过检验，但存在正自相关情况。经检验，模型不存在固定效应和随机效应。

我国东部地区公共投资经济增长效应模型构建如式（3-42）所示：

$$\ln Y_{i,t} = 0.27\ln JYRS_{i,t} + 0.193\ln GGZB_{i,t} + 0.563\ln SRZB_{i,t} + 0.932AR(1) \qquad (3-42)$$

$$(6.876) \qquad (14.976) \qquad (25.028) \qquad (66.913)$$

由式（3-42）模型结果可获得以下结论：首先，从东部地区看，公共资本的经济增长弹性为 0.193，即公共资本每增长 1 个百分点，GDP 约增长约 0.193 个百分点。其次，私人资本的经济增长弹性为 0.564，即私人资本每增长 1 个百分点，GDP 约增长 0.564 个百分点。最后，东部地区的就业增长与经济增长显著正相关，即东部地区就业增长 1%，GDP 约增长 0.27%。

2. 中部地区公共投资经济增长效应分析

根据式（3-39）所建模型，运用 Eviews6.0 软件对模型变量基于东部地区的视角进行回归分析，本书采用面板数据模型进行估计，获得最优结果如表 3-6 所示。

表 3-6　我国中部地区公共投资经济增长效应估计表

Variable	Coefficient	Std. Error	t-Statistic	Prob.
JYZB?	-0.368118	0.101907	-3.612288	0.0004
L?	0.087256	0.035480	2.459306	0.0152
GZ?	0.406358	0.036089	11.26002	0.0000
PZ?	0.442732	0.038508	11.49714	0.0000
R-squared	0.956015	Mean dependent var		8.374942
Adjusted R-squared	0.955008	S. D. dependent var		0.610623
S. E. of regression	0.129521	Akaike info criterion		-1.220766
Sum squared resid	2.197614	Schwarz criterion		-1.134684

Variable	Coefficient	Std. Error	t-Statistic	Prob.
Log likelihood	86. 40173	Hannan-Quinn criter.		−1. 185785
Durbin-Watson stat	0. 151317			

其中，R-squared = 0.956015，Adjusted R-squared = 0.955008，Log likelihood = 86.40173，模型比较显著的通过检验，但存在正自相关情况。经检验，模型不存在固定效应和随机效应。

我国中部地区公共投资经济增长效应模型构建如式（3-43）所示：

$$\ln Y_{i,\,t} = -0.368\ln SJZB_{i,\,t} + 0.087\ln JYRS_{i,\,t} + 0.406\ln GGZB_{i,\,t} +$$
$$0.443\ln SRZB_{i,\,t} \qquad\qquad (3\text{-}43)$$
$$(-3.612)\qquad(2.459)\qquad(11.260)\qquad(11.497)$$

由式（3-43）模型结果可获得以下结论：首先，从中部地区看，公共资本的经济增长弹性为0.406，即公共资本每增长1个百分点，GDP约增长约0.406个百分点。其次，私人资本的经济增长弹性为0.443，即私人资本每增长1个百分点，GDP约增长0.443个百分点。最后，中部地区的就业增长与经济增长显著正相关，即中部地区就业增长1%，GDP约增长0.087%。

3. 西部地区公共投资经济增长效应分析

根据式（3-39）所建模型，运用Eviews6.0软件对模型变量基于东部地区的视角进行回归分析，本书采用面板数据模型进行估计，获得最优结果如表3-7所示。

表3-7　我国西部地区公共投资经济增长效应估计表

Variable	Coefficient	Std. Error	t-Statistic	Prob.
JYZB?	−0. 192923	0. 040986	−4. 707018	0. 0000
L?	0. 541670	0. 059347	9. 127095	0. 0000
GZ?	0. 213876	0. 017114	12. 49690	0. 0000

续表

Variable	Coefficient	Std. Error	t-Statistic	Prob.
PZ?	0. 306437	0. 022195	13. 80636	0. 0000
AR（1）	0. 955506	0. 010367	92. 16717	0. 0000
R-squared	0. 999351	Mean dependent var		7. 284959
Adjusted R-squared	0. 999332	S. D. dependent var		1. 152663
S. E. of regression	0. 029796	Akaike info criterion		−4. 153847
Sum squared resid	0. 119850	Schwarz criterion		−4. 048789
Log likelihood	295. 7693	Hannan-Quinn criter.		−4. 111155
Durbin-Watson stat	1. 436126			

其中，R-squared = 0. 999351，Adjusted R-squared = 0. 999332，Log likelihood = 295. 7693，模型比较显著的通过检验。经检验，模型不存在固定效应和随机效应。

我国西部地区公共投资经济增长效应模型构建如式（3-44）所示：

$$\ln Y_{i,\,t} = - 0.\,193\ln SJZB_{i,\,t} + 0.\,542\ln JYRS_{i,\,t} + 0.\,214\ln GGZB_{i,\,t} +$$
$$0.\,306\ln SRZB_{i,\,t} + 0.\,95AR(1) \tag{3-44}$$
$$(-4.\,707)\ (9.\,127)\ (12.\,497)\ (13.\,806)\ (92.\,167)$$

由式（3-44）模型结果可获得以下结论：首先，从西部地区看，公共资本的经济增长弹性为0. 214，即公共资本每增长1个百分点，GDP约增长约0. 214个百分点。其次，私人资本的经济增长弹性为0. 306，即私人资本每增长1个百分点，GDP约增长0. 306个百分点。最后，西部地区的就业增长与经济增长显著正相关，即西部地区就业增长1%，GDP约增长0. 542%。

4. 对区域层面公共投资经济增长效应分析结论

综合上述我国东部、中部、西部地区公共投资经济增长效应分析，可获得以下结论：

首先，东部、中部、西部地区公共投资对经济增长均呈现正向效应。但中部地区公共投资经济增长效应最高，公共资本经济增长弹性为

0.406；其次为西部地区，公共资本经济增长弹性为 0.214；最低为东部地区，公共资本经济增长弹性为 0.193。可见，中部地区的公共投资效率最高，这也说明了中部地区人均公共资本相对于东部、西部地区而言，处于相对稀缺状况。

其次，东部、中部、西部地区私人投资对经济增长也呈现正向效应效应。但东部地区私人投资经济增长效应最高，私人资本经济增长弹性为 0.564，远远高于中部地区私人资本经济增长弹性 0.443，也远高于西部地区私人资本经济增长弹性 0.306。这说明东部地区私人资本效率最高，其次为中部地区，最差为西部地区，西部地区应激活私人资本活力。

再次，东部、中部、西部地区就业增长对经济增长也呈现正向效应。但西部地区就业经济增长效应最高，就业增长弹性为 0.542；其次为东部部地区，就业增长弹性为 0.270；最低为中部地区，就业增长弹性为 0.087。可见，西部地区的就业增长弹性最高，这也说明了西部地区劳动力相对于东部、中部地区而言，处于相对稀缺状况。因此，要发展西部地区，必须要依靠具有一定规模的高质量的劳动力。

最后，从全国三大区域来看，私人资本经济增长效应均高于公共资本经济增长效应，体现出更高的生产力。但考虑到公共资本投入的外溢性，公共资本经济增长效应应该比计量结果体现的数字更高一些。

（三）1997—2011 年中国分省级公共投资经济增长效应估算

模型（3-39）从全国视角探讨了公共投资的经济增长效应，从实证分析的结果来看，模型不存在固定效应或者是随机效应，模型比较细致地描述了公共资本经济增长效应低于私人资本经济增长效应这一事实，为从宏观上制定资本投入政策提供了依据。但全国的一般情况具体到各省可能存在差异。本书采取变系数面板数据模型深入探讨中国 31 个省级单位的公共资本及私人资本经济增长效应。截面单元包括全国 31 个省级单位，如北京市（BJ）、天津市（TJ）、河北省（HEB）、陕西省（SX）、内蒙古自治区（NMG）、辽宁省（LN）、吉林省（JL）、黑龙江省（HLJ）、上海市（SH）、江苏省（JS）、浙江省（ZJ）、安徽省（AH）、福建省（FJ）、江西省（JX）、山东省（SD）、河南省（HEN）、湖北省（HUB）、湖南省（HUN）、广东省（GD）、广西壮族自治区（GX）、海南省（HN）、重庆市（CQ）、四川省（SC）、贵州省（GZ）、云南省（YN）、西藏自治区（XZ）、陕西省（SXI）、甘肃省（GS）、青海省（QH）、宁夏回族自治区（NX）、新疆维吾尔自治区（XJ）。在实证分析的过程中中，当假设各省技术进步及就业的影响是中性的，仅考虑公共资本及私人资本的经济增长效应，经过反复的筛选比较，获最优分析结果如表3-8所示。

表3-8　中国分省级公共投资经济增长效应估计表

Variable	Coefficient	Std. Error	t-Statistic	Prob.
JYZB?	−0.085452	0.019957	−4.281715	0.0000
L?	0.287807	0.022902	12.56693	0.0000
BJ—GZBJ	0.128901	0.024825	5.192313	0.0000
TJ—GZTJ	0.166997	0.018222	9.164555	0.0000
HEB—GZHEB	0.151988	0.024251	6.267332	0.0000
SX—GZSX	0.220732	0.039586	5.576032	0.0000
NMG—GZNMG	0.305174	0.026815	11.38085	0.0000
LN—GZLN	0.152471	0.024725	6.166720	0.0000
JL—GZJL	0.181067	0.017872	10.13147	0.0000
HLJ—GZHLJ	0.201207	0.023375	8.607684	0.0000
SH—GZSH	0.153211	0.015415	9.938858	0.0000
JS—GZJS	0.166529	0.020595	8.085861	0.0000
ZJ—GZZJ	0.154996	0.021633	7.164840	0.0000
AH—GZAH	0.176337	0.029504	5.976813	0.0000
FJ—GZFJ	0.232738	0.034431	6.759570	0.0000
JX—GZJX	0.227948	0.024346	9.362685	0.0000
SD—GZSD	0.129139	0.028729	4.495027	0.0000
HEN—GZHEN	0.202317	0.029536	6.849731	0.0000
HUB—GZHUB	0.229720	0.042961	5.347141	0.0000
HUN—GZHUN	0.204424	0.020339	10.05107	0.0000
GD—GZGD	0.198438	0.032263	6.150598	0.0000

续表

Variable	Coefficient	Std. Error	t-Statistic	Prob.
GX—GZGX	0. 252350	0. 030936	8. 157077	0. 0000
HN—GZHN	0. 260747	0. 028680	9. 091719	0. 0000
CQ—GZCQ	0. 209896	0. 023334	8. 995102	0. 0000
SC—GZSC	0. 216441	0. 023288	9. 294117	0. 0000
GZ—GZGZ	0. 279518	0. 032930	8. 488308	0. 0000
YN—GZYN	0. 268100	0. 029012	9. 240977	0. 0000
XZ—GZXZ	0. 302445	0. 013529	22. 35609	0. 0000
SXI—GZSXI	0. 233948	0. 024099	9. 707783	0. 0000
GS—GZGS	0. 246110	0. 027604	8. 915641	0. 0000
QH—GZQH	0. 216700	0. 030535	7. 096779	0. 0000
NX—GZNX	0. 221344	0. 033599	6. 587900	0. 0000
XJ—GZXJ	0. 214327	0. 027974	7. 661701	0. 0000
BJ—PZBJ	0. 588334	0. 025437	23. 12950	0. 0000
TJ—PZTJ	0. 566067	0. 019637	28. 82673	0. 0000
HEB—PZHEB	0. 539786	0. 025707	20. 99765	0. 0000
SX—PZSX	0. 480672	0. 038645	12. 43810	0. 0000
NMG—PZNMG	0. 415112	0. 027682	14. 99579	0. 0000
LN—PZLN	0. 556458	0. 026512	20. 98860	0. 0000
JL—PZJL	0. 517741	0. 021667	23. 89505	0. 0000
HLJ—PZHLJ	0. 532592	0. 024776	21. 49596	0. 0000
SH—PZSH	0. 591470	0. 018053	32. 76327	0. 0000
JS—PZJS	0. 558906	0. 022498	24. 84300	0. 0000
ZJ—PZZJ	0. 554189	0. 024112	22. 98362	0. 0000
AH—PZAH	0. 501954	0. 029499	17. 01620	0. 0000
FJ—PZFJ	0. 489999	0. 034125	14. 35905	0. 0000
JX—PZJX	0. 455184	0. 025087	18. 14409	0. 0000
SD—PZSD	0. 578286	0. 029876	19. 35593	0. 0000
HEN—PZHEN	0. 488501	0. 028507	17. 13630	0. 0000
HUB—PZHUB	0. 469172	0. 041382	11. 33761	0. 0000
HUN—PZHUN	0. 504039	0. 023042	21. 87495	0. 0000

Variable	Coefficient	Std. Error	t-Statistic	Prob.
GD—PZGD	0. 544177	0. 033013	16. 48358	0. 0000
GX—PZGX	0. 442481	0. 031149	14. 20510	0. 0000
GX—PZGX	0. 442481	0. 031149	14. 20510	0. 0000
HN—PZHN	0. 444544	0. 027947	15. 90658	0. 0000
CQ—PZCQ	0. 482224	0. 025175	19. 15503	0. 0000
SC—PZSC	0. 477507	0. 025309	18. 86732	0. 0000
GZ—PZGZ	0. 382138	0. 033744	11. 32477	0. 0000
YN—PZYN	0. 412500	0. 030174	13. 67086	0. 0000
XZ—PZXZ	0. 305881	0. 014857	20. 58807	0. 0000
SXI—PZSXI	0. 458964	0. 025458	18. 02854	0. 0000
GS—PZGS	0. 426349	0. 028949	14. 72736	0. 0000
GS—PZGS	0. 426349	0. 028949	14. 72736	0. 0000
GS—PZGS	0. 426349	0. 028949	14. 72736	0. 0000
QH—PZQH	0. 439535	0. 030892	14. 22832	0. 0000
NX—PZNX	0. 424863	0. 032630	13. 02062	0. 0000
XJ—PZXJ	0. 470101	0. 027955	16. 81606	0. 0000
AR（1）	1. 378532	0. 053522	25. 75650	0. 0000
AR（2）	−0. 470127	0. 049669	−9. 465098	0. 0000
R-squared	0. 999680	Mean dependent var		8. 255305
Adjusted R-squared	0. 999618	S. D. dependent var		1. 130007
S. E. of regression	0. 022080	Akaike info criterion		−4. 639607
Sum squared resid	0. 164295	Schwarz criterion		−3. 984694
Log likelihood	1000. 881	Hannan-Quinn criter.		−4. 380329
Durbin-Watson stat	2. 083087			

在表 3-8 中，自变量 $JYZB?$ 表示 $\ln(SJZB_{i,t})$，自变量 $L?$ 表示 $\ln(JYRS_{i,t})$，GZ^{**} 和 PZ^{**} 分别表示各截面单元的 $\ln(GGZB_{i,t})$ 和 $\ln(SRZB_{i,t})$。从表 3-8 中可进一步看到，该分省级变系数面板数据模型中，不存在截面单元和时期的固定效应和随机效应，模型中 $R^2 =$

0.999680，调整的 $R^2 = 0.999618$，Log likelihood = 1000.881，AIC 值为 -4.639607，SC 值为-3.984694，HQC 值为-4.380329，AR（1）、AR（2）分别为随机误差项的滞后 1 期和滞后 2 期。从表 3-8 中还可以发现，D-W 值 = 2.083087，模型随机误差项序列不存在序列相关性，并且模型参数 T 检验值均在 1% 的显著性水平上通过检验，模型显著通过检验。

　　可见，具体到 31 个省，绝大多数省份的公共资本的产出弹性要大于全国总量函数中公共资本的产出弹性，说明这些省份已经开始力求提高公共投资效率，并将公共资本从竞争性的私人投资领域退出，进入非竞争性的公共投资领域中来，只有进一步提升公共投资效率，才会有利于实现资源配置的帕累托最优。从上述分省级变系数面板数据模型分析结果可以发现，该模型是假定各省的技术因子及就业对经济增长的效应一致，具体探讨的是各省级单位公共资本投入及私人资本投入的经济增长效应，可根据各省级单位公共资本存量及私人资本存量产出弹性来比较，具体见表 3-9。

表 3-9　公共资本存量及私人资本存量产出弹性测度表

各省市名	公共资本存量产出弹 α	私人资本存量产出弹性 β
北京	0.128901	0.588334
	（5.192313）***	（23.12950）***
天津	0.166997	0.566067
	（9.164555）***	（28.82673）***
河北	0.151988	0.539786
	（6.267332）***	（20.99765）***
山西	0.220732	0.480672
	（12.43810）***	（5.576032）***
内蒙古	0.305174	0.415112
	（11.38085）***	（14.99579）***
辽宁	0.152471	0.556458
	（6.166720）***	（20.98860）***
吉林	0.181067	0.517741
	（10.13147）***	（23.89505）***

各省市名	公共资本存量产出弹 α	私人资本存量产出弹性 β
黑龙江	0.201207	0.532592
	(8.607684)***	(21.49596)***
上海	0.153211	0.591470
	(9.938858)***	(32.76327)***
江苏	0.166529	0.558906
	(8.085861)***	(24.84300)***
浙江	0.154996	0.554189
	(7.164840)***	(22.98362)***
安徽	0.176337	0.501954
	(5.976813)***	(17.01620)***
福建	0.232738	0.489999
	(6.759570)***	(14.35905)***
江西	0.227948	0.455184
	(9.362685)***	(18.14409)***
山东	0.129139	0.578286
	(4.495027)***	(19.35593)***
河南	0.202317	0.488501
	(6.849731)***	(17.13630)***
湖北	0.229720	0.469172
	(5.347141)***	(11.33761)***
湖南	0.204424	0.504039
	(10.05107)***	(21.87495)***
广东	0.198438	0.544177
	(6.150598)***	(16.48358)***
广西	0.252350	0.442481
	(8.157077)***	(14.20510)***
海南	0.260747	0.444544
	(9.091719)***	(15.90658)***
重庆	0.209896	0.482224
	(8.995102)***	(19.15503)***

各省市名	公共资本存量产出弹 α	私人资本存量产出弹性 β
四川	0.216441	0.477507
	(9.294117)***	(18.86732)***
贵州	0.279518	0.382138
	(8.488308)***	(11.32477)***
云南	0.268100	0.412500
	(9.240977)***	(13.67086)***
西藏	0.302445	0.305881
	(22.35609)***	(20.58807)***
陕西	0.233948	0.458964
	(9.707783)***	(18.02854)***
甘肃	0.246110	0.426349
	(8.915641)***	(14.72736)***
青海	0.216700	0.439535
	(7.096779)***	(14.22832)***
宁夏	0.221344	0.424863
	(6.587900)***	(13.02062)***
新疆	0.214327	0.470101
	(7.661701)***	(16.81606)***

注：括号标注为 t 检验值，***表示在 1%的显著性水平下通过检验。

根据表 3-9 可以发现一些很有价值的结论。具体如下：（1）从本书实证分析的 31 个省级单位来看，公共资本投入及私人资本投入均正向促进了经济增长，但私人资本投入的经济增长效应均更为显著。（2）东部地区省份的公共投资经济增长效应普遍低于中西部省份，如东部沿海地区的省份公共投资产出弹性普遍在 0.2 以下，最低的北京市仅有 0.128901；如中西部地区的省份公共投资产出弹性普遍在 0.2 以上，最高的西藏自治区高达 0.302445；这说明大多数东部地区省份公共资本总量相对于中西部地区省份而言相对过剩，其推动经济增长的动力在趋缓，因此，应加大中西部地区省份的公共资本投入及公共资本存量在全国的相对比重，以更为均衡地推动中西部地区省份的均衡发展。
（3）东部地区省份的私人资本经济增长效应普遍高于中西部省份，如
东部沿海地区的省份私人资本产出弹性普遍在 0.5 以上，最高的北京市
高达 0.591470；而中西部地区的省份私人资本产出弹性普遍在 0.5 以
下，最低的西藏自治区仅有 0.305881；这说明大多数东部地区省份私
人资本投入相对于对于中西部地区省份而言更有效率，因此，应加大东
部地区省份的私人资本投入及私人资本存量在全国的相对比重，以更有
效率地推动东部地区省份的良性发展。（4）东部地区绝大多数省份的
总量生产函数基本维持在规模报酬不变或规模报酬递增的态势，如上海
市劳动投入、公共资本投入与私人资本投入总产出弹性之和为
1.181722（0.287807+0.302445+0.591470＝1.181722），体现了东部地
区省份经济增长中技术进步因素发挥了更重要的角色；相反，中西部地
区绝大多数省份的总量生产函数基本维持在规模报酬递减的态势，如西
藏自治区劳动投入、公共资本投入与私人资本投入总产出弹性之和为
0.746899（0.287807+0.153211+0.305881＝0.746899），体现了中西部
地区省份经济增长中技术进步因素扮演的角色和发挥的作用还远远
不够。

三、各要素对经济增长的贡献测算

索罗余值法中增长速度方程为：$G_y = A + \alpha G_{gz} + \beta G_{pz} + \gamma G_{jy}$，由此方程
可以引出贡献度与贡献率的测算方法。根据上文我国总量生产函数显示的
资本投入、技术进步投入和劳动力投入的产出弹性，可以计算出 1997—
2011 年中国 31 个省（市、自治区）的资本投入、技术进步投入和劳动力
投入对 GDP 增长的贡献。具体测算模型如下：

私人资本投入对各省贡献度和贡献率分别为：

$$\beta \frac{\dot{K}_{pz}}{K_{pz}} \text{ 和 } \beta \frac{\dot{K}_{pz}}{K_{pz}} / \frac{\dot{Y}_t}{Y_t} \tag{3-45}$$

公共资本投入对各省经济增长的贡献度和贡献率分别为：

$$\alpha \frac{\dot{K}_{gz}}{K_{gz}} \text{和} \alpha \frac{\dot{K}_{gz}}{K_{gz}} / \frac{Y_t^{'}}{Y_t} \qquad (3-46)$$

技术进步投入对各省经济增长的贡献度和贡献率分别为：

$$G_y - \alpha G_{gz} - \beta G_{pz} - \gamma G_{jy} \text{和} (G_y - \alpha G_{gz} - \beta G_{pz} - \gamma G_{jy}) / G_y \qquad (3-47)$$

劳动力投入对全国经济增长的贡献度和贡献率分别为：

$$\gamma \frac{\dot{L}_t}{L_t} \text{和} \gamma \frac{\dot{L}_t}{L_t} / \frac{\dot{Y}_t}{Y_t} \qquad (3-48)$$

其中，全国及各省市的经济增长指按照 1997 年不变价核算的历年 GDP 增长率，要素投入贡献率指各要素投入在全国或各省经济增长中所占的比率，要素投入贡献度则指各要素投入在全国及各省经济增长结构中所占的份额。根据上述模型可以估算 1997—2011 年全国总量生产函数的劳动、资本、技术进步的贡献。具体如表 3-10 所示。

表 3-10　1997—2011 年全国总量生产函数的劳动、资本、技术进步的贡献测算表

全国GDP平均增长速度（%）	公共资本贡献度（%）	公共资本贡献率（%）	私人资本贡献度（%）	私人资本贡献率（%）	劳动投入贡献度（%）	劳动投入贡献率（%）	技术进步贡献度（%）	技术进步贡献率（%）	公共资本产出弹性（%）	劳动力产出弹性（%）	私人资本产出弹性（%）
10.91	3.06	28	6.68	61.16	0.32	2.97	1	9.14	18.18	46.27	40.14

四、实证分析结论

从上述分析可以获得以下结论：

第一，从全国层面看，我国公共投资诸变量与产出 GDP 之间存在长期均衡的协整关系。

第二，我国私人资本的产出弹性（0.401）大于公共资本的产出弹性（0.182），并且资本投入的产出弹性（0.182+0.401=0.583）明显大于劳动投入的产出弹性（0.463），资本投入与劳动投入的弹性之和

（0.182+0.401+0.463＝1.046），说明在该期间内中国总量生产函数略呈规模报酬递增态势。

第三，我国东部、中部、西部地区公共投资对经济增长均呈现正向效应。但中部地区公共投资经济增长效应最高，公共资本经济增长弹性为0.406；其次为西部地区，公共资本经济增长弹性为0.214；最低为东部地区，公共资本经济增长弹性为0.193。这说明了中部地区人均公共资本相对于东部、西部地区而言，处于相对稀缺状况。

第四，我国东部地区省份的公共投资经济增长效应普遍低于中西部省份，这说明大多数东部地区省份公共资本总量相对于中西部地区省份而言相对过剩，其推动经济增长的动力在趋缓，因此，应加大中西部地区省份的公共资本投入及公共资本存量在全国的相对比重。

第五，我国各省之间的经济增长情况与总体均值存在显著的差异。我国各省的公共投资政策虽然对经济增长产生正面影响，但没缩小地区间经济差距。中央政府及各省政府在具体公共投资政策的制定和实施中，应力争在确保经济增长目标的同时尽量缩小经济差距。

第四节　促进中国经济长期持续均衡
增长的公共投资因素调查

一、中国长期经济增长中的公共投资问题调查设计[①]

本次中国长期经济增长中的公共投资问题调查内容主要包括：（1）中国经济长期持续均衡增长的影响因素调查；（2）公共投资促进中国经济长期持续均衡增长的作用问题调查；（3）对当前公共投资项目监管问题调查；（4）对当前公共投资项目效率问题调查；（5）促进中国经

---

① 杨飞虎：《促进中国经济长期持续均衡增长中的公共投资因素——基于1489份调查问卷的统计分析》，《经济理论与经济管理》2014年第2期。

济长期持续均衡增长的公共投资结构、规模、效应问题调查；（6）促进中国经济长期持续均衡增长的公共投资政策问题调查。

本项调查肩负着强烈的责任感和使命感，力图为解决困扰国家长期经济增长问题的重大战略决策提供参考依据。因此，在研究内容的设计上力求战略性、前瞻性、全面性、客观性、合理性；在调查对象的选择上在确保专业性的基础上力求参与对象的广泛性、代表性、多元性、层次性，调查对象遍及高校师生、政府事业单位经济工作人员、企业单位中高级经济管理人员以及部分普通市民，考虑所调查问题的相对专业，因此调查对象以高校经济管理类专业师生为主，在学历层次上尽量要求本科以上；在样本区域的选择上尽量兼顾区域代表性、经济代表性以及调研便利性原则，因此在东部沿海地区选择了经济发达的北京、广州、杭州作为样本调查城市，在中部地区选择了南昌、武汉、合肥作为样本调查城市，在西部地区选择昆明作为样本调查城市，在上述城市里主要采取问卷面访调查、小型座谈会调查、邮寄问卷调查、网络问卷调查等方式；为鼓励调查对象客观公正的表达自己的看法和观点，本项调查活动完全采取匿名方式开展调查活动。为了确保调查的效果，本项调查首先在南昌市相关高校进行了预调查活动，反响积极，效果良好。

本项调查共发放调查问卷 2000 份，总计回收有效调查问卷 1489 份。在参与本项活动的调查对象中，具有博士学历程度的调查对象有 75 位，约占总人数的 5.0%；具有硕士学历程度的调查对象有 360 位，约占总人数的 24.2%；具有本科学历程度的调查对象有 1031 位，约占总人数的 69.2%；还有 23 位调查对象约占总人数的 1.5% 的学历程度为本科以下；调查对象学历分布的相对合理体现了本项调查活动的数据具有较强的公信度。

二、中国长期经济增长中的公共投资问题调查数据统计分析

本项调查活动的数据处理借助 SPSS18.0 及 EXCEL 软件，以下对

1489 份调查问卷所收集数据进行统计分析，现结合所设计的调查内容报告如下：

（一）中国经济长期持续均衡增长的影响因素调查

1. 今后 10—20 年制约中国经济持续均衡增长的最主要因素调查

在回收的 1489 份问卷中，本项内容有效问卷 1488 份。大多数调查对象赞成制约中国经济长期持续均衡增长的最主要因素是技术创新乏力。同时，收入差距过大和政治体制改革滞后等因素也占有相当大的比重（见表 3-11）。因此，为促进中国经济长期持续均衡增长，应加大技术创新的力度，完善技术创新激励机制，提高技术创新在经济增长中的贡献率；同时要加强收入分配改革和政治体制改革力度，为经济增长创造良好的社会环境。

表 3-11　制约中国经济持续均衡增长的因素调查

编号	调查项目	赞成人数	有效比例
1	技术创新乏力	709	47.6%
2	收入差距过大	563	37.8%
3	政治体制改革滞后	541	36.4%
4	资源环境恶化	413	27.8%
5	经济结构扭曲	404	27.2%
6	人力资本效果差	253	17.0%
7	过于依赖政府投资	224	15.1%
8	其他	6	0.4%

2. 今后 10—20 年促进中国经济持续均衡增长的最主要因素调查

在回收的 1489 份问卷中，本项内容有效问卷 1488 份。绝大多数调查对象赞成技术进步和经济结构优化因素是中国经济持续均衡增长的最主要促进因素（见表 3-12）。因此，政府要加大科研投入，发挥科技进步对长期经济增长的持久促进作用。应优化经济结构，减少经济发展对生态、资源环境的压力。应适时进行政治体制改革，扩大公众在公共决策中的话语权，使公共决策真正体现公众福利最大化而不是少数政治精英的效用最大化。

表 3-12　促进中国经济持续均衡增长的因素调查

编号	调查项目	赞成人数	有效比例
1	技术进步	663	44.4%
2	经济结构优化	570	38.3%
3	政治体制改革	489	32.9%
4	缩小收入差距	364	24.5%
5	提升投资效率	298	20.0%
6	改善资源环境	214	14.4%
7	其他	6	0.4%

（二）公共投资促进中国经济长期持续均衡增长的作用问题调查

1. 对当前中国政府及公共事业企业主导的公共投资项目看法调查

在回收的 1489 份问卷中，本项内容有效问卷 1488 份。绝大多数的调查对象认为当前中国公共投资项目效率低下、腐败横行，应该控制规模和加大监督力度，确保公共投资项目达到预期的经济社会效应（见表 3-13）。可见，调查对象对当前公共投资项目看法基本为负面，因此，相关部门应提高公共投资项目决策及运行的透明度，鼓励公众参与及监督，严格界定公共投资边界，使公共投资项目切实成为"公共的好"项目和阳光项目。

表 3-13　对当前公共投资项目看法调查

编号	调查项目	赞成人数	有效比例
1	腐败横行，应该加大监督力度	691	46.4%
2	效率低下，应该控制规模	656	44.1%
3	应该界定范围，缩小规模	432	29.0%
4	应该引入市场机制与民间资本	370	24.9%
5	其他	20	1.3%

2. 影响政府官员或公共企业在公共投资项目决策的关键因素调查

在回收的 1489 份问卷中，本项内容有效问卷 1488 份。超过半数的调查对象认为在公共投资决策中，官员、企业决策的关键因素是获取自身利益最大化、服从领导意志、觊觎腐败收入等，而真正关注公共投资项目带来的经济、社会、生态及可持续发展效应的却相对较少（见表 3-14）。必须进行制度设计以树立科学的政绩观，完善相应责任追究制度，管控和斩断觊觎非法利益的贪婪和腐败之手，加强社会公众在项目决策的作用发挥。

表 3-14　影响公共投资项目决策的因素调查

编号	调查项目	赞成人数	有效比例
1	自身利益最大化	636	42.8%
2	领导意志	515	34.6%
3	腐败收入	444	29.9%
4	资金回报	424	28.5%
5	社会效益	278	18.7%
6	项目发展前景	212	14.3%
7	可持续发展前景	107	7.2%
8	生态环境	89	6.0%
9	其他	4	0.3%

3. 公共投资促进中国经济长期持续均衡增长的最主要作用调查

在回收的 1489 份问卷中，本项内容有效问卷 1486 份。超过半数的调查对象认为公共投资促进中国经济长期持续均衡增长的最主要作用是引导战略性新兴产业成长、促进技术创新、提供完善的公共基础设施等（见表 3-15）。引导战略性新兴产业和促进技术创新是培育和塑造中国未来国际竞争力的战略之举，而高质量、高效率的公共基础设施则助推中国经济的长期增长，应培育和发挥公共投资在上述领域的战略性、前瞻性和先导性作用。

表 3-15　促进中国经济增长的公共投资作用调查

编号	调查项目	赞成人数	有效比例
1	引导战略性新兴产业成长	559	37.6%
2	促进技术创新	533	35.9%
3	提供完善的公共基础设施	532	35.8%
4	熨平经济增长波动	313	21.1%
5	提供优越的生态环境	289	19.4%
6	主导城市化进程	261	17.6%
7	其他	26	1.75%

（三）对当前公共投资项目监管问题的调查

1. 当前政府对公共投资项目的监管有效性调查

在回收的 1489 份问卷中，本项内容有效问卷 1488 份。绝大多数调查对象认为政府对公共投资项目监管效果不理想、缺乏效率（见表 3-16）。究其原因，作为公共投资项目主导者和实施者的政府各部门之间利益关系密切，很难或有效实现同级部门的财政或审计监管，而广大民众又被排除在监管体系之外。因此，必须构建"上级政府监管+新闻媒体监管+社会公众监管"的模式，加大对公共投资项目地监管力度，提高监管效率和效果。

表 3-16　对公共投资项目的监管有效性调查

编号	调查项目	赞成人数	有效比例
1	监管效果很一般	803	54.0%
2	监管效果很差	420	28.2%
3	监管比较有效	189	12.7%
4	监管非常有效	45	3.0%

2. 当前政府部门以外的其他公共投资项目监管渠道调查

在回收的 1489 份问卷中，本项内容有效问卷 1487 份。绝大多数调查对象希望政府应向公众发布项目情况，召开听证会以及通过新闻媒体及时报道"问题项目"（见表 3-17）。可见，社会公众有较强烈的权利意识和参与欲望，应广纳民智，杜绝权利寻租的灰色地带，确保公共投资项目运行透明，社会公众对项目拥有知情权、决策参与权等。

表 3-17　政府部门外的公共投资项目监管渠道调查

编号	调查项目	赞成人数	有效比例
1	政府应向公众发布项目情况，召开听证会	832	56.0%
2	通过各种新闻媒体及时报道"问题项目"	618	41.6%
3	通过专家委员会反映，提出民意	334	22.5%
4	通过热线电话进行反映意见和建议	277	18.6%

3. 当前鼓励社会公众参与公共投资项目监管的有效措施调查

在回收的 1489 份问卷中，本项内容有效问卷 1487 份。绝大多数调查对象认为鼓励社会公众参与公共投资项目监管的有效措施是立法保障公众参与决策、完善项目公示制度、立法保障公众的知情权、完善专家评议制度等等。因此，应该明确立法以制度化形式保障社会公众对项目决策的参与权、知情权等，确保公共投资项目的公共性及监管的有效性。

表 3-18　社会公众参与公共投资项目监管的措施调查

编号	调查项目	赞成人数	有效比例
1	立法保障公众参与项目决策	711	47.8%
2	完善项目公示制度	556	37.4%
3	立法保障公众的知情权	474	31.9%
4	完善专家评议制度	430	28.9%
5	重奖举报腐败行为的公众	349	23.5%
6	鼓励公众参与项目决策	265	17.8%

4. 当前公共投资项目中专家咨询机制问题调查

在回收的 1489 份问卷中，本项内容有效问卷 1487 份。绝大多数的调查对象认为专家咨询最大的问题就是专家服从领导的意志，专家决策咨询流于形式（见表3-19）。现实中大多数专家咨询的结果是为政府官员的决策合理性或程序合法性背书，在某些案例里甚至发生专家被权利或资本俘获，出现"权利+资本+知识"结盟的恶劣态势。因此，应采取确保专家咨询的独立性、透明性、终身追责性等措施予以解决。

表3-19 公共投资项目中专家咨询机制问题调查

编号	调查项目	赞成人数	有效比例
1	专家服从领导意志	808	54.3%
2	流于形式	561	37.7%
3	专家不"专"	421	28.3%
4	专家无责任约束	300	20.2%
5	其他因素	15	1.0%

5. 当前公共投资项目听证制度中参加的政府官员、公众、专家合适比例调查

在回收的1489份问卷中，本项内容有效问卷1489份。绝大部分的调查对象认为公共投资项目听证制度中参加的政府官员、公众、专家合适比例应是3∶4∶3比例形式（见表3-20）。在各类公共投资项目听证制度中应该加强社会公众在听证会上的比例，社会公众的偏好及诉求应被充分尊重及考虑，应摒弃少数政治精英及社会精英垄断公共投资项目决策的权利，以增强公共投资项目决策真正的公共性和公信度。

表3-20 公共投资项目听证制度中参加群体比例调查

编号	调查项目	赞成人数	有效比例
1	3∶4∶3比例形式	926	62.2%
2	5∶3∶2比例形式	173	11.6%
3	4∶3∶3比例形式	133	8.9%
4	4∶4∶2比例形式	130	8.7%

续表

编号	调查项目	赞成人数	有效比例
5	其他形式	138	9.3%

（四）对当前公共投资项目效率问题调查

1. 对当前中国政府及公共事业企业主导的公共投资项目运行效率调查

在回收的1489份问卷中，本项内容有效问卷1488份。绝大多数调查对象认为当前中国政府及公共事业企业主导的公共投资项目运行效率一般或缺乏效率（见表3-21）。当前公共投资在规模和结构上存在问题，甚至部分项目异化为部分官员获取租金和政绩的工具，因此，中国宏观决策部门必须采取切实措施提升公共投资效率。

表 3-21　公共投资项目运行效率调查

编号	调查项目	赞成人数	有效比例
1	运行效率一般	896	60.2%
2	比较有效率	291	19.6%
3	没效率	224	15.1%
4	完全没效率	37	2.5%

2. 影响中国公共投资项目运行低效率或决策失误的原因调查

在回收的1489份问卷中，本项内容有效问卷1487份。绝大多数调查对象认为导致公共投资低效与决策失策主要原因是决策分权机制不健全，决策集中于领导个人；另外，缺乏专家、公众、执行者有效参与及腐败因素等也是重要的影响原因（见表3-22）。因此，要明确划分各个职能部门及领导在公共投资过程中的决策权力，明确各个环节上的决策权力与责任的有机统一，限制领导个人权力，进行制度化的权利约束。

表 3-22　公共投资项目运行低效率或决策失误的原因调查

编号	调查项目	赞成人数	有效比例
1	决策分权机制不健全	700	47.1%
2	领导个人决策	493	33.2%
3	缺乏专家、公众、执行者参与	481	32.3%
4	腐败因素	435	29.3%
5	违反决策程序	181	12.2%
6	项目决策难度大	117	7.9%
7	其他因素	7	0.6%

3. 提升公共投资项目效率的有效措施调查

在回收的 1489 份问卷中，本项内容有效问卷 1488 份。绝大多数调查对象认为提升公共投资项目效率的有效措施是对项目建立有效的监督机制，引入市场竞争机制，严厉打击和治理公共投资领域的腐败行为等（见表 3-23）。因此，应构建全方位、多层次的动态监管机制，鼓励私人资本参与公共领域投资，缩小和控制政府公共投资的边界和规模，立法明确项目决策实施程序，严惩腐败、寻租等非法行为，以此来提高公共投资效率。

表 3-23　提升公共投资项目效率的措施调查

编号	调查项目	赞成人数	有效比例
1	建立有效的监督机制	619	41.6%
2	引进市场竞争机制	569	38.2%
3	严厉打击腐败行为	513	34.5%
4	完善决策和实施程序	427	28.7%
5	建立专门的政府管理机构	366	24.6%
6	追究决策失误责任	270	18.1%
7	加大项目官员激励机制	119	8.0%

（五）促进中国经济长期持续均衡增长的公共投资结构、规模、效应问题调查

1. 为促进中国经济长期持续均衡增长，公共投资最应该投向的领域调查

在回收的 1489 份问卷中，本项内容有效问卷 1487 份。绝大多数调查对象认为为促进中国经济长期持续均衡增长，公共投资最应该投向的领域为"科教文体卫"等公益项目及基础教育行业等民生项目（见表 3-24）。上述领域在短期内并不能显著推动经济增长，但其反映了社会公众对公共投资的普惠性及公益性诉求，加大投资力度可有效提升中国人力资本质量，推动长期技术进步，构建公共投资促进经济增长的长效机制。

表 3-24　公共投资的投向领域调查

编号	调查项目	赞成人数	有效比例
1	"科教文体卫"等公益项目	678	45.6%
2	基础教育行业	597	40.1%
3	"保障房"等民生项目	450	30.3%
4	战略性新兴产业	373	25.1%
5	生态环境保护行业	326	21.9%
6	科学研究	299	20.1%
7	"铁公基"等基础设施项目	285	19.1%

2. 为促进中国经济长期持续均衡增长，公共投资占 GDP 适度比例调查

在回收的 1489 份问卷中，本项内容有效问卷 1485 份。绝大多数调查对象认为为促进中国经济长期持续均衡增长，公共投资占 GDP 适度比例应在 5%—20% 之间（见表 3-25）。根据众多学者估算，中国公共投资占 GDP 比例基本处于该区间内。可见，在常态下，中国公共投资占 GDP 的适度比例应为上述区间的中位数，约为 10%。

表 3-25　公共投资占 GDP 适度比例调查

编号	调查项目	赞成人数	有效比例
1	16%—20%	446	30.0%
2	11%—15%	395	26.6%
3	5%—10%	275	18.5%
4	21%—25%	201	13.5%
5	26%—30%	88	5.9%
6	5%以下	82	5.5%
7	30%以上	285	2.0%

3. 为促进中国经济长期持续均衡增长，公共投资所发挥效应调查

在回收的 1489 份问卷中，本项内容有效问卷 1487 份。绝大多数调查对象认为为促进中国经济长期持续均衡增长，公共投资应发挥社会福利效应及就业效应（见表3-26）。因此，从长期来看，公共投资必须要提升和改进经济发展质量和社会公众生活满意度，其角色应从构建基础设施等社会"硬件"向提升整体社会的福利及就业等"软件"领域转变。

表 3-26　公共投资效应调查

编号	调查项目	赞成人数	有效比例
1	社会福利效应	688	46.3%
2	就业效应	532	35.8%
3	战略产业成长效应	405	27.2%
4	技术进步效应	375	25.2%
5	促进中小企业发展效应	358	24.1%
6	对私人投资的挤入效应	212	14.3%

（六）促进中国经济长期持续均衡增长的公共投资政策问题调查

1. 为促进中国经济长期持续均衡增长，治理公共投资腐败问题的有效措施调查

在回收的 1489 份问卷中，本项内容有效问卷 1487 份。绝大多数调

查对象认为为促进中国经济长期持续均衡增长，治理公共投资腐败问题的最有效措施是公开透明、建立项目权利约束机制（见表3-27）。公共投资领域腐败严重地降低公共投资效率并增加了公共投资规模，提升了中国经济社会发展成本。要治理公共投资腐败问题，必须要健全法制，加强公开披露信息力度，加强权利约束机制，建立赏罚分明的激励机制。

表 3-27　治理公共投资腐败问题的措施调查

编号	调查项目	赞成人数	有效比例
1	公开透明、建立项目权利约束机制	993	66.8%
2	健全法规法律、建立赏罚分明激励机制	491	33.0%
3	注重科学、建立项目规范管理机制	323	21.7%
4	强化教育、建立思想道德预防机制	200	13.7%

2. 促进中国经济长期持续均衡增长的最有效公共投资政策调查

在回收的 1489 份问卷中，本项内容有效问卷 1486 份。绝大多数调查对象认为促进中国经济长期持续均衡增长的最有效公共投资政策为完善公共投资项目绩效评价与监督体系以及项目决策制度（见表3-28）。可见，当前的迫切任务是构建和完善科学合理、普适性和公信力较强的公共投资项目绩效评价与监督体系、完善项目决策制度等，切实提升公共投资促进长期经济增长效果。

表 3-28　促进中国经济增长的公共投资政策调查

编号	调查项目	赞成人数	有效比例
1	完善公共投资项目绩效评价与监督体系	673	45.3%
2	完善公共投资项目决策制度	525	35.3%
3	完善全程绩效审计制度	439	29.5%
4	健全相关法律法规体系	436	29.3%
5	完善项目责任追究制度	325	21.9%

续表

编号	调查项目	赞成人数	有效比例
6	完善项目建设招投标制度	261	17.6%
7	完善纯公共投资项目代建制	194	13.1%

3. 调查对象对改进和提升中国公共投资效率并促进长期经济增长的建议汇总

调查对象对改进和提升公共投资效率并促进中国长期经济增长提出了很多宝贵意见，主要代表性的建议汇总如下：（1）政府放开对公共投资领域垄断和控制，允许私人资本参与公共领域的活动；（2）健全法律法规，完善制度保证，健全监督机制，完善公众参与机制，防止以权谋私，贪污腐败；（3）建立公开透明的招标制度，完善项目的监督机制和项目的听证制度；（4）公共投资应以公平效率为目标，应重质量，应以群众利益为大任，成为为民谋福利的基础工程；（5）应建立有效的新闻媒体监督机制，放松政府对媒体的抑制，启动新闻界发掘丑闻的自发冲动；（6）将政府公共投资的决策权、执行权、监督权有效分开，近年来以民生项目为投资重点；（7）逐步将政府投资领域限制在教科文卫、弱势群体保障等社会公共产品和培育民族国家核心元气的项目上；（8）规划投资程序，加大全程监管，实行无限期责任追究制度；（9）加强投资领域选择以减少挤出效应，做好长期规划避免重复建设和盲目建设，加强项目透明度并引入完善社会监督；（10）启动政治体制改革，社会公众有权选取地方主要官员，公开公务员财产，以此提升公共投资质量和效率。

三、调查结论

根据对本次调查的 1489 份问卷的统计分析，可获取对决策参考较有价值的信息。如绝大多数调查对象认为制约促进中国经济持续均衡增长的最主要因素都是技术进步；中国公共投资项目监管效果较差、效率低下，导致低效与决策失策主要原因是决策分权机制不健全，应该加大监督力度，明确立法保障社会公众对公共投资项目拥有知情权、决策参与权等；当前公共投资决策中，官员及相关企业首先考虑的是获取自身利益最大化，专家咨询最大的问题就是专家服从领导的意志，公共投资项目听证制度中参加的政府官员、公众、专家合适比例为 3∶4∶3；公共投资促进中国经济长期持续均衡增长的最主要作用是引导战略产业成长；为促进中国经济长期持续均衡增长，公共投资最应该投向的领域是"科教文体卫"等公益项目，公共投资与 GDP 最合适比例应在 5%—20%，公共投资最主要发挥的应是社会福利效应等；治理公共投资腐败问题的有效措施是公开透明、建立项目权利约束机制，最有效公共投资政策是完善公共投资项目绩效评价与监督体系等。上述信息对改进和提升公共投资效率并促进中国长期经济增长具有重要的理论和决策参考价值。

第四章 中国经济长期持续均衡增长与公共投资：实证分析

第一节 促进中国经济长期持续均衡增长的公共投资规模分析

一、公共投资最优规模理论

（一）公共投资最大社会收益理论

公共投资规模本质上是资源配置的问题，财政学家道尔顿（1922）在其著作《财政学原理》中引入了微观经济学中成本收益分析方法，从福利经济学视角出发，提出了最大社会收益原则。最大社会收益原则包含两个方面的要求：其一是"最小检验"要求，即公共决策者在进行公共投资决策时应尽量选取社会总收益大于社会总成本的活动方案，若社会收益小于社会成本，全社会的福利会降低；其二是"最大检验"要求，即要选取社会收益超过社会总成本的最大化方案。公共投资的社会总收益（Total Social Benefit，TSB）是指人们在享受公共投资过程中所得到的全社会满足程度的总和；公共投资的社会总成本（Total Social Cost，TSC）是指政府为人们提供公共投资时耗费的社会成本总和。

最大社会收益原则基于三个假设条件：第一，私人部门的所有市场运行处于理想状态，不存在外溢性或成本递减现象；第二，公共产品的提供无法通过市场机制解决；第三，政府决策者对于每种公共产品提供方案的社会总收益和社会总成本都具有完全信息；第四，不存在资本积累，所有的税收都用于公共投资。基于上述假设，公共投资的社会总成本就可以用税收来表示。按照最大社会收益原则，公共部门在从事任何活动时，应当选择社会收益最大限度地超过社会成本的方案，当公共投资的边际社会收益等于边际社会成本的时候，存在收益最大化，此时即为公共投资的最优规模。如图 4-1 所示。

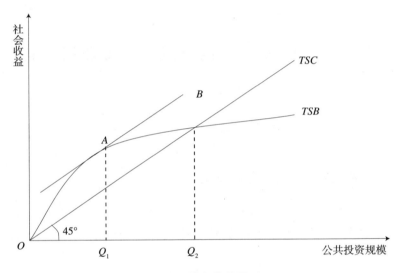

图 4-1　最大收益原则

如图 4 - 1 所示，社会总成本曲线是斜率为 45° 角的直线，社会总收益曲线呈现边际收益递减趋势。公共投资规模在 0 至 Q_1 之间，社会总收益大于社会总成本，且差距逐渐增大，直至 Q_1 时达到最大，此时边际社会总收益大于边际社会总成本。Q_1 至 Q_2 之间，社会总收益仍然大于社会总成本，但差距呈现递减趋势，在 Q_2 点，社会总收益等于社会总成本，超过 Q_2 点，社会总收益小于社会总成本，是决策时不予考虑的范围。因此，公共投资的最优规模便在 Q_1 点，此时社会收益与社会成本的差距最大化。[①]

---

　　① 杨飞虎：《公共投资腐败问题及治理研究》，经济科学出版社 2011 年版，第 35—41 页。

（二）边际效用理论

用边际效用理论来探究公共投资最优规模时，将享受公共产品的正效用和纳税的负效用相权衡。政府公共投资的资金来源主要是居民的税收，可将居民享受公共产品的边际效应视作边际社会收益，而居民缴纳的税款可视为居民因缴税而放弃的边际私人收益。[①] 具体如图 4-2 所示。

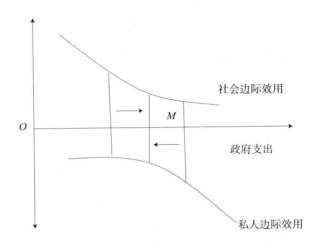

图 4-2　边际效用理论

根据图 4-2 所示，居民享受公共产品的效用为正，纳税的效用为负。资源在私人部门和公共部门进行配置时，只有当社会部门的边际效用等于私人部门的边际效用时，即图中的 M 点，资源配置才达到最优效率。M 左边，社会边际效用高于私人边际效用，公共产品配置不足，而私人产品则过度；M 右边的点意味着公共产品配置过度，而私人不足。因此，只有在 M 点，公共投资规模处于配置最优状态。

（三）林达尔均衡理论

林达尔均衡是瑞典经济学家林达尔（1919）提出的，该理论认为，若每个社会成员都按照其所获得的公共产品和服务的效用大小，付出自己所应分担的相应费用，此时公共产品的供给规模可以达到最佳水平。林达

① 别暄：《我国公共投资最优规模分析》，硕士学位论文，华中科技大学，2010 年，第 12—21 页。

尔认为公共产品的价格取决于每个社会成员意愿支付的价格，均衡状态下，这种价格使每个社会成员需要的公共产品数量相同，总公共产品供给量的价格为单个成员支付价格的总和。

　　林达尔在公共产品供给问题上引入竞争性均衡，公共产品市场上，价格不是唯一的，但总量是确定的，消费面临的是成本的分摊，每个消费者对自身的真实偏好非常清楚，且仅根据自身的偏好决定其分摊的成本。此时，消费者分摊的成本与边际收益成比例关系，消费和愿意支付的价格总和便等于公共产品供给的总成本。

　　林达尔均衡的解便是在正常利润为零的情况下，依据每个消费者对公共产品的不同偏好，分别确定不同的价格。

　　该理论的优点在于在公共产品供给领域引入私人产品性质的竞争均衡，探究其价格和成本分摊的过程。其不足在于该理论假定消费者对自身的偏好非常清楚，并愿意按照其偏好支付相应的价格。这点与现实不符。首先，消费者对公共产品的偏好很多时候并不能明确区分，具有模糊性；其次，即使能区分也无法准确将其与支付价格联系起来；最后，即使能将价格和偏好合理地联系起来，也不一定愿意支付，毕竟"搭便车"行为不在少数。

二、促进经济长期持续均衡增长的公共投资最优规模测算模型

　　上述理论模型对于公共投资最优规模的研究有突出的贡献，但也存在着定义模糊，没有明确的衡量标准等问题。本书通过建立内生增长模型，柯布—道格拉斯生产函数，从消费者、企业、政府三个主体的最优决策角度来估算使得经济增长率最大化、消费最优化的公共投资最优规模。值得说明的是，本模型是一个动态模型，时间上存在跨度，且基于消费者效用最大化和企业利润最大化求解最优规模。[①]

---

① Augustin Kwasi Fosu, Yoseph Yilma Getachew, Thomas Ziesemer, "Optimal Public Investment, Growth, and Consumption: Evidence from African Countries", UNU-MERIT Working Papers (2012), pp. 1-41.

（一）消费者

建立一个消费者世代交叠模型，假定每个消费者生存两个时期：年轻时期和年老时期。年轻时期有工资收入，并将其用于消费及储蓄；年老时期无工资收入，只能依靠年轻时期的储蓄进行消费，消费者的效用函数及相关函数为：

$$U(C_t, C_{t+1}) = \ln C_t + \gamma \ln C_{t+1} \tag{4-1}$$

$$(1 - \tau) W_t = C_t + S_{pt} \tag{4-2}$$

$$C_{t+1} = S_{pt} + r_t (1 - \tau) S_{pt} \tag{4-3}$$

其中，C_t 为 t 期的消费，γ 为贴现率，W_t 为 t 期的工资收入，r_t 为 t 期利率，τ 为税率，S_{pt} 为 t 期的储蓄。

私人资本的积累采用永续盘存法进行计算，其公式为：

$$K_{t+1} = (1 - k) K_t + S_{pt} \tag{4-4}$$

其中，K_t 为 t 期的私人资本存量，k 为折旧率。

（二）政府

政府用于公共投资的资金全部来源于税收：

$$S_{gt} = \tau Y_t \tag{4-5}$$

$$G_{t+1} = (1 - k) G_t + S_{gt} \tag{4-6}$$

（三）企业

企业的生产函数是柯布—道格拉斯生产函数，为了更好区分公共投资与私人投资，将原有的 C-D 函数中的资本进一步区分为公共资本和私人资本。

$$Y_t = A G_t^{\alpha} K_t^{\beta} L_t^{\delta} \tag{4-7}$$

企业追求利润最大化问题可表示为：

$$\text{Max} \{ A G_t^{\alpha} K_t^{\beta} L_t^{\delta} - W_t - R_t K_t \} \tag{4-8}$$

其中，R_t 为资本成本。

求利润最大化的一阶条件得出：

$$R_t = A \beta G_t^{\alpha} K_t^{\beta-1} L_t^{\delta} \tag{4-9}$$

若利润为零，则可得出：

$$W_t = A(1 - \beta) G_t^{\alpha} K_t^{\beta} L_t^{\delta} \tag{4-10}$$

（四）消费者效用最大化求解

储蓄多少可以使得消费者效用最大化问题：

$$\text{Max}\{\ln C_t + \gamma \ln C_{t+1}\} \tag{4-11}$$

将式（4-2）、式（4-3）代入式（4-11），建立效用函数与储蓄之间的关系：

$$\text{Max}\{\ln[(1 - \tau)W_t - S_{pt}] + \gamma \ln[S_{pt} + r_t(1 - \tau)S_{pt}]\} \tag{4-12}$$

求消费者效用最大化的一阶导数解为：

$$S_{pt} = (1 - \tau)W_t \gamma / (1 + \gamma) \tag{4-13}$$

将式（4-13）两边同时除以 Y_t，结合式（4-5）可得出：

$$S_{pt}/Y_t = (1 - S_{gt}/Y_t)W_t[\gamma/(1 + \gamma)] \tag{4-14}$$

通过该式可以看出，公共投资对于私人投资具有一定的挤出效应。

（五）资本积累与经济增长——均衡增长路径

将式（4-10）、式（4-13）代入式（4-4）得出私人资本积累：

$$
\begin{aligned}
K_{t+1} &= (1 - k)K_t + (1 - \tau)W_t[\gamma/(1 + \gamma)] \\
&= (1 - k)K_t + (1 - \tau)A(1 - \beta)G_t^{\alpha}K_t^{\beta}L_t^{\delta}[\gamma/(1 + \gamma)]
\end{aligned} \tag{4-15}
$$

将式（4-5）、式（4-7）代入式（4-6）得出公共资本积累：

$$G_{t+1} = (1 - k)G_t + \tau A G_t^{\alpha} K_t^{\beta} L_t^{\delta} \tag{4-16}$$

将式（4-16）除以式（4-15）得出：

$$\frac{G_{t+1}}{K_{t+1}} = \frac{G_t}{K_t}\left\{\frac{(1 - k) + \tau A G_t^{\alpha-1} K_t^{\beta} L_t^{\delta}}{(1 - k) + (1 - \tau)A(1 - \beta)G_t^{\alpha}K_t^{\beta-1}L_t^{\delta}[\gamma/(1 + \gamma)]}\right\} \tag{4-17}$$

若考虑在经济平衡增长路径中，资本存量会趋于稳定的均衡状态，资本的增长率趋向于保持不变，G/K 为一个常数，因此将式（4-17）进行转换，可得：

$$\frac{G}{K} = \frac{(1 + \gamma)\tau}{\gamma(1 - \tau)(1 - \beta)} \tag{4-18}$$

根据式（4-7）、式（4-18）可知，经济增长率：

$$R_y = \ln \frac{Y_{t+1}}{Y_t} = (\alpha + \beta)R_K + \delta R_L \tag{4-19}$$

为简化问题，先假设劳动中性化，$R_L = 0$，$\alpha + \beta = 1$，则经济平衡增长路径中存在 $R_y = R_k = R_L$。

因此，根据式（4-15）、式（4-18）可计算出：

$$R_y = \ln\left[(1 - k) + A\alpha \frac{\gamma}{1 + \gamma} / (1 + \alpha \frac{\gamma}{1 + \gamma}) \frac{G}{K} \right] \qquad (4-20)$$

使得均衡增长率最高的 $\dfrac{G}{K}$ 的值通过求一阶导数解得：

$$\left(\frac{G}{K}\right)^* = \frac{1 + \gamma}{\gamma\beta} \qquad (4-21)$$

同理，结合式（4-5）、式（4-18）和式（4-20），可知：

$$R_y = \ln\left[(1 - k) + A(\alpha \frac{\gamma}{1 + \gamma})^{1-\alpha} (1 - S_{gt}/y)^{1-\alpha} (S_{gt}/y)^{\alpha} \right] \qquad (4-22)$$

式（4-22）表明经济增长率与公共投资占 GDP 的比重之间的关系，对 S_{gt}/y 求一阶导数可以得出经济增长率最大化情形下，公共投资的最优规模，即：

$$(S_{gt}/y)^* = \alpha \qquad (4-23)$$

综上所述，式（4-23）得出涵盖了消费者效用最大化、生产者利润最大化、经济增长率最大化等综合方面的条件，在计算时加入时间趋势项，便能很好地诠释经济长期持续均衡增长这一概念。

（六）基于巴罗模型的生产函数法测算公共投资最优规模模型

巴罗（1990，1992）在其 *Economic Growth in a Cross Section of Countries* 一文中提出用生产函数法确定公共投资最优规模。

巴罗将生产函数定义为资本、劳动和政府支出的函数：$Y = F(K, L, G)$。其中，Y 是真实产出，K 是期初的（私人和公共）资本存量，L 是就业数量，G 是政府支出，并假定 F 连续二次可微，是 K、L 和 G 的一阶齐次函数，偏导数 $F' > 0$，$F'' < 0$，$g = G/L$，对生产函数求关于时间的导数，则有：

$$\frac{\mathrm{d}Y}{\mathrm{d}t} = \frac{\mathrm{d}F}{\mathrm{d}L}\frac{\mathrm{d}L}{\mathrm{d}t} + \frac{\mathrm{d}F}{\mathrm{d}K}\frac{\mathrm{d}K}{\mathrm{d}t} + \frac{\mathrm{d}F}{\mathrm{d}g}\frac{\mathrm{d}g}{\mathrm{d}t} \qquad (4-24)$$

两边再除以 Y 得到：

$$\frac{dY}{dt} \times \frac{1}{Y} = \frac{dF}{dL}\frac{dL}{dt} \times \frac{1}{Y} + \frac{dF}{dK}\frac{dK}{dt} \times \frac{1}{Y} + \frac{dF}{dg}\frac{dg}{dt} \times \frac{1}{Y} \qquad (4-25)$$

$$\frac{dY}{dt} \times \frac{1}{Y} = \frac{dF}{dL}\frac{dL}{dt} \times \frac{L}{Y}\frac{1}{L} + \frac{dF}{dK}\frac{dK}{dt} \times \frac{1}{Y} + \frac{G}{g}\frac{dF}{dG}\frac{dg}{dt} \times \frac{1}{Y} \qquad (4-26)$$

假设 $a = \frac{dF}{dL}\frac{L}{Y}$，$MPK = \frac{dF}{dK}$，$MPG = \frac{dF}{dG}$，相对应变量的时间倒数为 Y^*、L^*、K^*、g^*，式（4-26）可转化为：

$$\frac{Y^*}{Y} = \alpha\frac{L^*}{L} + MPK\frac{K^*}{Y} + MPG\frac{g^*}{g}\frac{G}{Y} \qquad (4-27)$$

其中，α 是就业的产出弹性，MPK 为资本的边际产出，MPG 是政府支出的边际产出，对方程估计可以检验政府支出是否是生产性的假设：原假设 $MPG = 0$，G 是非生产性的，即如果政府支出不影响私人资本的生产率，增加政府支出的效应应该为 0；备择假设 $MPG > 0$，G 是生产性的。根据巴罗法则，政府支出 G 为最优时要求 $MPG = 1$，这也称为政府规模的自然效率条件。

三、我国经济长期持续均衡增长视角下公共投资最优规模测算

（一）基于内生增长模型的我国公共投资最优规模测算[①]

1. 实证模型及估计方法

根据本书的理论模型，本书选取中国 31 个省份 1997—2011 年 15 年的面板数据，估算长期经济持续均衡增长中公共投资的最优规模，即对方程（4-22）的估计，实证分析中解出的 a 便是公共投资的最优规模。但为了更加全面地诠释长期经济持续均衡增长，除了经济增长率最大化之外，还需综合考虑公共投资对私人投资的效用、就业人口增长

---

　　① 杨飞虎、伍琴：《我国公共投资最优规模探析——经济长期持续均衡增长视角》，《经济管理》2014 年第 6 期。

率、时间趋势项等方面的因素，因此建立了以方程（4-22）为基础的标准化实证方程，运用 STATA 软件，通过联立方程估计方法对公共投资最优规模及公共投资、私人投资的相互关系进行估算和分析。具体实证分析方程如下：

$$\ln Y_{it} = a_1 \ln Y_{it-1} + (1-\alpha)\ln (1 - (S_g/y)_{it}) + \alpha\ln (S_g/y)_{it}$$
$$+ a_2\ln (S_k/y)_{it-1} + \alpha_3 (R_p)_{it}^2 + a_4 TR_t + e_i + \mu_{it}$$

$$\ln (S_k/y)_{it} = b_1\ln (S_k/y)_{it-1} + b_2\ln (S_g/y)_{it-2} + b_3 (R_y)_{it-1}$$
$$+ b_4\ln (S_k/y)_{it-2} \times \ln (S_g/y)_{it-1} + e_i + \mu_{it} \qquad (4-28)$$

$$\ln (S_g/y)_{it} = c_1\ln (S_g/y)_{it-1} + c_2\ln (S_k/y)_{it-1} + c_3\ln (S_k/y)_{it-2}$$
$$+ c_4 (R_y)_{it-2} + c_5\ln (S_k/y)_{it-2} \times \ln (S_g/y)_{it-1} + e_i + \mu_{it}$$

$$(R_P)_{it} = d_1 (R_P)_{it-1} + d_2 (R_P)_{it-2} + d_3\ln y_{it-1} + d_4\ln y_{it-2} + e_i + \mu_{it}$$

2. 实证分析及结果

根据联立方程（4-28）对系统中四个方程进行估计之后，结果如表4-1所示。

表 4-1　联立方程（4-28）估计结果

		（1）	（2）
		2sls	3sls
E1：因变量	$\ln Y_{it-1}$	0.958 ***	0.926 ***
	$\ln (1- (S_g/y)_{it})$	0.156 ***	0.0663 **
E1：因变量	$\ln Y_{it-1}$	0.958 ***	0.926 ***
	$\ln (1- (S_g/y)_{it})$	0.156 ***	0.0663 **
	$\ln (S_g/y)_{it}$	0.0990 ***	0.0869 ***
	$\ln (S_k/y)_{it-1}$	0.00979	0.00938 *
	$(R_p)_{it}^2$	-1.028 **	-1.005 **
	TR_t	0.00127	0.00455 **
	cons	0.713 ***	0.925 ***

续表

		(1)	(2)
E2: 因 变 量	$\ln\left(S_k/y\right)_{it-1}$	0.772^{***}	0.759^{***}
	$\ln\left(S_g/y\right)_{it-2}$	0.0860^{***}	0.0791^{***}
	$\left(R_y\right)_{it-1}$	0.0141	0.0166^{*}
	$\ln\left(S_k/y\right)_{it-2}\times\ln\left(S_g/y\right)_{it-1}$	-0.0472^{***}	-0.0538^{***}
	cons	0.174^{***}	0.168^{***}
E3: 因 变 量 $\ln\left(S_g/y\right)_{it}$	$\ln\left(S_g/y\right)_{it-1}$	0.548^{***}	0.534^{***}
	$\ln\left(S_k/y\right)_{it-1}$	0.265^{***}	0.355^{***}
	$\ln\left(S_k/y\right)_{it-2}$	-0.350^{**}	-0.402^{***}
	$\left(R_y\right)_{it-2}$	0.0796^{***}	0.0938^{***}
	$\ln\left(S_k/y\right)_{it-2}\times\ln\left(S_g/y\right)_{it-1}$	-0.115	-0.0987
	cons	-0.531^{***}	-0.538^{***}
E4: 因 变 量 $\left(R_P\right)_{it}$	$\left(R_P\right)_{it-1}$	0.115^{**}	0.112^{**}
	$\left(R_P\right)_{it-2}$	0.147^{***}	0.148^{***}
	$\ln y_{it-1}$	-0.184^{***}	-0.172^{***}
	$\ln y_{it-2}$	0.193^{***}	0.181^{***}
	cons	-0.0591^{***}	-0.0600^{***}

注：四个方程均采用二阶段最小二乘法和三阶段最小二乘法进行估计，括号内为 t 统计量的值，其中 $*$ 代表 $p<0.1$，$**$ 代表 $p<0.05$，$***$ 代表 $p<0.01$，分别表示在 10%、5% 和 1% 下显著。

　　根据方程一的估计结果可知，$\ln Y_{it-1}$ 的系数为 0.958，且在 99% 的置信区间内显著，说明我国产出增长具有持续性。公共投资的最优规模 α 的值为 9.9%，三阶段最小二乘法下结果为 8.69%，二者结果相差不大，且均十分显著。此外，时间趋势项的系数为正且显著，意味着正的长期经济增长效应。

　　估计方程二中滞后一期的私人投资规模系数为 0.772，正且显著，体现了私人投资规模的积累性。滞后两期的公共投资占比系数为 0.0860，系数为正且显著，意味着前期的公共投资规模对于当期的私人投资具有挤入效应，说明公共投资对于私人投资的影响时间上具有滞后性。交叉项的系数为 -0.0472 且都在 1% 的水平下显著，说明前期的私人投资在公共投资的影响下，其对当期私人投资的影响减弱，其原因是公共投资会挤出一部分私人投资。同时，滞后一期的经济增长率系数为正意味着前期的高经济增长率会带来当期高水平的私人投资。

估计方程三中的公共投资占比的滞后一期系数为正且显著，说明公共投资具有持续性。而私人投资占比一期滞后项系数为正表现出对公共投资的正效用，二期滞后项系数为负表现为负效应。交叉项系数为负，其绝对值小于 $\ln(s_k/y)_{it-1}$ 系数的绝对值，说明在前期公共投资共同作用下，滞后二期的私人投资对当期公共投资负面影响减弱。

方程四中就业人口增长率与前期的就业人口增长率以及经济增长率选在显著相关关系，当期的就业人口增长率与滞后一期和二期的就业人口增长率正相关，与滞后一期的经济增长率负相关，滞后两期的经济增长率正相关，说明经济增长的拉动就业效应存在较长的时滞。

3. 实证分析结论

根据上述实证分析结果，可获得以下结论：

首先，为保证经济长期持续均衡增长，公共投资最优规模为 GDP 的 9.9%。目前，我国公共投资规模远远超过 9.9%。因此，我国目前的公共投资规模严重超出最优规模。

其次，公共投资对私人投资既存在"挤入"效应，也存在"挤出"效应，但其净效应表现出"挤出"效应。公共投资规模过高，对于市场经济干预程度较大，挤出一部分私人投资，导致市场机制不能有效发挥作用。

最后，过高的公共投资规模及显著地挤出私人投资是制约经济长期持续均衡增长的重要因素。

（二）基于生产函数法的我国公共投资最优规模测算

1. 模型的构建

本书估计的模型是基于巴罗（1990）的 Cobb-Douglas 生产函数方法。对技术进步的不同处理产生了两种不同的模型：第一种情形把技术进步看作是资本积累的产物；第二种情形把技术进步被假定是外生的。使用时间序列的资本存量估计值；通过估计模型获得了资本存量和公共投资的产出弹性。基本模型如下：

$$Y_t = A(.)_t^{\beta_0} JY_t^{\beta_1} (ZB_t)^{\beta_2} (GT_t)^{\beta_3} \tag{4-29}$$

如 $A(.)$ 为常数，意味着技术进步中性化的假设，显然这会高估或低估资本或劳动投入对产出的贡献，这取决于技术进步因素对于经济增长的影响为正或负，因此技术进步因素应是对产出具有冲击效应的外生变量。根据配第—克拉克定律，随着我国经济社会的发展和技术进步，就业人口逐步向第三产业转移，第三产业的就业人口占全社会总就业比例也逐步提高，第三产业就业比例的这种规律性转移事实上是技术进步的结果。本书尝试以第三产业就业人口占总就业比重 $SJZB_t$ 作为技术水平 A_t 的替代变量。构建模型如下：

$$Y_t = SJZB_t^{\beta_0} JY_t^{\beta_1} (ZB_t)^{\beta_2} (GT_t)^{\beta_3} \tag{4-30}$$

其中，（1）Y_t 为第 t 期中国 GDP（1978 年不变价）；（2）ZB_t、GT_t 为第 t 期中国资本存量和新增公共资本（公共投资）（1978 年不变价）；（3）JY_t 为第 t 期中国年末从业人员数；（4）$SJZB_t$ 为第 t 期中国第三产业人数占总就业比重；（5）β_0，β_1，β_2，β_3 为待估模型参数。

按照巴罗的理论和道尔顿社会收益最大化原则，公共投资的边际产出弹性 $\beta_3 = \left(\dfrac{\partial Y_t}{\partial GT_t}\right)\left(\dfrac{GT_t}{Y_t}\right) = MPG_t\left(\dfrac{GT_t}{Y_t}\right)$。当公共资本边际产出 $MPG_t = 1$ 时，β_3 就是以相对指标表示的公共投资最优规模。

2. 相关变量数据说明

本书以 1978—2011 年为样本期。在我国统计年鉴上，在全社会固定资产投资主要行业分类中，2002 年前后对行业的划分做了调整，2002 年前沿用刘国亮（2002）对私人部门投资和公共投资的分类方法；2002 年以后对公共部门和私人部门的分类参照万道琴、杨飞虎（2011）的公共投资范围的界定。

本书所用的资本存量估算模型表示为：

$$ZB_t = (1 - \delta_t)ZB_{t-1} + GCF_t / PIGCF_t \tag{4-31}$$

其中，ZB_t 为按照基期（1978 年不变价）核算的历年中国资本存量；δ_t 为历年资本折旧率或重置率，用王小鲁和樊纲（2000）的研究按 5% 计算；GCF_t 为历年按当年价核算的中国资本形成总额；$PIGCF_t$ 为历年中国资本形成总额价格指数（1978＝1）；基期年的资本存量按国际常用方法计算；固定资本存量数据采用张军（2003）数据并予以调整。

3. 实证分析

根据模型（4-30）设立的中国总量生产函数模型，本书利用 Eviews 分析软件，对模型变量进行回归分析。估算 1978—2011 年期间中国总量生产函数如下：

$$\ln Y_t = 0.364\ln SJZB_t + 0.162\ln JY_t + 0.693\ln ZB_t + 0.097\ln GT_t + 0.599AR(1) - 0.62AR(2) \tag{4-32}$$

$$(8.983)\ (9.416)\ (23.734)\ (4.118)\ (3.90)\ (-4.144)$$

其中，$R^2 = 0.999811$，调整的 $R^2 = 0.999775$，Log likelihood 值 ＝ 95.7898，D-W 值＝1.891，模型参数均在 1% 的显著性水平上通过检验；$AR(1)$、$AR(2)$ 为随机误差项的滞后一期及二期，模型中加入滞后二期的随机误差项是消除随机误差项二阶正相关性，由于 D-W 值为 1.891，此时 AIC 值为 -5.611862、SC 值为 -5.3370365，均为最优状态。模型拟合比较理想。

4. 实证分析结论

通过上述模型实证分析，可获得以下四点结论：

首先，实证分析发现，我国劳动的产出弹性为 0.162；资本的产出弹性为 0.693；公共投资的产出弹性为 0.097。在资本投入中，每年新增公共资本投入对产出的贡献约为 9.7%。按照上述巴罗的理论和道尔顿社会收益最大化原则，公共投资的边际产出弹性 $\beta_3 = \left(\dfrac{\partial Y_t}{\partial GT_t}\right)\left(\dfrac{GT_t}{Y_t}\right) = MPG_t\left(\dfrac{GT_t}{Y_t}\right) = 9.7\%$。当公共资本边际产出 $MPG_t = 1$ 时，β_3 就是以相对指标表示的公共投资最优规模。因此，1978—2011 年间我国公共投资的最优规模为 9.7%。考虑公共投资的基础性、公益性、战略性及正外部性，每年新增公共投资的规模也不能太低，公共投资的合理规模应为 10% 左右，如上下浮动合理范围为 3%，我国公共投资占 GDP 比重合理范围应为 7%—13% 之间。事实上，我国最优公共投资占 GDP 比重大多年份确实在这个相对适度区间。

其次，实证分析发现，我国劳动与资本投入的产出弹性之和为 $0.162+0.693=0.855<1$，说明 1978—2011 年我国宏观生产函数轻微表现出规模报酬递减的态势。

再次，实证分析发现，资本投入对我国经济增长的贡献要远超过劳动投入的贡献。在资本投入中，每年新增公共资本投入对产出的贡献约为 9.7%。可见，为了推动我国经济持续增长，保持较高的资本投入在当前情况下有一定合理性；劳动投入的产出弹性较低，这需要我国宏观决策提升我国劳动力人力资本，加大我国劳动投入对经济增长的贡献。

最后，实证分析发现，技术因子也比较显著的通过各种统计检验，表明在 1978—2011 年间，以中国第三产业就业人数占总就业人数比重作为技术水平的替代变量是合理的。

四、我国公共投资规模与经济增长的长期均衡关系分析

为了探讨我国公共投资与经济增长的长期均衡关系，需要对 GDP、公共投资等相关经济变量进行协整分析。如果相关目标变量存在协整关系，那么，可以说明 GDP 与公共投资等相关目标变量存在长期均衡关系。以下在本章第五部分基础上，基于生产函数法模型对我国公共投资与经济增长的长期均衡关系进行进一步检验与分析。

（一）平稳性检验

常见的时间序列变量一般为非平稳序列变量，但对于多个非平稳时间序列，有一种特殊情况，也就是非常值得关注的协整关系，即几个非平稳时间时间序列变量的线性组合形成的变量是平稳变量。在这种情况下，可认为上述非平稳时间序列存在协整关系。由于变量之间协整关系存在的前

提是分析的变量都是非平稳序列，因此对我国 GDP、公共投资等相关变量之间的协整关系进行 Johansen 协整检验之前，必须对相关变量进行单位根检验以确认其是否为平稳序列。本书借助 Eviews 软件 ADF 方法进行单位根检验。结果见表 4-2。

表 4-2　GDP、公共投资等变量的 ADF 单位根检验

变量	检验形式 （C，T，P）	ADF 统计量	临界值	AIC	SC	结论
ln（Y）	C，0，4	0.109	−2.623*	−4.937	−4.654	不平稳
ln（SJZB）	C，T，1	−2.269	−2.625*	−4.606	−4.422	不平稳
ln（JY）	C，T，0	−0.651	−3.210*	−4.466	−4.330	不平稳
ln（ZB）	C，T，1	−2.746	−3.212	−6.395	−6.211	不平稳
ln（GT）	C，0，4	0.022	−2.623*	−1.569	−1.286	不平稳
Dln（Y）	C，0，3	−3.819	−3.679***	−5.006	−4.770	平稳
Dln（SJZB）	C，T，4	−4.119	−3.581**	−4.861	−4.528	平稳
Dln（JY）	C，T，0	−6.053	−4.273***	−4.447	−4.310	平稳
Dln（ZB）	C，T，3	−3.297	−3.221*	−6.304	−6.021	平稳
Dln（GT）	C，0，1	−4.336	−4.273***	−1.540	−1.357	平稳

注：本表中 ADF 检验形式（C，T，P）分别表示单位根检验方程中包括常数项、时间趋势和滞后项。0 表示不包括时间趋势或滞后项，D 表示差分算子，*、**、*** 分别表示 10%、5%、1%置信水平。滞后期的确定依据 AIC、SC 值最小的准则。

从表 4-2 的单位根检验结果可发现，GDP、公共投资等变量原序列的 ADF 统计量值都大于 10%置信水平的临界值，可认为上述诸变量都存在单位根，为非平稳序列。但上述诸变量的一次差分序列（D 表示差分因子）的 ADF 统计量值基本都小于 1%置信水平的临界值，可认为差分序列不存在单位根。因此，可对 GDP、公共投资诸变量进行协整分析。

（二）协整分析

在多个变量协整关系的分析中，最为常用的是 Johansen 协整检验方法。在 Eviews 中 Johansen 协整检验是通过迹统计量进行判别。迹统计量协整检验采用循环检验规则。如迹统计量第一原假设 None 表示没有协整

关系，如检验结果拒绝该假设则进行到下一个原假设，并且依次循环进行下去。GDP、公共投资等变量的 Johansen 协整检验结果见表4-3。

表4-3 GDP、公共投资等变量的 Johansen 协整检验结果

变量	特征值	对数似然值	迹统计量值	5%水平的临界值	原假设
ln（Y） ln（SJZB） ln（JY） ln（ZB） ln（GT）	0.746		105.559	69.819	None***
	0.623	406.542	61.685	47.856	At most 1***
	0.384	422.151	30.466	29.797	At most 2*
	0.280	429.897	14.975	15.495	At most 3
	0.130	435.155	4.459	3.841	At most 4*

注：*、**、***分别表示10%、5%、1%置信水平下拒绝原假设的检验，变量 ln（Y）、ln（SJZB）、ln（JY）、ln（ZB）、ln（GT）的迹统计量值显示在10%置信水平下有4个以上协整方程。

由表4-3可知，反映 GDP 与公共投资关系的各变量 ln（Y）、ln（SJZB）、ln（JY）、ln（ZB）、ln（GT）之间存在着长期均衡的协整关系。根据表4-4，可知在10%的置信水平下可以表达4个以上协整方程。本书仅考虑包含全部变量的协整关系，在该协整关系下的经过标准化的协整系数见表4-4。

表4-4 ln（Y）、ln（SJZB）、ln（JY）、ln（ZB）、ln（GT）的标准化协整系数

ln（Y）	ln（SJZB）	ln（JY）	ln（ZB）	ln（GT）
1.000000 Log likelihood 406.542	−0.217381 (0.06235)	−0.315026 (0.05359)	−0.659573 (0.02382)	−0.125656 (0.01963)

表4-4表示包含公共投资的各变量间的长期均衡的协整关系。将表中的协整关系写成数学表达式，并令其等于误差修正变量 VECM，可获取如下均衡方程（4-33）：

$$VECM = \ln(Y) - 0.2174\ln(SJZB) + 0.315\ln(JY) + 0.656\ln(ZB) +$$

$$0.1257\ln(GT) \tag{4-33}$$

对序列 *VECM* 进行单位根检验，可以检验其已是平稳序列，且取值在 -1.741 附近波动，如图 4-3 所示。

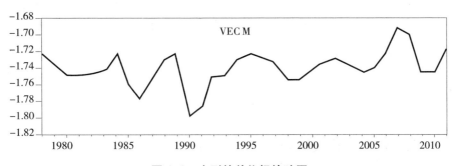

图4-3　序列的单位根检验图

令方程左右两边同时加上 1.741，可得：

$$VECM + 1.714 = \ln(Y) - 0.2174\ln(SJZB) - 0.315\ln(JY) -$$
$$0.656\ln(ZB) - 0.1257\ln(GT) + 1.741 \tag{4-34}$$

令 *VECM* + 1.714 = 0，可以获取产出 GDP 和公共投资诸变量的长期均衡关系如下：

$$\ln(Y) = 0.2174\ln(SJZB) + 0.315\ln(JY) + 0.656\ln(ZB) +$$
$$0.1257\ln(GT) - 1.741 \tag{4-35}$$

由上式可知，在长期均衡关系中，$\ln(GT)$ 的系数 0.1257 为公共投资的产出弹性系数，由巴罗原理和道尔顿社会收益最大化原则可知，当公共资本边际产出 MPG 为 1 时，公共投资占 GDP 的比重为 12.57%，即为我国经济长期均衡增长时公共投资的最优规模。

（三）实证分析结论

首先，通过对 ln（Y）、ln（SJZB）、ln（JY）、ln（ZB）、ln（GT）各变量进行协整检验，可知产出 GDP 与包括公共投资在内的诸变量存在长期均衡的均衡关系。可以获得以下结论：当公共投资的边际收益等于边际成本，即公共资本边际产出为 1 时，我国经济长期均衡增长中存在公共投资的最优规模，约占 GDP 的 12.57%。

其次，我国经济长期均衡增长时劳动投入的产出弹性为 0.315，远高于 1978—2011 年间的 0.162。可见，充分挖掘我国人力资本潜力，发挥我国人力资本优势，提升劳动投入对长期经济持续均衡增长的意义重大。

最后，我国经济长期均衡增长时资本投入的产出弹性为 0.6596，与 1978—2011 年间的资本投入的产出弹性 0.693 相差不大。可见，在相当长的一段时期，资本投入仍将是经济增长的第一驱动力，对投资过于批判或妖魔化是不足取的。为促进并保持我国经济长期持续均衡增长，必须高度重视资本投入的规模、结构、效率和效应问题。

五、研究结论及建议

本部分采用定性与定量，理论与实证相结合的分析方法，分析了我国公共投资规模现状及其对长期经济增长的影响。基于内生经济增长模型，将公共投资最优规模置于经济长期持续均衡增长的框架中，对公共投资最优规模进行理论推导。结合理论推导和中国国情，运用联立方程、三阶段最小二乘法分析了我国公共投资规模的影响因素，并运用动态面板数据模型和联立方程估计方法估算出我国公共投资最优规模为 GDP 的 9.9%，且公共投资对私人投资存在净挤出效应。并基于生产函数法获得以下结论：当公共投资的边际收益等于边际成本，即公共资本边际产出为 1 时，1978—2011 年间我国公共投资的最优规模为 9.7%；我国经济长期均衡增长存在公共投资的最优规模，约占 GDP 的 12.57%，为促进并保持我国经济长期持续均衡增长，必须高度重视资本投入的规模、结构、效率和效应问题。可采取以下政策建议：

（一）缩减公共投资规模，加大教育和科研领域的支出

教育和科学研究是技术进步的源泉，技术进步是长期经济持续增长的核心条件。公共投资的人力资本投资比物质资本投资更具备长期增长效应，而这方面的投入明显不足。政府在加大教育支出占公共投资的比重时，要注意区分基础教育和高等教育。基础教育更为接近纯公共产品，对于经济发展具有更强的外部性，高等教育具有更强的收益性，更为接近私

人产品。因此，政府应更加注重基础教育，促进地区间教育的均衡发展。为了提高稳态的经济增长率，政府应将科学研究作为公共投资的重点投向之一，鼓励科技创新和开发，推动产业结构升级，带动经济增长。

（二）优化公共投资区域结构

我国公共投资规模在地区间存在较大差异，东部地区的公共投资规模远远高于中部和西部地区。然而根据投资乘数作用原理，公共投资在落后地区投入的边际收益远高于发达地区。目前我国区域规模不合理，东西部差距大制约我国经济增长。应加大对西部地区的投资力度，尤其注重基础设施建设投资，好的基础设施建设可以改善投资环境，挤入私人投资带动经济增长。应注重主导产业的建立，培育高新技术产业。在城乡公共投资的配置上，要加强农村公共投资比重，对于农村基础设施建设、教育投入比例的增加有助于提高农村居民收入水平，有效拉动内需，促进经济增长。

（三）减少公共投资对私人投资的"挤出"效应

通过提高公共投资效率，减少"挤出"效应，引导私人投资。因此，应明确界定公共投资的领域。对于纯公共产品的提供，比如教育、卫生和医疗保障领域，由政府公共投资承担。对于非纯公共产品领域，应严格细分，适当引入竞争机制，有一定利润可图的领域，可引导私人资本进入，提高市场运行效率，政府的职能转变为监督和管理。应多样化公共投资资金来源。改变公共投资的资金来源，改善与私人投资的竞争关系，由竞争转向合作，取得双赢的局面。

（四）完善公共投资监督及决策机制以保证公共投资的最优规模

为了保证公共投资的最优规模，应完善公共投资的决策和监督机制。决策层面上，可建立项目信息共享平台，保证决策者对于每个项目都具备完全信息，在决策时尽量选取社会收益最大化的项目。同时，加强听证制度建设，保证项目决策过程公正、公开、透明。建立公共投资项目责任制，将风险落实到具体单位或个人。监督层面上，完善官员绩效考核体系，对于公共投资腐败现象严惩不贷，完善相关法律法规。

第二节　促进中国经济长期持续均衡增长的
公共投资结构分析

一、我国公共投资城乡结构探析

（一）我国城乡公共投资结构现状

当前我国城乡居民之间收入差距较大，而且城乡居民之间的收入差距还有扩大的态势，从城乡收入相对差异指标可以看出农村居民人均收入仅是城镇居民人均收入的30%左右（见表4-5）。城乡居民收入差距的影响因素有很多，但城乡之间公共资本投入的差异无疑也是其中一个重要的因素。由于城乡之间人均公共资本投入的差异，导致城乡之间基础设施、科教水平、基本公共服务之间均存在较大的差异。因此，要解决城乡收入差距问题，纯粹依靠市场解决是不现实的，市场的逐利导向只会导致城乡之间收入差距越来越大。解决的思路还是要跳出市场找政府，尽管对政府干预过多颇有微词，但解决存在外部性的问题必须要依靠政府主导去解决，而合理的公共投资政策可能是较好的对策。

表4-5　我国城乡收入数据

年份	城镇居民家庭平均每人可支配收入	农村居民家庭人均纯收入	城乡收入相对差异指标
1997	5160.30	2090.10	0.4050
1998	5425.10	2162.00	0.3985
1999	5854.00	2210.30	0.3776
2000	6279.98	2253.42	0.3588
2001	6859.60	2366.40	0.3450
2002	7702.80	2475.60	0.3214
2003	8472.20	2622.20	0.3095

续表

年份	城镇居民家庭平均每人可支配收入	农村居民家庭人均纯收入	城乡收入相对差异指标
2004	9421.60	2936.40	0.3117
2005	10493.00	3254.93	0.3102
2006	11759.50	3587.00	0.3050
2007	13785.80	4140.40	0.3003
2008	15780.80	4760.60	0.3017
2009	17174.70	5153.17	0.3000
2010	19109.44	5919.01	0.3097
2011	21809.78	6977.29	0.3199

注：数据来源于历年《中国统计年鉴》，其中城乡收入相对差异指标测算得出。本部分还根据
"农村居民家庭人均年纯收入""城镇居民家庭平均每人可支配收入"数据，两者相除得到
城乡居民人均收入相对差异指标。

　　本书公共投资界定根据万道琴、杨飞虎（2011）的公共投资界定方法。由于我国历年没有统计城镇和农村公共投资总量，因此，对上述指标数据的获取主要依靠估算。为了便于区分我国城镇和农村公共投资数据，本书选取历年《中国统计年鉴》中"农村中非农户固定资产投资额"作为农村公共投资的替代指标，再用上述九大行业估计得到的公共投资总量减去"农村中非农户固定资产投资额"便得到城镇公共投资总量。当然，上述指标肯定不能精准地统计城镇和农村公共投资总量，但大致可以反映城镇和农村公共投资的基本态势，分析的结果对进一步研究应有较好的参考价值。为了更好地探究公共投资城乡配置结构，本书将城乡公共投资数据除以当年城乡总人口数据，获得了当年度城乡人均公共投资的数据。此外，为探讨农村居民人均公共投资与城镇居民人均公共投资的差异，本书构建公共投资城乡结构相对差异指标，即农村居民人均公共投资占城镇居民人均公共投资的比重，以此来衡量城乡公共投资差异。具体数据见表4-6。

表4-6　我国城乡公共投资数据

年份	公共投资（亿元）	城镇公共投资（亿元）	农村公共投资（亿元）	城镇人均公共投资（元）	农村人均公共投资（元）	城乡公共投资结构相对差异
1997	6087.96	3032.36	3055.60	768.68	363.00	0.4722
1998	8054.18	4820.88	3233.30	1158.64	388.84	0.3356
1999	8386.03	5042.93	3343.10	1152.72	407.51	0.3535
2000	9028.91	5237.31	3791.60	1140.88	469.04	0.4111
2001	9522.01	5286.31	4235.70	1099.85	532.37	0.4840
2002	10061.92	5174.02	4887.90	1030.43	624.72	0.6063
2003	19907.10	13353.10	6554.00	2549.47	852.82	0.3345
2004	24912.10	16825.50	8086.60	3099.59	1068.17	0.3446
2005	30896.10	21158.20	9737.90	3764.00	1306.33	0.3471
2006	36746.40	24553.10	12193.30	4212.38	1666.66	0.3957
2007	42440.70	27704.50	14736.20	4569.21	2061.12	0.4511
2008	51877.70	33739.40	18138.30	5406.70	2576.50	0.4765
2009	73785.50	50541.60	23243.90	7834.45	3371.71	0.4304
2010	87863.80	59058.80	28805.00	8817.64	4292.01	0.4868
2011	85632.30	55354.77	30277.53	8013.26	4611.54	0.5755

资料来源：根据历年《中国统计年鉴》测算所得。

　　根据表4-5、表4-6的数据可以构图反映城乡收入相对差异及城乡公共投资结构相对差异的状况及发展态势（如图4-4所示），根据图4-4可知，城镇居民人均收入远高于农村居民的人均收入，而且城镇居民人均公共投资远远高于农村，城镇居民人均公共投资额平均为农村居民的2.4倍，表明我国公共投资城乡分布结构严重失衡，这和城乡居民收入差距较大的原因密切相关，也反映了长期以来我国实施公共投资以城市为中心的战略。因此，通过政府主导的公共投资政策带动农村经济发展应是一个比较关键的政策选择。

　　（二）我国城乡公共投资结构与经济增长的实证分析

　　本书在分析我国公共投资城乡结构效率时，考虑城乡区域的人口差

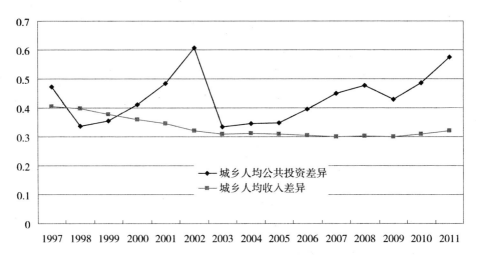

图 4-4　我国城乡居民收入差异与公共投资相对差异图

异，选取人均公共投资和人均 GDP 作为核心分析指标，主要探讨城镇和农村人均公共投资促进人均 GDP 增长状况。本书利用面板模型对城乡间公共投资配置结构变动对经济增长影响进行分析。

根据上述分析，我国城镇地区和农村地区公共投资配置存在效率低下且农村地区效率更低的特征。为了更加清晰地了解我国城镇地区和农村地区公共投资配置效率，探究城镇地区和农村地区公共投资配置结构变动对经济增长效率的影响，本书建立了以面板数据模型为基础的计量分析模型如下：

$$\ln(rjsr_{i,\,t}) = \beta_0 + \beta_1 \ln(rjgt_{i,\,t}) \tag{4-36}$$

其中，$t = 1997$，$\cdots$，2011；$i = 1$，2 表示我国城镇地区和农村地区；β_0，β_1 为待估模型参数；$rjsr_{i,\,t}$ 表示历年我国城镇地区和农村地区人均 GDP（1997 年不变价）；$rjgt_{i,\,t}$ 表示历年我国城镇地区和农村地区人均公共投资（1997 年不变价）。各变量数据根据历年《中国统计年鉴》测算得出。

1. 全国层面上我国城镇地区和农村地区公共投资与产出关系分析

本书采取 Eviews6 软件对模型（4-36）进行实证分析，在不考虑个体效应的影响下，首先探讨在全国层面意义上计量分析模型的估算，Eviews6 处理结果如表 4-7 所示。

表 4-7　全国层面上城镇、农村公共投资与产出关系估计

Variable	Coefficient	Std. Error	t-Statistic	Prob.
C	2785.665	336.3928	8.280988	0.0000
rjgt?	1.697097	0.098784	17.17996	0.0000
Fixed Effects（Cross）				
CZ—C	2040.783			
NC—C	-2040.783			
R-squared	0.957276	Mean dependent var		7266.581
Adjusted R-squared	0.954112	S. D. dependent var		5431.882
S. E. of regression	1163.596	Akaike info criterion		17.05106
Sum squared resid	36556806	Schwarz criterion		17.19118
Log likelihood	-252.7659	Hannan-Quinn criter.		17.09588
F-statistic	302.4834	Durbin-Watson stat		0.957879
Prob（F-statistic）	0.000000			

其中，模型拟合度 $R^2 = 0.957276$，Adjusted R-squared $= 0.954112$，F 统计量值 $= 302.4834$，模型参数均在 1% 的显著性水平上通过检验，模型比较显著地通过检验。为检验模型中固定效应是否多余，本书进行了 Redundant Fixed Effects Tests，结果如表 4-8 所示。从表 4-8 可以看出，模型中固定效应多余的可能性为 0，因此，采用固定效应的面板数据模型比较合适。

表 4-8　面板模型固定效应检验

Effects Test	Statistic	d. f.	Prob.
Cross-section F	75.852231	(1, 27)	0.0000
Cross-section Chi-square	40.123693	1	0.0000

根据表4-8，获得全国层面上总量分析模型（4-37）：

$$\ln(rjsr_{i,t}) = 2785.665 + 1.697\ln(rjgt_{i,t}) \tag{4-37}$$

$$(8.281^{***}) \quad (17.180^{***})$$

通过分析模型（4-37）可知，就全国意义而言，城镇和农村地区公共投资总体配置结构变动与产出增长是正相关关系（产出弹性为1.697）。因此，要提高城镇和农村人均产出，必须增加人均公共投资投入量。

2. 基于城镇地区和农村地区层面上我国公共投资与产出关系分析

模型（4-37）基于全国视角分析了城镇地区和农村地区整体公共投资与产出的配置问题，在分别考虑到城镇地区和农村地区公共投资对产出影响的情况下，本书采用截面单元固定效应的变系数模型，Eviews6处理结果如表4-9所示。

表4-9　基于城镇地区和农村地区层面公共投资与产出关系估计

Variable	Coefficient	Std. Error	t-Statistic	Prob.
C	2998.293	266.3042	11.25891	0.0000
CZ—rjgtcz	1.868703	0.086535	21.59470	0.0000
NC—rjgtnc	1.056589	0.167182	6.319986	0.0000
Fixed Effects（Cross）				
CZ—C	1203.305			
NC—C	−1203.305			
Effects Specification				
Cross-section fixed（dummy variables）				
R-squared	0.975100	Mean dependent var		7266.581
Adjusted R-squared	0.972227	S. D. dependent var		5431.882
S. E. of regression	905.2420	Akaike info criterion		16.57785
Sum squared resid	21306039	Schwarz criterion		16.76467
Log likelihood	−244.6677	Hannan-Quinn criter.		16.63761
F-statistic	339.3885	Durbin-Watson stat		1.791257
Prob（F-statistic）	0.000000			

其中，模型拟合度 $R^2 = 0.975100$，Adjusted R-squared $= 0.972227$，F 统计量值 $= 339.3885$，模型参数均在 1% 的显著性水平上通过检验，模型比较显著地通过检验。为检验模型中固定效应是否多余，本书进行了 Redundant Fixed Effects Tests，结果如表 4-10 所示。从表 4-10 可以看出，模型中固定效应多余的可能性为 0，因此采用固定效应的面板数据模型比较合适。

表 4-10   面板模型固定效应检验

Effects Test	Statistic	d. f.	Prob.
Cross-section F	20.417161	(1, 26)	0.0001
Cross-section Chi-square	17.387181	1	0.0000

据表 4-10 获得我国城镇地区和农村地区公共投资与产出分析模型：

$$\ln(rjsr_{i,t}) = 4201.598 + 1.869\ln(rjgt_{i,t}) \qquad (4-38)$$
$$(8.281^{***}) \quad (17.180^{***})$$

$$\ln(rjsr_{i,t}) = 1794.988 + 1.057\ln(rjgt_{i,t}) \qquad (4-39)$$
$$(8.281^{***}) \quad (17.180^{***})$$

从模型（4-38）和模型（4-39）中可发现，我国城镇地区人均公共投资增长 1% 可引致城镇地区居民人均 GDP 增长 1.869%，而我国农村地区人均公共投资增长 1% 仅引致农村地区居民人均 GDP 增长 1.057%。可见，单位公共资本投入在城镇发挥的效应远高于农村地区，公共投资在城镇的配置效率远高于农村地区。当然，这与农村地区居民居住相对分散、经济活动不集中、难以发挥公共投资的规模效应有重要关系

（三）对我国公共投资城乡结构变动对经济增长影响进一步分析

为进一步探讨我国公共投资城乡配置结构变动对经济增长影响，本书用城乡收入相对差异（*SRCY*）及城乡公共投资结构相对差异（*GTCY*）两个指标继续探讨。

1. 我国公共投资城乡配置结构变动对经济增长影响

本书基于 Eviews6.0 软件，探讨了我国城乡收入相对差异（*SRCY*）及

城乡公共投资结构相对差异（*GTCY*），获得最佳估计结果如表4-11所示。

表4-11　我国公共投资城乡配置结构效率估计

	Coefficient	Std. Error	t-Statistic	Prob.
GTCY	1. 313518	0. 051405	25. 55226	0. 0000
GTCY×GTCY	−1. 337852	0. 073768	−18. 13594	0. 0000
AR（1）	1. 001480	0. 172180	5. 816474	0. 0003
AR（2）	−0. 312043	0. 162214	−1. 923650	0. 0865
R-squared	0. 894379	Mean dependent var		0. 320831
Adjusted R-squared	0. 859172	S. D. dependent var		0. 024445
S. E. of regression	0. 009173	Akaike info criterion		−6. 297372
Sum squared resid	0. 000757	Schwarz criterion		−6. 123542
Log likelihood	44. 93292	Hannan-Quinn criter.		−6. 333102
Durbin-Watson stat	1. 055200			
Inverted AR Roots	0. 50+0. 25i	0. 50−0. 25i		

其中，模型拟合度 R^2 = 0.894379，Adjusted R-squared = 0.859172，Log likelihood=44.93292，模型参数均在10%的显著性水平上通过检验，模型比较显著地通过检验。

根据表4-11，可知模型变量参数均在10%显著性水平下通过检验，可获得我国公共投资城乡配置结构变动对经济增长影响的模型如模型（4-40）所示：

$$SRCY = 1.134GTCY - 1.338GTCY \times GTCY + 1.001 \times AR(1) -$$
$$0.312 \times AR(2) \tag{4-40}$$

从式（4-40）中显然可以获得以下结论：

首先，由于变量城乡公共投资结构相对差异（*GTCY*）的一次项为正，可见，城乡公共投资的收敛对城乡居民收入的收敛有正向作用。

其次，变量城乡公共投资结构相对差异（*GTCY*）的二次项为负，可见，城乡收入相对差异（*SRCY*）与 *GTCY* 之间长期存在"倒 U 型"曲线关系，变量 *GTCY* 收敛初期对 *SRCY* 收敛有正向促进作用，但其有一合理限度，超过了该限度后 *GTCY* 收敛对 *SRCY* 收敛有负面影响。

最后，通过公共投资政策去缩小城乡收入差距有一定政策合理性及局限性。

2. 协整分析与检验

为探讨变量城乡公共投资结构相对差异（*GTCY*）和城乡收入相对差异（*SRCY*）之间是否存在长期均衡关系，以下对这两个变量进行协整分析和检验。

对两个序列进行单位根检验，检验结果如表 4-12 所示。

表 4-12　变量 SRCY 和 GTCY 单位根检验表

Method	Statistic	Prob.**	Cross-sections	Obs
Null：Unit root（assumes common unit root process）				
Levin, Lin & Chu t*	−3.16795	0.0008	2	27
Null：Unit root（assumes individual unit root process）				
Im, Pesaran and Shin W-stat	−1.93184	0.0267	2	27
ADF-Fisher Chi-square	10.6048	0.0314	2	27
PP-Fisher Chi-square	9.12418	0.0581	2	28
**Probabilities for Fisher tests are computed using an asymptotic Chi				
-square distribution. All other tests assume asymptotic normality.				

根据表 4-12 可知，变量 *SRCY* 和 *GTCY* 检验结果表明原序列不存在单位根，因此，该两序列都是 0 阶单整序列 I（0），可以进行 Johansen 协整检验。

以下对变量 *SRCY* 和 *GTCY* 进行协整分析，获得结果如表 4-13 所示。

表 4-13　变量 SRCY 和 GTCY 协整分析表

Unrestricted Cointegration Rank Test（Trace）				
Hypothesized		Trace	0.05	
No. of CE（s）	Eigenvalue	Statistic	Critical Value	Prob.**

续表

Unrestricted Cointegration Rank Test（Trace）				
None*	0.672554	16.86659	15.49471	0.0309
At most 1	0.165562	2.352960	3.841466	0.1250
Trace test indicates 1 cointegrating eqn（s）at the 0.05 level				
* denotes rejection of the hypothesis at the 0.05 level				
**MacKinnon-Haug-Michelis（1999）p-values				
Unrestricted Cointegration Rank Test（Maximum Eigenvalue）				
Hypothesized		Max-Eigen	0.05	
No. of CE（s）	Eigenvalue	Statistic	Critical Value	Prob.**
None*	0.672554	14.51363	14.26460	0.0457
At most 1	0.165562	2.352960	3.841466	0.1250
Max-eigenvalue test indicates 1 cointegrating eqn（s）at the 0.05 level				
* denotes rejection of the hypothesis at the 0.05 level				
**MacKinnon-Haug-Michelis（1999）p-values				
Unrestricted Cointegrating Coefficients（normalized by b′×S11×b=I）：				
SRCY	GTCY			
−31.73376	5.081949			
−26.58034	−18.10652			
Unrestricted Adjustment Coefficients（alpha）：				
D（SRCY）	0.006016	0.000945		
D（GTCY）	−0.041669	0.028606		
1 Cointegrating Equation（s）：		Log likelihood	66.09480	
Normalized cointegrating coefficients（standard error in parentheses）				
SRCY	GTCY			
1.000000	−0.160143			
	(0.12565)			

表4-13充分反映出变量 *SRCY* 和 *GTCY* 的协整检验结果，无论是迹统计量还是最大特征根统计量检验值均表明二者之间存在一个协整关系，因此，变量 *SRCY* 和 *GTCY* 之间存长期均衡的协整关系。

根据表 4-13 的分析结果，变量 *SRCY* 和 *GTCY* 的协整方程如式 (4-41) 所示：

$$SRCY = 0.16GTCY \tag{4-41}$$

从式 (4-41) 可知，我国公共投资城乡结构相对差异和城乡居民收入相对差异之间存在长期稳定均衡的正向关系，即公共投资城乡结构相对差异收敛 1 个单位，城乡居民收入相对差异收敛 0.16 单位。

(四) 实证分析结论

根据上述分析可知，我国目前公共投资城乡结构分布存在严重失衡，公共投资侧重于城市而忽略农村，投资效率也逐年降低。虽然近年来国家对于农村的扶持力度不断增大，但大多采用直接补贴的转移支付，对于农村基础设施建设及农业的资本性支出相对较少。长期以来，城市的公共投资占据主导地位，导致城镇农村二元结构愈发明显，收入差距不断扩大。总体来说，公共投资的城乡结构性安排在实现城乡统筹发展以及城乡公平分配方面的表现不是很理想，在某种程度上存在该方面的结果低效率或无效率。因此，为促进中国经济长期持续均衡增长，我国在统筹公共投资的城乡分配问题上，需要建立公平的公共投资政策来实现城乡之间的协调发展。

二、我国公共投资区域结构分析

(一) 我国公共投资区域结构现状

1. 我国省级公共投资结构现状

公共投资在省级配置态势对促进省级区域经济社会发展有着重大影响。在探讨公共投资省级配置态势时，本书将数据进行标准化处理。首先计算出各个省份 1997—2011 年的平均人均 GDP (1997 年不变价) 和平均人均公共投资 (1997 年不变价)，再将其与全国的平均水平进行比较，大致可判断各省公共投资结构状况。标准化过程如下：

人均 GDP 标准化值 = (该省份的人均 GDP - 全国人均 GDP 均值) / 全国人均 GDP 均值

人均公共投资标准化值＝（该省份的人均公共投资－全国人均公共投资均值）／全国人均公共投资均值

将相关指标数据标准化以后，把人均 GDP 作为横轴，人均公共投资作为纵轴，可获得全国 31 个省份的公共投资结构图，具体如图 4-5 所示。

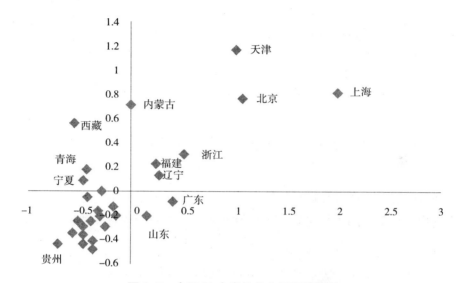

图4-5　全国31个省份公共投资结构图

从图 4-5 可以把我国省级公共投资结构分成四种类型，具体如下：

第一种类型是位于图中第一象限的省份，其人均 GDP 与人均公共投资额均高于全国平均水平。比如北京、天津、上海、浙江、福建和辽宁。这些省份都处于东部地区，其地理位置优越，经济上具有先发优势，而初期的政策倾斜进一步促进其公共投资增加。

第二种类型是位于第二象限的省份，其人均 GDP 小于全国平均水平，但人均公共投资高于全国平均水平。只有少数几个西部地区的省份处于该象限，如青海、宁夏和西藏等。这些地区经济水平欠发达，但由于其人口少且近年来西部大开发战略背景下，总量公共投资按人口分摊存在优势。但并不是全部的西部省份都处于第二象限，这意味着我国西部大开发战略还未能普及整个西部地区，国家应加大对西部省份的普惠支持力度。

第三种类型是位于第三象限的省份，其人均 GDP 和人均公共投资均低于全国平均水平。我国大部分的中西部地区省份都位于该象限，其中贵州的处境最差，其人均 GDP 和人均公共投资水平与全国平均水平相比差距甚远。

第四种类型是位于第四象限的省份，其人均 GDP 高于全国均值，而人均公共投资规模却低于平均水平。典型的省份有山东、广东和江苏。这些省份都是东部地区省份，经济发达，公共基础设施相对比较完善，同时由于其人口基数较大，因此，人均公共投资水平相对全国平均水平而言略显差距。

总体来说，与全国平均水平相比，我国各省份的人均 GDP 与人均公共投资存在较大差异，东部地区普遍呈现出较高的人均公共投资规模，中西部地区却经济落后且投资规模小，虽然少数几个西部地区省份人均公共投资规模高于全国平均水平，但总量规模上并不令人满意，我国公共投资的省份之间的公平分配还有待加强。

2. 我国东部、中部、西部三大区域公共投资结构现状

经过上述公共投资省级结构分析，基本上可以认识我国公共投资省级配置结构。为了进一步探讨公共投资配置的区域差异，现将全国 31 个省份分为东部、中部和西部三大区域进行进一步深入分析，其中东部、中部和西部三大区域划分主要依据中经网统计数据库标准，可获取历年东部、中部和西部三大区域公共投资的配置数据，具体见表 4-14。

表 4-14　1997—2011 年东部、中部和西部三大区域公共投资配置结构比较

| | 公共投资（1997 年不变价，亿元） | | | 人均公共投资（1997 年不变价，元） | | |
	东部	中部	西部	东部	中部	西部
1997	3191.86	1382.00	952.47	633.43	316.22	337.42
1998	4083.22	1825.80	1436.28	804.75	414.64	503.78
1999	4355.19	1962.92	1420.94	852.17	442.69	493.88
2000	4457.49	2250.76	1607.62	834.16	511.00	563.84

续表

	公共投资（1997 年不变价，亿元）			人均公共投资（1997 年不变价，元）		
	东部	中部	西部	东部	中部	西部
2001	4454.44	2423.02	1775.84	827.33	547.23	624.00
2002	4504.33	2562.05	1919.34	829.71	576.13	672.04
2003	9957.55	4783.42	3562.20	1817.57	1071.29	1238.94
2004	11632.95	5736.75	4147.77	2101.59	1278.27	1440.80
2005	13867.26	7202.85	5061.18	2493.71	1631.78	1754.25
2006	15839.12	8660.59	6037.80	2807.96	1958.88	2090.58
2007	17068.43	9800.63	6710.09	2984.88	2213.53	2322.72
2008	18889.17	10712.13	7496.38	3261.87	2408.90	2586.74
2009	26774.00	15619.53	11015.70	4565.83	3500.02	3789.11
2010	30288.83	18170.96	12873.66	5077.76	4060.73	4441.03
2011	28194.51	16058.90	12674.23	4691.97	3580.10	4356.15

资料来源：根据历年《中国统计年鉴》及中经网统计数据库整理而来。

从表 4-14 可知，东部、中部和西部三大区域公共投资规模都在逐年增加，但通过同一年份横向比较可见，东部地区的公共投资远远超过中部和西部地区，这一点可以从图 4-6 中清楚地看出。几乎所有的年份东部地区的公共投资总额都大于中部与西部投资规模之和，其规模大约为中部地区的 1.92 倍，在 1997 年达 2.31 倍的峰值；与西部地区相比，约为 2.66 倍，在 1997 年达 3.35 倍的峰值。究其原因，改革开放以来，邓小平提出"一部分人先富起来，先富带后富"的口号，国家对于东部地区的发展尤为重视。经济发展初期，公共投资配置在东部地区的份额远远高于中部和西部。随着东部经济发展进入较高水平，"西部大开发"战略和"中部崛起"战略才陆续被提出，公共投资配置在中西部地区的倾斜力度加大，与东部地区的差距逐渐缩小。具体如图 4-6 所示。

另外从图 4-6 可以发现，从人均角度来看，尽管我国对于中部和西部地区的重视程度高于从前，财政倾斜力度也逐年增加，但其与东部的人均公共投资配置差距没有得到显著的改善。虽然总量上看，中部地区公共

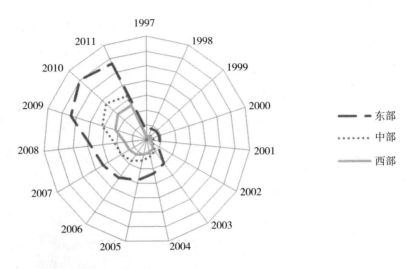

图 4-6 东部、中部和西部三大区域公共投资总量配置比较

投资规模大于西部地区，但人均则相反，其原因可能是西部地区人数少，人口基数小导致人均公共投资规模反而大于中部地区，另外，西部大开发政策也应是重要原因之一。

综上所述，我国公共投资区域配置存在区域结构不合理，区域差异较大的特征。国家加大中西部地区的公共投资支出也并未达到预期的效果，地区之间差异没有实质性缩小。

（二）我国公共投资区域结构变动对经济增长的实证分析

本书在分析我国公共投资区域结构时，考虑到各区域的人口差异，选取了人均公共投资和人均 GDP 作为核心分析指标，主要探讨区域公共投资结构变动对区域经济增长的影响。本书基于面板数据模型将全国 31 个省份区分为东部、中部和西部三大区域，并就这三大区域公共投资配置结构变动对经济增长影响进行分析。

1. 基于全国层面视角的面板数据模型分析

根据上述分析，我国东部、中部、西部三大区域公共投资配置存在区域结构不合理，地区差异较大的特征。为了更加清晰地了解我国东部、中部、西部三大区域公共投资配置效率，探究三大区域公共投资配置结构变动对区域经济效率的影响，本书建立了以面板数据模型为基础的计量分析模型如下：

$$\ln(y_{i,t}) = \beta_0 + \beta_1 \ln(gg_{i,t}) + \beta_2 \ln(pg_{i,t}) + \beta_3 \ln(gt_{i,t}) + \beta_4 \ln(pt_{i,t})$$

$$(4-42)$$

其中，$t = 1997, \cdots, 2011$；$i = 1, 2, 3$ 表示东部、中部、西部地区；$\beta_1, \beta_2, \beta_3, \beta_4$ 为待估模型参数；$y_{i,t}$ 表示历年东部、中部、西部地区人均 GDP（1997 年不变价）；$gg_{i,t}$ 表示历年东部、中部、西部地区以人均公共投资（1997 年不变价）口径核算的公共投资结构占比；$pg_{i,t}$ 表示历年东部、中部、西部地区以人均私人投资（1997 年不变价）口径核算的私人投资结构占比；$gt_{i,t}$ 表示历年东部、中部、西部地区人均公共投资（1997年不变价）；$pt_{i,t}$ 表示历年东部、中部、西部地区人均公共投资（1997 年不变价）。各变量数据根据历年《中国统计年鉴》测算得出。

本书采取 Eviews6 软件对模型（4-42）进行实证分析，在不考虑个体效应的影响下，首先探讨在全国总量意义上计量分析模型的估算，Eviews6 处理结果如表 4-15 所示。

表 4-15　全国层面公共投资结构变动对经济增长影响估计

Variable	Coefficient	Std. Error	t-Statistic	Prob.
C	3. 297935	0. 089953	36. 66271	0. 0000
ln（gg?）	0. 682164	0. 082389	8. 279779	0. 0000
ln（pg?）	−0. 308142	0. 081088	−3. 800088	0. 0005
ln（gt?）	0. 144467	0. 036886	3. 916576	0. 0003
ln（pt?）	0. 451788	0. 040232	11. 22963	0. 0000
R-squared	0. 992801	Mean dependent var		9. 282609
Adjusted R-squared	0. 992081	S. D. dependent var		0. 594045
S. E. of regression	0. 052863	Akaike info criterion		−2. 937799
Sum squared resid	0. 111778	Schwarz criterion		−2. 737059
Log likelihood	71. 10049	Hannan-Quinn criter.		−2. 862965
F-statistic	1379. 100	Durbin-Watson stat		0. 611708

Variable	Coefficient	Std. Error	t-Statistic	Prob.
Prob（F-statistic）	0.000000			

其中，模型拟合度 $R^2 = 0.992801$，Adjusted R-squared $= 0.992081$，F 统计量值 $= 1379.100$，模型参数均在 1% 的显著性水平上通过检验，模型比较显著地通过检验。为检验模型中固定效应是否多余，本书进行了 Redundant Fixed Effects Tests，结果如表 4-16 所示。从表 4-16 可看出模型中固定效应多余的可能性低于 5%，本书采用固定效应的面板数据模型是合适的。

表 4-16 模型固定效应检验表

Redundant Fixed Effects Tests			
Test cross-section fixed effects			
Effects Test	Statistic	d. f.	Prob.
Cross-section F	5.256996	(2, 30)	0.0110
Cross-section Chi-square	13.520250	2	0.0012

根据表 4-16，获得全国总量分析模型（4-43）：

$$\ln(y_{i,t}) = 3.2979 + 0.6822\ln(gg_{i,t}) - 0.308\ln(pg_{i,t}) + 0.1445\ln(gt_{i,t}) + 0.4518\ln(pt_{i,t}) \quad (4-43)$$

(36.66^{***}) (8.28^{***}) (-3.80^{***}) (3.92^{***}) (11.23^{***})

其中，模型拟合度 $R^2 = 0.9928$，F 统计量值 $= 1379.10$，模型参数均在 1% 的显著性水平上通过检验，模型比较显著地通过检验。

通过模型（4-43）可知，就全国意义而言，公共投资结构变动与产出增长是正相关关系（产出弹性为 0.6822），而私人投资结构变动却与产出增长是负相关关系（产出弹性为 -0.3081），因此，应针对性地完善和改进公共投资区域结构与私人投资区域结构。此外，公共投资、私人投资均与产出增长是正相关关系，但明显私人投资的产出弹性 0.4518 远高于公共投资的产出弹性 0.1445，因此要提高人均产出，必须减少公共投资在总投资中比重。

2. 基于东部、中部、西部层面视角的面板数据模型分析

模型（4-43）基于全国视角分析产出与公共投资与私人投资的区域配置问题，在考虑到各区域个体效应情况下，本书采用截面单元固定效应变系数模型，分析结果如表4-17所示。

表4-17 考虑到个体效应的全国层面公共投资结构变动对经济增长影响估计

Variable	Coefficient	Std. Error	t-Statistic	Prob.
C	5.763204	0.512086	11.25437	0.0000
DB—ln（ggDB）	−1.488616	0.262480	−5.671342	0.0000
ZB—ln（ggZB）	0.710906	0.175322	4.054852	0.0003
XB—ln（ggXB）	0.190147	0.218589	0.869883	0.3913
DB—ln（pgDB）	0.529104	0.265297	1.994379	0.0553
ZB—ln（pgZB）	−0.539539	0.224923	−2.398777	0.0229
XB—ln（pgXB）	−0.234066	0.152465	−1.535205	0.1352
DB—ln（gtDB）	0.183743	0.043333	4.240280	0.0002
ZB—ln（gtZB）	0.211339	0.034822	6.069053	0.0000
XB—ln（gtXB）	0.177517	0.035064	5.062646	0.0000
DB—ln（ptDB）	0.397352	0.054090	7.346137	0.0000
ZB—ln（ptZB）	0.377676	0.055929	6.752756	0.0000
XB—ln（ptXB）	0.426358	0.039397	10.82206	0.0000
Fixed Effects（Cross）				
DB—C	2.975059			
ZB—C	−1.709490			
XB—C	−1.265568			
Effects Specification				
Cross-section fixed（dummy variables）				
R-squared	0.998981	Mean dependent var		9.282609
Adjusted R-squared	0.998506	S. D. dependent var		0.594045
S. E. of regression	0.022962	Akaike info criterion		−4.448779
Sum squared resid	0.015817	Schwarz criterion		−3.846558

续表

Variable	Coefficient	Std. Error	t-Statistic	Prob.
Log likelihood	115. 0975	Hannan-Quinn criter.		-4. 224277
F-statistic	2101. 426	Durbin-Watson stat		2. 075227
Prob（F-statistic）	0. 000000			

根据表4-17，获得各区域计量分析模型如下：

$$\ln(y_{1,t}) = 8.7383 - 1.4886\ln(gg_{1,t}) + 0.5291\ln(pg_{1,t}) +$$
$$0.1837\ln(gt_{1,t}) + 0.3974\ln(pt_{1,t}) \qquad (4-44)$$
$$(11.25^{***})\ (-5.67^{***})\ (1.99^{*})\ (4.24^{***})\ (7.35^{***})$$

$$\ln(y_{2,t}) = 4.0537 + 0.7109\ln(gg_{2,t}) - 0.53951\ln(pg_{2,t}) +$$
$$0.2113\ln(gt_{2,t}) + 0.3777\ln(pt_{2,t}) \qquad (4-45)$$
$$(11.25^{***})\ (4.05^{***})\ (-2.40^{**})\ (6.07^{***})\ (6.75^{***})$$

$$\ln(y_{3,t}) = 4.4976 + 0.1901\ln(gg_{3,t}) - 0.2341\ln(pg_{3,t}) +$$
$$0.1775\ln(gt_{3,t}) + 0.4264\ln(pt_{3,t}) \qquad (4-46)$$
$$(11.25^{***})\ (0.87)\ (-1.54)\ (5.06^{***})\ (10.82^{***})$$

其中，模型拟合度 $R^2 = 0.9989$，F 统计量值 = 2101.43，D－W 值 = 2.08，模型比较显著地通过检验。另外，通过对模型进行截面单元固定效应的 Likelihood Ratio 检验，可以发现截面单元 F 统计量检验的 p 值为 0.0011，截面单元卡方检验的 p 值为 0.0012，因此，该模型选取截面单元固定效应的变系数模型是合适的。

从模型（4-44）、模型（4-45）、模型（4-46）中可发现，东部地区公共投资结构变动1%，将导致东部地区人均 GDP 反向变动1.4886%，这表明东部地区公共投资占比相对于中西部已经偏高，应减少比重；而中部、西部地区公共投资结构却与本地区人均 GDP 变动正相关，因此应增加中部、西部地区公共投资配置比重。但从私人投资结构变动对产出影响看，东部地区私人投资结构变动1%，将导致东部地区人均 GDP 正向变动0.5291%，而中部、西部地区私人投资结构却与本地区人均 GDP 变动负相关（分别为-0.5395和-0.2341），这表明东部地区私人投资效率远高于中部、西部地区，应增加东部地区私人投资配置比重。另外，三大区域的公共投资、私人投资均与人均GDP变动正相关，但各区域的公共投资产出弹性均大幅低于私人投资产出弹性，这和全国的总量分析基本一致。

根据分析可以发现，东部、中部、西部三大区域的公共投资经济效率均低于私人投资，为最大化发挥公共投资和私人投资促进经济增长效应，应减少各区域内部总投资中公共投资的比重。但在公共投资的区域配置结构中，应相应减少东部地区比重，增加中部、西部地区的相对比重；由于东部地区的私人投资效率高于中部、西部地区，因此在私人投资的区域配置结构中，应相应增加东部地区比重，减少中部、西部地区的相对比重。

（三）实证分析结论

从上述分析可知，我国东部、中部和西部三大区域公共投资规模都在逐年增加，但通过同一年份横向比较可见，东部地区的人均公共投资远远超过中部和西部区。我国公共投资结构变动与产出增长是正相关关系（产出弹性为0.6822），而私人投资结构变动却与产出增长是负相关关系（产出弹性为-0.3081），因此，应针对性地完善和改进公共投资区域结构与私人投资区域结构。我国东部、中部、西部三大区域的公共投资经济效率均低于私人投资，为最大化发挥公共投资和私人投资促进经济增长效应，应减少各区域内部总投资中公共投资的比重；但在公共投资的区域配置结构中，应相应减少东部地区比重，增加中部、西部地区的相对比重；由于东部地区的私人投资效率高于中部、西部地区，因此在私人投资的区域配置结构中，应相应增加东部地区比重，减少中部、西部地区的相对比重。为了促进中国经济长期持续均衡增长，必须优化调整我国东部、中部、西部三大区域的公共投资和私人投资占全国的比重。

三、我国公共投资行业结构分析

（一）我国公共投资行业配置结构现状

根据全社会固定资产投资按行业划分的标准（GB2002）及万道琴、

杨飞虎（2011）的公共投资界定方法，本书估计出 2012 年各行业占总公共投资的比重，如图 4-7 所示，比例较大的几个行业分别是交通运输、仓储及邮电通信业，水利、环境和公共设施管理业，电力、煤气及水的生产和供应业，公共管理和社会组织，教育，比例分别为 31.56%、29.72%、16.76%、6.07% 和 4.61%。其他行业的比例均较低，最小的为居民服务和其他服务业务，仅占全部公共投资总额的 1.90%。由此可知，我国公共投资主要投向基础设施建设和基础产业行业，原因如下：（1）基础设施建设关系到投资环境和居民生活环境，是经济增长的基石；（2）地方政府官员注重政绩，"GDP 崇拜症"引致公共投资多用于"铁公基"建设。公共投资领域各行业的投资规模差异大，投向较为集中，各行业资源配置不合理，很大程度上不利于长期经济增长。具体如图 4-7 所示。

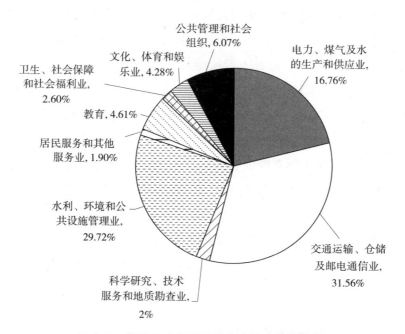

图 4-7　我国 2012 年公共投资分行业投资规模

为了进一步探究各个行业的投资效率，将选取九个公共投资行业的公共投资数据及行业增加值数据，计算各个行业的边际资本产出，结合道尔顿的最优规模准则分析各个行业的结构效率。按照道尔顿准则，如果公共资本边际产出大于 1，意味着全社会公共资本投入不足；如果公共资本边际产出小于 1，意味着全社会公共资本投入过度，二者均是公共资本投入非最优状态。因此，当公共资本边际产出等于 1 时，此时公共投资规模是富有效率的。结合道尔顿的社会最大收益原则，在规模报酬不变的情况下，公共投资效率为一单位新增公共资本投入完全转化为一单位的社会收益。其测算方法可以表示为：

公共资本边际产出＝新增产出/新增公共资本

由于公共投资分行业的数据自 2002 年开始有较大的变化，因此本书选取了 2003 年至 2010 年的公共投资分行业数据及增加值数据，测算了 7 个年度内上述九个行业的公共资本边际产出，其结果如表 4-18 所示。

表 4-18　2003—2010 年九大行业新增产出、公共投资及边际产出数据

	年份	A1	A2	A3	A4	A5	A6	A7	A8	A9
行业新增产出（亿元）	2003	5298.18	8450.86	1598.09	698.09	2253.86	4443.78	2380.29	947.50	5578.02
	2004	5833.30	9304.40	1759.50	768.60	2481.50	4892.60	2620.70	1043.20	6141.40
	2005	6794.60	10835.70	2050.60	849.90	3129.40	5656.30	2934.50	1188.20	6828.80
	2006	8015.20	12481.10	2409.30	944.20	3541.50	6179.00	3209.60	1325.20	7604.60
	2007	9609.22	14601.04	3441.34	1110.71	3996.48	7693.21	4013.77	1631.29	10830.43
	2008	8091.31	16362.50	3993.35	1265.50	4628.05	8887.47	4628.75	1922.40	13783.72
	2009	8395.43	16727.11	4721.73	1480.44	5271.48	10481.79	5082.56	2231.01	15161.74
	2010	9460.61	19132.19	5636.85	1752.09	6101.66	12042.11	5980.77	2495.84	16210.31
公共投资（亿元）	2003	3962.40	6289.40	285.80	4365.80	241.60	1671.10	405.80	531.50	2153.70
	2004	5795.10	7646.20	333.10	5071.70	313.70	2024.80	516.70	773.40	2437.40
	2005	7554.40	9614.00	435.10	6274.30	363.50	2209.20	661.80	857.00	2926.80
	2006	8585.70	12138.10	495.30	8152.70	389.50	2270.20	769.00	955.40	2990.50
	2007	9467.60	14154.00	560.00	10154.3	434.70	2375.60	885.00	1243.40	3166.10
	2008	10997.2	17024.40	782.00	13534.3	522.00	2523.80	1155.60	1589.90	3748.50
	2009	14434.6	24974.70	1200.80	19874.4	801.90	3521.20	1858.60	2383.40	4735.90
	2010	15679.7	30074.50	1379.30	24827.6	1114.10	4033.60	2119.00	2959.40	5676.60

续表

年份	A1	A2	A3	A4	A5	A6	A7	A8	A9
2004	0.2920	0.6291	3.4124	0.0999	3.1573	1.2689	2.1678	0.3956	1.9858
2005	0.5464	0.7782	2.8539	0.0676	13.0100	4.1415	2.1626	1.7344	1.4046
2006	1.1836	0.6519	5.9585	0.0502	15.8500	8.5689	2.5662	1.3923	12.1790
2007	1.8075	1.0516	15.9512	0.0832	10.0660	14.3663	6.9325	1.0628	18.3703
2008	-0.9924	0.6137	2.4865	0.0458	7.2344	8.0584	2.2727	0.8402	5.0709
2009	0.0885	0.0459	1.7392	0.0339	2.2988	1.5985	0.6455	0.3889	1.3956
2010	0.8555	0.4716	5.1267	0.0548	2.6591	3.0451	3.4494	0.4598	1.1147
均值	0.5401	0.6060	5.3612	0.0622	7.7537	5.8640	2.8852	0.8963	5.9316

（公共资本边际产出）

资料来源：公共投资及行业增加值数据来源于历年《中国统计年鉴》，资本边际产出根据上述两个数据计算得出。

　　从各个行业的均值来看，九个行业中四个行业的边际产出小于1，意味着公共投资过度，分别为电力、煤气及水的生产和供应业（A1），交通运输、仓储及邮电通信业（A2），水利、环境和公共设施管理业（A4），文化、体育和娱乐业（A8）。这四个行业前三个主要涉及基础设施投资，说明公共投资用于基础设施建设投资还占据主导地位。此外，科学研究、技术服务和地质勘查业（A3），居民服务和其他服务业（A5），教育（A6），卫生、社会保障、社会福利业（A7），公共管理和社会组织（A9）等五个行业的公共资本边际产出均超过1，说明该五个行业的公共投资存在不足现象，这也是近年来中央政府强调要加大投资力度的行业。根据内生增长理论，长期经济增长根本上取决于技术进步，而技术进步取决于知识和人力资本积累，归根结底是要重视教育和研发，这两个行业的投资力度及效率要尤为重视，其次便是卫生、社会保障以及居民服务和公共管理等行业。

　　（二）我国公共投资行业结构变动对经济增长的实证分析

　　本书分析我国公共投资行业结构时，考虑到公共投资领域九大行业差异，选取行业新增产出和行业投资额作为核心指标，探讨公共投资领域行业投资额变动对该行业产出增加的影响。本书基于面板数据模型对公共投资行业配置结构变动对新增产出影响进行分析。

为了探讨我国公共投资行业配置结构变动对经济增长影响，探究公共投资领域各行业配置结构变动对行业新增产出的影响，本书建立了以面板数据模型为基础的计量分析模型见式（4-47）：

$$\ln(xzcc_{i,\,t}) = \beta_0 + \beta_1 \ln(A_{i,\,t}) \tag{4-47}$$

其中，$t = 2003$，$\cdots$，2010；$i = 1$，$\cdots$，7 表示我国公共投资领域九大行业；β_0，β_1 为待估模型参数。$xzcc_{i,\,t}$ 表示历年我国历年公共投资领域九大行业新增产出值（2003 年不变价）；$A_{i,\,t}$ 表示历年我国公共投资领域九大行业投资额（2003 年不变价）。各变量数据根据历年《中国统计年鉴》测算得出。

1. 全国层面上我国公共投资行业投资与产出关系分析

本书采取 Eviews6 软件对模型（4-47）进行实证分析，在不考虑个体效应的影响下，首先探讨在全国层面意义上计量分析模型的估算，Eviews6 处理最优结果如表 4-19 所示。

表 4-19　全国层面上公共领域行业投资与产出关系估计

Variable	Coefficient	Std. Error	t-Statistic	Prob.
C	3.348808	0.268556	12.46969	0.0000
ln（A?）	0.641549	0.034411	18.64385	0.0000
Fixed Effects（Cross）				
A1—C	−0.246377			
A2—C	0.028697			
A3—C	0.531375			
A4—C	−2.272408			
A5—C	0.933329			
A6—C	0.505821			
A7—C	0.496215			
A8—C	−0.583905			

续表

Variable	Coefficient	Std. Error	t-Statistic	Prob.
A9—C	0.607253			
		Effects Specification		
Cross-section fixed (dummy variables)				
R-squared	0.977314	Mean dependent var		8.346297
Adjusted R-squared	0.974020	S. D. dependent var		0.867038
S. E. of regression	0.139751	Akaike info criterion		−0.969668
Sum squared resid	1.210875	Schwarz criterion		−0.653464
Log likelihood	44.90804	Hannan-Quinn criter.		−0.843786
F-statistic	296.7685	Durbin-Watson stat		0.642317
Prob (F-statistic)	0.000000			

　　其中，模型拟合度 $R^2 = 0.977314$，Adjusted R-squared $= 0.974020$，F统计量值 $= 296.7685$，模型参数均在 1% 的显著性水平上通过检验，模型比较显著地通过检验。为检验模型中固定效应是否多余，本书进行了 Redundant Fixed Effects Tests，结果如表 4-20 所示。从表 4-20 可以看出，模型中固定效应多余的可能性为 0，因此采用固定效应的面板数据模型比较合适。

表 4-20　面板模型固定效应检验

Effects Test	Statistic	d. f.	Prob.
Cross-section F	7.205728	(8, 54)	0.0000
Cross-section Chi-square	52.297024	8	0.0000

　　根据表 4-20，获得全国层面上公共领域行业投资与产出总量分析模型见式（4-48）：

$$\ln(xzcc_{i,t}) = 3.349 + 0.642\ln(A_{i,t}) \tag{4-48}$$

（8.281***）（17.180***）

通过分析式（4-48）可知，就全国意义而言，公共领域行业投资总体配置结构变动与产出增长是正相关关系（产出弹性为 0.642），即公共领域行业投资额增加 1%，则公共领域行业新增产出将增加 0.642%。因此，要提高我国公共领域新增产出，必须增加公共领域行业投资额，当然在行业结构上应有所选择和侧重。

2. 基于行业层面上我国公共领域行业投资与产出关系分析

模型（4-48）基于全国视角分析了公共领域行业投资配置与新增产出的效率问题，以下拟考虑公共领域九大行业投资配置与该行业新增产出的效率问题。

在分别考虑到公共领域九大行业投资配置与该行业新增产出影响的情况下，本书采用截面单元固定效应的变系数模型，Eviews6 处理结果如表4-21 所示。

表4-21　行业层面上我国公共领域行业投资与产出关系估计

Variable	Coefficient	Std. Error	t-Statistic	Prob.
C	2.748469	0.222155	12.37186	0.0000
A1—ln（gtA1）	0.422753	0.082054	5.152130	0.0000
A2—ln（gtA2）	0.525844	0.068481	7.678649	0.0000
A3—ln（gtA3）	0.808988	0.065799	12.29488	0.0000
A4—ln（gtA4）	0.513261	0.059545	8.619649	0.0000
A5—ln（gtA5）	0.673595	0.075081	8.971594	0.0000
A6—ln（gtA6）	1.195403	0.130592	9.153699	0.0000
A7—ln（gtA7）	0.558999	0.064406	8.679283	0.0000
A8—ln（gtA8）	0.605255	0.064366	9.403397	0.0000
A9—ln（gtA9）	1.244797	0.115555	10.77237	0.0000
Fixed Effects（Cross）				
A1—C	2.340517			
A2—C	1.728252			
A3—C	0.063156			

Variable	Coefficient	Std. Error	t-Statistic	Prob.
A4—C	−0. 494723			
A5—C	1. 336862			
A6—C	−3. 223453			
A7—C	1. 658079			
A8—C	0. 274162			
A9—C	−3. 682851			
	Effects Specification			
Cross-section fixed（dummy variables）				
R-squared	0. 989997	Mean dependent var		8. 346297
Adjusted R-squared	0. 986847	S. D. dependent var		0. 867038
S. E. of regression	0. 099436	Akaike info criterion		−1. 566287
Sum squared resid	0. 533926	Schwarz criterion		−0. 997121
Log likelihood	74. 38634	Hannan-Quinn criter.		−1. 339700
F-statistic	314. 3632	Durbin-Watson stat		1. 517751
Prob（F-statistic）	0. 000000			

其中，模型拟合度 $R^2 = 0.989997$，Adjusted R-squared = 0. 986847，F 统计量值 = 314. 3632，Durbin-Watson stat = 1. 517751，模型参数均在 1% 的显著性水平上通过检验，模型比较显著地通过检验。本书进行了 Redundant Fixed Effects Tests 固定效应检验，结果显示模型中固定效应多余的可能性为 0，因此本书采用固定效应的面板数据变系数模型。

根据表 4-21，获得我国行业层面上公共领域行业投资与产出计量分析模型如下：

$$\ln(xzcc_{1,t}) = 5.089 + 0.423\ln(A_{1,t}) \tag{4-49}$$
$$(12.372^{***})\ (5.152^{***})$$

$$\ln(xzcc_{2,t}) = 4.477 + 0.526\ln(A_{2,t}) \tag{4-50}$$
$$(12.372^{***})\ (7.679^{***})$$

$$\ln(xzcc_{3,t}) = 2.812 + 0.809\ln(A_{3,t}) \tag{4-51}$$

$$（12.372^{***}）　（12.295^{***}）$$

$$\ln(xzcc_{4,t}) = 2.254 + 0.513\ln(A_{4,t}) \qquad\qquad (4-52)$$

$$（12.372^{***}）　（8.620^{***}）$$

$$\ln(xzcc_{5,t}) = 4.085 + 0.674\ln(A_{5,t}) \qquad\qquad (4-53)$$

$$（12.372^{***}）　（8.972^{***}）$$

$$\ln(xzcc_{6,t}) = -0.475 + 1.195\ln(A_{6,t}) \qquad\qquad (4-54)$$

$$（12.372^{***}）　（9.154^{***}）$$

$$\ln(xzcc_{7,t}) = 4.406 + 0.559\ln(A_{7,t}) \qquad\qquad (4-55)$$

$$（12.372^{***}）　（8.679^{***}）$$

$$\ln(xzcc_{8,t}) = 5.089 + 0.423\ln(A_{8,t}) \qquad\qquad (4-56)$$

$$（12.372^{***}）　（9.403^{***}）$$

$$\ln(xzcc_{9,t}) = -0.934 + 1.245\ln(A_{9,t}) \qquad\qquad (4-57)$$

$$（12.372^{***}）　（10.772^{***}）$$

从式（4-49）至式（4-57）中可发现，我国公共领域行业投资与该行业新增产出都为正向关系。其中，教育（A6）及公共管理和社会组织（A9）行业投资所引致的新增产出最为显著，如教育行业投资额增加 1%将引致该行业新增产出增长 1.195%；而公共管理和社会组织行业投资额增加 1%将引致该行业新增产出增长 1.245%。通过上述九大行业的投资产出效应基本可判断九大产业的投资对行业新增产出影响，这可为我国公共领域产业配置结构调整提供政策依据。当然，从经济意义而言，只要上述行业投资引致的新增产出大于0，那么通过投资增加促进产出增长就有现实意义，但最终应根据宏观经济运行态势及公共领域各行业投资的成本收益综合研判进行合理投资配置。

（三）实证分析结论

从上述分析可知，当前我国公共投资行业结构效率存在非效率状态，如教育（A6）及公共管理和社会组织（A9）行业投资所引致的新增产出最为显著，如教育行业投资额增加 1%将引致该行业新增产出增长

1.195%，公共管理和社会组织行业投资额增加 1% 将引致该行业新增产出增长 1.245%，然而其他行业投资额增加 1% 引致的该行业增加额均小于 1%。因此，整体而言，我国公共领域行业投资与行业新增产出仍保持正向关系，但投资驱动产出增长能力却有逐年下滑的态势。为了促进中国经济长期持续均衡增长，必须高度重视公共投资行业配置结构，从而引致新增产出最大化。

四、研究结论及建议

从上述分析可知，我国公共投资在城乡结构、区域结构及行业结构上均处于非效率状态，还有较大的改善空间。我国目前公共投资城乡结构分布存在严重失衡，公共投资侧重于城市而忽略农村，投资效率也逐年降低，公共投资的城乡结构性安排在实现城乡统筹发展以及城乡公平分配方面的表现不是很理想，在某种程度上存在该方面的结果低效率或无效率。在当前我国经济处于经济结构调整的关键时期，必须调整公共投资结构，提升公共投资结构效率以促进我国经济长期持续均衡增长。建议如下：

（一）公共投资配置导向应促进我国经济社会协调发展

现在我国城乡之间、不同省份之间、三大区域之间、行业之间存在经济社会发展的巨大鸿沟，如不高度重视发达区域对相对落后区域的"虹吸效应"，将导致"强者恒强"的马太效应极化及区域发展差距的进一步拉大，中央政府应加大对中部、西部地区省份公共投资转移支付力度以克服该类区域公共资本形成之不足。中央政府应探讨公共投资的空间布局优化的制度设计，为城乡之间、区域之间、行业之间公共投资的资源优化配置提供科学化和程序化的决策依据，提高公共资源的布局效率。中央政府应大力推动建设与我国经济社会发展目标密切相关的、能极大提高我国整体公众满意度及福利水平的公共投资项目，增强相对落后区域的造血能力及内生发展能力，实现各区域的协调发展。

（二）组建以区域基本公共服务均等化为目标的地区发展基金

中央政府应保障相对落后区域公众享有与相对发达区域基本公共服务均等化的权利，中央政府应通过战略性、前瞻性、长期性的手段及制度设计，培育固定长期性资金支持相对落后地区公共事业发展，使各区域投向基本公共服务领域的人均公共资本趋于一致，使各区域公众都享有相对均等的基本公共服务，这方面组建地区发展基金可能是较好的制度设计。如欧盟运作多年的欧洲地区发展基金、欧洲社会基金以及欧洲农业指导和担保基金都致力于促进落后区域人均 GDP 向区域平均水平的收敛，实现区域发展的一致性，并在具体操作中将受益区域的公共基础设施、人力资本以及农业发展作为三大优选投资目标。我国地区发展基金应主要投向科教文卫体及战略性新兴产业培育等外部性很强的公共领域，以增强相对落后地区经济长期内生增长能力。

（三）保持适度城乡、区域、行业公共投资规模

我国城乡、区域、行业等量公共资本的经济增长效应低于等量私人资本的经济增长效应。因此，在城乡、区域、行业公共投资规模的配置上，应控制公共投资的规模和范围，充分发挥私人投资的经济增长效应以促进城乡、区域、行业经济增长最大化。但是，公共投资是经济社会发展的公摊资本和先行资本，规模适度、结构合理的公共投资降低私人投资成本并引致私人投资规模的增加；而一味排除公共资本将导致社会公共产品稀缺，大大增加私人资本成本并阻碍私人投资的积极性。因此，保持适度的公共投资规模对城乡、区域、行业经济社会发展具有积极的意义，可参照著名财政学家道尔顿的最优公共投资准则，即最优公共投资规模应是公共资本边际产出等于 1 时的规模，可按照该原则配置城乡、区域、行业公共投资效率规模。

（四）合理配置区域公共投资和私人投资结构，保持区域发展效率与公平协调统一

资本在当前及今后相当长的期间仍是推动我国区域发展最主要动力，尽管当前我国公共资本及私人资本供给均超过最优规模，但只要资

本的边际产出大于 0，增加资本促进区域经济增长就有现实意义。当前中部、西部地区公共资本供给相对于东部而言，存在短缺现象，在区域公共投资的配置上中央政府应发挥关键作用，应采取积极措施使中西部地区人均公共投资超过或至少不低于东部地区；但由于东部地区的市场化水平、规模经济及经济效率远强于中西部地区，等量私人投资在东部的效率要强于中西部地区，私人投资的配置应让市场起决定性作用。上述区域资本配置兼顾效率与公平原则，短期看，东部与中西部地区的发展鸿沟难以缩小，但从长期看，随着中央政府巨量公共资本改善中西部地区投资环境及拉动中西部地区经济内生增长，各区域人均 GDP 应有长期收敛的态势。

（五）大力发展战略性新兴产业以优化我国产业结构

战略性新兴产业的发展是我国构建 21 世纪具有国际竞争力的产业体系关键环节，对我国产业结构的优化升级、自主创新能力的增强、经济增长方式的转变与可持续发展具有非常重要的意义。投资结构是产业结构形成的物质技术基础，过去的投资结构塑造了今天的产业结构，今天的投资结构又将塑造明天的产业结构，因此投资结构的前瞻性、引导性、战略性对塑造一国或地区具有国际竞争力的产业体系至关重要。我国当前的产业结构还非常不合理，产业结构低度化、同质化、高耗能化、轻服务化严重，新兴战略性产业成长缓慢，这影响了我国产业体系未来的全球竞争力。我国作为一个举足轻重的大国，在目前时期已不能再纯粹依靠比较优势、资源禀赋取得国际竞争优势，应主要依靠产业体系的技术领先性、创新领先性来获取可持续的国际竞争优势。因此，我国政府必须加大对目前新兴战略性产业的直接投资，以及通过投资补贴引导民间资本投入其中。我国政府应加大投入构建战略性新兴产业的市场基础设施，降低战略性新兴产业产品的市场交易成本，并通过政府购买及政府产品价格补贴形式迅速扩大战略性新兴产业市场规模并降低产品价格，保持我国战略性新兴产业产品在国际市场的持久引导力及竞争力。

第三节　促进中国经济长期持续均衡增长的公共投资效率分析

一、我国公共投资效率的现状分析

（一）我国公共投资效率的现状[①]

当前我国经济增长是典型的粗放的投资驱动的模式，对资本尤其是公共资本太过度依赖，导致我国公共投资驱动经济增长的效应及效率明显下降。具体表现如下：

1. 我国公共投资驱动经济增长的总体经济效率持续下滑

本书借鉴 DEAP2.1 软件测算 1978—2011 年间我国公共投资的总体经济效率，本书把人均就业人口 GDP 作为产出项，人均就业人口公共投资作为投入项，可以发现从 1978 年至 2011 年我国公共投资的总体经济效率呈现持续下滑的态势。如果 1981 年我国公共投资的总体经济效率指数为1，那么 2011 年该效率指数仅为 0.225。具体如图 4-8 所示。

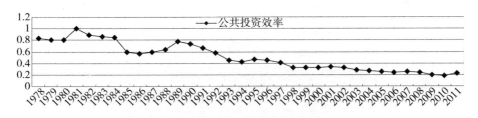

图 4-8　我国公共投资总体经济效率一览图

2. 公共投资占 GDP 比重趋升，推动经济增长的动力减弱

1978—2011 年，我国公共投资占 GDP 比重总体呈上升态势（如图4-9 所示）。1997 年以来，公共投资占 GDP 比重已超过 10%，并在 2010年达到最高点，约为 22.525%。从图 4-9 还可以发现，1998 年以来公共

[①]　杨飞虎、周全林：《我国公共投资经济效率分析及政策建议》，《当代财经》2013 年第 11 期。

投资占 GDP 比重与 GDP 增长率几乎同步增长，说明 1998 年以来的经济增长公共投资扮演了重要角色。但 GDP 增长率始终无法突破前期高点，这说明我国公共投资驱动经济增长的动力逐步减弱，反映了公共投资经济效率下降的态势。

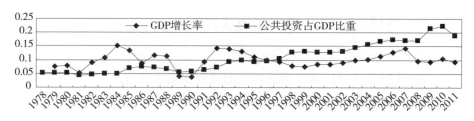

图 4-9　1978—2001 年我国公共投资占 GDP 比重

3. 我国当前公共资本边际产出低位徘徊，宏观投资效率低下

公共资本边际产出反映新增 1 元钱的公共投资引致的新增 GDP 数量。1979 年到 1984 年间，我国公共资本边际产出徘徊在 6—12 之间；1985 年到 1997 年间，我国公共资本边际产出徘徊在 1—3.0 之间以上；但从 1998—2011 年，我国公共资本边际产出始终徘徊在 0.5—1.0 之间（如图 4-10 所示）。公共资本边际产出在低位徘徊，反映我国公共投资效率低下，经济增长依靠巨额公共资本等要素投入驱动的事实。

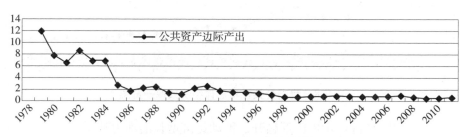

图 4-10　1979—2011 年我国公共资本边际产出

4. 我国公共资本边际就业人口呈不断下降趋势，经济陷入"无就业增长"陷阱

公共资本边际就业人口反映新增 1 亿元的公共资本所引致的新增就业

人口（万人）。在1979—1991年，基本上新增1亿元的公共资本所引致的新增就业人口在1万人以上（如图4-11所示）。然而，1992年以来，我国公共资本边际就业人口已在1万人以下，长期呈下降趋势；到2011年，新增1亿元的公共投资仅能引致新增就业0.02万人（如图4-12所示）。尽管不同时点单位公共资本含金量不同，但巨大的公共资本就业效率反差仍意味着我国近年来公共投资无效或低效投资太多，宏观经济运行陷入"无就业增长"或"无福利增长"的尴尬境地。

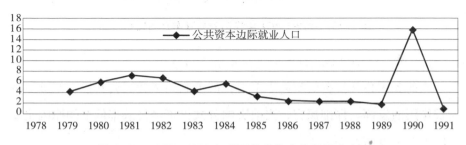

图4-11　1979—1991年我国公共资本边际就业人口

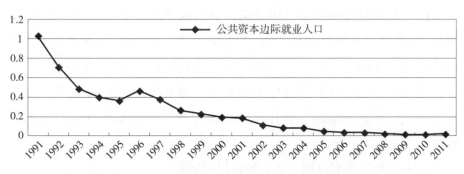

图4-12　1991—2011年我国公共资本边际就业人口

5. 我国当前公共资本产出比趋于上升，宏观公共投资回收周期延长

我国公共资本产出比系数在1979—2007年期间长期在0.5—1之间波动（如图4-13所示）。但从2008年以来，中国公共资本产出比系数一路飙升超过1，总体呈现出大幅趋升的态势。公共资本产出比系数在宏观意义上一定程度反映了公共投资回收周期，意味着我国单位GDP需要更多

的公共资本来实现，也反映了我国公共投资回收周期趋于延长、公共投资效率趋于下降这一态势。

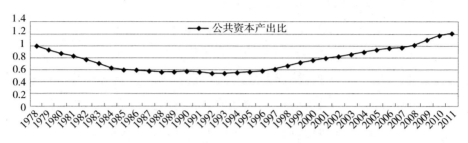

图 4-13　1979—2011 年我国公共资本产出比系数图

（二）当前我国公共投资经济效率低下的原因①

当前我国公共投资效率趋于下滑，严重制约了我国公共投资促进经济增长作用的发挥。仔细探究，当前影响公共投资经济效率低下的原因主要有以下五个方面：

1. 当前公共投资领域法律法规体系不健全

我国在 2004 年颁布了《国务院关于投资体制改革的决定》，但相关配套法律法规体系始终没有出台，当前的一些法律法规严格来说并不是针对公共投资领域的系统的、完整的立法，而是针对某个环节进行规范。由于缺乏系统规范的专门立法和详细的配套解释文件，导致公共投资领域产生运行程序界定不清晰、责任追究随意性强、激励与约束机制乏力等弊端。

2. 公共投资边界模糊，公共投资规模膨胀

当前我国各级政府面临地方政府竞争和基于"政治锦标赛"模式的官员升迁机制的挑战，应对得当的政府官员才有可能赢取民意，在官员升迁竞争中胜出。官员要生产政绩的最便捷途径就是扩大公共投资规模，在 GDP 至上导向下经常模糊公共投资的公共性，在短期内迅速提升 GDP、

———————

① 杨飞虎、周全林：《我国公共投资经济效率分析及政策建议》，《当代财经》2013 年第 11 期。

提高地方居民福利及赢得民意支持，至于项目的经济回报及举债资金偿还则交由下任政府解决。

3. 当前我国公共投资结构不合理

当前在公共投资产业结构中，投资于铁路、公路、机场等经济性基础设施过多，科教文卫体等社会性基础设施的投资量相对不足，而后者则决定一国人力资本的竞争能力及长期经济的持续增长能力。在区域结构上，东部地区的人均公共投资远高于中西部地区，公共投资的稀缺性在东部远低于中西部地区，在降低公共投资宏观效率的同时产生"强者恒强、弱者恒弱"的马太效应，不利区域经济的均衡协调发展。

4. 公共投资领域管理体系混乱，缺乏权威的绩效评价体系

我国当前公共投资领域管理涉及发改委、财政、审计、建设等多个部门，管理效率低下。公共投资项目的社会效益显著但经济效益却难以度量，权威的绩效评价体系难以建立，对公共投资项目实施的全过程监管和项目后评价缺乏有效机制，这导致监管难度巨大，也给极少数觊觎利益庞大、诱惑巨大的公共投资领域的腐败官员以可乘之机。

5. 公共投资领域责任追究乏力，"问题项目"层出不穷

公共投资领域由于肩负着各级政府"稳增长""稳就业""保民生"的重任，因此，各级政府在公共投资领域过度投融资行为导致债台高筑、还债乏力。公共投资领域的特殊属性如长期性、公共性、非营利性等特性，导致责任追究乏力，导致"腐败项目""政绩项目""钓鱼项目"等问题项目层出不穷，严重提高了公共投资规模但降低了效率，制约了我国经济长期持续均衡增长。

二、我国公共投资产出效率分析[①]

（一）模型的构建

本书估计的模型是基于 C-D 生产函数，并根据实际摒弃了原模型技

---

① 杨飞虎、周全林：《我国公共投资经济效率分析及政策建议》，《当代财经》2013 年第 11 期。

术进步不变的假设。本书认为根据国际经验，随着经济社会的发展和技术进步，就业人口有向第三产业转移的态势，体现为第三产业的就业人口占全社会总就业比例逐步提高，这种规律性转移事实上是技术进步的结果。本书基于此，以第三产业就业人数占总就业比重 $SJZB_t$ 作为技术水平 A_t 的替代变量，结合巴罗（Barro，1990）提出的内生增长模型，并借鉴阿罗和库兹（Arrow and Kutz，1970）提出的方法，构建模型如下：

$$Y_t = SJZB_t^{C_1} JY_t^{C_2} (K_{gt})^{C_3} (K_{pt})^{C_4} \tag{4-58}$$

其中，（1）Y_t 为第 t 期中国 GDP（1978 年可比价）；（2）K_{gt}；K_{pt} 为第 t 期中国公共资本存量和私人资本存量（1978 年可比价）；（3）JY_t 为第 t 期期末中国官方公布的年末从业人口数量；（4）$SJZB_t$ 为第 t 期中国官方公布的第三产业就业人数占总就业重；（5）c_1，c_2，c_3，c_4 为待估模型参数。

（二）相关变量数据说明

本书研究周期为 1978—2011 年。根据我国统计年鉴，在全社会固定资产投资主要行业分类中，2002 年前后对行业的划分做了调整。本书2002 年前参考了马拴友（2000）和刘国亮（2002）对私人部门投资和公共投资的分类方法。但在 2002 年后，本书参照万道琴、杨飞虎（2011）①研究成果界定我国公共投资范围。

本书基于经典文献的研究成果，通过永续盘存法模型对中国资本存量进行估算。实证分析模型如下：

$$K(t) = (1 - \delta(t)K(t - 1) + GCF(t)/PIGCF(t) \tag{4-59}$$

其中，$K(t)$ 为按照 1978 年为基期核算的历年中国资本存量（1978 年可比价），$\delta(t)$ 表示为历年中国资本折旧率，$GCF(t)$ 为历年按当年价核算的中国资本形成总额，$PIGCF(t)$ 为历年中国资本形成总额价格指数（1978＝1），实际上，部分数据采用张军（2003）给出的固定资产投资价格指数替代。根据本书核算的 1978—2011 年私人部门投资和公共部门投资占总投资的比例，估算出 1978—2011 年私人部门资本存量和公共资本

---

① 万道琴、杨飞虎：《严格界定我国公共投资范围探析》，《江西社会科学》2011 年第 7 期。

存量。鉴于折旧率数据缺乏且无权威来源，本书根据王小鲁和樊纲（2000）的研究成果，采用5%比率估算折旧率；基期年的资本存量按国际通用方法估算获取。本书相关变量数据来自历年《中国统计年鉴》及中经网统计数据库并经整理获取。

（三）实证分析

1. 中国总量生产函数模型的估算

根据上述的中国总量生产函数模型，本书基于 EVIEWS6.0 分析软件，对中国总量生产函数模型进行实证分析。根据 AIC 和 SC 准则，本书估算出 1978—2011 年期间适宜的中国总量生产函数如下：

$$\ln Y_t = 0.504\ln SJZB_t + 0.197\ln JY_t + 0.175\ln K_{gt} + 0.604\ln K_{pt} +$$
$$0.631AR(1) - 0.533AR(2) \tag{4-60}$$
$$(10.878)\ (5.448)\ (7.881)\ (12.99)\ (3.851)\ (-3.424)$$

其中，$R^2 = 0.999749$，调整的 $R^2 = 0.999701$，Log likelihood $= 91.233$，D-W 值 $= 2.1282$，模型参数 T 检验值均在 1% 的显著性水平上通过；AR（1）、AR（2）定义为滞后一期的随机误差项，在模型中定义滞后期的随机误差项可消除随机误差项序列的正相关性。依据上述实证分析检验指标，模型显著通过检验。

2. 各要素对中国经济增长贡献的测算

根据本书估算，中国 1978—2011 年按照 1978 年可比价格估算的 GDP 增长率、劳动投入增长率、公共资本投入增长率、私人资本投入增长率平均约为 9.93%、2.01%、10.66%、10.14%。借助索罗余值法原理，可以估算 1978—2011 年中国全要素生产率、劳动投入、公共资本投入、私人资本投入等因素对经济增长的贡献度和贡献率。具体见表 4-22。

表 4-22　1978—2011 年中国经济增长中各因素的贡献度和贡献率

	全要素生产率	劳动投入	公共资本投入	私人资本投入
对经济增长贡献度（%）	1.54	0.396	1.866	6.125
对经济增长贡献率（%）	15.51	3.988	18.792	61.682

（四）实证分析结论

根据模型（4-60）和表4-22分析结果，可获得以下结论：

首先，我国劳动的产出弹性为0.197，私人资本的产出弹性高达0.604，公共资本的产出弹性仅为0.175，可见私人资本的产出弹性体现出更高的经济效率。在我国新增产出中，投资的贡献之和约为0.779（0.175+0.604），而劳动的贡献仅为0.197，资本投入对我国经济增长的贡献要远超过劳动投入的贡献。在资本投入中，私人资本的贡献又远大于公共资本。可见，为促进中国经济长期持续均衡增长，我国保持较高的资本投入在当前情况下有一定合理性；由于私人资本经济效率较高，公共投资占总投资比重越大，总投资效率越低，从促进中国经济长期持续均衡增长视角出发，应控制公共投资占总投资的比重。

其次，我国劳动与资本投入的产出弹性之和为0.976（0.197+0.175+0.604），说明1978—2011年我国宏观生产函数表现出弱规模报酬递减的态势。根据上述模型及估算结果，资本等要素是我国经济增长第一驱动力，对经济增长的贡献率高达80.474%。其中公共资本投入对经济增长的贡献率约为18.792%，私人资本投入对经济增长的贡献率约为61.682%；体现技术进步的全要素生产率对中国经济增长的贡献度和贡献率仅为1.54%和15.51%。目前中国经济总量已高居世界第二，资本要素投入驱动的增长模式不可能长期维持下去，从促进中国经济长期持续均衡增长的视角出发，政府应继续加大公共投资对教育、科技及自主创新领域等投入力度，促进技术进步，从而实现效率型经济增长，促进我国经济增长方式的转变，提升技术进步在我国长期经济增长中的贡献。

再次，劳动投入对中国经济增长的贡献较低，劳动投入的产出弹性约为19.6792%，其对中国经济增长的贡献度和贡献率仅为0.396%和3.988%。劳动投入在经济增长中的份量日趋边缘化，说明我国劳动投入的粗放态势，可见劳动力素质还需要继续提高，以达到经济增长对劳动力素质的要求。为促进中国经济长期持续均衡增长，我国宏观决策层应加大相关决策力度，提升我国劳动力人力资本，加大我国劳动投入对经济增长的贡献。

最后，模型的技术因子也比较显著的通过各种统计检验，表明以中国第三产业就业人数占总就业人数比重作为技术水平的替代变量是合理的。

三、我国公共投资结构效率分析

（一）我国公共投资城乡结构效率分析

本书在分析我国公共投资城乡结构效率时，考虑到城乡区域的人口差异，选取了人均公共投资和人均 GDP 作为核心分析指标，主要探讨城镇和农村人均公共投资促进人均 GDP 增长的效率。本书基于 DEA 效率评价模型对我国城镇和农村的公共投资城乡结构效率进行评价。

1. 1997 年到 2011 年我国公共投资城乡配置结构总体效率状况

为了进一步探析我国城镇和农村的公共投资结构效率，本书基于DEA-Malmquist 指数方法，选取城镇人均公共投资和农村人均公共投资作为投入变量，农村居民家庭人均年纯收入和城镇家庭平均每人可支配收入作为产出变量，采用多阶段 DEA 算法，基于规模报酬不变假设，得出每一年的投入产出效率值，可对 1997—2011 年的城镇和农村地区的总体公共投资效率状况进行简要分析。其中，公共投资综合效率变化值（技术效率）可以分解为纯技术效率变化和规模效率变化；Malmquist 指数能够反映与上年相比公共投资促进经济增长的效率（生产力指数）提高或降低程度，Malmquist 指数值大于 1 为公共投资促进经济增长的效率（生产力指数）提高，Malmquist 指数值小于 1 为公共投资促进经济增长的效率（生产力指数）降低，Malmquist 指数值减 1 表示为每年的公共投资促进经济增长的效率（生产力指数）增长率。具体结果如图 4-14 所示。

根据图 4-14 可知，我国城乡公共投资总体效率状况除了 1997 年、1999 年、2002 年三年效率值为 1，即达到最优之外，其他的年份都低于1，说明效率不足。而且，1997 年到 2011 年，我国城乡公共投资促进经济增长的效率状况明显区域下滑，效率值呈现递减趋势，表明城乡投资结构效率越来越低。其原因可能是随着城镇化水平不断提高，城乡二元结构

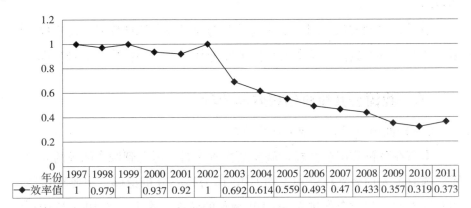

图 4-14　我国城乡公共投资效率值

的日渐突出，在投资结构没有大的优化的前提下，原本不平衡的投资结构日益明显，导致驱动等量产出所需的公共资本投入越来越多，导致城乡公共投资效率一直趋于下滑态势。

2. 1997 年到 2011 年我国各年度公共投资城乡配置结构效率状况

以下继续选取城镇人均公共投资和农村人均公共投资作为投入变量，农村居民家庭人均年纯收入和城镇家庭平均每人可支配收入作为产出变量，采用多阶段 DEA 算法，获取 1997—2011 年我国各年度公共投资城乡配置结构效率时间变动趋势表，具体见表 4-23。

表 4-23　1997—2011 年我国各年度公共投资城乡配置结构效率时间变动趋势

年份	技术效率	纯技术效率	规模效率	Malmquist 指数
1998	0.821	0.828	0.991	0.821
1999	1.029	0.976	1.054	1.029
2000	0.979	1.015	0.965	0.980
2001	1.024	1.133	0.904	1.024
2002	1.033	1.199	0.862	1.034
2003	0.947	0.845	1.121	0.947
2004	0.905	0.915	0.989	0.904
2005	0.911	0.917	0.994	0.912

续表

年份	技术效率	纯技术效率	规模效率	Malmquist 指数
2006	0.930	1.001	0.929	0.930
2007	1.004	1.081	0.929	1.004
2008	0.943	0.967	0.975	0.943
2009	0.788	0.751	1.049	0.788
2010	0.944	0.989	0.955	0.944
2011	1.174	1.256	0.935	1.174
均值	0.976	0.991	0.985	0.923

分析表 4-23 可知，1997—2011 年的 Malmquist 指数呈现上下波动的趋势，最小值为 2009 年的 0.788，最大值 2011 年达到 1.174，其大多数年份的指数值小于 1，说明上述年间我国城乡公共投资促进经济增长的综合效率（生产力指数）在大多数年份较上年都有所下降，平均增长率下降 7.7%。技术效率（资源配置效率）年平均增长率为-2.4%，其变动由纯技术效率和规模效率变动引起。从变动趋势来看，纯技术效率年均增长-0.9%，规模效率年均下降 1.5%，表明技术效率的下降主要是因为规模效率下降引起的。从表 4-23 看，Malmquist 指数要受技术进步变化以及公共投资规模效率影响，应进一步研究以提升我国城乡公共投资配置效率。

3. 1997 年到 2011 年我国农村和城镇公共投资配置结构效率状况

以下继续选取城镇人均公共投资和农村人均公共投资作为投入变量，农村居民家庭人均年纯收入和城镇家庭平均每人可支配收入作为产出变量，采用多阶段 DEA 算法，获取 1997—2011 年我国城镇地区和农村地区公共投资配置效率，具体见表 4-24。

表 4-24　1997—2011 年我国城镇地区和农村地区公共投资配置效率评价

地区	技术效率	纯技术效率	规模效率	Malmquist 指数
城镇地区	1.000	1.000	1.000	0.938

地区	技术效率	纯技术效率	规模效率	Malmquist 指数
农村地区	0.969	1.000	0.969	0.909
均值	0.985	1.000	0.985	0.923

从表 4-24 中的 Malmquist 指数可以发现, 尽管在 1997—2011 年我国城镇地区和农村地区公共投资促进区域经济增长效率都趋于下滑, 但城镇地区的效率相对最高 (Malmquist 指数为 0.938), 农村地区较低 (Malmquist 指数为 0.909), 而且城镇地区的公共投资技术效率及规模效率均高于农村地区。因此, 进一步研究促进城乡经济增长的公共投资因素以收敛城乡经济增长的差距就显得非常重要。

(二) 我国公共投资区域结构效率分析

本书在分析我国公共投资区域结构效率时, 考虑到各区域的人口差异, 选取了人均公共投资和人均 GDP 作为核心分析指标, 主要探讨公共投资促进区域经济增长的效率。本书基于 DEA 效率评价模型对 31 个省份的公共投资效率进行评价。

1. 我国省级公共投资结构效率分析

为了进一步探析全国 31 个省份的公共投资结构效率, 本书基于 DEA-Malmquist 指数方法, 以每个省份的人均公共投资作为投入变量, 人均 GDP 作为产出变量, 可对 1997 年至 2011 年的全国 31 个省份公共投资效率进行简要分析。其中, 公共投资综合效率变化值 (技术效率) 可以分解为纯技术效率变化和规模效率变化; Malmquist 指数能够反映与上年相比公共投资促进经济增长的效率 (生产力指数) 提高或降低程度, Malmquist 指数值大于 1 为公共投资促进经济增长的效率 (生产力指数) 提高, Malmquist 指数值小于 1 为公共投资促进经济增长的效率 (生产力指数) 降低, Malmquist 指数值减 1 表示为每年的公共投资促进经济增长的效率 (生产力指数) 增长率。具体结果如表 4-25、表 4-26 所示。

表 4-25　1997—2011 年全国 31 省公共投资配置结构效率时间变动趋势

年份	技术效率	纯技术效率	规模效率	Malmquist 指数
1997	1.017	1.006	1.011	1.002
1998	1.011	1.006	1.005	0.997
1999	1.007	1.007	1.000	0.993
2000	0.996	0.999	0.997	0.982
2001	0.994	1.000	0.994	0.980
2002	0.994	0.997	0.996	0.980
2003	1.001	1.004	0.997	0.987
2004	0.999	1.000	0.999	0.985
2005	1.002	1.003	0.999	0.988
2006	1.012	1.011	1.000	0.998
2007	1.016	1.015	1.001	1.002
2008	1.008	1.009	0.998	0.994
2009	1.000	1.003	0.997	0.986
2010	0.995	1.001	0.994	0.981
2011	0.991	1.000	0.991	0.977
均值	1.003	1.004	0.999	0.989

分析表 4-25 可知，1997—2011 年的 Malmquist 指数呈现上下波动的趋势，最小值为 2003 年的 0.580，最大值 2007 年达到 1.002，其大多数年份的指数值小于 1，说明上述省级公共投资促进经济增长的综合效率（生产力指数）在大多数年份较上年都有所下降，平均增长率下降 1.1%。技术效率（资源配置效率）年平均增长率为 0.3%，其变动由纯技术效率和规模效率变动引起。从变动趋势来看，纯技术效率年均增长 0.4%，规模效率年均下降 0.1%，表明技术效率的下降主要是因为规模效率下降引起的，纯技术效率增加意味着公共投资管理能力及技术水平在改善，总体资源配置效率下降主要因为规模效率不足，实际规模与最优规模存在差距。从表 4-25 看，Malmquist 指数要受技术进步变化以及公共投资规模效率影响，这值得进一步研究以提升中国省级公共投资配置效率。

表 4-26　1997—2011 年全国 31 省公共投资配置分省级效率评价

省份	技术效率	纯技术效率	规模效率	Malmquist 指数
北京市	1.023	1.053	0.972	0.988
天津市	0.982	0.993	0.988	0.948
河北省	0.992	1.027	0.966	0.958
山西省	0.963	0.999	0.964	0.930
内蒙古自治区	0.942	0.946	0.996	0.910
辽宁省	0.968	0.988	0.979	0.934
吉林省	0.952	0.978	0.973	0.919
黑龙江省	1.007	1.043	0.965	0.972
上海市	1.066	1.081	0.986	1.029
江苏省	1.000	1.000	1.000	0.965
浙江省	1.005	1.030	0.976	0.971
安徽省	0.959	0.994	0.964	0.926
福建省	0.987	1.011	0.976	0.953
江西省	0.967	1.005	0.962	0.934
山东省	0.960	0.981	0.978	0.927
河南省	0.975	1.009	0.966	0.942
湖北省	0.992	1.020	0.972	0.958
湖南省	0.958	0.991	0.966	0.925
广东省	1.024	1.050	0.975	0.989
广西壮族自治区	0.936	0.976	0.959	0.903
海南省	0.982	1.024	0.960	0.948
重庆市	0.939	0.964	0.974	0.906
四川省	0.969	0.998	0.971	0.936
贵州省	0.931	0.975	0.955	0.899
云南省	0.958	1.011	0.948	0.925
西藏自治区	0.957	0.998	0.959	0.924
陕西省	0.954	0.982	0.972	0.921
甘肃省	0.942	0.986	0.955	0.909
青海省	0.982	1.021	0.961	0.948
宁夏回族自治区	0.977	1.024	0.954	0.943

续表

省份	技术效率	纯技术效率	规模效率	Malmquist 指数
新疆维吾尔自治区	0.969	1.021	0.950	0.936
均值	0.974	1.005	0.969	0.941

　　根据表4-26可知1997—2011年31个省份的平均公共投资配置的技术效率、规模效率及 Malmquist 指数等构成情况。由表 4-26 可知，Malmquist 指数除了上海市，其余省份均小于1，表明只有上海市在15年间的公共投资促进经济增长的效率（生产力指数）有所提高，其余省份都存在效率降低现象。根据纯技术效率的变化特征可以发现，大部分东部地区省份都有所提高，中西部省份有所下降，说明公共投资管理能力和技术水平存在明显的地区差异，优质资源大多集中在经济发达地区。从规模效率来看，只有江苏省的规模效率为1，其余均小于1，表明各个省份公共投资促进经济增长的效率（生产力指数）的下降主要源于规模效率下降。技术效率提高的几个省份分别为北京市、黑龙江省、上海市、江苏省、浙江省以及广东省，均为东部地区省份，表明公共投资提升技术进步的水平在上升，而中西部绝大多数省份公共投资提升技术进步的水平在下降，存在配置非效率现象。

　　2. 基于 Malmquist-DEA 方法的我国三大区域公共投资结构效率分析

　　本部分基于 DEA-Malmquist 指数方法，以东部、中部、西部三大区域人均公共投资作为投入变量，以东部、中部、西部三大区域人均 GDP 作为产出变量，对 1997 年至 2011 年的东部、中部、西部三大区域公共投资结构效率进行分析，结果如表4-27、表4-28所示。

表4-27　1997—2011 年我国东部、中部、西部区域公共
投资配置结构效率时间变动趋势

年份	技术效率	纯技术效率	规模效率	Malmquist 指数
1997	—	—	—	—

续表

年份	技术效率	纯技术效率	规模效率	Malmquist 指数
1998	0.974	0.958	1.018	0.801
1999	1.022	1.029	0.993	1.041
2000	0.922	1.004	0.919	0.995
2001	0.938	0.989	0.948	1.033
2002	0.955	0.992	0.963	1.053
2003	1.108	1.003	1.105	0.567
2004	0.984	1.009	0.976	0.962
2005	0.970	1.016	0.955	0.924
2006	0.963	1.002	0.961	0.964
2007	0.972	1.006	0.967	1.034
2008	1.008	0.992	1.016	1.015
2009	0.988	0.997	0.991	0.775
2010	0.988	0.997	0.991	0.983
2011	0.973	0.965	1.009	1.158
均值	0.983	0.997	0.986	0.938

根据表4-27，可以发现1997—2011年我国东部、中部、西部区域公共投资配置结构效率时间变动趋势，可以判断各年公共投资区域配置效率总体呈下滑趋势，如区域公共投资促进经济增长的平均效率（生产力指数）为0.938，平均每年递减-6.2%。这反映了公共投资规模占GDP比重相对增加，公共投资促进经济增长效率区域下滑的态势。

从表4-28中的Malmquist指数可发现，在1997—2011年我国东部、中部、西部区域公共投资促进区域经济增长效率都趋于下滑，但东部地区的效率相对最高（Malmquist指数为0.958），中部其次（Malmquist指数为0.929），西部最低（Malmquist指数为0.926），而且东部地区的公共投资技术效率及规模效率均高于中部、西部地区。因此，研究促进区域经济增长的公共投资因素以提升区域经济增长的效率就显得非常重要。具体见表4-28。

表 4-28　1997—2011 年我国东部、中部、西部区域公共投资配置效率评价

地区	技术效率	纯技术效率	规模效率	Malmquist 指数
东部地区	1.004	1.000	1.004	0.958
中部地区	0.973	1.000	0.973	0.929
西部地区	0.970	0.991	0.979	0.926
均值	0.983	0.997	0.986	0.938

（三）我国公共投资行业结构效率分析

本书在分析我国公共投资行业结构效率时，选取了行业新增产出和行业投资额作为核心分析指标，主要探讨公共投资领域行业投资额促进该行业产出增加的效率。本书基于 DEA 效率评价模型对我国公共投资领域九大行业结构效率进行评价分析。

本书基于 DEA-Malmquist 指数方法，选取了公共投资领域九大行业投资额作为投入变量，选取了公共投资领域九大行业新增产出作为产出变量，采用多阶段 DEA 算法，基于规模报酬不变假设，得出每一年的投入产出效率值，可对 2003 年至 2010 年的我国总体公共投资行业结构效率状况进行简要分析。其中，公共投资综合效率变化值（技术效率）可以分解为纯技术效率变化和规模效率变化；Malmquist 指数能够反映与上年相比公共投资促进经济增长的效率（生产力指数）提高或降低程度，Malmquist 指数值大于 1 为公共投资促进经济增长的效率（生产力指数）提高，Malmquist 指数值小于 1 为公共投资促进经济增长的效率（生产力指数）降低，Malmquist 指数值减 1 表示为每年的公共投资促进经济增长的效率（生产力指数）增长率。结果见表 4-29、表 4-30。

表 4-29　2003 年至 2010 年我国公共投资分行业效率时间变动趋势

年份	技术效率	技术进步	纯技术效率	规模效率	Malmquist 指数
2003	—	—	—	—	—
2004	1.031	0.848	0.975	1.057	0.875

续表

年份	技术效率	技术进步	纯技术效率	规模效率	Malmquist 指数
2005	0.873	1.088	0.961	0.909	0.951
2006	0.943	1.056	0.969	0.974	0.996
2007	1.078	1.011	0.909	1.185	1.090
2008	0.947	0.964	0.895	1.058	0.913
2009	1.041	0.741	0.992	1.049	0.772
2010	1.149	0.833	1.107	1.037	0.957
均值	1.005	0.927	0.971	1.036	0.931

表 4-30　2003 年至 2010 年我国公共投资分行业效率评价

行业	技术效率	技术进步	纯技术效率	规模效率	Malmquist 指数
A1	0.963	0.927	0.855	1.127	0.893
A2	0.970	0.927	1.000	0.970	0.899
A3	1.032	0.927	0.994	1.039	0.956
A4	0.960	0.927	0.970	0.989	0.890
A5	1.000	0.927	1.000	1.000	0.927
A6	1.097	0.927	1.007	1.090	1.017
A7	0.972	0.927	0.946	1.027	0.901
A8	0.970	0.927	0.973	0.996	0.899
A9	1.094	0.927	1.000	1.094	1.014
均值	1.005	0.927	0.971	1.036	0.931

　　根据表 4-29 分析可知,从时间趋势上看,近几年效率都有所下降,除了 2007 年的 Malmquist 指数大于 1,其余均小于 1,均值为 0.931,下降 6.9%。将其分解为技术效率和技术进步进行分析,技术效率均值大于 1,表明其资源配置效率有所提高,但技术进步下降幅度较大,为 7.3%,导致其综合效率下降。进一步分析,技术效率提高的主要原因是规模效率的增长,说明行业规模效率正在发挥作用。

　　根据表 4-30 分析,可以获得上述各行业 8 年的平均效率值,除了教育行业及公共管理和社会组织的指数大于 1,分别为 1.017 和 1.014,分别增长 1.7% 和 1.4%，增长幅度较小，但说明其效率在 8 年间有所改善。其余行业的效率均有所下降。就资源配置效率而言，科学研究、技术服务和地质勘查业（A3），居民服务和其他服务业（A5），教育（A6），公共管理和社会组织（A9）均有所提高，尤其是科研、教育和公共管理提高幅度较大，这与近年来中央一直强调转变政府职能有关，与加大对科研、教育及公共服务等领域的投入密不可分，在一定程度上也表明，其投资规模不足，需要进一步加大投资力度。

总体来说，我国公共投资行业结构存在分布不均现象，各个行业的效率参差不齐，涉及长期经济增长的重要行业均存在投资力度不足的情况，优化行业结构可考虑以各行业的资本边际产出接近于 1 为基准参考值，即不存在投资规模过剩或投资规模不足等现象。

四、我国公共投资效率边界分析

（一）理论分析

公共投资效率边界可理解为不同时期最优公共投资规模点的集合，这些最优公共投资规模点在二维平面上体现的曲线就是公共投资效率边界。因此，如何界定和寻找不同时期最优公共投资规模是确定公共投资效率边界的前提。著名财政学家道尔顿依据最大社会收益原则有效地解决了最优公共投资规模的理论确定问题。刘洋（2009）认为："道尔顿通过公共投资的社会总收益和公共投资的社会总成本两个核心指标进行成本收益分析，认为公共投资的社会总收益是指社会公众对公共投资所形成的公共产品满意程度的总和，公共投资的社会总成本是指政府为社会公众通过公共投资形成公共产品时耗费的成本总和。道尔顿指出按照最大社会收益原则，指出政府进行公共投资活动的最优准则为公共投资的边际社会成本与边际社会收益相等，此时界定的公共投资规模即为最优规模。"[1] 按照道

---

① 刘洋：《中国公共投资问题研究》，博士学位论文，华中科技大学，2009 年，第 94—99 页。

尔顿的社会最大收益原则，如果规模报酬不变，真实公共投资最优规模界定为新增一单位公共资本投入完全转化为一单位的社会收益时的公共投资规模，具体如图4-15所示。此时，公共投资社会总成本曲线（TSC）与横轴呈现的角度等于45°。但现实中，公共投资社会总成本曲线（TSC）与横轴呈现的角度总小于45°，原因诸如公共投资腐败因素影响、公共投资项目低效等；这样它向右下移动，其平移曲线与 TSB 曲线的切点由 A 点移动到 D 点，此时真实公共投资最优规模由 Q_1 增加到 Q_3，很明显 Q_3 大于 Q_1，其差距就是公共投资效率损失。具体如图4-15所示。

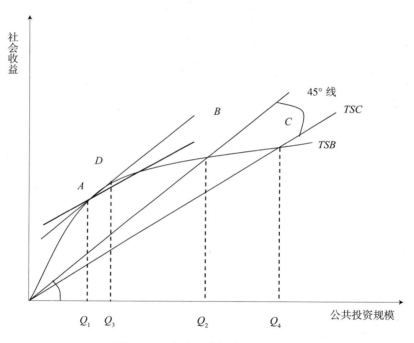

图4-15　真实公共投资最优规模

在长期情形下，长期公共投资社会总成本曲线（$LTSC$）呈线性并趋于平衡，但不同时期、不同社会、经济、资源、技术约束条件下的公共投资社会总收益曲线（$LTSB1$、$LTSB2$、$LTSB3$）呈现不同态势。根据上述，短期内求解公共投资最优规模的方法，平行移动 $LTSC$ 曲线与 $LTSB1$、$LTSB2$、$LTSB3$ 分别相交于 Q_1、Q_2、Q_3。这三点表明长期条件下，不同时期真实公共投资最优规模为 G_1、G_2、G_3。具体如图 4-16 所示。

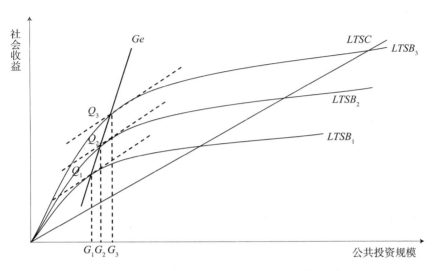

图4-16　长期公共投资供给曲线及效率边界

从图 4-16 中可以看出不同社会、经济、资源、技术态势下真实公共投资最优规模的动态变化态势。$LTSB_1$ 代表的社会总收益低于 $LTSB_2$，$LTSB_3$ 代表既定约束条件下最高的社会总收益水平；因此，G_1、G_2、G_3 为相应约束条件下的真实公共投资最优规模。在长期内，无数条既定约束条件下的长期公共投资社会总收益曲线（$LTSB$）与长期公共投资社会总成本曲线（$LTSC$）产生无数个代表真实公共投资最优规模的 Q 点，将这些点连接起来，形成一条自左下向右上延伸的曲线 Ge。

曲线 Ge 是既定条件下真实公共投资最优规模点的集合连线，可认为是公共投资的长期最优供给曲线或公共投资效率边界曲线。Ge 还表示公共投资规模和社会收益之间联系，其斜率反映出公共投资效率的高低，用于衡量公共投资的经济效率，斜率越大代表此刻公共投资效率越高，斜率越小代表此刻公共投资效率越低。

（二）我国公共投资效率边界测算

公共投资效率边界在一定时期受社会的政治经济状况、科学技术状

况、公共资本稀缺状况、社会发展战略等影响，其运行态势体现出强烈的
时代性和动态性。鉴于公共投资社会总收益曲线与公共投资社会总成本曲
线难以精确获取，因此对公共投资效率边界的探讨更多停留在理论层面。
结合道尔顿的社会最大收益原则，在规模报酬不变的情况下，公共投资效
率为一单位新增公共资本投入完全转化为一单位的社会收益。因此，本书
结合公共资本边际产出测算方法估算我国公共投资效率边界。

根据公共资本边际产出测算方法，其原理为新增 1 元钱的公共资本投
入所引致的新增产出的增长，用公式表示为：

公共资本边际产出＝新增产出/新增公共资本

其中，新增产出可用本年度新增 GDP 表示，新增公共资本可用本年
度公共投资额表示。按照道尔顿准则，如果公共资本边际产出大于 1，意
味着全社会公共资本投入不足；如果公共资本边际产出小于 1，意味着全
社会公共资本投入过度，二者均是公共资本投入非最优状态。因此，当公
共资本边际产出等于 1 时，此时公共投资规模是富有效率的。根据上述原
理，可估算出 1978—2011 年我国最优公共投资占 GDP 比重、实际公共投
资占 GDP 比重、公共资本边际产出等变量数值（见表 4-31）。再把表
4-31 中各年最优公共投资占 GDP 比重值构图连线即可获取 1979—2011
年我国公共投资效率边界图（如图 4-17 所示）。

**表 4-31　我国最优公共投资 GDP 占比、实际公共投资
GDP 占比、公共资本边际产出表**

年份	最优公共投资占 GDP 比重	实际公共投资占 GDP 比重	公共资本边际产出	年份	最优公共投资占 GDP 比重	实际公共投资占 GDP 比重	公共资本边际产出
1978	—	0.050957	—	1995	0.135889302	0.091696	1.481954529
1979	0.633189635	0.05222	12.12542389	1996	0.125241482	0.094897	1.319762285
1980	0.413734398	0.052493	7.881706093	1997	0.114286046	0.10471	1.091453023
1981	0.280617473	0.042332	6.628968	1998	0.093200788	0.129323	0.72068223
1982	0.414959425	0.047671	8.704651141	1999	0.092946095	0.13157	0.706438362
1983	0.340740203	0.048974	6.957573475	2000	0.104834685	0.128772	0.814110868

续表

年份	最优公共投资占 GDP 比重	实际公共投资占 GDP 比重	公共资本边际产出	年份	最优公共投资占 GDP 比重	实际公共投资占 GDP 比重	公共资本边际产出
1984	0.346170979	0.049849	6.944391652	2001	0.106293945	0.126462	0.840520832
1985	0.196419972	0.070892	2.770693053	2002	0.115617518	0.130599	0.885286399
1986	0.129618295	0.074586	1.737836793	2003	0.122371548	0.146567	0.834918829
1987	0.1655848	0.072135	2.295484857	2004	0.122139939	0.155819	0.783857803
1988	0.166142362	0.067235	2.471069559	2005	0.133486113	0.168631	0.791587033
1989	0.078129687	0.054404	1.436101878	2006	0.147787504	0.173395	0.852316985
1990	0.07003197	0.058168	1.203960417	2007	0.164857299	0.170083	0.969275581
1991	0.143733426	0.064202	2.238768661	2008	0.118143308	0.17254	0.684729962
1992	0.189523352	0.072806	2.603128201	2009	0.106270581	0.21644	0.490993261
1993	0.165040572	0.092745	1.779509104	2010	0.121345503	0.2252	0.538834385
1994	0.153508845	0.098484	1.55871862	2011	0.118825827	0.1884	0.630710337

注：（1）本书中数据均来自历年《中国统计年鉴》和中经网统计数据库经整理获取。其中，
GDP、公共投资数据均为 1978 年不变价格；（2）鉴于缺乏 1977 年数据，因此 1978 年相关
数值缺失，用"—"表示。

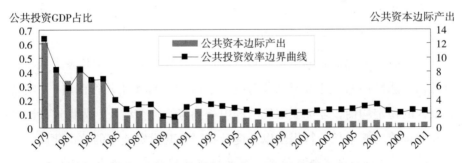

图 4-17　1979—2011 年我国公共投资效率边界曲线

注：（1）我国公共投资效率边界曲线是根据公共资本边际产出等于 1 时测算的各年最优公共投资
规模与 GDP 占比的连线；（2）本书获取的 GDP、公共投资数据均来自于历年《中国统计年
鉴》，并换算为 1978 年不变价。

从表 4-31、图 4-17 可知，在改革开放初期，由于公共资本极度短
缺，在 1979 年新增 1 元钱公共资本可引致产出增加 12.13 元钱；随着我
国对公共资本持续加大投入力度，到 1997 年我国公共资本边际产出下降

到 1 左右（具体为 1.09145），此时实际公共投资规模与 GDP 占比约为
10.47%，最优公共投资规模与 GDP 占比约为 11.43%；但从 1998 年起各
年份公共资本边际产出全部低于 1，我国进入公共资本供给过度阶段。从
公共投资边际效率曲线图可发现我国绝大多数年份公共投资最优规模与
GDP 占比约为 8%—13%。可见，本部分分析对确定中国经济长期持续均
衡增长中的公共投资效率边界意义重大。

五、研究结论及建议

当前我国公共投资促进经济增长存在效率下滑的态势，这严重影响和
制约了公共投资促进我国经济长期持续均衡增长机制的发挥。我国新中国
成立以来的经济增长事实表明，政府主导的公共投资机制对宏观经济的持
续、健康、均衡增长具有不可替代的作用。在当前我国高储蓄率、高外汇
储备的情况下，公共投资应成为中央政府调控宏观经济健康运行的强力政
策工具，未来很长一段时间内仍然会成为中国经济持续增长的驱动力，但
日益下滑的投资效率令人担忧。美国经济学家哈维·利本斯坦曾探讨发展
中国家的发展路径，指出发展中国家必须在经济发展的初期阶段实行大规
模投资，使投资率高到能引致国民收入的增长大大超过人口增长从而能使
人均真实收入大幅提高的水平。只有这样，才能打破收入增长被人口增长
所抵消的尴尬局面，才能成功地跨越纳尔逊的"低水平均衡陷阱"，实现
高收入的稳定均衡，才能实现经济的中长期持续均衡增长。为促进我国经
济长期持续均衡增长，特提出以下提升我国公共投资效率的政策建议：

（一）进行投融资制度改革，公共投资领域资源配置由市场发挥决定
性作用

当前应深化投融资体制改革，严格限制政府官员的公共投资自由裁量
权，把公共投资项目立项及绩效评价的权利交由各级人民代表大会，各级
人民代表大会代表公众利益单设机构或委托政府及相关市场化机构进行公
共投资项目运营，各类公共投资项目实施必须经各级人民代表大会批准，
事关公众切身利益的特别重大的公共投资项目，各级人民代表大会甚至应

立法规定区域公众投票表决。要完善公共投资领域市场建设，健全基于市场信誉甄别机制的公共投资市场准入制度，市场参与者如项目设计方、项目施工方、项目监理方、项目绩效评估方均应由市场选择并优胜劣汰，彻底打破垄断，广泛公平开放并吸纳民间资本参与公共投资市场运营，真正由市场在公共投资领域资源配置中发挥决定性作用。

（二）构建和完善基于公众满意度为目标的公共投资项目决策制度

我国开展公共投资活动的最终目标是提升全体国民的福利水平，这由系统直接目标如宏观经济保持持续稳定增长、提供持续增长的高质量就业机会、区域经济协调发展、产业结构合理且具有国际竞争力、社会公众享有健康愉悦的工作生活环境等等组成，这要求公共投资项目决策制度要以提高社会公众的满意度为评价标准，重塑社会公众在公共投资项目选择上的主体地位，充分保障社会公众在公共投资领域终端消费者的话语权，在公共投资领域构建社会公众通畅的下情上达的偏好显示机制，在项目决策和运营中充分保障社会公众的参与机制，充分保持社会公众的项目知情权、项目决策参与权、项目违规运营否决权等合法权利。

（三）构建和完善公共投资项目的监管体系和绩效评价体系

应构建"各级人大＋政府部门＋社会公众＋市场信誉"四位一体的对公共投资项目全过程动态监管体系。应组建直接对全国人大负责的统一监管并落实公共投资的机构如公共投资监督管理委员会或公共投资委员会（简称公共委），各级政府资本性预算必须通过本级人大批准才能实施。公共投资项目决策及绩效评价应由公共委牵头，构建"政府官员＋专家小组＋普通公众"三位一体的项目决策及绩效评价机制。在项目的绩效评价体系上应把握公平性、生态性、经济性、效率性、效果性、可持续性等原则，以公众满意度作为项目绩效评价的重要标准，高度重视项目的社会效益、生态效益及可持续发展效益。

（四）构建公共投资促进区域经济协调发展机制，确保不同区域公众享有基本公共服务均等化水平

当前东部地区省份的经济发展水平、人均公共资本存量及人均公共投

资增量均高于中西部地区省份，这产生了经济发展的极化效应，导致不同区域公众的收入差距扩大及享受的公共服务水平存在明显差异，不利于区域和谐和经济长期持续均衡增长。中央政府应组建区域经济发展基金，明确其运营宗旨是促进区域人均收入收敛化和一致化，明确不同区域公众应享有基本公共服务均等化水平。中央政府通过转移支付实现不同区域省份的人均公共投资增量水平大致相同；在中西部省份应完善基础实施及优化投资环境，政府引导并广泛引致国内外资本发展节能环保、新能源、新能源汽车等战略性新兴产业，促进中西部省份走一条绿色环保、内生增长、良性循环的经济持续健康增长的新路子。

（五）完善公共投资助推战略性新兴产业成长机制，组建战略性新兴产业发展银行，提升我国产业高度化和国际竞争力

应利用我国庞大的市场及公共投资的强力政策工具，扶植和加快发展国际公认的战略性新兴产业，实现我国产业结构的合理化及高度化，构建21世纪具有国际一流水准的产业结构。当前可组建战略性新兴产业发展银行，中央政府可以外汇储备的10%作为资本金，为我国战略性新兴产业企业提供运营资金支持、技术研发支持、高端设备采购支持、市场开拓支持，鼓励相关企业与国际上技术先进、信誉卓越的同类企业展开股权合作、技术交流、企业并购等。我国公共投资也可采取战略投资的形式入股相关战略性新兴产业萌芽期企业，但在该类企业步入成长期后政府公共投资必须退出。要发挥公共投资对战略性新兴展产业市场培育的作用，如光伏产业、新能源汽车产业，政府公共投资的介入可大幅降低产品的价格并扩大需求，最终需求的扩大将导致该类产业规模经济运营。

（六）加大科教文卫体等社会性领域的公共投资比重，提升我国人力资本和科技进步水平

我国当前在基础设施等生产性（经济性）公共投资领域公共投资比重过高（2012年GDP占比为14.10%），而在科教文卫体等社会性（消费性）公共投资领域公共投资比重严重不足（2012年GDP占比为5.09%），这阻碍了社会公众福利水平的提高，制约了社会公众消费能力的扩大，不

利于强化人力资本培育，严重影响我国的科技进步水平。加强生产性公共投资力度在短期有利于促进经济增长，但经济增长成果更容易被权贵资本攫夺，广大公众难以同步分享，这就违背了经济增长的目的；而加大科教文卫体等社会性领域的公共投资力度，短期因其消费性质不利于经济增长，但从长期来看，享受和谐环境，拥有健康乐观及雄厚人力资本的社会公众正是科技进步的绝对驱动力量，从而引领我国经济长期持续均衡增长。

（七）科学设计公共投资对城市化进程的引领机制，促进我国经济长期持续均衡增长

当前城镇化无疑是引领今后 20 年我国经济持续均衡增长的关键因素，但城镇化进程市场主导驱动将是一个漫长进程，而且将导致大城市膨胀和中小城市趋于凋敝。从目前实践来看，小城镇受制于政府财力限制且难以提供稳定的市场及就业机会而发展缓慢，这背离了我国城市化发展战略的初衷。因此，出于均衡发展及缩小城乡收入差距的考量，必须应由政府主导加速推进我国城市化进程。城镇化进程中小城镇建设所涉及的基础设施及科教文卫体等社会服务设施应由各级人民代表大会负责投融资并广泛吸纳社会资本加盟提供并委托政府或市场机构运作，公共资本投入应有助于小城镇建成良好的生态环境、形成有特色的支柱产业体系及构成良性运转的市场环境，从而形成自然、生态、社会良性循环的可持续发展环境。

（八）完善公共投资领域激励约束机制，健全责任终身追究制度

鉴于公共投资领域巨大的诱惑及责任，对于该领域公务人员过于强调责任与约束机制，必然导致相关公务人员惰政与公共产品供给不足并降低私人投资的积极性。杨飞虎（2010）指出："公共投资领域公务人员应建立由专业技术骨干构成的政府雇员制度，明确采取年薪制并给其高薪待遇，明确从项目决算节约资金中提取一定比例作为养廉金在其退休时发放；但公共投资领域从业人员应定期异地轮岗，要明确公共投资领域公务人员终身责任追究的约束机制，一经确认有贪腐事件及重大失误事件，明确取消一切待遇并用党纪司法终身追责。同样，私人机构采取 PPP、

BOT、BT 等模式参与公共投资领域应按照合同获取应得收益，信誉卓越的私人机构应优先获取公共投资项目参与机会；但如查实私人机构在公共投资项目运营中存在腐败或质量问题，立即逐出并终身禁入公共投资市场，同时给予巨额罚款及采取司法行动。"[①]

第四节　促进中国经济长期持续均衡增长的公共投资效应分析

一、公共投资社会福利效应分析[②]

（一）变量数据说明和模型的构建

1. 变量数据说明

本部分旨在分析公共投资社会福利效应，所涉及的变量包括公共投资和福利水平。由于各类统计资料在 2003 年调整了固定资产投资行业名称和分类，为保证数据的准确性与及时性，本书采用 2003—2012 年的数据。本书数据均来源于历年《中国固定资产投资统计年鉴》《中经网统计数据库》等。主要分析变量如下：

公共投资：采用万道琴、杨飞虎（2011）的公共投资界定方法，用人均公共投资表示，用变量 RGT 表示。

福利水平：用变量 FL 表示。本书采用 1998 年诺贝尔经济学奖获得者、福利经济学家阿玛蒂亚·森在合理的假设条件下提出来的指标计算，计算公式为：$W_t = r_t(1 - G_t)$。式中，r_t 是 t 年的人均收入，G_t 是 t 年的基尼系数。该式改进了以往的福利函数，直观且定量地刻画了福利水平。式中的人均收入采用人均国内生产总值表示。鉴于我国 31 个省（市、自治区）均未官方公布基尼系数，且相关研究中的基尼系数的计算方法不一，所以本书将国家统计局官方公布的全国基尼系数代替 31 个省市的基尼系数。

2. 模型的构建

为确立福利水平与人均公共投资的关系函数模型，本书发现福利水平随人均公共投资而变化的大致趋势接近于幂函数变化趋势。进一步进行曲线估计，结果也显示幂函数模型的拟合度最高。因此，构建福利水平和人均公共投资的模型为：

$$FL_{i,\ t} = \beta_{1i,\ t} RGT_{i,\ t} \beta_{2i,\ t} \tag{4-61}$$

（二）模型分析

本书将式（4-61）变量对数化，得式（4-62）：

$$\ln FL_{i,\ t} = \ln\beta_{1i,\ t} + \beta_{2i,\ t} \ln RGT_{i,\ t} \tag{4-62}$$

式中，i 为截面单元，$FL_{i,\ t}$ 为第 t 期第 i 个截面单元的福利水平，$RGT_{i,\ t}$ 为第 t 期第 i 个截面单元的人均公共投资额，$\beta_{1i,\ t}$、$\beta_{2i,\ t}$ 为待估模型参数。

根据所建模型，运用 Eviews 6.0 软件，对模型变量进行回归分析。先对全国总量模型进行估计，在 2003 年至 2012 年期间，全国总量模型估计结果为式（4-63）：

$$\ln FL_t = 3.481596 + 0.796426\ln RGT_t \tag{4-63}$$

$$(6.93)^{***} \quad (18.63)^{***}$$

式中，*** 表示模型参数均在 1% 的显著水平下通过检验。检验结果中 R-squared 为 0.977466，F-statistic 为 347.0212，D-W 值为 2.21，所以接受该模型。该结果中人均公共投资对数值的系数为正，说明全国人均公共投资增加对全国福利水平提高有促进作用。

对 31 个省（市、自治区）模型进行参数估计，估计方法选择固定效应模型。估计结果发现选择变截距变系数模型进行参数估计时，结果最优，估计结果见表 4-32。

表 4-32　全国分省级模型系数表

地区	截距 $\beta_{1i,\ t}$	系数 $\beta_{2i,\ t}$
北京	2.0087***	0.9485***
天津	3.7210***	0.7176***
河北	3.7235***	0.6937***
山西	3.6556***	0.6775***
内蒙古	0.3912***	1.0254***
辽宁	4.3230***	0.6279***
吉林	3.2526***	0.7362***
黑龙江	4.5453***	0.5917***
上海	6.5879***	0.4363***
江苏	-0.0182***	1.1884***
浙江	-1.6408***	1.3551***
安徽	2.8488***	0.7737***
福建	4.0526***	0.6603***
江西	0.2657***	1.0897***
山东	2.8236***	0.8334***
河南	1.5633***	0.9733***
湖北	2.4219***	0.8340***
湖南	3.2561***	0.7358***
广东	2.7604***	0.8637***
广西	3.1326***	0.7252***
海南	3.9037***	0.6444***
重庆	2.0142***	0.8513***
四川	2.7361***	0.7668***
贵州	1.0101***	0.9532***
云南	2.8433***	0.7246***
西藏	4.5223***	0.4804***
陕西	1.9168***	0.8623***
甘肃	2.9798***	0.7203***

续表

地区	截距 $\beta_{1i,t}$	系数 $\beta_{2i,t}$
青海	1.5467***	0.8820***
宁夏	1.2355***	0.9280***
新疆	3.4596***	0.6937***

注：***、**、* 表示模型参数在1%、5%、10%的显著水平下通过检验。

从表4-32可知，全国31个省（市、自治区）公共投资社会福利模型系数均在1%的显著性水平下通过 t 检验，人均公共投资产出弹性均为正，说明各省（市、自治区）人均公共投资的增加对福利水平的提高有促进作用。

（三）模型检验

1. 面板单位根检验

本书用LLC检验、IPS检验、ADF-Fisher检验面板单位根，具体结果见表4-33。

表4-33　相关变量单位根检验结果表

统计量 Statistic	水平值		一阶差分	
	$\ln FL_{i,t}$	$\ln RGT_{i,t}$	$\ln FL_{i,t}$	$\ln RGT_{i,t}$
LLC	−13.786***	−8.141***	−29.961***	−24.169***
IPS	−2.483***	−0.371***	−4.554***	−3.287***
ADF	124.52***	92.736***	191.595***	141.410***

注：***表示在1%的显著性水平下通过检验。

对福利和人均公共投资的一阶差分值进行检验时，检验结果表明能完全拒绝"存在单位根"的原假设。由此可以认为，福利和人均公共投资都是一阶单整序列。

2. 面板协整检验

在面板单位根检验的基础上，本书首先用Pedroni检验来判断 $\ln FL_{i,t}$

和 $\ln RGT_{i,t}$ 之间是否存在长期均衡的协整关系,具体检验结果见表4-34。

表4-34　相关变量 Pedroni 检验结果表

检验值	Statistic	检验值	Statistic
Panel v-Statistic	85.4212***	Group rho-Statistic	4.00975***
Panel rho-Statistic	2.18573***	Group PP-Statistic	−13.9381***
Panel PP-Statistic	−7.15236***	Group ADF-Statistic	−11.1685***
Panel ADF-Statistic	−6.59948***		

注:***表示在1%的显著性水平下通过检验。

　　鉴于数据时间跨度较短,此时 Kao 检验比 Pedroni 检验具有更高的功效,本书也进行了 Kao 检验来判断 $\ln FL_{i,t}$ 和 $\ln RGT_{i,t}$ 之间是否存在长期均衡的协整关系。根据 SC 和 AIC 原则,具体检验结果见表4-35。

表4-35　相关变量 Kao 检验结果表

	t-Statistic	Prob.
ADF	−7.3785	0.000
Residual variance	0.0144	
HAC variance	0.0157	

　　由表4-34、表4-35 中 Pedroni 检验和 Kao 检验得到的统计量和伴随概率可知: $\ln FL_{i,t}$ 和 $\ln RGT_{i,t}$ 这两个变量之间存在协整关系。

　　接下来再进行 Fisher(Combined Johansen)检验,具体检验结果见表4-36。

表4-36　相关变量 Fisher 检验结果表

	Fisher Stat.* (from trace test)	Fisher Stat.* (from max-eigen test)
None	492.3***	579.1***
At most 1	218.7***	218.7***

注:***表示在1%的显著性水平下通过检验。

检验结果拒绝了 $\ln FL_{i,t}$ 和 $\ln RGT_{i,t}$ 之间不存在协整关系的假设，因此 $\ln FL_{i,t}$ 和 $\ln RGT_{i,t}$ 之间存在长期均衡的协整关系。

（四）误差修正模型

本书建立基于面板的误差修正模型分析人均公共投资与福利水平间的短期动态关系。现基于协整模型，对残差项进行单位根检验，具体检验结果见表4-37。

表4-37　残差项单位根检验结果表

统计量 Statistic	水平值	一阶差分
LLC	−11.6694***	−21.6534***
IPS	−1.30860***	−3.45509***
ADF	104.316***	158.188***

注：***表示在1%的显著性水平下通过检验。

由表4-37可知：残差项是一阶单整序列。由上文确定，协整模型最优滞后期为1，本书建立滞后期为1的误差修正模型如下：

$$\Delta \ln FL_{i,t} = \beta_1 + \theta_1 \Delta \ln FL_{i,t-1} + \gamma_1 \Delta \ln RGT_{i,t-1} + \delta_1 ECM_{i,t-1} + \mu_{1i,t}$$

$$(4-64)$$

$$\Delta \ln RGT_{i,t} = \beta_2 + \theta_2 \Delta \ln RGT_{i,t-1} + \gamma_2 \Delta \ln FL_{i,t-1} + \delta_2 ECM_{i,t-1} + \mu_{2i,t}$$

$$(4-65)$$

式（4-64）和式（4-65）中，Δ 表示一阶差分运算，$ECM_{i,t-1}$ 表示长期均衡误差。面板误差修正模型结果见表4-38及式（4-66）和式（4-67）。

表4-38　误差修正模型结果表

自变量	T统计量	
	因变量为 $\Delta \ln FL_{i,t}$ 时	因变量为 $\Delta \ln RGT_{i,t}$ 时
$\ln FL_{i,t-1}$	−3.7182***	5.9911***

续表

自变量	T 统计量	
	因变量为 $\Delta\ln FL_{i,t}$ 时	因变量为 $\Delta\ln RGT_{i,t}$ 时
$\Delta\ln RGT_{i,t-1}$	-6.7259^{***}	12.3287^{***}
$ECM_{i,t-1}$	-12.050^{***}	13.921^{***}
R^2	0.4568	0.5619
F 值	5.4545	8.3183
D-W 值	2.0138	2.3885

注：*** 表示在 1% 的水平下显著。

$$\Delta\ln FL_{i,\,t} = 0.216 - 0.214\Delta\ln FL_{i,\,t-1} - 0.225\Delta\ln RGT_{i,\,t-1} -$$
$$0.426\ ECM_{i,\,t-1} \tag{4-66}$$

$$\Delta\ln RGT_{i,\,t} = -0.110 + 0.993\Delta\ln RGT_{i,\,t-1} + 0.831\Delta\ln FL_{i,\,t-1} +$$
$$1.186\ ECM_{i,\,t-1} \tag{4-67}$$

从表 4-38 可知，模型（4-64）中 ECM 项系数在 1% 水平上显著为负，这说明反向误差修正机制成立，人均公共投资增长是福利水平变化的长期原因；模型（4-65）中 ECM 项系数在 1% 水平上显著为正，这说明正向误差修正机制成立，福利水平提高是人均公共投资变化的长期原因。结合式（4-66）和式（4-67）来看，当福利水平偏离长期均衡状态时，误差修正模型会通过系数 -0.426 对其进行负向的调整，直到达到均衡状态；当人均公共投资偏离长期均衡状态时，误差修正模型会通过系数 1.186 进行调整，使之达到均衡状态。

（五）方差分解分析

为了更清楚地刻画和度量人均公共投资与福利水平的相互影响，本书进一步采用方差分解的方法，获得不同方程的冲击反应对各个变量波动得方差贡献率构成。表 4-39 给出了第 10 个预测期和第 20 个预测期的方差分解结果（贡献度）。具体检验结果见表 4-39。

表 4-39　人均公共投资与福利水平的相互影响的方差分解表

地区	变量为 ln FL$_{i,t}$ 时期为 10		变量为 ln FL$_{i,t}$ 时期为 20		变量为 ln RGT$_{i,t}$ 时期为 10		变量为 ln RGT$_{i,t}$ 时期为 20	
	lnFL$_{i,t}$	lnRGT$_{i,t}$	lnFL$_{i,t}$	lnRGT$_{i,t}$	lnFL$_{i,t}$	lnRGT$_{i,t}$	lnFL$_{i,t}$	lnRGT$_{i,t}$
北京	0.96	0.05	0.96	0.04	0.68	0.32	0.92	0.08
天津	0.87	0.13	0.56	0.44	0.56	0.44	0.56	0.44
河北	0.41	0.59	0.40	0.60	0.30	0.71	0.31	0.69
山西	0.84	0.16	0.83	0.18	0.72	0.28	0.75	0.25
内蒙古	0.86	0.14	0.86	0.14	0.71	0.29	0.72	0.28
辽宁	0.86	0.16	0.90	0.10	0.88	0.12	0.89	0.11
吉林	0.41	0.59	0.41	0.59	0.29	0.71	0.24	0.76
黑龙江	0.97	0.03	0.97	0.04	0.96	0.04	0.97	0.03
上海	0.81	0.19	0.81	0.19	0.46	0.54	0.46	0.54
江苏	0.95	0.05	0.95	0.05	0.79	0.20	0.82	0.18
浙江	0.22	0.78	0.07	0.93	0.46	0.54	0.23	0.77
安徽	0.54	0.47	0.46	0.54	0.15	0.85	0.16	0.84
福建	0.59	0.41	0.55	0.46	0.34	0.66	0.34	0.66
江西	0.81	0.19	0.78	0.22	0.67	0.33	0.72	0.28
山东	0.69	0.31	0.70	0.30	0.19	0.81	0.21	0.79
河南	0.67	0.33	0.46	0.54	0.31	0.69	0.20	0.80
湖北	0.15	0.85	0.13	0.87	0.13	0.84	0.16	0.84
湖南	0.24	0.76	0.21	0.77	0.24	0.76	0.23	0.77
广东	0.99	0.01	0.99	0.01	0.99	0.01	0.99	0.01
广西	0.41	0.59	0.21	0.79	0.23	0.77	0.16	0.84
海南	0.35	0.65	0.35	0.65	0.16	0.84	0.19	0.81
重庆	0.95	0.05	0.95	0.05	0.82	0.18	0.82	0.18
四川	0.49	0.51	0.22	0.78	0.18	0.88	0.12	0.88
贵州	0.95	0.05	0.98	0.02	0.80	0.20	0.93	0.07
云南	0.65	0.35	0.62	0.38	0.78	0.22	0.77	0.23
西藏	0.77	0.23	0.77	0.23	0.77	0.22	0.78	0.23
陕西	0.22	0.78	0.23	0.77	0.23	0.77	0.23	0.77
甘肃	0.85	0.15	0.63	0.37	0.58	0.42	0.74	0.29

地区	变量为 ln FL$_{i,t}$ 时期为 10		变量为 ln FL$_{i,t}$ 时期为 20		变量为 ln RGT$_{i,t}$ 时期为 10		变量为 ln RGT$_{i,t}$ 时期为 20	
	lnFL$_{i,t}$	lnRGT$_{i,t}$	lnFL$_{i,t}$	lnRGT$_{i,t}$	lnFL$_{i,t}$	lnRGT$_{i,t}$	lnFL$_{i,t}$	lnRGT$_{i,t}$
青海	0.35	0.64	0.21	0.79	0.40	0.60	0.38	0.62
宁夏	0.99	0.01	0.99	0.01	0.97	0.03	0.98	0.02
新疆	0.16	0.84	0.12	0.88	0.11	0.89	0.11	0.89

综合表4-39方差分解的结果可以发现：10个预测期与20个预测期对方差分解结果的影响变化不大，说明经过10个预测期以后，系统已经基本稳定。人均公共投资对福利水平的波动贡献度超过50%的省（市、自治区）有11个，分别是河北、吉林、浙江、湖北、湖南、广西、海南、四川、陕西、青海、新疆，而31个省（市、自治区）中其他20个省（市、自治区）的福利水平的波动则更多来自于福利水平自身。福利水平对人均公共投资的波动贡献度超过50%的省（市、自治区）有15个，分别是北京、天津、山西、内蒙古、辽宁、黑龙江、江苏、江西、广东、重庆、贵州、云南、西藏、甘肃、宁夏，而31个省（市、自治区）中其他16个省（市、自治区）的人均公共投资的波动则更多来自人均公共投资自身。

（六）实证分析结论

魏骁等（2014）实证分析发现："人均公共投资与福利水平存在显著的正向关系，人均公共投资与福利水平之间存在长期均衡的协整关系。全国总量的公共投资福利水平弹性系数为0.796426，当福利水平偏离长期均衡状态时，误差修正模型会通过系数-0.425529对其进行负向的调整，直到达到均衡状态；当人均公共投资偏离长期均衡状态时，误差修正模型会通过系数1.186405对其进行调整，使之达到均衡状态。"[①]

---

① 魏骁、高远、刘赟：《基于省级面板数据模型的我国公共投资社会福利效应探讨》《价格月刊》2014年第5期。

二、公共投资就业效应分析①

（一）变量数据说明和模型的构建

1. 变量数据说明

变量指标的数据选取涉及固定资产投资，由于各类统计资料在 2003 年调整了固定资产投资行业名称和分类，为保证数据的准确性，本书的所有指标均采用 2003—2012 年的数据。数据均来源于《中国统计年鉴》《中国固定资产投资统计年鉴》《中经网统计数据库》等。相关分析变量如下：

公共投资：采用万道琴、杨飞虎（2011）的公共投资界定方法。生产性公共投资，分为电力、热力、燃气及水生产和供应业，交通运输、仓储及邮电通信业，科学研究、技术服务和地质勘查业，水利、环境和公共设施管理业这四个部门的公共投资。由上述四个部门的固定资产投资额相加得到生产性公共投资，用 PGI 表示。消费性公共投资，分为居民服务和其他服务业，教育，卫生、社会保障和社会福利业，文化、体育和娱乐业，公共管理和社会组织五个部门的公共投资。由上述五个部门的固定资产投资额相加便可得到消费性公共投资，用 CGI 表示。

就业水平：直接选用年底就业人数的数据，用 L 表示。

私人投资：由全社会固定资产投资总额减去上述的公共投资额便可得到私人投资序列，用 PI 表示。

产出：选用的数据为国内生产总值，用 GDP 表示。

2. 模型的构建

（1）单方程模型

公共投资可分为生产性公共投资和消费性公共投资，本书首先建立单方程模型，来详细研究生产性公共投资、消费性公共投资与就业水平的关系，如式（4-68）所示：

---

① 魏骁、高远、盛怿雯：《我国公共投资就业效应探讨》,《老区建设》2014 年第 6 期。

$$\ln L_{i,t} = \ln \varphi_1 + \varphi_2 \ln PGI_{i,t} + \varphi_3 \ln CGI_{i,t} \tag{4-68}$$

其中，$L_{i,t}$ 代表就业水平，$PGI_{i,t}$ 代表生产性公共投资，$CGI_{i,t}$ 代表消费性公共投资，下标 i 代表第 i 个地区，t 代表第 t 年。

（2）联立方程模型

为了更加全面地分析公共投资就业效应，本书引入私人投资和产出这两个变量，建立面板数据联立方程模型，如下所示：

$$\ln L_{i,t} = \ln \alpha_1 + \alpha_2 \ln L_{i,t-1} + \alpha_3 \ln GI_{i,t-1} + \alpha_4 \ln PI_{i,t-1} + \alpha_5 \ln GDP_{i,t-1} \tag{4-69}$$

$$\ln GI_{i,t} = \ln \beta_1 + \beta_2 \ln GI_{i,t-1} + \beta_3 \ln L_{i,t-1} + \beta_4 \ln PI_{i,t-1} + \beta_5 \ln GDP_{i,t-1} \tag{4-70}$$

$$\ln PI_{i,t} = \ln \gamma_1 + \gamma_2 \ln PI_{i,t-1} + \gamma_3 \ln L_{i,t-1} + \gamma_4 \ln GI_{i,t-1} + \gamma_5 \ln GDP_{i,t-1} \tag{4-71}$$

$$\ln GDP_{i,t} = \ln \delta_1 + \delta_2 \ln GDP_{i,t-1} + \delta_3 \ln L_{i,t-1} + \delta_4 \ln GI_{i,t-1} + \delta_5 \ln PI_{i,t-1} \tag{4-72}$$

其中，$L_{i,t}$ 代表就业水平，$GI_{i,t}$ 代表公共投资，$PI_{i,t}$ 代表私人投资，$GDP_{i,t}$ 代表国内生产总值，下标 i 代表第 i 个地区，t 代表第 t 年。

（二）单方程模型估计分析

对全国总量进行估计，估计结果为：

$$\ln L_t = 10.029 + 0.157\ln PGI_t - 0.053\ln CGI_t \tag{4-73}$$
$$(85.51)^{***} \ (2.67)^{**} \ (-0.73)$$

其中，R-squared = 0.952101，F-statistic = 69.5701，D − W 值 = 2.243893，AIC 为 −5.057587，SC 为 −4.966811。从模型参数中还可以发现，生产性公共投资对数值的系数显著为正（0.157），消费性公共投资对数值的系数为负（−0.053）但不显著，说明全国生产性公共投资的增加对全国就业水平的提高有促进作用，而消费性公共投资的增加对全国就业水平的影响还有待确定。

（三）联立方程模型估计分析

本书采用三阶段最小二乘估计法对面板数据联立方程模型进行估计。

三阶段最小二乘估计的基本思路是：先用二阶段最小二乘法估计每个方程，然后再对整个联立方程系统进行广义最小二乘法估计。二阶段最小二乘估计是单方程估计方法，没有考虑残差之间的协方差。而三阶段最小二乘估计考虑了方程之间的关系，能得到比二阶段最小二乘估计更有效的参数估计量。估计结果如下：

1. 全国层面公共投资就业效应分析

本书首先从全国层面上进行公共投资就业效应联立方程模型估计，具体结果如表 4-40 所示。

表 4-40　全国层面公共投资就业效应估算结果

解释变量	被解释变量			
	$\ln GI_{i,t}$	$\ln PI_{i,t}$	$\ln L_{i,t}$	$\ln GDP_{i,t}$
$\ln GI_{i,t-1}$	0.859567 *** (0.0000)	0.082117 *** (0.0001)	0.008909 (0.7620)	0.029323 *** (0.0027)
$\ln PI_{i,t-1}$	0.070968 ** (0.0242)	0.969192 *** (0.0000)	−0.045397 (0.1441)	0.004752 (0.6444)
$\ln L_{i,t-1}$	0.042090 *** (0.0033)	0.041122 *** (0.0000)	0.993677 *** (0.0000)	0.014696 *** (0.0017)
$\ln GDP_{i,t-1}$	−0.011727 (0.7154)	−0.075060 *** (0.0009)	0.055410 (0.0813)	0.954091 *** (0.0000)
C	0.413492 *** (0.0000)	0.245778 *** (0.0000)	−0.137200 (0.0918)	0.211547 *** (0.0000)
R-squared	0.978550	0.994116	0.982107	0.998453
S. E. of regression	0.131593	0.092034	0.129959	0.043066
Prob （F-statistic）	1.646703	1.209151	2.353728	2.137836

注：***、**、* 分别表示在 1%、5%、10% 的显著性水平下通过检验。

从全国范围来看：就业水平很大程度上受前期就业水平的影响，可能是由于我国经济发展日趋稳健且经济总量较大，就业机会和就业环境日益稳定，因此，当期和前期就业水平之间表现出较强的相关性。

公共投资和产出 GDP 对后期的就业水平产生显著正效应，但私人投资对后期的就业水平产生负效应但不显著。公共投资增加 1 个单位,下一年的就业量增加 0.0089 个单位。

2. 公共投资区域就业效应分析

鉴于我国不同区域经济发展不平衡,同时为了增加全样本估计结果的精确度,笔者用东、中、西部地区子样本数据,对联立方程模型进行估计,具体结果如表 4-41、表 4-42、表 4-43 所示。

表 4-41　东部地区公共投资区域就业效应估算结果

解释变量	被解释变量			
	$\ln GI_{i,t}$	$\ln PI_{i,t}$	$\ln L_{i,t}$	$\ln GDP_{i,t}$
$\ln GI_{i,t-1}$	1.680478[**] (0.0478)	0.186399 (0.3573)	0.422316[*] (0.0652)	−0.351309[**] (0.0208)
$\ln PI_{i,t-1}$	−5.575638 (0.1177)	0.515839 (0.5505)	−1.556197 (0.1093)	2.635090[***] (0.0004)
$\ln L_{i,t-1}$	−0.269632 (0.8141)	0.319986 (0.2747)	0.121514 (0.6974)	0.055931 (0.7803)
$\ln GDP_{i,t-1}$	6.548121[*] (0.0799)	0.313468[***] (0.0009)	1.733906[*] (0.0876)	−2.132497[***] (0.0031)
C	−21.76155 (0.2897)	−3.461984 (0.4973)	1.046879 (0.8490)	12.00281[***] (0.0033)
R-squared	0.984265	0.999314	0.963841	0.999411
S. E. of regression	0.079846	0.020031	0.021732	0.013958
Prob（F-statistic）	1.272473	3.560340	2.357731	2.640320

注:[***]、[**]、[*]分别表示在 1%、5%、10%的显著性水平下通过检验。

表 4-42　中部地区公共投资区域就业效应估算结果

解释变量	被解释变量			
	$\ln GI_{i,t}$	$\ln PI_{i,t}$	$\ln L_{i,t}$	$\ln GDP_{i,t}$
$\ln GI_{i,t-1}$	−0.474193 (0.2847)	−0.465801[**] (0.0351)	0.470245[***] (0.0001)	0.238588 (0.1411)
$\ln PI_{i,t-1}$	1.611939[**] (0.0338)	1.733154[***] (0.0001)	−0.810554[***] (0.0000)	0.110887 (0.6630)

续表

解释变量	被解释变量			
	ln GI$_{i,t}$	ln PI$_{i,t}$	ln L$_{i,t}$	ln GDP$_{i,t}$
ln L$_{i,t-1}$	−0.077069 （0.9319）	0.758519[*] （0.0894）	−0.481058[**] （0.0201）	0.365639 （0.2692）
ln GDP$_{i,t-1}$	−1.030428 （0.7154）	−0.849285[**] （0.0426）	0.976272[***] （0.0000）	0.454176 （0.1414）
C	10.00211 （0.1605）	−0.944450 （0.7724）	7.849114[***] （0.0000）	−0.794453 （0.7495）
R-squared	0.986704	0.998545	0.959076	0.997699
S. E. of regression	0.086287	0.040758	0.018110	0.031040
Prob（F-statistic）	2.409355	1.127045	3.135296	2.613620

注：[***]、[**]、[*]分别表示在1%、5%、10%的显著性水平下通过检验。

表4-43　西部地区公共投资区域就业效应估算结果表

解释变量	被解释变量			
	ln GI$_{i,t}$	ln PI$_{i,t}$	ln L$_{i,t}$	ln GDP$_{i,t}$
ln GI$_{i,t-1}$	−0.139721 （0.7530）	−0.116592 （0.4908）	−0.055376 （0.7122）	0.292193 （0.1178）
ln PI$_{i,t-1}$	0.539587 （0.3256）	0.619710[***] （0.0072）	−0.032209 （0.8600）	0.010371 （0.9622）
ln L$_{i,t-1}$	2.575681[**] （0.0520）	0.640506 （0.1871）	1.033343[**] （0.0240）	−0.110003 （0.8276）
ln GDP$_{i,t-1}$	0.347181 （0.5206）	0.700148[***] （0.0030）	0.079381 （0.6626）	0.624848[***] （0.0100）
C	−23.15606[*] （0.0559）	−8.661003[*] （0.0587）	−0.344010 （0.9289）	2.424209 （0.6013）
R-squared	0.987788	0.998959	0.630620	0.997196
S. E. of regression	0.085742	0.032474	0.028966	0.034716
Prob（F-statistic）	2.308320	2.734164	2.584610	2.447340

注：[***]、[**]、[*]分别表示在1%、5%、10%的显著性水平下通过检验。

　　分析和比较上述三个表可知：

第一，东部地区和中部地区的就业水平均较大程度上受本地区前期产出的影响。这可能是因为产出的增加提高了吸纳劳动力的能力，东部地区和西部地区的第三产业比重明显高于其他两大产业，而第三产业吸纳劳动力的能力最强，吸纳劳动力就业的容量极大。

第二，西部地区的就业水平较大程度上受本地区前期就业水平的影响。这可能是因为西部地区地理条件的限制和近年来"西部大开发"的落实与促进，西部地区劳动外流性被明显抑制，所以表现出较为稳定的就业状态。

第三，东部地区和中部地区的公共投资对后期的就业水平产生正效应，而西部地区的公共投资对后期的就业水平产生负效应。出现这种差异的原因可能是东部地区和中部地区第二三产业较为发达，该两大产业就业人口多，西部地区第三产业较为发达，该产业就业人口多；而从公共投资结构来看，总投资中第一产业的所占比例极小，因此，公共投资的增加能引起第一产业就业人口的减少和第二三产业就业人口的增加。

第四，三大区域的私人投资均对后期的就业水平产生负效应但不显著，具体影响还待进一步确认。

第五，三大区域的公共投资均显著的对就业有正向效应。如在东部地区，公共投资增加 1 个单位，就业量增加 0.422 个单位；在中部地区，公共投资增加 1 个单位，就业量增加 0.47 个单位；在西部地区，公共投资增加 1 个单位，就业量减少 0.055 个单位。

（四）实证分析结论

基于我国 2003—2012 年间 31 个省（市、自治区）的面板数据，建立单方程模型和联立方程模型，研究了我国公共投资就业效应。根据单方程模型，生产性公共投资对我国产生正向就业效应，消费性公共投资对我国产生负向就业效应。根据联立方程模型，发现当期就业水平很大程度上受前期就业水平的影响，前期的公共投资和产出对当期的就业水平产生正效应，前期的私人投资对当期的就业水平产生负效应。公共投资增加 1 个单位，后期的就业量增加 0.0089 个单位。东、中部地区的就业水平受本地区前期产出的影响较大；西部地区的就业水平较大程度上受本地区前期就业水平的影响；东、中部地区的公共投资对后期的就业水平产生正效应，而西部地区的公共投资对后期的就业水平产生负效应。三大区域的私人投资均对后期的就业水平影响由于不显著，具体影响还有待进一步确认。三大区域的公共投资均显著的对就业有显著影响，如公共投资增加 1 个单位时，东、中、西部地区就业量依次增加 0.422 个单位、增加 0.47 个单位和减少 0.055 个单位。

三、公共投资对私人投资挤入挤出效应分析

（一）变量选取和数据来源说明

根据国外学者的研究，影响发达国家私人投资的因素有很多，例如产出的增长、银行信贷、公共投资、外资流入、通货膨胀、利率、资本的相对价格等等。但我国由于经济结构在金融市场的完善程度、外汇管制、政府在经济中所起的作用等诸多方面与发达国家不尽相同，使得我国私人投资的影响因素也有所不同。结合我国的实际情况，本书认为影响我国私人投资的因素主要有以下八点：

1. 经济增长

最具有影响的内生经济周期理论的乘数—加速原理认为，投资和国民经济是相互影响的，乘数原理说明投资变动对国民收入变动的影响，加速原理则说明国民收入的轻微变动会引起投资的成倍变动，国民收入提高，储蓄增加，对投资起推动作用。

2. 公共投资

一方面，公共投资通过对公益性基础设施项目的投资为私人投资带来良好的外部环境，提高私人投资的边际产出效率；另一方面，公共投资支出会提高私人投资使用资本的机会成本。所以，公共投资对私人投资的最终结果要看"挤入效应"和"挤出效应"的净影响。

3. 市场利率

利率对于投资者行为的影响主要表现为对投资规模和投资结构上的影

响。利率对于投资规模的影响是作为投资的机会成本对社会总投资的影响，在投资收益不变的条件下，因利率上升导致的投资成本增加必然使那些投资收益较低的投资者退出投资领域，从而使投资需求减少。相反，利率下跌则意味着投资成本下降，从而刺激投资，使社会总投资增加。利率的变动对于投资规模甚至整个经济活动的影响都应该是巨大的。

4. 政策因素

从实践来看，我国政府采用的是相机抉择的宏观经济管理政策，而经济全球化、风险的不确定性使政策也具有不确定性。

根据上述分析，本书实证分析变量主要选取私人投资、公共投资、经济增长、市场利率、政策因素变量等。由于数据限制，本书不考虑私人资本在国外投放的情况。本书实证分析变量数据均来源于《中国统计年鉴》《中经网统计数据库》，所有指标均采用 1997—2011 年的数据，并按照相关指数统一调整为 1997 年不变价格。以下对本书实证分析变量指标进行说明：

1. 私人投资

以各省人均私人投资（1997 年不变价格）表示。以我国 31 个省份当年的全社会固定资产投资总额扣除公共投资后的余额表示私人投资总量，并调整为私人投资 1997 年不变价，再计算出各省人均私人投资不变价，用 Ip 表示。

2. 公共投资

以各省人均私人投资（1997 年不变价格）表示。采用万道琴、杨飞虎（2011）的公共投资界定方法，并调整成公共投资不变价，再计算出各省人均公共投资不变价，用 Ig 表示。

3. 经济增长

以我国 31 个省份人均 GDP（1997 年不变价格）表示，用 Y 表示。

4. 市场利率

考虑到私人投资对于短期贷款利率的反应情况，决定选取 1 年期的金融机构贷款基准利率，对于国家一年期贷款利率一年中进行多次调整的情形，以时间长度加权平均处理，一年按 360 天计算，一个月按 30 天计算，例如 1997 年 10 月 23 日利率调整为 8.64%，在这之前执行 1996 年 8 月 23 日以后的名义利率 10.08%，则：1997 年实际贷款利率 = 10.08% × （9× 30+23）/360+8.64% × （360-293）/360 = 9.812%，没有公布利率的年份按照上一年末的名义贷款利率取值，调整后的利率用 R 表示。

（二）模型构建

本书采用经过对数处理的回归模型作为本次研究的实证模型，具体如模型（4-74）所示：

$$\ln(Ip_{it}) = \alpha + \beta_0 \ln(Ig_{it}) + \beta_1 \ln(Ig_{it}) \times \ln(Ig_{it}) + \beta_2 \ln(Y_{it}) +$$
$$\beta_3 \ln(R_t) + \beta_4 PD_t + \mu \qquad (4-74)$$

其中，Ip 是人均私人投资量，Ig 是人均公共投资量，Y 表示各省人均 GDP，R 是当年一年期进行加权调整后的名义贷款利率；i 代表第 1，2，3，…，31 个省份，t 代表时间为 1997，1998，1999，…，2011 年，PD 是政策虚拟变量，表示政策效果对投资影响。由于 2004 年国务院出台《关于投资体制改革的决定》（国发［2004］20 号），数据显示在 2004 年开始公共投资较以前有较大幅度提升，故将其设置如下：

$$PD = \begin{cases} 0（2004 \text{ 年以前}）\\ 1（2004 \text{ 年及 } 2004 \text{ 年以后}） \end{cases}$$

（三）公共投资对私人投资挤入挤出效应分析

1. 实证分析模型估算

根据式（4-74）所建模型，运用 Eviews6.0 软件对模型变量从全国层面的视角进行回归分析，本书采用固定效应模型进行估计，结果如表 4-44 所示。

表 4-44　基于固定效应模型的我国公共投资与私人投资关系估计表

Variable	Coefficient	Std. Error	t-Statistic	Prob.
C	-12.79964	0.852667	-15.01131	0.0000
ln（Ig?）	1.707724	0.167713	10.18239	0.0000

续表

Variable	Coefficient	Std. Error	t-Statistic	Prob.
ln（Ig?）× ln（Ig?）	−0.093426	0.011450	−8.159775	0.0000
ln（Y?）	1.399354	0.066073	21.17883	0.0000
ln（R?）	0.370622	0.054709	6.774468	0.0000
PD?	−0.462529	0.035480	−13.03634	0.0000
Fixed Effects（Cross）				
BJ—C	−0.421730			
TJ—C	−0.420343			
HEB—C	0.134327			
SHX—C	−0.032980			
NMG—C	−0.097439			
LN—C	−0.104791			
JL—C	0.246234			
HLJ—C	0.011292			
SH—C	−0.846094			
JS—C	−1.462546			
ZJ—C	−0.308645			
AH—C	0.510527			
FJ—C	−0.418610			
JX—C	0.311954			
SHD—C	−0.022157			
HEN—C	0.334844			
HUB—C	0.011879			
HUN—C	0.079534			
GD—C	−0.573805			
GX—C	0.196257			
HN—C	0.000300			
CQ—C	0.261052			
SC—C	0.168056			
GZ—C	0.626268			

续表

Variable	Coefficient	Std. Error	t-Statistic	Prob.
YN—C	0.053428			
XZ—C	0.236249			
SX—C	0.204523			
GS—C	0.323859			
QH—C	0.281551			
NX—C	0.448073			
XJ—C	0.268934			

其中，R-squared = 0.966532，Adjusted R-squared = 0.963802，Log likelihood = 178.3225，F-statistic = 353.9813，模型比较显著的通过检验。为检验模型中固定效应是否多余，本书进行了 Redundant Fixed Effects Tests，结果见表4-45。从表4-45可以看出，模型中固定效应多余的可能性为0，因此本书采用固定效应的面板数据模型是合适的。

表4-45　面板模型固定效应检验

Effects Test	Statistic	d. f.	Prob.
Cross-section F	21.893192	(30, 429)	0.0000
Cross-section Chi-square	431.804344	30	0.0000

根据表4-44，可构建全国层面上公共投资与私人投资关系的模型，模型各变量均在1%的显著性水平下通过检验，具体如模由模型（4-75）估计结果可以获得以下结论：

$$\ln(Ip) = -12.7996 + 1.7077\ln(Ig) - 0.0934\ln(Ig) \times \ln(Ig) +$$
$$1.3993\ln(Y) + 0.3706\ln(R) - 0.4625PD \qquad (4-75)$$

首先，GDP对于私人投资的促进作用很大，对应的弹性为1.3993，即GDP每增长1个百分点，私人投资将增长1.3993个百分点，这符合内生经济周期理论中的加速原理：国内生产总值的增加通过加速效应会引起投资的更多增加。这也与经济发展规律基本吻合：经济发展是由总量增长和结构优化同时进行，转变经济发展方式，推动技术创新，增加资源、投入、人才、成果向企业集聚，将更加有利于私人企业投资。

其次，人民币贷款基准利率对私人投资存在大于零的系数（0.370622），即利率和私人投资呈现正向变动关系，这和凯恩斯经济学理论认为利率上涨，私人投资减少，利率降低，私人投资增加的反向变动的原理相悖。原因在于长期以来我国私人投资处于政府推动型，企业对利率变动并不敏感，我国利率形成机制的外生性特征极其明显，利率指标并非完全根据市场供求关系而多是根据政府的经验数据产生，利率指标和实际经济运行的关联度很低。并且本书经过针对一年期的名义贷款利率进行加权调整，如果考虑通货膨胀的影响，一些地区的实际贷款利率为负值，加之多数情况下企业会将由于利率上升增加的成本转嫁给消费者，所以产生利率失真的情形。

再次，公共投资一次项系数为正，二次项系数为负，这种关系用图形表示是一种典型的"倒 U 曲线"，说明随着公共投资的增加，私人投资开始不断增加，达到一定峰值以后，又逐渐减少，呈现先挤入后挤出的效应。这是因为生产性公共投资的先期扩张会形成新的产能，理性的经济个体增加投资会提高边际效益，此时公共投资对私人投资的作用就表现为"挤入效应"，当公共投资进一步积累并超过最优规模时，私人资本积累率会逐渐低于私人部门的最优水平，即公共投资对私人投资产生"挤出效应"。

最后，政策变量与私人投资是负向关系，这说明政策层面而言对私人投资有抑制作用。这和金正旭（Byeongju Jeong，2002）的研究认为私人企业为了避免政策的不确定性对长期项目的冲击可能更加偏好短期投资的结论相一致。[①] 我国在经济全球化的浪潮中，会更多地受到外国政治、经

① Jeong B., "Policy Uncertainty and Long-run Investment and Output across Countries", *International Economic Review*, Vol. 43, No. 2 (2002), pp. 363-392.

济波动的影响，任何负面冲击都会打击私人投资的积极性。例如 2008 年雷曼公司破产，美国金融市场反复动荡，使得我国以美元计价的大宗商品成本大幅增加，对于我国很多私人企业来说必然会缩减投资，减少生产规模。

2. 协整分析和检验

以下进一步探究私人投资与公共投资等变量之间是否存在长期均衡的协整关系。

首先，进行面板单位根检验。检验实证分析变量是否平稳是进行协整分析的前提，本书通过 LLC 检验、ADF-Fisher 检验、PP-Fisher 检验这三种方法检验相关变量面板单位根，具体检验结果见表 4-46。

表 4-46　相关变量单位根检验结果表

统计量 Statistic	水平值				一阶差分			
	$\ln(Ip_{i,t})$	$\ln(Ig_{i,t})$	$\ln(Y_{i,t})$	$\ln(R_{i,t})$	$D\ln(Ip_{i,t})$	$D\ln(Ig_{i,t})$	$D\ln(Y_{i,t})$	$D\ln(R_{i,t})$
LLC	6.68	-2.57**	13.89	-16.02***	-9.56***	-14.88***	-4.42***	
ADF	11.66	22.07	8.64	287.25***	145.08***	232.02***	53.18	
PP	9.85	19.68	6.04	480.01***	150.23***	276.73***	52.29	

注：***、**分别表示在 1% 和 5% 的显著性水平下通过检验。

从表 4-46 可知，通过对上述相关变量单位根检验的水平值可知，模型变量 $\ln(Ip_{i,t})$、$\ln(Ig_{i,t})$ 检验接受了"存在单位根"的原假设，而对其一阶差分值进行检验时，检验结果表明变量 $\ln(Ip_{i,t})$、$\ln(Ig_{i,t})$ 能完全拒绝"存在单位根"的原假设。由此可以认为，公共投资和私人投资变量是一阶单整序列，因此可以对这两个变量进行协整分析与检验。然而，变量 $\ln(Y_{i,t})$ 及 $\ln(R_{i,t})$ 由于不是一阶单整序列，因此不能与私人投资进行协整分析。

其次，进行面板协整检验。在面板单位根检验的基础上，本书继续使用 Pedroni 检验来判断 $\ln(Ip_{i,t})$ 和 $\ln(Ig_{i,t})$ 之间是否存在协整关系，具体检验结果见表 4-47。

表 4-47　相关变量 Pedroni 检验结果表

检验值	Statistic	检验值	Statistic
Panel rho-Statistic	-1.87001*	Group rho-Statistic	0.172372
Panel PP-Statistic	-2.250561**	Group PP-Statistic	-1.920602***
Panel ADF-Statistic	-1.677237*	Group ADF-Statistic	-1.708480*

注：***、**分别表示在1%和5%的显著性水平下通过检验。

表 4-47 中 Pedroni 检验得到的统计量和伴随概率可知：$\ln(Ip_{i,t})$ 和 $\ln(Ig_{i,t})$ 这两个变量之间存在长期均衡的协整关系，而且协整关系还比较显著。

为了探讨实证分析变量之间具体的协整关系数目，本书进一步进行 Fisher（Combined Johansen）检验，具体检验结果见表 4-48。

表 4-48　相关变量 Fisher 检验结果表

	Fisher Stat.* (from trace test)	Prob.	Fisher Stat.* (from max-eigen test)	Prob.
None	136.3	0.0000	123.1	0.0000
At most 1	91.93	0.0081	91.93	0.0081

从表 4-48 可知，检验结果拒绝了变量 $\ln(Ip_{i,t})$ 和 $\ln(Ig_{i,t})$ 之间 "不存在协整关系" 的假设，也拒绝了 " $\ln(Ip_{i,t})$ 和 $\ln(Ig_{i,t})$ 之间存在一个以上协整关系" 的假设，且说明 $\ln(Ip_{i,t})$ 和 $\ln(Ig_{i,t})$ 之间仅仅存在一个长期均衡的协整关系。

（四）实证分析结论

通过本部分实证分析可可以获得以下结论：（1）GDP 对于私人投资的促进作用很大，对应的弹性为 1.3993，即 GDP 每增长 1 个百分点，私人投资将增长 1.3993 个百分点；（2）货币贷款基准利率对私人投资存在大于零的系数（0.370622），即利率和私人投资呈现正向变动关系；（3）公共投资与私人投资关系是一种典型的 "倒 U 曲线"；（4）虚拟政策变量与私人投资是负向关系，这说明政策层面而言对私人投资有抑制作用；（5）私人投资与公共投资等变量之间存在长期均衡的协整关系。

四、公共投资引导战略性新兴产业成长效应分析

（一）模型构建

对于经典的 Cobb-Douglas 生产函数，资本是生产的基本要素，其对产出的绩效发生影响。将资本区分为公共资本和私人资本，这些资本进入生产就分别成为公共投资和私人投资，则传统的 Cobb-Douglas 生产函数改写为：

$$Y = AK_G^{\alpha_1}K_P^{\alpha_2}L^{\beta} \tag{4-76}$$

其中，Y 为产出，K_G 为公共资本，K_P 为私人资本，α_1、α_2、β 为常数。假设 Y 对 K_G、K_P、L 为严格凹函数。根据一般的经济理论，将资本加以应用，即进行投资，可以形成各种固定资产，在生产过程中多次重复使用，其价值可以逐步转移到所产出的产出中。公共投资不直接参与生产，但是公共投资形成各种公共固定资本，通过正的外溢效应，为企业生产提供各种服务，其价值也会逐步转移到产品中。在本书中，主要关注公共投资对战略性新兴产业的效应，可以简化为：

$$Y = F(K_G) \tag{4-77}$$

结合变量之间的时间序列平稳性，建立两类计量模型进行分析：

1. 双对数模型

考察公共投资作为外生变量，分析其对高新技术产业相关指标的影响。可以建立以下回归方程：

$$Y_{it} = a_{0it} + a_{1it}X_t \tag{4-78}$$

其中，Y_{it} 为各高新技术产业的相关指标，X_t 为公共投资序列，下标 t 表示时间为 t 期。由于对数形式具有收敛序列平稳性的优点，且双对数模型的回归系数即为弹性系数，具有明显的经济学含义。在满足平稳性的条件下，对序列取对数，分析对数序列。

$$\ln Y_{it} = a_{0it} + a_{1it}\ln X_t + \varepsilon_{it} \tag{4-79}$$

2. 对数差分模型

则上述的回归方程可以修正为：

$$\ln Y_{it} = a_{0it} + a_{1it} D(\ln X_t) + \varepsilon_{it} \qquad (4-80)$$

其中，ε_{it} 为残差项。其经济含义是：序列 Y_{it} 与 X_t 增长率 $g_t = \dfrac{X_t - X_{t-1}}{X_{t-1}}$ 存在相关关系。证明如下：

假定序列 Y_{it} 与 X_t 增长率存在线性相关关系，有：

$$Y_{it} = A_0 g_t + A_1 \qquad (4-81)$$

其中，A_0、A_1 为常数。将式（4-81）变形为：

$$Y_{it} = A_0 \frac{X_t - X_{t-1}}{X_{t-1}} + A_1 = A_0 \left(\frac{X_t}{X_{t-1}} - 1 \right) + A_1 = B_0 \frac{X_t}{X_{t-1}} + B_1 \qquad (4-82)$$

其中，$B_0 = A_0$，$B_1 = A_1 - A_0$，均为常数。变为自然对数的形式，有：

$$e^{\ln Y_{it}} = B_0 e^{\ln\left(\frac{X_t}{X_{t-1}}\right)} + B_1 = B_0 e^{\ln X_t - \ln X_{t-1}} + B_1 = B_0 e^{D(\ln X_t)} + B_1 \qquad (4-83)$$

可见，$\ln(Y_t)$ 与 $D(\ln X_t)$ 存在相关关系，写成计量方程的形式，即为式（4-80）。从经济含义上分析，公共投资由于可以改善战略性新兴产业的发展环境，从理论上二者存在正向相关关系，这种关系可以通过对式（4-80）的显著性来检验。

（二）实证分析

1. 样本选取

第一，对战略性新兴产业的统计口径及数据来源进行说明。目前国家相关文件的出台清晰界定了战略性新兴产业分类，但是由于这些产业确定的时间短，且各种文件分类的口径、层次不同，在统计上尚无明确的数据资料口径与其对应，使得获得准确的战略性新兴产业的数据较为困难，深入的定量分析由于缺乏相应的数据支撑而难以进行。在研究中，目前获得战略性新兴产业数据资料基本上有三个途径：一是依据战略性新兴产业基本上来自于高技术产业，利用高技术产业近似说明战略性新兴产业的发展状况。孟祺（2011）[①]、肖兴志等（2011）[②] 等学者就采用这种方法。二

---

① 孟祺：《基于产业集聚视角的新兴产业发展研究》，《科学管理研究》2011 年第 4 期。
② 肖兴志、谢理：《中国战略性新兴产业创新效率的实证分析》，《经济管理》2011 年第 11 期。

是由政府发布相关文件确立战略性新兴产业分类（大类、中类），与《国民经济行业分类》划分的小类相互衔接，利用《中国统计年鉴》等比较成熟的统计资料，进行分类归并计算，得到对应的战略性新兴产业的数据资料。对于战略性新兴产业分类标准，国家层面的有三种：国家工信部发布的《战略性新兴产业分类目录》（征求意见稿），包含 34 个大类、153个中类、449 个小类、260 个次小类，共计 680 种产品；国家统计局编制的《战略性新兴产业分类》（试行），包含 30 个大类，100 个中类，359个小类；国家发改委发布的《战略性新兴产业重点产品和服务指导目录》（2013 年第 16 号公告），包含 24 个重点发展方向、125 个子方向，共3100 余项细分的产品和服务。其中，国家统计局标准的小类可与《国民经济行业分类》的四位码行业对接，利于从现有的各种统计数据提取所需的资料，从数据获取的角度来说更为容易。如李金华（2011）[①]、周晶等（2011）[②] 等就采用了这种方法。吕岩威、孙慧（2013）依据国家统计局制定的《战略性新兴产业分类》，搜集了 204 个小类行业自 2003—2011年的企业数量和从业人员年平均人数等数据，分析战略性新兴产业集聚度和区域分布特征。三是利用某个战略性新兴产业中的上市公司的企业来反映该行业的发展情况。陆国庆（2011）[③]、孙玉涛等（2013）[④]、马军伟（2013）[⑤] 等就是运用了这种方法。第一种方法的优点是容易得到相关的数据，缺点是战略新兴性产业虽然基本上由高技术产业成长而来，但二者还是有所不同，会造成一定的偏差；第二种方法的好处是可按《国民经济行业分类》对战略新兴性产业作精细划分，但这种划分往往只能得到有限的几类，难以得到完整的统计资料，尤其是对于一些新出现的战略性

[①]　李金华：《对中国战略性新兴产业发展的若干思辨》，《财经问题研究》2011 年第 5 期。

[②]　周晶、何锦义：《战略性新兴产业统计标准研究》，《统计研究》2011 年第 10 期。

[③]　陆国庆：《战略性新兴产业创新的绩效研究——基于中小板上市公司的实证分析》，《南京大学学报》（哲学·人文科学·社会科学）2011 年第 4 期。

[④]　孙玉涛、李苗苗：《企业技术创新能力培育的区域性因素——基于战略性新兴产业上市公司的实证分析》，《科学学与科学技术管理》2013 年第 8 期。

[⑤]　马军伟：《我国七大战略性新兴产业的金融支持效率差异及其影响因素研究——基于上市公司经验证据》，《经济体制改革》2013 年第 3 期。

新兴产业的小类，不能从传统的统计资料得到完整的资料数据；第三种只能就上市企业的微观视角看待战略性新兴产业，不能反映非上市企业，而对于战略性新兴产业而言，很多企业还是还处于成长阶段的非上市企业。

　　第二，对研究样本进行说明。考虑到战略性新兴产业由政府提出的时间段有限，为了能够应用现有统计资料反映战略性新兴产业的成长轨迹，本书拟综合采用前面两种方法。正如战略性新兴产业的特点，许多子产业都是"新兴"，难以从传统的统计资料获得其资料，从客观上难以获得现阶段七大战略性的完整资料。从口径的匹配和资料的可得性，本书对照《战略性新兴产业分类目录》，对比遴选相关产业，从其发展变迁的历程，分析公共投资与战略性产业的相关数据。数据来源于历年《中国高技术产业统计年鉴》《中国统计年鉴》等资料。《中国高技术产业统计年鉴》中包含了医药制造业、航空航天器制造业、电子及通信设备制造业、电子计算机及办公设备制造业、医疗设备及仪器仪表制造业共计五个产业分类，本书运用"总计"的指标反映这五个产业的总体情况；为了进一步细分战略性新兴产业，本书依据《战略性新兴产业分类目录》的口径，对《中国高技术产业统计年鉴》所列的各个子产业做了归并分类，得到三个战略性新兴产业："医药制造业""医疗仪器设备及器械制造"相加得到"生物产业"；"航空航天器制造业"视为"高端装备"；将"电子及通信设备制造业""计算机及办公设备制造业"相加得到"信息技术"。为了反映战略性新兴产业的发展状况，本书选择了"企业数""从业人员年平均人数""主营业务收入""R&D 经费内部支出""新产品开发经费支出""专利申请数"等六个指标来，每个指标从"总计""生物产业""高端装备""信息技术"等四个侧面来描述战略性新兴产业的发展状况。其变量符号参见表4-49。

表4-49　战略性新兴产业与公共投资变量符号

指标	变量符号	含义	指标	变量符号	含义
因变量	Y_{ij} （$i=12$，…，6，表示指标；$j=12$，…，4，表示产业）				

续表

指标	变量符号	含义	指标	变量符号	含义
企业数	Y_{11}	总计	R&D 经费内部支出	Y_{41}	总计
	Y_{12}	生物产业		Y_{42}	生物产业
	Y_{13}	高端装备		Y_{43}	高端装备
	Y_{14}	信息技术		Y_{44}	信息技术
从业人员年平均人数	Y_{21}	总计	新产品开发经费支出	Y_{51}	总计
	Y_{22}	生物产业		Y_{52}	生物产业
	Y_{23}	高端装备		Y_{53}	高端装备
	Y_{24}	信息技术		Y_{54}	信息技术
主营业务收入	Y_{31}	总计	专利申请数	Y_{61}	总计
	Y_{32}	生物产业		Y_{62}	生物产业
	Y_{33}	高端装备		Y_{63}	高端装备
	Y_{34}	信息技术		Y_{64}	信息技术
自变量	X 为公共投资				

2. 实证处理结果

由于公共投资序列 $\ln X_1$ 为 $I(1)$，而战略性新兴产业的相关序列指标，包括 $I(0)$ 以及 $I(1)$，故区分两种情况分析公共投资对战略性新兴产业的影响。

首先，对 $I(0)$ 序列的计量分析。结果如下：

由于 $\ln X_1 \sim I(1)$，D($\ln X_1$) $\sim I(0)$，用 $I(0)$ 战略性新兴产业指标序列对公共投资的对数差分序列进行回归 D($\ln X_1$)，以此保证平稳序列的回归分析。依据式（4-80）进行回归，结果有以下三个特点：

第一，上一年公共投资的增长率对战略性新兴产业某些指标有显著的促进作用。总计企业数 $\ln Y_{11}$、生物产业企业数 $\ln Y_{12}$、信息技术企业数 $\ln Y_{14}$、总计从业人员年平均人数 $\ln Y_{21}$ 与公共投资一阶滞后项 D($\ln X_1(-1)$) 正相关，系数分别为 0.3335、0.1873、0.3949、0.0867；而主营业务收入 $\ln Y_{31}$、信息技术主营业务收入 $\ln Y_{34}$ 则与公共投资当前项 D($\ln X_1$) 及一阶滞后项 D($\ln X_1(-1)$) 正相关，系数分别为 0.1105、

0.1339 以及 0.1253、0.1794；生物产业 R&D 经费内部支出 $\ln Y_{42}$ 则与公共投资当前项 $D(\ln X_1)$ 正相关，系数为 0.2220。

第二，公共投资的过度增长，挤占了战略性新兴产业资源，如人力资源、财政补贴资金等，战略性新兴产业某些指标与公共投资的增长呈现负相关关系。总计新产品开发经费支出 $\ln Y_{51}$、生物产业新产品开发经费支出 $\ln Y_{52}$、信息技术新产品开发经费支出 $\ln Y_{54}$、生物产业专利申请数 $\ln Y_{62}$ 与公共投资一阶滞后项 $D(\ln X_1(-1))$ 负相关，系数分别为 -0.2195、-0.2943、-0.2381、-0.3005。

第三，公共投资增长率与战略性新兴产业某些指标之间的关系不显著。究其原因，公共投资着眼于国民经济社会全局性的需要，外溢性强，而尚处于成长阶段的战略性新兴产业由于在资源、技术等方面有着独特的要求，某些指标与公共投资之间的关系不显著。生物产业从业人员年平均人数 $\ln Y_{22}$、总计 R&D 经费内部支出 $\ln Y_{41}$、信息技术 R&D 经费内部支出 $\ln Y_{44}$、总计专利申请数 $\ln Y_{61}$、信息技术专利申请数 $\ln Y_{64}$ 与公共投资当前项 $D(\ln X_1)$ 及一阶滞后项 $D[\ln X_1(-1)]$ 之间的关系均不显著。

其次，对 $I(1)$ 序列的计量分析。结果如下：

结合式（4-79），对于同阶单整对数序列 $I(1)$，运用 EG 两步法验证战略性新兴产业指标序列与公共投资序列之间长期均衡关系的存在：先是运用 OLS 法作 $\ln Y_{it}$ 对 $\ln X_t$ 的回归，并检验残差项 e_t 的平稳性，如果平稳则表明存在长期均衡关系，反之，则不存在长期均衡关系。检验结果有以下三个特点：

第一，战略性新兴产业某些指标的增长率与公共投资增长率之间存在显著的正向长期均衡关系。高端装备企业数 $\ln Y_{13}$、生物产业主营业务收入 $\ln Y_{32}$、高端装备主营业务收入 $\ln Y_{33}$、高端装备 R&D 经费内部支出 $\ln Y_{43}$、高端装备新产品开发经费支出 $\ln Y_{53}$、高端装备专利申请数 $\ln Y_{63}$ 与公共投资对数序列 $\ln X_1$ 正相关，系数分别为 0.1783、0.8402、0.6572、0.4014、0.8280、1.5398。

第二，战略性新兴产业某些指标的增长率与公共投资增长率之间的长期均衡关系不显著。高端装备从业人员年平均人数 $\ln Y_{23}$ 与公共投资对数序列 $\ln X_1$ 之间不显著。

第三，战略性新兴产业增长率的短期变动与公共投资增长率的短期变动以及二者之间的长期均衡关系不显著。误差修正模型不显著，说明短期内，战略性新兴产业受到政府产业政策、企业投资等因素的影响，而本书的模型只是纳入了公共投资变量，应在进一步研究中纳入更多变量。

（三）实证分析结论

通过上述分析，可以获得以下有价值的结论：

首先，部分战略性新兴产业指标与公共投资之间存在显著的正向长期均衡关系。部分战略性新兴产业某些指标的增长率与公共投资增长率之间存在显著的正向长期均衡关系。如高端装备企业数 $\ln Y_{13}$、生物产业主营业务收入 $\ln Y_{32}$、高端装备主营业务收入 $\ln Y_{33}$、高端装备 R&D 经费内部支出 $\ln Y_{43}$、高端装备新产品开发经费支出 $\ln Y_{53}$、高端装备专利申请数 $\ln Y_{63}$ 与公共投资对数序列 $\ln X_1$ 正相关，系数分别为 0.1783、0.8402、0.6572、0.4014、0.8280、1.5398。

其次，公共投资促进战略性新兴产业的企业数、主营业务收入增长效果明显。就战略性新兴产业的指标而言，公共投资与战略性新兴产业的企业数、主营业务收入为显著的正相关关系；公共投资对从业人员年平均人数、R&D 经费内部支出、专利申请数的提升效应并非对每个子产业都明显，但能显著降低新产品开发经费支出，这是由于公共投资形成较强的外溢效应，可以降低产业的开发费用（如政府投资基础性开发，免费提供给企业使用）。

最后，公共投资对战略性新兴产业子产业影响方面不一致。就战略性新兴产业的子产业而言，公共投资与生物产业的企业数、主营业务收入、R&D 经费内部支出正相关，与新产品开发经费支出、专利申请数负相关；与高端装备的企业数、主营业务收入、R&D 经费内部支出、新产品开发经费支出、专利申请数均为正相关；与信息技术的企业数、主营业务收入正相关，与新产品开发经费支出负相关等。[①]

五、公共投资促进中小企业发展效应分析

（一）模型构建

结合本章公共投资引导战略性新兴产业成长效应分析，本部分建立两类计量模型对公共投资促进中小企业发展效应进行分析：

1. 双对数模型

考察公共投资作为外生变量，分析其对中小企业相关指标的影响。可以建立以下回归分析模型：

$$Y_{it} = a_{0it} + a_{1it}X_t \tag{4-84}$$

其中，Y_{it} 为中小企业的相关指标，X_t 为公共投资序列。下标 t 表示时间为 t 期。由于对数形式具有收敛序列平稳性的优点，且双对数模型的回归系数即为弹性系数，具有明显的经济学含义。在满足平稳性的条件下，对序列取对数，分析对数序列。获得模型见式（4-85）：

$$\ln Y_{it} = a_{0it} + a_{1it}\ln X_t + \varepsilon_{it} \tag{4-85}$$

2. 对数差分模型

上述的回归方程可以修正为模型（4-86）：

$$\ln Y_{it} = a_{0it} + a_{1it}D(\ln X_t) + \varepsilon_{it} \tag{4-86}$$

其中，ε_{it} 为残差项。其经济含义是：序列 Y_{it} 与 X_t 增长率 $g_t = \dfrac{X_t - X_{t-1}}{X_{t-1}}$ 存在相关关系。

（二）实证分析

1. 样本选取

本书以工业为例，分析公共投资对中小企业效应的影响。这是因为从我国公共投资的结果来看，目前还是以形成有形固定资产为主，这对工业企业的影响最直接、最明显；同时工业中小企业样本对我国中小企业也具

① 杨飞虎、万春、许莉：《公共投资对战略性新兴产业效应的实证研究》,《经济问题探索》2015年第11期。

有典型代表性，且数据收集比较便利。

为对比分析公共投资促进中小企业发展的效应，此处将工业大型企业也考虑在内，分别选取三组指标："工业企业单位数"，包括全国工业企业单位数合计、大型工业企业单位数、中型工业企业单位数、小型工业企业单位数；"工业企业资产"，包括全国工业企业资产合计、大型工业企业资产、中型工业企业资产、小型工业企业资产；"工业企业利润"，包括全国工业企业利润合计、大型工业企业利润、中型工业企业利润、小型工业企业利润。针对上述工业企业指标，探讨公共投资与上述指标变量之间的关系。由于 1998 年之前，这些指标的部分数据存在缺失；综合比较数据的可得性，选择样本的时间段为 1998—2012 年。各变量的符号见表4-50。

表4-50　工业企业指标与公共投资变量符号

因变量	Y_{ij}（$i=1,2,3$，表示指标；$j=1,2,3,4$，表示工业规模）
Y_{1j}（工业企业单位数；$j=1$，全国合计；$j=2$，大型企业；$j=3$，中型企业；$j=4$，小型企业）	
Y_{2j}（工业企业资产；$j=1$，全国合计；$j=2$，大型企业；$j=3$，中型企业；$j=4$，小型企业）	
Y_{3j}（工业企业利润；$j=1$，全国合计；$j=2$，大型企业；$j=3$，中型企业；$j=4$，小型企业）	
自变量	X 为公共投资

根据上述指标变量的界定，可获得相关分析数据如表4-51所示。

表4-51　公共投资与工业企业相关数据（1998—2012 年）

年份	工业企业单位数（家）				工业企业资产（亿元）				工业企业利润（亿元）				公共投资（亿元）
	全国	大型企业	中型企业	小型企业	全国	大型企业	中型企业	小型企业	全国	大型企业	中型企业	小型企业	
	Y_{11}	Y_{12}	Y_{13}	Y_{14}	Y_{21}	Y_{22}	Y_{23}	Y_{24}	Y_{31}	Y_{32}	Y_{33}	Y_{34}	X_1
1998	165080	7558	15850	141672	108821.87	59450.19	16645.56	32726.11	1458.11	860.29	21.65	576.17	7305.74

续表

| 年份 | 工业企业单位数（家） | | | | 工业企业资产（亿元） | | | | 工业企业利润（亿元） | | | | 公共投资（亿元） |
| | 全国 | 大型企业 | 中型企业 | 小型企业 | 全国 | 大型企业 | 中型企业 | 小型企业 | 全国 | 大型企业 | 中型企业 | 小型企业 | |
	Y_{11}	Y_{12}	Y_{13}	Y_{14}	Y_{21}	Y_{22}	Y_{23}	Y_{24}	Y_{31}	Y_{32}	Y_{33}	Y_{34}	X_1
1999	162033	7864	14371	139798	116968.89	65870.39	16273.2	34825.31	2288.24	1440.17	148.41	699.66	7649.73
2000	162885	7983	13741	141161	126211.24	71069.97	16239.87	38901.41	4393.48	2832.59	350.68	1210.21	8348.99
2001	171256	8589	14398	148269	135402.49	79299.76	18072.45	38030.27	4733.43	2970.27	470.28	1292.87	8751.76
2002	181557	8752	14571	158234	146217.78	84242.11	19274.33	42701.34	5784.48	3431.36	577.61	1775.51	9127.36
2003	196222	1984	21647	172591	168807.7	66277.25	58854.47	43675.98	8337.24	3835.93	2687.05	1814.26	19104.80
2004	276474	2135	25557	248782	215358.47	78771.1	75407.38	61179.99	11929.3	5538.15	3645.76	2745.39	23903.20
2005	271835	2503	27271	242061	244784.25	95078.32	83738.56	65967.36	14802.54	6801.42	4210.33	3790.78	29599.60
2006	301961	2685	30245	269031	291214.51	113776.66	98633.78	78804.07	19504.44	8604.14	5759.09	5141.21	35194.40
2007	336768	2910	33596	300262	353037.37	138731.15	118284.42	96021.81	27155.18	11411.84	8214.8	7528.54	40298.30
2008	426113	3188	37204	385721	431305.55	164286.13	141042.71	125976.71	30562.37	10518.81	9410.43	10633.13	48622.00
2009	434364	3254	38036	393074	493692.86	193124.01	157956.5	142612.35	34542.12	10897.65	11368.03	12276.54	68520.20
2010	452872	3742	42906	406224	592881.89	236257	191194.55	165430.34	53049.66	17630.35	17346.83	18072.48	81691.20
2011	325609	9111	52236	264262	675796.86	342992.91	162942.05	169855.9	61396.33	26433.71	15310.06	19652.56	80730.60
2012	343769	9448	53866	280455	768421.2	379618.39	184741.97	204060.83	61910.06	25169.84	15400.33	21339.89	94387.91

注：表中以货币度量的变量按当年价格计。

资料来源：中国统计局网站。

2. 实证处理结果

公共投资对数序列 lnX 为 $I(1)$，而工业企业相关指标的对数序列包括 $I(0)$ 及 $I(1)$，根据序列的平稳性，分两种情况分析公共投资对工业企业的效应。

首先，对 $I(0)$ 序列进行计量实证分析。结果如下：

由于 lnX ~ $I(1)$，D（lnX）~ $I(0)$，lnY_{31}、lnY_{32}、lnY_{33} ~ $I(0)$，可直接回归分析平稳序列 lnY_{31}、lnY_{32}、lnY_{33} 与 D（lnX）之间的关系。由模型（4-85），回归结果反映的是企业指标 Y_{31}、Y_{32}、Y_{33} 与公共投资 X 增长率 gX 之间的相关性。结果见表4-52。

表 4-52　公共投资对工业企业效应的回归结果（I（0）序列）

因变量序列	$\ln Y_{31}$	$\ln Y_{32}$	$\ln Y_{33}$
C （t 值） （p 值）	4.2631 4.1596 0.0020	6.5208 54.0702 0.0000	3.6771 4.6054 0.0013
Trend （t 值） （p 值）	$T^{1/2}$ 7.0373 0.0000	$T^{1/2}$ 20.6891 0.0000	$T^{1/2}$ 5.8563 0.0002
D（lnX） （t 值） （p 值）	0.3034 2.3062 0.0438	−0.4866 −2.5405 0.0275	0.9417 2.2855 0.0481
AR（1） （t 值） （p 值）	−0.1348 −0.5678 0.5827		0.4599 1.1666 0.2734
AD-R2	0.9896	0.9708	0.9510
F	414.9081	217.4551	78.6235
DW	1.7382	1.9366	1.6427

注：（1）表中的空白项表示在回归方程中不显著，故未列出；（2）$T^{\frac{1}{2}}$ 表示在回归表达式中，时间趋势项 T 的具体形式是 $T^{\frac{1}{2}}$。

根据表 4-52，可以获得以下三点结论：

第一，公共投资增长率对中型企业利润有显著的正向促进作用。中型企业利润对数序列 $\ln Y_{33}$ 与公共投资对数差分序列 D（lnX）正相关，其回归系数高达 0.9417。这可解释为，中型企业介于小型企业的成长阶段与大型企业的成熟阶段，公共投资增加会使中型企业更多受益其正外溢性，增强企业的规模收益递增特性，利润上升。

第二，公共投资增长率对大型业企业利润存在挤出效应。大型企业利润对数序列 $\ln Y_{32}$ 与公共投资对数差分序列 D（lnX）负相关，系数为 −0.4866。原因在于两方面：（1）正效应。公共投资增长，大型企业受益于环境改善的正外部性，市场机制不断健全，运营成本下降，使得企业利润上升。（2）负效应。一方面，将公共投资视为一种生产要素，根据要素的边际产出递减规律，不同规模的企业对公共投资资本的吸纳利用不同，规模越大，越从更多方面将公共投资资本利用于生产，即规模越大，利用的公共投资资本越多，资本的边际产出递减。这意味着，公共投资增长，中小企业受益的边际收益更大，参与市场的竞争力增强，从大型企业手中争夺的市场份额更多。另一方面，在一些垄断性的领域，大型企业有能力对投资额大的投资项目实施投资，公共投资对大型企业投资的挤出效应明显，尤其在我国，公共资本介入了一些竞争性的领域；同时在实施代建制的公共投资体制下，公共投资项目事实上是由一些大型企业来实施的，公共资本越多，意味着大型企业的私人投资被挤出的越多，导致企业利润下降。实证结果表明，负效应大于正效应，两种效应迭加的结果使大型企业的利润随着公共投资增长而下降。

第三，公共投资增长率对工业企业利润总额有显著的正向促进作用。企业利润总额对数序列 $\ln Y_{31}$ 与公共投资对数差分序列 $D(\ln X)$ 正相关，系数为 0.3034。从经济理论上，公共投资无论是形成有形的固定资产还是无形的公共服务，均带有较强的正外溢性，企业可以通过共享交通、能源等基础设施而降低运营成本，可以受益于公共投资对企业运营环境的改善，提升企业的运营效益，增强市场竞争力。企业利润总额等于大型企业利润与中小企业利润之和，而前文第二点表明，公共投资增长与大型企业利润之间负相关，公共投资对大型企业利润发生了挤出效应，而总体上的企业利润总额与公共投资增长正相关，说明公共投资对中小企业利润的正效应大于对大型企业利润的挤出负效应。

其次，对 $I(1)$ 序列进行计量实证分析。结果如下：

对于一阶单整对数序列 $I(1)$，首先，运用 EG 两步法验证工业企业指标序列与公共投资序列之间是否存在长期均衡关系。作 $\ln Y_{it}$ 对 $\ln X_t$ 的 OLS 回归，根据显著程度判断 $\ln Y_{it}$、$\ln X_t$ 之间的关系；检验残差项 e_t 的平稳性，如果平稳则表明存在长期均衡关系，反之，不存在长期均衡关系。其次，运用 ECM（Error Correction Model）误差修正模型检验因变量序列的短期变动受到自变量变动以及误差修正项 ECM（-1）的影响，将 $D(\ln Y_{it})$ 视为 Y_{it} 的增长率、$D(\ln X_t)$ 视为 X_t 的增长率，分析因变量序列短期变动的来源。根据模型（4-86），实证分析见表4-53。

表4-53　公共投资对工业企业效应的回归结果（I（1）序列）

因变量序列	$\ln Y_{11}$	$\ln Y_{12}$	$\ln Y_{13}$	$\ln Y_{14}$	$\ln Y_{21}$	$\ln Y_{22}$	$\ln Y_{23}$	$\ln Y_{24}$	LNY_{34}
C （t值） （p值）	8.1460 11.1924 0.0000		6.2445 6.1210 0.0001	8.2171 7.6218 0.0000				5.0101 5.6222 0.0002	
Trend （t值） （p值）			0.0536 2.4102 0.0367		(0.0898) (2.1449) 0.0551		(0.1684) (1.8913) 0.0852		0.1125 6.4216 0.0000
lnX （t值） （p值）	0.4321 6.0203 0.0001	0.7788 9.8524 0.0000	0.3518 3.0172 0.0130	0.4114 3.8795 0.0026	1.2992 34.5482 0.0000	1.1114 19.5978 0.0000	1.3828 7.8942 0.0000	0.6106 7.0204 0.0000	0.7396 49.1726 0.0000
AR（1） （t值） （p值）			0.2949 1.3728 0.1998	0.4260 1.2803 0.2268	0.5247 1.7192 0.1136	0.8301 5.6664 0.0001	0.9363 20.0388 0.0000	0.4219 1.3248 0.2121	0.1668 0.5856 0.5699
Ad-R^2	0.8709	0.0621	0.9803	0.8280	0.8298	0.6215	0.9802	0.9218	0.9681
F（Log likelihood）	44.8540	(-11.41114)	216.5539	32.2863	(2.6645)	(2.2010)	11.3673	77.5843	(5.3491)
DW	1.9338	1.9361	2.0173	1.9280	1.7705	1.9301	1.9303	2.0160	2.0457
et检验	平稳*	平稳*	平稳*	平稳*	平稳*	平稳*	平稳*	平稳*	平稳*
误差修正因变量	D（$\ln Y_{11}$）	D（$\ln Y_{12}$）	D（$\ln Y_{13}$）	D（$\ln Y_{14}$）	D（$\ln Y_{21}$）	D（$\ln Y_{22}$）	D（$\ln Y_{23}$）	D（$\ln Y_{24}$）	D（$\ln Y_{34}$）
C （t值） （p值）		0.3912 4.9065 0.0005			0.1047 8.1697 0.0000	0.1971 6.4281 0.0000			0.2432 9.1004 0.0000
Trend （t值） （p值）								0.0106 3.1601 0.0115	
D（lnX） （t值） （p值）	0.3308 2.2021 0.0480	-2.3084 -7.0248 0.0000	0.4607 4.8138 0.0004	0.1737 0.8978 0.3904	0.1042 1.8973 0.0843	-0.5052 -4.0054 0.0021	1.3073 8.0103 0.0000	0.1059 0.7758 0.4578	
ECM（-1） （t值） （p值）	-0.6204 -2.0323 0.0649	-0.1425 -1.7736 0.1038	-0.5078 -2.1976 0.0483	-0.9322 -2.8334 0.0177	-0.1148 -2.2341 0.0472	-0.0687 -1.1864 0.2605	-0.2029 -0.9704 0.3547	-0.4844 -2.0847 0.0668	-0.5158 -2.0543 0.0670
AR（1） （t值） （p值）				0.6383 1.8328 0.0967			0.2472 1.2824 0.2286	-0.0809 -0.1723 0.8670	-0.2196 -0.5292 0.6082

因变量序列	lnY$_{11}$	lnY$_{12}$	lnY$_{13}$	lnY$_{14}$	lnY$_{21}$	lnY$_{22}$	lnY$_{23}$	lnY$_{24}$	LNY$_{34}$
Ad-R^2	0.2335	0.7894	0.4863	0.2321	0.2760	0.5331	0.7988	0.1964	0.4043
F（Log likelihood）	−9.8426	25.3632	−15.7450	−7.2945	3.4783	8.4211	−9.3766	−15.8743	5.0714
DW	1.6178	1.7402	1.7706	1.5699	1.8266	1.7964	1.7149	2.0017	1.1340

注：（1）表中上半部分为 EG 两步法的结果：同阶非平稳变量的 OLS 回归结果，以及残差项 et 的平稳性检验结果，"平稳*"表示在 1% 的显著性水平下显著；（2）F（Log likelihood）给出了 F 值，（.）中的数值表示软件输出结果提供的是 Log likelihood 值；（3）表中下半部分为误差修正模型的结果，Ad-R^2 相对较低，但不影响分析自变量对因变量短期变动的影响。

　　表 4-53 的上半部分、下半部分分别给出了长期均衡关系、误差修正模型的检验结果。可以获得以下三点结论：

　　第一，公共投资与工业企业单位数存在显著的正向长期均衡关系。公共投资对于改进企业环境、增加企业的数量具有显著的促进效应。工业企业单位总数对数序列 lnY$_{11}$、大型工业企业单位数对数序列 lnY$_{12}$、中型工业企业单位数对数序列 lnY$_{13}$、小型工业企业单位数对数序列 lnY$_{14}$ 与公共投资对数序列 lnX 正相关，系数分别为 0.4321、0.7788、0.3518、0.4114，说明整体方程除了大型工业企业不显著，其他的都较为显著。这是因为，大型企业受到行业垄断、市场竞争、技术实力、管理水平等多种因素的影响，相比之下，公共投资对其的影响并不突出，在多重复杂因素的综合作用下，大型企业的成长往往要经历较长时间，在一定时期内的数量相对稳定，与公共投资之间的关系不显著。中小企业规模小，抗风险能力弱，外在因素往往会对其造成巨大冲击，公共投资对中小企业尚处于要素边际报酬递增的阶段，公共投资通过减低运营成本、创建更好的环境，所形成的正外溢性效应显著，能够激励新企业形成，扶持中小企业，增加中小企业的数量，从而公共投资与中小企业单位数存在显著关系。可见，公共投资对中小企业的正向促进效应要显著高于对大型企业的效应。

　　而从误差修正模型来看，短期内，工业企业单位数增长率受到公共投资增长率、长期均衡关系的修正。（1）受到公共投资增长率 D（lnX）的修正。工业企业单位总数增长率 D（$\ln Y_{11}$）、中型工业企业单位数增长率 D（$\ln Y_{13}$）与公共投资增长率 D（$\ln X$）为正相关，系数分别为 0.3308、0.4607，均较为显著；大型工业企业单位数增长率 D（$\ln Y_{12}$）与公共投资增长率 D（$\ln X$）为负相关，系数为 -2.3084，说明挤出效应显著；小型工业企业单位数增长率 D（$\ln Y_{14}$）与公共投资增长率 D（$\ln X$）之间不显著，基本原因是，处于成长阶段的小企业对诸多因素均比较敏感，如现金流、人力资源等都会危机企业的存亡，故公共投资增长率短期之内不能显著影响小企业数量的变化。可见，就短期的增长率而言，公共投资对中型企业显著，对小企业不显著，但对大型企业会发生挤出效应。（2）受到长期均衡关系 ECM（-1）的修正。工业企业单位总数增长率 D（$\ln Y_{11}$）、中型工业企业单位数增长率 D（$\ln Y_{13}$）、小型工业企业单位数增长率 D（$\ln Y_{14}$）与表示长期均衡关系的误差修正项 ECM（-1）的回归系数分别为 -0.6204、-0.5078、-0.9322，在 10% 的显著性水平下均显著。误差修正项 ECM（-1）系数为负，表示长期均衡关系对工业企业资产增长率为反向修正，符合对误差修正模型的一般认识。虽然 ECM（-1）对大型工业企业单位数增长率 D（$\ln Y_{12}$）的短期修正也是反方向的，但对应的 p 值达到 0.1038，在 10% 的显著性水平下不显著。可见，就长期均衡关系对企业单位数增长率的短期修正而言，对中小型企业显著，对大型企业不显著。

第二，公共投资与工业企业资产存在显著的正向长期均衡关系。工业企业资产总数对数序列 $\ln Y_{21}$、大型工业企业资产对数序列 $\ln Y_{22}$、中型工业企业资产对数序列 $\ln Y_{33}$、小型工业企业资产对数序列 $\ln Y_{44}$ 与公共投资对数序列 $\ln X$ 正相关，系数分别为 1.2992、1.1114、1.3828、0.6106，说明系数均很显著；回归方程的 Ad-R^2 分别为 0.8298、0.6215、0.9802、0.9218，方程整体都很显著。这可解释为，企业资产是企业运营结果积累的存量，更能反映企业长期发展的状况。公共投资通过完善企业发展的长期环境，更有利于企业的长期发展。

而从误差修正模型来看，短期内，工业企业资产增长率受到公共投资增长率、长期均衡关系的修正。（1）受到公共投资增长率 D（lnX）的修正。工业企业资产总数增长率 D（lnY$_{21}$）、大型工业企业资产增长率 D（lnY$_{22}$）、中型工业企业资产增长率 D（lnY$_{23}$）与公共投资增长率 D（lnX）关系显著，系数分别为 0.1042、−0.5052、1.3073，系数在 10% 的显著性水平均显著，系数为负表示大型企业受到公共投资的挤出效应明显。可见，就公共投资增长率对企业资产增长率的短期修正而言，对中型企业显著，对小企业不显著，但对大型企业会发生挤出效应。（2）受到长期均衡关系 ECM（−1）的修正。工业企业资产总数增长率 D（lnY$_{21}$）、小型工业企业资产增长率 D（lnY$_{24}$）与表示长期均衡关系的误差修正项 ECM（−1）的回归系数分别为−0.1148、−0.4844。误差修正项 ECM（−1）系数为负，表示长期均衡关系对工业企业资产增长率为反向修正，这与我们对误差修正模型的一般认识是相同的。虽然 ECM（−1）对大型工业企业资产增长率 D（lnY$_{22}$）、中型工业企业资产增长率 D（lnY$_{23}$）的短期修正也是反方向的，但是不显著，对应的 p 值达到 0.2605、0.3547。可见，就长期均衡关系对企业资产增长率的短期修正而言，对小型企业显著，对大中型企业不显著。

　　第三，公共投资增长率与小型工业企业利润额增长率存在显著的正向长期均衡关系。小型工业企业利润额对数序列 lnY$_{34}$ 与公共投资对数序列 lnX 正相关，系数为 0.7396，说明系数显著；回归方程的 Ad-R^2 为 0.9681，方程整体显著。可见，小型企业由于规模小、实力弱，公共投资可以通过改善环境，减低运输交通、能源等的成本费用等，能够有效降低小企业的成本费用，从而增加小企业的利润。

　　从误差修正模型来看，在短期内，小型工业企业利润额增长率与公共投资增长率的关系不显著，但受到长期均衡关系的修正，且与长期均衡关系一般的反向修正相符。D（lnY$_{34}$）与 ECM（−1）的回归系数为−0.5158，在 10% 的显著性水平下显著。

　　（三）实证分析结论

　　通过上述分析，可以获得以下有价值的结论：

第一，工业企业单位数、工业企业资产与公共投资存在长期的正向均衡关系。这是一种普遍现象，对大、中、小型工业企业均成立，其原因可解释为，公共投资通过形成各类公共资产以及提供公共服务，改善企业的运营、成长环境，从而有利于促进新企业诞生以及累计更多的资产。

第二，小型工业企业利润与公共投资之间存在长期的正向均衡关系。结合上述分析，中型工业企业利润与公共投资增长率之间存在长期的正向均衡关系，但是大型工业企业利润与公共投资增长率之间存在长期的负向挤出均衡关系，整体上，工业企业利润总额与公共投资增长率呈现长期的正向均衡关系。表现出三个特点：一是随着企业规模增加，企业利润对公共投资的正向均衡关系依次减弱，小型企业与公共投资正相关，中型企业与公共投资增长率正相关，而大型企业与公共投资增长率负相关；二是在一定程度上，可以将公共投资视为企业的生产要素资本，规模越大的企业利用的公共投资越多，资本要素边际报酬递减规律对于公共投资依然有效；三是公共投资增长对中小企业带来的正外溢效应要大于对大型企业的挤出效应，公共投资的增长更有利于中小企业，表明中小企业利润在工业企业利润中占有较强的影响，这可以通过中小企业利润在工业企业利润中的占比来体现。1998年，中小企业利润占工业企业利润总额的41%，此后不断上升，2009年达到68.45%，此后虽有所下降，但2012年依然高达59.34%。

六、公共投资城镇化效应分析

（一）模型设定和变量数据说明

1. 模型设定

矢量自回归模型（VAR模型）通常用于相关时间序列系统的预测和随机扰动对变量系统的动态影响，可以解决联立方程中的偏倚问题。本书通过建立VAR模型来探讨生产性公共投资、消费性公共投资、私人投资与城市化进程之间的动态关系，模型如下：

$$Y_t = c + A_1 Y_{t-1} + A_2 Y_{t-2} + \cdots + A_p Y_{t-p} + \varepsilon_t \tag{4-87}$$

其中，Y_t 是 N 维列向量，c 表示 N 阶常数列向量，A_1，$\cdots$，A_p 是待估的系数矩阵，ε_t 是随机扰动项，p 表示内生变量滞后阶数（根据 AIC 和 SC 最小准则确定）。同时模型（4-87）满足：$E(\varepsilon_t) = 0$，$E(\varepsilon_t Y_{t-i}) = 0$，$i = 0$，$1$，$2$，$\cdots$，$p$，即 ε_t 的期望为 0，同时与 Y_t 及其滞后项不相关。模型（4-87）通过协整转换可得出 VEC 模型：

$$\Delta Y_t = c + B_1 \Delta Y_{t-1} + B_2 \Delta Y_{t-2} + \cdots + B_{p-1} \Delta Y_{t-(p-1)} + A_{t-p} + \varepsilon_t \quad (4\text{-}88)$$

其中，B_i 为待估系数矩阵（$i = 1$，2，$\cdots$，$p - 1$）。

2. 变量选取及数据来源说明

（1）变量选取。根据万道琴、杨飞虎（2011）研究方法，界定我国公共投资范围为我国政府及相关公共企业对公共部门所进行的固定资本投资。公共投资部门主要包括全社会固定资产投资中下述行业：电力、煤气及水的生产和供应业，交通运输、仓储及邮电通信业，科学研究、技术服务和地质勘查业，水利、环境和公共设施管理业，居民服务和其他服务业，教育，卫生、社会保障和社会福利业，文化、体育和娱乐业，公共管理和社会组织等行业全社会固定资产投资。鉴于公共投资部门中各行业对城镇化发展水平的影响不同，本书将上述公共投资分为两部分，分别为生产性公共投资和消费性公共投资，其中生产性公共投资包括：电力、煤气及水的生产和供应业，交通运输、仓储及邮电通信业，科学研究、技术服务和地质勘查业，水利、环境和公共设施管理业等行业全社会固定资产投资；消费性公共投资包括：教育，卫生、社会保障和社会福利业，文化、体育和娱乐业，居民服务和其他服务业，公共管理和社会组织等行业全社会固定资产投资。全社会固定资产投资扣除公共投资部门外，剩下的行业投资即为私人投资，主要包括农林牧渔业、采矿业、建筑业、制造业、计算机服务和软件业、住宿和餐饮业、信息传输、批发和零售业、金融业、租赁和商业服务业和房地产业。

依据科学性与可操作性原则，选择每年城镇人口增量来衡量城镇化发展水平，此指标为分析投资增量对城镇化发展提供便利，并且能够保证研究数据与国家统计局公布数据的一致性，为本研究带来一定可信度。具体变量如下：

UR：每年城镇人口增量，用来度量城镇化发展水平，ln*UR* 是 *UR* 取对数后的数据。

PG：每年生产性公共投资额，代表生产性公共投资规模，ln*PG* 是 *PG* 取对数后的数据。

CG：每年消费性公共投资额，代表消费性公共投资规模，ln*CG* 是 *CG* 取对数后的数据。

SG：每年私人投资额，代表私人投资规模，ln*SG* 是 *SG* 取对数后的数据。

（2）数据说明。本书采用全国的数据资料，数据来源于 1979 年至 2014 年《中华人民共和国统计年鉴》，并选择 1978 年作为基期，利用固定资产投资价格指数对生产性公共投资额、消费性公共投资额及私人投资额进行折算。由于 2002 年国民经济行业分类标准发生改变，与之前数据统计标准发生变化，也导致公共投资数据发生相应变动，在保证数据的连续性及完整性的基础上，本书对 2002 年之前的公共投资数据进行了相应调整。同时，利用全社会固定资产投资取代城镇固定资产投资，主要基于 2002 年国民经济行业分类标准改变之前，农村固定资产投资与城镇固定资产投资无明确划分，并且在 2002 年内国民经济行业分类标准改变之后，农村固定资产投资占全社会固定资产投资比重小于 2%。因此，选取全社会固定资产投资作为研究对象不会对数据可靠性产生实质性影响。

（二）矢量自回归模型分析

1. 序列平稳性的单位根检验

时间序列平稳性是时间序列分析的基础，只有平稳序列，对其分析才具有统计学上的意义，才能避免"伪回归"现象出现。本书利用 Eviews 6.0 对各相关序列进行 ADF 检验，结果表明序列 ln*UR*、ln*PG*、ln*CG* 和 ln*SG* 都是非平稳的。但是原序列的一阶差分序列 Δln*UR*、Δln*PG*、Δln*CG* 和 Δln*SG* 在 5% 的显著水平下均通过单位根检验，是平稳序列。具体结果见表 4-54 所示。

表 4-54　ADF 单位根检验

变量	ADF 值	检验类型（c，t，k）	临界值			结论
			1%	5%	10%	
lnUR	−2.93	c，0，0)	−3.63	−2.95	−2.61	非平稳
ΔlnUR	−11.40	(c，0，1)	−3.64	−2.95	−2.61	平稳
lnPG	0.31	(c，0，0)	−3.63	−2.95	−2.61	非平稳
ΔlnPG	−4.70	(c，0，1)	−3.64	−2.95	−2.61	平稳
lnCG	−1.71	(c，t，0)	−4.24	−3.54	−3.20	非平稳
ΔlnCG	−5.10	(c，0，1)	−3.64	−2.95	−2.61	平稳
lnSG	−3.40	(c，t，0)	−4.25	−3.55	−3.21	非平稳
ΔlnSG	−3.28	(c，0，1)	−3.64	−2.95	−2.61	平稳

注：在（c，t，k）中，c 表示常数项，t 表示趋势项，k 表示滞后期数，k 由 AIC 准则确定；"Δ"代表一阶差分序列。

2. Granger 因果关系检验

为探讨文中变量的因果关系以及能够对结果进行预测，本书对相关变量进行 Granger 因果关系检验，结果如表 4-55 所示。

表 4-55　Granger 因果关系检验

原假设	F 统计量	显著性概率	结论
lnPG 不是 lnUR 的格兰杰原因	9.46	0.0043**	拒绝
lnUR 不是 lnPG 的格兰杰原因	0.65	0.4264	接受
lnCG 不是 lnUR 的格兰杰原因	13.48	0.0009**	拒绝
lnUR 不是 lnCG 的格兰杰原因	0.26	0.6162	接受
lnSG 不是 lnUR 的格兰杰原因	6.80	0.0137*	拒绝
lnUR 不是 lnSG 的格兰杰原因	0.33	0.5723	接受

从表 4-55 可以得出以下结论：（1）lnPG 与 lnUR 间存在着单向格兰杰因果关系，即生产性公共投资对城镇化发展起到积极促进作用。生产性基础设施建设项目能够完善城镇化发展，但城镇化发展并不是生产性基础设施建设的唯一影响因素。（2）lnCG 是 lnUR 的格兰杰原因，即非生产性

公共投资的波动能够影响后期城镇化发展。非生产性公共投资能够完善社会公共服务，从而影响城镇化发展水平。（3）lnSG 是 lnUR 的格兰杰原因，即私人投资的波动能够影响城镇化发展，基于中国城镇化的长期发展战略，私人投资将逐渐进入公共投资领域，对公共投资起到补充并进而完善城镇化发展内涵。（4）各项投资与城市进程存在单项因果关系，即各项投资是城市化进程的原因，但不是城市化进程的结果。

3. VAR 模型估计及稳定性分析

根据 ADF 单位根检验的结果知，$\Delta \ln UR$、$\Delta \ln PG$、$\Delta \ln CG$ 和 $\Delta \ln SG$ 均为一阶单整序列。由此，可以建立 VAR（p）模型。根据五项评价指标（LR 准则、FPE 准则、AIC 准则、SC 准则和 HQ 准则）显示，四项指标显示最佳滞后期为 2 期，本书变量的滞后期值定为 2，用 Eviews 6.0 分析可得如下 VAR（2）模型的估计结果见模型（4-89）：

$$
\begin{bmatrix} \ln UR_t \\ \ln PG_t \\ \ln CG_t \\ \ln SG_t \end{bmatrix} = \begin{bmatrix} 4.47 \\ -0.89 \\ 0.07 \\ 0.77 \end{bmatrix} + \begin{bmatrix} 0.10 & -0.30 & 0.34 & -0.17 \\ 0.10 & 0.85 & 0.04 & 0.58 \\ 0.14 & 0.14 & 0.97 & 0.03 \\ -0.02 & 0.13 & -0.18 & 1.52 \end{bmatrix} \begin{bmatrix} \ln UR_{t-1} \\ \ln PG_{t-1} \\ \ln CG_{t-1} \\ \ln SG_{t-1} \end{bmatrix} +
$$

$$
\begin{bmatrix} 0.16 & 0.24 & 0.16 & -0.11 \\ -0.14 & -0.24 & 0.17 & -0.26 \\ -0.18 & -0.13 & -0.10 & 0.08 \\ -0.02 & 0.01 & 0.14 & -0.64 \end{bmatrix} \begin{bmatrix} \ln UR_{t-2} \\ \ln PG_{t-2} \\ \ln CG_{t-2} \\ \ln SG_{t-2} \end{bmatrix} + \varepsilon_t \tag{4-89}
$$

VAR（2）模型的检验结果显示，R^2 数值为 0.74，说明模型估计的四个方程拟合的非常好。为更加准确的判断建立的 VAR（2）模型的稳定性，采用 AR 单位根图来判断。如图 4-18 所示。

图 4-18 中单位圆内的点表示 AR 特征根倒数的模，并且这些点均位于单位圆内，由此判断建立的 VAR（2）模型是稳定的，也就是说，当模型中某个变量产生一个冲击时，其他变量会发生相应改变，但随时间推移，这种冲击产生的影响会逐渐消失，系统趋于稳定。根据此模型可以判

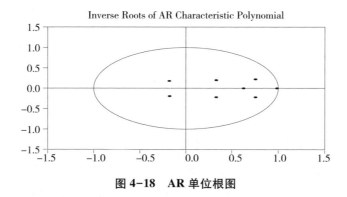

图 4-18　AR 单位根图

断，由城镇人口增量、生产性公共投资额、消费性公共投资额和私人投资额构成的经济系统是稳定的。

根据以上建立的 VAR（2）模型，能够得到以下结论：

（1）生产性公共投资对城镇化发展的影响。在 VAR（2）模型中滞后 1 期和滞后 2 期生产性公共投资对城镇化发展的影响系数分别为 -0. 30 和 0. 24，这说明生产性公共投资滞后 1 期对城镇化发展产生负向影响，滞后 2 期的生产性公共投资对城镇化产生正向影响，这与我们通常理解的结论不一致，尤其滞后 1 期的生产性公共投资对城镇化发展产生负向影响。主要原因是，生产性公共投资主要包括公共基础设施建设，从生产性公共投资项目的批准到投入使用之间存在着一定的时间间隔，从滞后 2 期生产性公共投资对城镇化发展的影响可以很明显地看出这一时滞效应。可见，生产性公共投资长期内对城镇化发展产生积极地影响。

（2）消费性公共投资对城镇化发展的影响。在 VAR（2）模型中滞后 1 期和滞后 2 期消费性公共投资对城镇化发展的影响系数分别为 0. 34 和 0. 16，这说明，滞后 1 期和滞后 2 期消费性公共投资对城镇化发展均产生正向影响。由此可以得出，消费性公共投资对城镇化发展产生正向作用。消费性公共投资主要投向公共服务领域，投资回报周期相对生产性公共投资较短，消费性公共投资在短期内能够对城镇化发展产生正向作用，弥补生产性公共投资产生的时滞效应，并且对城镇化发展起到长期促进作用，丰富城镇化发展的内涵。

（3）私人投资对城镇化发展的影响。在 VAR（2）模型中滞后 1 期和滞后 2 期私人投资对城镇化发展的影响系数分别为-0.17 和-0.01，这说明，滞后 1 期和滞后 2 期私人投资对城镇化发展产生负向影响。当前，城镇化发展正由政府主导向市场主导性转变，但在此之前，私人投资主要集中于竞争性行业，过于追求短期投资回报，忽略城镇化发展的公益性，因此会导致负向影响的效果。随着市场开放程度的加深，私人投资对城镇化发展的间接促进作用愈发显著，比如提供更多的就业岗位等。

（4）城镇化发展对投资的影响。在 VAR（2）模型中，滞后 1 期城镇人口增量对生产性公共投资、消费性公共投资和私人投资的影响系数分别为 0.10、0.14 和 0.02，这说明，城镇化发展对上述投资的需求很大，城镇化发展对基础设施建设、公共服务完善及私人投资具有重要的依附性。这与现实结论十分吻合，说明城镇化发展对扩大内需有重要的影响。

4. 基于 VAR 模型的脉冲响应函数

为探讨 VAR（2）模型分析了生产性公共投资、非生产性公共投资及私人投资与城镇人口增量之间的动态关系，本书通过脉冲响应函数来分析城市化进程与生产性公共投资、消费性公共投资及私人投资之间的动态影响关系。具体如图 4-19 所示。

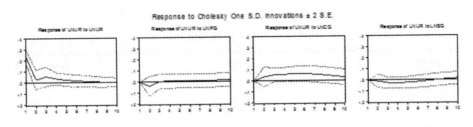

图 4-19 VAR 模型脉冲响应函数结果

通过对图 4-19 的脉冲响应函数进行分析，可获得以下有意义结论：

（1）生产性公共投资变动一个标准差后，城镇人口增量在第 1 期内出现负反应，在第 2 期达到最低-0.038，在第 2 期内冲击影响逐渐减弱，最后在第 3 期趋于平稳，最终城镇人口增量保持一种平稳状态。对于城镇人口增量在第1期出现负反应，解释为：由于投资活动具有一定的时滞性，从投资项目决策的执行到产生效应间，存在一定的时间差，并且短期内无法及时转化为生产力。由此可以看出，生产性公共投资的波动冲击，在短期内并没有对城镇化发展产生影响。

（2）受消费性公共投资一个标准差单位正向冲击后，城镇人口增量从最初阶段逐渐表现出正向响应，在第5期达到最大0.064，最终城镇人口增量恢复到平稳状态。这是因为，消费性公共投资会改善城镇公共服务水平，改善城镇化质量，随着城镇化逐渐完善，消费性公共投资将主要用于维持现有城镇公共服务水平。

（3）受私人投资一个标准差正向冲击后，城镇人口增量从最初阶段逐渐出现负向响应，在第4期降到最低值-0.027。随后，这种响应逐渐微弱，在第8期趋于平稳，最终达到平稳状态。这说明，私人投资冲击对城镇化发展有一定的影响，私人投资更多的是间接性影响城镇化发展，私人投资能够创造更多的就业岗位。对于私人投资冲击，城镇人口增量的负向响应，可能与私人投资的领域相关。

5. 方差分解分析

本书在建立的 VAR（2）模型中进行方差分解分析，以测算各内生变量对彼此波动的相对贡献率。具体见表4-56。

表4-56　lnUR 方差分析结果

时期	lnUR	lnPG	lnCG	lnSG
1	100	0	0	0
2	95.17558	2.31728	2.36416	0.142976
3	90.20912	2.134194	6.654726	1.001963
4	85.11701	2.072261	10.90193	1.9088
5	80.15826	2.008724	15.39667	2.436346
6	76.03602	1.957458	19.43011	2.576408
7	72.92758	1.949829	22.60874	2.513843
8	70.6947	2.03304	24.83359	2.438673
9	69.06368	2.264388	26.19629	2.475645

续表

时期	lnUR	lnPG	lnCG	lnSG
10	67.74963	2.699185	26.87412	2.677067

由表4-56对 lnUR 的方差分解可以得出：在 lnUR 的变化中，城镇人口增量对自身的影响逐渐减小，从第1期开始，幅度逐渐减小，最后贡献率稳定在67%左右。但是消费性公共投资、消费性公共投资和私人投资对城镇人口增量的贡献率从第1期开始增加，在第10期以后，各影响因素的贡献率趋于平稳。可见，生产性公共投资、消费性公共投资和私人投资对城镇化的贡献率较大，并且各影响因素对城镇人口增量的解释力长期内趋优。但消费性公共投资对城镇化发展的贡献较大，而生产性公共投资和私人投资的贡献率相对较小。因此，可适当引导投资方向，提高生产性公共投资效率及增加消费性公共投资比率。

（三）基于协整检验与 VEC 模型分析

1. 协整关系检验

本书通过协整检验来分析城镇人口增量、生产性公共投资、消费性公共投资、私人投资等各变量之间是否存在长期均衡的协整关系。本书采用 Trace 检验进行分析，协整分析结果如表4-57所示。

表4-57 协整分析结果

原假设	特征值	迹统计量	临界值（5%）	概率
None*	0.713489	66.12956	47.85613	0.0004
At most 1	0.369484	26.13029	29.79707	0.1249
At most 2	0.297958	11.37136	15.49471	0.1897
At most 3	0.001592	0.050997	3.841466	0.8213

注：* 表示在10%的显著水平下拒绝原假设。

由表4-57可知在10%显著性水平下，城镇人口增量、生产性公共投资、消费性公共投资和私人投资之间存在一个长期均衡的协整关系。本书

对城镇化发展的作用不明显，但总体来看，长期内私人投资对城镇化发展将起到积极促进作用。

（四）研究结论与建议

通过建立 VAR 和 VEC 模型，从实证角度分析生产性公共投资、消费性公共投资、私人投资与城镇化进展中城镇新增人口之间的动态关系。研究发现生产性公共投资、非生产性公共投资和私人投资与城镇人口增量存在单向因果关系，各项投资是推动城镇化进程的重要动力；城镇人口增量与生产性公共投资、非生产性公共投资和私人投资之间存在着长期均衡的协整关系，生产性公共投资每增加 1%，城镇人口增量将减少 4.19%；消费性公共投资每增加 1%，城镇人口增量将增加 2.24%；私人投资每增加 1%，城镇人口增量将增加 3.10%；从长期看，应减少生产性公共投资规模，加大消费性公共投资与私人投资规模以推进城镇化进程健康有序开展。[①] 根据上述结论本书提出以下建议：

1. 科学选择城镇化发展模式

在城镇化发展的各个阶段，基础设施建设及公共服务的完善需要巨量的公共投资，各级政府可以根据可支配财力状况科学选择城镇化发展模式。如地方政府在财力充沛许可的情况下，可以适度的超前扩大公共基础设施建设，这种城镇化发展模式，能够为后续城镇化的发展和经济增长创造有利的条件；在资金投入比较匮乏的条件下，可以选择同步或滞后的城镇化发展模式，从而利用有限的资金建设必要的基础设施建设，在财力许可时再全面推动城镇化各领域建设。然而，在城镇化发展到稳定阶段，政府应该将更多的资金投入消费性公共投资领域，以满足城镇化进程中社会公众不断增长的社会福利领域需求。这需要各级政府在城镇化发展初期要结合客观条件科学审慎地选择城镇化发展模式，以推进城镇化的可持续发展。

---

① 王小威：《我国公共投资对城镇化的影响分析》，硕士学位论文，江西财经大学，2015年，第26—39页。

2. 加强政府公共投资统筹规划能力

在城镇化进程中，政府制定并且实施的政策对城镇化发展起着至关重要的作用，作为公共投资的主体，政府要因地制宜，加强分类指导，发挥政府在城镇化发展过程中的统筹规划能力。尤其在基础设施和公共服务完善领域，政府主导的公共投资要优于市场主导的私人投资，要充分发挥政府的引导作用。正确引导公共投资和私人投资注入城镇化发展领域，包括基础设施、公共行政和社会保障等体系，提高公共投资效率。同时，要注重公共投资的效率，监督投资项目的进度，减少投资中的腐败现象。

3. 保持适度的消费性公共投资规模

当前城镇化发展进入快速发展阶段，城镇规模会继续扩大，更多的农村人口会转移到城镇，就当前的城镇公共物品特别是消费性基础设施提供来看，远远不能满足需求。城镇化最终目的是以社会福利水平最大化为导向，这其中消费性公共投资扮演重要角色和发挥关键作用。各级政府应该在财力许可情况下，保持适当的公共投资规模特别是消费性公共投资规模，满足社会公众的社会福利需求，确保适度比率的公共投资用来提高城镇化进程中公共服务水平和社会福利水平。

4. 拓宽公共投资融资渠道

城镇化建设需要政府提供更多的公共物品，政府通过税收来提供资金。面对快速发展的城镇化态势，政府在资金筹集方面承受着越来越大的压力，甚至无法提供足够的资金支持城镇化发展。因此，政府要开辟更多的公共投资投融资渠道，可以尝试发行市政债券，通过公私合作的 PPP 模式增加公共投资的资金来源，缓解当前地方政府的债务危机。同时，要深化体制改革，允许更多的非公有制经济投资法律所禁止的基础设施及公用事业行业以解决城镇化过程中公共投资资金不足的问题，城镇化过程中需要的大量公共投资项目可以交给市场来完成，使更多的公共投资资金能够投向城镇公用设施建设和公共福利项目建设。

第五章　发达国家促进经济长期持续均衡增长的公共投资政策：经验和借鉴

第一节　典型发达国家或地区公共投资与长期经济增长态势分析

一、美国

（一）美国公共投资与长期经济增长态势分析

本书概括分析了从 1950 年至 2007 年间美国公共投资增长率发生的变化，即 2008 年出现国际金融危机之前的时间段。在此期间，美国公共投资的增长率分为两个不同的发展阶段：第一个阶段是 1950 年至 1974 年的 25 年间；第二个阶段是 1975 年至 2007 年的 32 年间。在 1950 年至 1974 年的时间段里，美国公共投资的年均增长率为 4.3%，在 1966 年达到了 6.1% 的峰值；然而，在 1975 年至 2007 年的时间段内，美国公共投资的增长率以 2.3% 的年均增长率增加。如图 5-1 所示，公共投资的增长率从 20 世纪 80 年代末也开始呈现出稳定的增长率，只是维持在一个较低的水平上。

如果通过对美国长期公共投资增长率与 GDP 增长率的对比，能进一步透视美国公共投资的增长轨迹及其与美国 GDP 增长率的关系。如图 5-2 所示，在 1950 年至 1974 年的 25 年时间里，美国的 GDP 年均增长率与公共投资的年均增长率几乎呈现出相同的增长水平，即分别是 4.1% 与 4.3% 的年均增长率；但 1975 年至 2007 年，美国 GDP 的年均增长率与公

年均增长率（%）

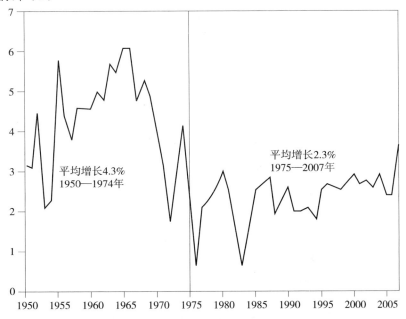

图 5-1　1950 年至 2007 年美国公共投资的平均增长率

资料来源：Robert Pollin & Dean Baker，"Public Investment，Industrial Policy and U. S. Economic
Renewal"，*Center for Economic and Policy Research（CEPR）*，*Workingpaper Series*，No.
211（December 2009）。

共投资年均增长率进一步下滑至 3.1% 与 2.3%。具体如图 5-2 所示。

　　从图 5-1、图 5-2 的观察中可以得出美国公共投资与 GDP 增长率两
个重要的发展趋势。第一个发展态势是在 1975 年至 2007 年的时间段里，
美国的 GDP 以及公共投资增长率相较于 1950 年至 1974 年的时间段里出
现了下滑。但仅从这些数据显示里，还不能得出导致二者皆出现下滑的原
因，也就是说 GDP 的增速下滑会在多大程度上导致公共投资的增速下滑，
反之亦然。1950 年至 1974 年的时间段里公共投资的快速增长是否促进了
GDP 的上涨，或是其只是 GDP 快速增长的附带效应。类似的，公共投资
增长率从 1975 年至 2007 年的下降是否是导致 GDP 下降的主要原因，或
是其也只是 GDP 增速下降的附带效应。第二个发展态势是如这些数据本
身所强调的：1975 年至 2007 年，公共投资 2.3% 的增长率是低于 GDP 的

年均增长率（%）

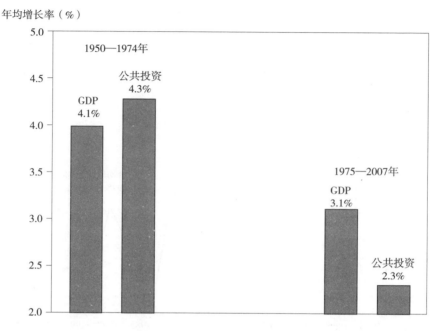

图5-2　1950—2007年美国公共投资与GDP平均增长率比较

资料来源：Robert Pollin & Dean Baker，"Public Investment，Industrial Policy and U. S. Economic Renewal"，Center for Economic and Policy Research（CEPR），Workingpaper Series，No. 211（December 2009）。

3.1%的增长率的，这与1950年至1974年的情况所不同，在这段时期内，GDP的增长率与公共投资的增长率大致保持相同频率，从数据可以看出1975年后美国经济增长对于公共投资增长的依赖程度有所下降，但驱动美国经济增长的新动力需要进行进一步探讨。

（二）美国公共投资增长率相对下滑对长期经济增长影响分析

美国总统奥巴马在上任伊始，为摆脱国际金融危机的阴影，采取了财政刺激政策推动美国经济复苏及成长，公共投资规模在奥巴马任期之初有所回升，曾短暂升至自20世纪90年代初的最高水平。但随后为应对美国财政悬崖，美国联邦政府历次减支不仅使财政刺激的成果付之东流，甚至让情况出现了倒退；美国公共投资规模降幅最大的领域是基础设施投资，特别是州市两级的学校和高速公路建设投资；在研发领域的联邦投资规模

迄今仅略微下降，但只要预算方案仍然延续"自动减支"的路子，该项
投资将进一步大幅下降，这将对美国经济生产率提高的一项主要驱动力构
成威胁，因为大量的美国科技突破是在美国国立卫生研究院等美国机构的
赞助下实现的。据有关资料显示，由于受紧缩政策影响，美国 2013 年公
共领域的总资本投资占美国国内生产总值（GDP）的比重已降至约 3.6%
左右，低于战后 5% 的平均水平。众多知名学者认为这将威胁美国未来的
增长，因为预算削减幅度最大的领域不是养老金、老年人医疗保健等转移
支付项目，而是能提振产出的联邦投资项目。如诺贝尔经济奖得主克鲁格
曼 2009 年指出美国必须挣脱前总统里根那种政府不管事的主义，政府在
基本设施方面增加支出效果比减税好，因为增加支出比减税更能生财，针
对美国经济已经失控的状况，改弦易辙而重新推动公共投资将是最有效的
刺激药方。① 奥巴马政府白宫经济顾问委员会主席杰森·福尔曼（Jason
Furman）表示这是促使奥巴马总统想要大幅增加公共投资的原因，在
2014 年美国财年预算中联邦投资规模为 6248 亿美元，通过增加公共投资
改变美国在基础设施投资及研发领域投资不足的不力局面。②

二、日本

（一）日本公共投资与长期经济增长态势分析

日本政府高度重视公共投资源于 20 世纪 50 年代，当时日本经济正开始
进入高速发展阶段，并从 20 世纪 50 年代开始，日本公共投资开支有明显增
加，在日本 1960 年制定《国民收入倍增计划》时专门有一章——"充实社
会资本"并明确指出："社会资本形成是生产活动与国民生活的基础，这一
薄弱环节早已成为问题，为改变这一状况，近年来，公共投资有了急剧增
加。所以我们痛感在目前情况下，必须从根本上对公共投资的量与质这两

① ［美］克鲁格曼：《美国经济失控，公共投资是救药》，2009 年 2 月 12 日，见 ht-
tp：//www. CRNTT. com。

② 尹杨：《英报称美国公共投资规模下降引发担忧》，2013 年 11 月 5 日，见 http：//world.
xinhua08. com。

方面加以研究，以便今后更加有效地步入充实社会资本的轨道。"王敬军（2004）指出："日本经济企划厅在总结日本政府促进经济发展的政策主要有三项：（1）充实社会资本；（2）用教育训练等措施提高人的能力，振兴科学技术；（3）充实社会保障与提高社会福利等。上述说明了公共投资在日本经济发展中的核心地位和战略性作用。"[①]

日本公共投资是政府主导且基本源于日本政府财政资本性支出，日本政府在第二次世界大战后把公共投资政策作为调节经济景气的重要政策，灵活性地运用相机抉择政策决定公共投资规模，公共投资支出在日本政府财政支出中所占比重长期居高不下。见表5-1。

表5-1　公共投资支出在日本政府财政支出中所占比重

	1949	1965	1970	1980	1981	1982	1983	1985
比重	43.1%	52.4%	51.9%	48.9%	47.9%	47.7%	46.7%	40.8%

资料来源：日本大藏省主计局调查课编：《财政统计》1983年度，第12页。

日本政府主导的公共投资计划对日本经济摆脱战后泥潭，实现经济长期持续增长贡献巨大。如1951—1972年日本经济持续高速增长期间，私人设备投资仅增长7倍，但同期政府公共投资却增长22倍。政府公共投资在国民生产总值中所占比率从1956—1960年间的年均7.32%上升到1961—1965年间的年均9.12%。可以说，没有该期间巨额公共投资计划，就不能引致日本私人投资增长及经济持续高速增长。

1973—1990年间，日本经济进入低速增长阶段，如1973—1985年间年均经济增长率仅3.8%。为有效解决经济停滞不前及低速增长的问题，日本政府经济政策核心是扩张性的财政政策和货币政策，扩大社会的有效需求，刺激经济企稳回升，公共投资政策仍旧是应对恶劣宏观经济形势的重要政策工具。邹炜（2010）指出主要采取以下措施："（1）增加住宅建设投资和促进住宅建设；（2）提高投资效率，实现整个国民经济的效率

---

① 王敬军：《战后日本政府投资研究》，硕士学位论文，吉林大学，2004年，第10—12页。

化；（3）鼓励技术开发投资，优先发展知识密集型企业；（4）扩大公共事业投资，配合扩大内需为主的经济结构调整政策。"① 为配合日本在 20 世纪 80 年代中期确立的经济增长模式从外向型模式转型为以扩大内需为主的经济结构调整的政策，日本政府继续扩大公共投资以扩大国内有效需求，在 1990 年 6 月政府编制了《公共投资计划 1991—2000 年》，计划将公共投资总额由过去的 10 年（1981—1990 年）的 263 万亿日元增加到 455 万亿日元，大约是过去 10 年的 1.73 倍。在 20 世纪 90 年代初泡沫经济破灭后，日本政府通过积极财政政策特别是公共投资政策以刺激经济，在交通、城乡基础设施、农村水利设施及社会福利等领域投入巨额公共资本，如 1998 年日本政府投资资本形成占 GDP 比重高达 6.2%，是同期欧美发达国家政府投资的 3 倍多。

（二）日本公共投资对长期经济增长影响分析

从日本政府主导的公共投资促进经济增长的发展历程来看，在不同时期，公共投资运作政策意图并不一致。王敬军（2004）指出："在二战后初期，公共投资着重于刺激民间投资并促进和刺激经济企稳增长；在日本经济高速增长时期，公共投资着重对基础设施和基础产业的倾斜，优化产业结构，为日本经济持续高速增长铺垫了良好的基础；在日本经济进入低速增长期特别在 20 世纪 90 年代后经济增长进入停滞期后，面对日本经济社会出现新问题，诸如日益严重的生活环境恶化、城市和乡村差距等，日本政府着手解决发展中的不均衡问题，公共投资的重点逐步由产业基础设施领域转向与生活环境相关的基础设施领域。财政投融资的运作也就主要转向对生活环境的改善，中小企业投资，住宅、道路、通信、地区开发等方面，以谋求增加社会设施和提高国民生活的社会福利。"② 可见，公共投资在日本第二次世界大战以来的经济增长、经济结构调整及宏观经济调控中都发挥十分重要的作用。

---

① 邹炜、李世新、李亚培：《日本的公共投资政策及历史借鉴》，《青海金融》2010 年第 10 期。
② 王敬军：《战后日本政府投资研究》，硕士学位论文，吉林大学，2004 年，第 13—18 页。

但应该指出，当日本社会总资本从短缺过渡到相对过剩时，公共投资对经济增长的拉动作用趋于下滑。王敬军（2004）指出："从20世纪90年代以来，伴随着日本持续扩张性的公共投资政策，公共资本投入驱动经济增长效应及动力日益衰减，其边际生产能力越来越令人失望。如1990年以来日本主要采取扩张性财政政策，但扩张性公共投资政策并没有改变日本经济停滞、通货紧缩、高失业率等态势，这反映了政策效果的局限性。特别是公共投资超过一定程度后对私人投资导致净挤出效应，政策效果越来越与初衷背道而驰，强行推进公共投资又导致严重的重复建设及投资浪费。由于日本长期以来财政赤字支持扩张性公共投资政策，导致日本成为发达国家中政府债务危机和财政危机最严重的国家。"[1] 扩张性财政政策已失去了可持续的财政资金支持。

三、欧盟

（一）欧盟公共投资与长期经济增长态势分析

本部分探讨了欧盟27个国家从1990年到2005年公共投资与经济增长的情况。要探讨欧盟公共投资与经济增长之间的联系，首先要澄清欧盟"公共财政质量"的概念。欧盟公共财政质量（QPF）是一个多维的概念，它被视为保证经济目标，尤其是经济长期增长的财政政策的计划和实施。因此，QPF不仅包括确保预算一致性和可持续性的政策，还包括提高生产能力和提高经济对冲击调整能力的政策。为了实现以上结果，必须有效地使用公共资源和支出政策，支持合理地操作市场。在经济增长导向下，QPF的不同层面表明，它们可以通过六个传导机制影响经济增长：（1）公共部门的规模；（2）金融政策的水平和可持续性；（3）公共支出的结构和效率；（4）公共收入的结构和效率；（5）财政治理（包括税收法规的内容、程序、组织机构）可以影响以上提到的4个维度；（6）公共财政可以影响不同市场的运行方式以及经济环境等。

---

① 王敬军：《战后日本政府投资研究》，硕士学位论文，吉林大学，2004年，第38—41页。

　　由于公共投资是欧盟公共财政的重要内容，公共投资质量也反映了欧盟公共财政质量。为了反映欧盟公共投资与经济增长的复杂关系，QPF作为一个多维的概念框架是必要的。因此，多维视角有助于避免忽略了一些变量的问题，这也凸显了由欧盟推行的追求 QPF 可能有助于实现增长目标。例如，高效率的公共支出（公共投资支出）可以提高财政联系的确切性，以防这种效率导致较低的财政压力。因此，重视公共财政特别是公共投资支出可以对欧盟经济增长产生影响，还可以为欧盟实现可持续发展作出贡献。为探讨欧盟和经合组织国家公共财政质量及经济增长绩效，本书从人均 GDP 平均增长率、财政赤字与可持续发展、政府支出结构等三个方面五个关键指标探讨了欧盟和经合组织国家公共财政质量及经济增长绩效。具体情况见表 5-2。

表 5-2　经济增长和财政质量：欧盟和经合组织国家选择的指标

	经合组织国家 (1980—1989)		经合组织国家 (1990—2005)		欧盟国家 (1990—2005)	
	低增长国家	高增长国家	低增长国家	高增长国家	低增长国家	高增长国家
人均 GDP 平均增长率	2.3%	3.3%	1.3%	3.3%	1.6%	3.0%
1. 行政部门规模						
政府开支 GDP 占比	41.0%	40.1%	40.8%	37.8%	48.6%	42.1%
2. 财政赤字与可持续发展						
赤字规模 GDP 占比	-3.8%	-3.9%	-3.1%	-0.1%	-3.2%	-3.0%
赤字变化 GDP 占比	-1.1%	-1.0%	-1.1%	-0.4%	-1.5%	-0.9%
公共债务 GDP 占比	50.6%	63.2%	73.8%	57.3%	65.0%	49.8%
3. 政府支出结构						
消费支出 GDP 占比	27.9%	25.7%	26.8%	21.4%	26.5%	23.5%
公共投资 GDP 占比	2.7%	3.9%	2.9%	3.7%	2.4%	3.5%

资料来源：Liliana Donath, Marius Cristian Milos, Laura Raisa Milos, "Public Investment and Economic Growth in the European Union Member States", *Transylvanian Review of Administrative Sciences*, Vol. 5, No. 26E (2008), pp. 419-424。

　　从表 5-3 大致可以看出，公共投资基本上与经济增长率呈正向关系。如 1990—2005 年间，欧盟低增长国家人均 GDP 平均增长率为 1.6%，其公共投资 GDP 占比为 2.4%；但欧盟高增长国家人均 GDP 平均增长率为 3.0%，其公共投资 GDP 占比上升到 3.5%，可以看出公共投资规模差异 1.1%（3.5% − 2.4% = 1.1%）引致了经济增长率差异 1.4%（3.0% − 1.6% = 1.4%）。同样，经合组织国家数据也证明了该结论，如 1980—1989 年间，经合组织低增长国家人均 GDP 平均增长率为 1.6%，其公共投资 GDP 占比为 2.7%；但经合组织高增长国家人均 GDP 平均增长率为 3.3%，其公共投资 GDP 占比上升到 3.9%，可以看出公共投资规模差异 1.2%（3.9% − 2.7% = 1.2%）引致了经济增长率差异 1.0%（3.3% − 2.3% = 1.0%）。另外，经合组织国家在 1990—2005 年间，经合组织低增长国家人均 GDP 平均增长率为 1.3%，其公共投资 GDP 占比为 2.9%；但经合组织高增长国家人均 GDP 平均增长率为 3.3%，其公共投资 GDP 占比上升到 3.7%，可以看出公共投资规模差异 0.8%（3.7% − 2.9% = 0.8%）引致了经济增长率差异 2%（3.3% − 1.3% = 2.0%）。上述数据明确指出，公共投资支出正向促进经济增长。

从表 5-3 还可以看出，政府消费支出基本上与经济增长率呈反向关系。如 1990—2005 年间，欧盟低增长国家人均 GDP 平均增长率为 1.6%，其政府消费支出 GDP 占比为 26.5%；但欧盟高增长国家人均 GDP 平均增长率为 3.0%，其政府消费支出 GDP 占比下降到 23.5%，可以看出，政府消费支出规模差异 −3%（23.5% − 26.5% = −3%）引致经济增长率差异 1.4%（3.0% − 1.6% = 1.4%）。同样，经合组织国家数据也证明了该结论，如 1980—1989 年间，经合组织低增长国家人均 GDP 平均增长率为 1.6%，其政府消费支出 GDP 占比为 27.9%；但经合组织高增长国家人均 GDP 平均增长率为 3.3%，其政府消费支出 GDP 占比下降到 26.8%，可以看出政府消费支出规模差异 −0.9%（26.8% − 27.9% = −0.9%）引致了经济增长率差异 1.0%（3.3% − 2.3% = 1.0%）。在 1990—2005 年间，经合组织低增长国家人均 GDP 平均增长率为 1.3%，其政府消费支出 GDP

占比为26.8%；但经合组织高增长国家人均GDP平均增长率为3.3%，其政府消费支出GDP占比下降到21.4%，可以看出，政府消费支出规模差异-5.4%（21.4% - 26.8% = -5.4%）引致了经济增长率差异2%（3.3%-1.3%=2.0%）。上述数据明确无误揭示了这个事实，政府消费规模扩张反向并阻碍经济增长。

（二）欧盟公共投资与长期经济增长关系的进一步探讨

公共投资促进长期经济增长的观点能被欧盟广泛地接受。当欧盟实施财政政策时，强调在一些刺激经济增长的地区进行公共投资被证明是更有效率的，用公共资金刺激经济增长是一个重要方法，公共投资政策作为刺激经济增长和就业的战略目标是可行的。对欧盟而言，公共投资比公共消费有更大的边际生产力。上述分析也显示将公共开支划为"有利可图"类的基本条件是存在公共物品、市场失灵和外部性以及公共消费在经济扭曲程度较小的前提下解决这些问题的能力。尽管存在这些方法论难题，实证研究已鉴定出一些能够带来高度经济增长的政府支出类型。数据显示在欧盟公共投资对经济增长有积极作用，公共转移和消费对经济增长有消极作用。然而可进一步探讨以下问题：（1）欧盟公共投资所占比重相对较低，大概是GDP的3%，这可能限制它影响长期经济增长的可能性，而公共消费却占高达20%以上。因此，如何确定公共投资和公共消费刺激长期经济增长的适度规模是一个问题。（2）公共投资仍可细分不同支出结构，一些公共投资支出如运输和通信领域与促进经济增长看似系统正相关更紧密，但其他领域是否引致长期经济增长还应研究。

多纳泰罗等（Liliana Donath et al., 2009）研究指出在欧盟GDP和公共资本开支之间有一个直接的关系，即不断增长的公共资本支出决定了人均GDP的不断增长；最具有意义的变革分别在丹麦、爱尔兰、芬兰、爱沙尼亚，这些地方的基础设施费用变革都对国内生产总值的增长率有重大的意义。在爱沙尼亚1欧元的基本建设费用可以促进165欧元的国内生产总值的增长，在丹麦1欧元的设施可决定43欧元的经济增长，1欧元公共资本支出的影响导致了一个像塞浦路斯、卢森堡、马耳他这样的国家比大国有更大的经济增长方面的影响；但在高度发达的国家，比如德国、意大利和英国，公共资本支出对人均 GDP 的影响相比总支出对人均 GDP 的影响是更加重大的，而且上述国家分析期间公共资本支出在整个公共支出中的百分比是不断缩小的。[①]

欧洲工会联合会（European Trade Union Confederation，2013）指出欧盟预算特别是结构性基金应该支持经济的可持续增长、投资和体面的工作，在未来至少 10 年间，增加欧盟每年 GDP 的 2% 用于投资并启动额外私人投资，从而促进大规模私人现代化；投资方向可以先采用过去欧盟和欧洲投资银行的优先事项，包括：（1）能源改革；（2）交通运输网和基础设施（如某种跨欧交通网——TEN 运输模式）；（3）教育和培训；（4）扩大宽带网络范围；（5）产业的未来（中小企业支持——条件是他们运用法律和集体约定的规则、能源效率和有效地使用资源、低息贷款，小额贷款项目等）；（6）公共和私人服务（如城市改造、健康和福利）；（7）使用老年人的基础设施和住房建设；（8）社会保障性住房；（9）促进水资源的可持续管理等；指出投资计划能增加就业，预计将从 2015 年 170 多万人上升到 2019 年近 600 万人，且比起没有投资计划，欧盟 27 国的国内生产总值将从 2015 年的 1.6% 增加到 2019 年的近 5%，带动 GDP 增长大致介于 3120 亿—3900 亿欧元，最终税收和社会保障金也将大幅增加。[②]

---

① Liliana Donath, Marius Cristian Milos, Laura Raisa Milos, "Public Investment and Economic Growth in the European Union Member States", *Transylvanian Review of Administrative Sciences*, Vol. 5, No. 26E (2008), pp. 419-424.

② European Trade Union Confederation, "A New Path for Europe: ETUC Plan for Investment, Sustainable Growth and Quality Jobs", Adopted at the Meeting of the ETUC Executive Committee on 7 November 2013.

第二节　发达国家促进经济长期持续均衡
增长的公共投资政策经验

一、美国

近 200 年来，美国有效运用公共投资政策促进了经济长期持续增长，经济总量 100 多年来长期雄踞世界第一。其公共投资政策经验主要如下：

（一）利用公共投资政策扩大有效需求，熨平经济增长波动

为应对 20 世纪 30 年代资本主义国家经济大危机，克服因总需求不足导致的严重失业及经济下滑的恶劣形势，美国总统罗斯福在 1935 年 4 月开展了以大规模公共工程投资为政策目标的第二期新政，建立了包括工程兴办署（1939 年改称工程计划署）在内的几个新的救济机构，国会为此通过了 50 亿美元拨款；到 1941 年工程兴办署前后雇佣人员逾 800 万人，这相当于美国劳动力的 20%，修筑了近 1000 座飞机场、12000 多个运动场、800 多座校舍与医院，将众多书籍制成盲人读物，供应了千百万份学校午餐，修筑了水坝，开办了成千上万的诊疗所与牙科医院等。领导决策信息（1998）指出："美国政府大规模兴建公共工程搞国土整治的办法既促进就业，又刺激市场从生产资料到生活资料的消费，使美国经济从大萧条中复苏过来，为后来各国政府反危机、稳增长、稳就业提供了大规模公共投资政策设计的宝贵经验。"[1]

（二）重视前沿科技创新领域公共资本投入，推动技术进步

科技创新是美国经济保持长盛不衰的活力源泉，鼓励科技创新重塑本国的创新能力和竞争优势并依靠科技创新来确保美国经济高速、持续、长久的增长是美国政府一贯政策主张。美国总统奥巴马从 2009 年的"美国

---

[1]　领导决策信息编：《公共投资可治"失业病"——美国"新政"对我国的借鉴意义》，《领导决策信息》1998 年第 2 期。

复兴与再投资计划"和《美国创新战略：推动可持续增长和高质量就业》再到2011年的《美国创新战略：确保我们的经济增长与繁荣》，美国政府始终将创新作为刺激经济增长、提升国家竞争力的核心。樊宇（2012）指出："美国对科技研发投入长期占全球的三分之一左右，但产业界R&D支出占绝大比重，如2009年美国R&D总投入4005亿美元中联邦政府1244亿美元，而私营企业投资了2474亿美元占全部R&D投入的将近62%。如2013年美国联邦政府对研发的预算投入依然高达1408亿美元。"[①] 孙成权等（2007）指出："美国政府研发投资优先确保基础研究领域，美国联邦政府确定优先资助的研发领域如信息技术、纳米科技、新能源研究领域等，超前部署具有国家战略意义的研发计划和项目，特别是针对一些引领未来科学技术产业发展的项目加大投入以引领国民经济发展领先的领域。"[②]

（三）以公共资本投入优化产业结构

《美国复苏与再投资法案》（ARRA，2009年）表明奥巴马政府和美国国会以压倒性的支持表明了政府公共投资的重要性，在总计7870亿美元的刺激法案中，800亿美元是用于清洁能源的投资，另外650亿美元是用于改善基础设施的投资，其中包括公路、桥梁、电网线路以及水利设施，从广义上说，上述政策也是利用市场机制吸引私人投资的政策，旨在让私人投资者重新回归产业投资促进美国产业结构和合理化和高度化。如美国联邦政府重视发展无线网络并计划在未来五年内使美国高速无线网络接入率达到98%；美国联邦政府和准政府机构评估了在未来的20年之内为了弥补公共基础设施的缺口需要总计1.5万亿—2.6万亿美元的投资，而这些投资将主要来自公共部门，但私人投资也将是诸如铁路、航空、电网和天然气管道投资的重要组成部分。为了弥补美国基础设施的不足，美

---

① 樊宇：《创新战略稳固美国竞争优势》，2012年12月18日，见http：//news. xinhuanet. com。

② 孙成权、张海华、王振奋：《美国政府研发投入与优先领域及启示》，2007年1月27日，见http：//www. tt91. com。

国政府增加了对公共交通设施的公共投资，公共交通对于环境保护具有很强的外部性作用。美国一直致力于发展各类清洁能源产业，截至2012年美国能源部支持了几十个清洁能源项目总金额超过400亿美元。美国公共资本加大投入了有竞争力的可再生能源制造业，支持美国未来成为世界上最大的可再生能源使用市场以及相关先进设备及技术出口市场。上述公共资本投资都将培育美国未来产业体系国际竞争力，并促进美国经济长期持续增长。

（四）以市场机制为主导，积极立法运用公共投资政策促进欠发达地区发展

美国的政策目标注重消除特别问题区域与全国其他地区的收入差异扩大的问题，主要通过以市场机制为主导并灵活运用公共投资政策促进欠发达地区发展。美国政府通过立法规范政府对欠发达地区的援助和开发，如20世纪30年代美国专门通过《田纳西河流域管理委员会法》，20世纪60年代后《地区再开发法》（1961年）、《加速公共工程法》（1962年）、《经济机会均等法》（1964年）、《公共工程与经济开发法》和《阿巴拉契亚地区开发法》（1965年）、《农村发展法》（1972年）、《联邦受援区与受援社区法》（1993年）等，并通过设立权威性的专门机构对欠发达地区的经济开发实行立法管理如田纳西流域综合管理局。美国政府在以市场为主导前提下，积极以财政手段和政府公共投资促进欠发达地区的基础设施建设，为各地区的可持续发展创造条件。例如在田纳西流域开发及阿巴拉契亚区域发展中，联邦政府和地方政府筹资用于公路交通系统的建设，四通八达的公路网为区域经济发展和逐步均衡化，提供了良好的运输条件。美国政府还充分利用市场机制，以公共投资为先导优化投资环境，引导私人资本加入欠发达地区开发，建立中心城市或者兴建科学技术中心，以此作为增长极带动欠发达地区发展。肖慈方（2003）指出："美国政府向欠发达地区进行巨额教育投资，提升欠发达地区人力资本，如20世纪60年代联邦政府将45%的教育经费投给了人口不到全国三分之一的西南部地区，上述州政府每年财政支出的85%用于教育投资特别是高等教育投资，

这也为欠发达地区建立新的高科技中心奠定了基础，西部欠发达地区迅速成为美国的高科技产业中心，并通过产业结构的逐步高级化推动地区经济持续快速的增长。"①

（五）构建了高效有序的公共投资运行机制

美国政府构建了高效有序的公共投资运行机制，杨飞虎（2010）认为主要措施有："（1）建立健全监管体系。对于公共投资项目，主要通过国会的监管、政府部门的监管和公众的监管建立三层监督体系。（2）公共投资项目监管全程化、制度化，监督评价机构独立化。并进行全程监督，具有程序化、制度化、定性与定量相结合的特点。（3）强化风险约束和信誉制度对市场参与各方的管理。美国社会广泛地存在一种信誉约束机制，公共投资领域参与各方等在职业道德和敬业精神方面存在内在约束和激励机制。（4）建立严格的政府公共投资项目责任追究制度，对政府工程采购中的腐败、欺诈等行为严格问责。"② 美国政府构建了可持续的公共投资融资机制。美国各级政府进行公共领域投资的资金来源主要为发行政府债券，现拥有世界上最大的政府债券市场。美国公共投资项目决策及运行以公众满意度为目标。美国政府通过健全法律法规约束、立项全过程透明量化公开、公众有序参与、严格环评及环保风险防控、注重社区利益配套、优先雇佣当地员工等措施提高了社会公众对公共投资项目决策及运行的满意度（张智新，2012）。③

二、日本

日本是公共投资大国，政府主导的公共投资政策成就了日本经济大国和经济强国的国际地位，很多经验值得我国借鉴。其公共投资政策经验主要如下：

---

① 肖慈方：《中外欠发达地区经济开发的比较研究》，博士学位论文，四川大学，2003年，第76—78页。
② 杨飞虎：《公共投资腐败治理的国际经验与借鉴》，《经济社会体制比较》2010年第4期。
③ 张智新：《美国政府投资项目如何赢得公众支持》，见http://roll.sohu.com，2012年7月6日。

（一）健全公共投资政策立法，确保公共投资政策稳定性与连续性

日本政府为了确保公共投资政策稳定性与连续性，切实能适应国民经济不同时期发展需要，逐步健全了公共投资领域立法工作。如截至1982年加强公共投资领域的法律主要包括：《财政法》（1947年）、《地方财政法》（1948年）、《国有财产法》（1948年）、《建筑基准法》（1950年）、《土地取用法》（1951年）、《道路法》（1952年）、《河川法》（1964年）、《都市计划法》（1968年）、《国土利用计划法》（1974年）等等，上述法律法规为日本适应经济发展进行公共投资提供了法律依据。日本政府公共投资政策依法而行，第二次世界大战以来日本政府首脑更换频繁且每届政府经济社会发展战略规划并不一致，但每届政府都从法制上保证包括政府公共投资在内的各项政策的连续性和稳定性。例如，日本政府从1965年至1985年耗时20年、耗资6900亿日元成功竣工的、具有世界先进水平的巨型公共投资工程——日本青函海底隧道工程，该工程并不受政府频繁换届影响而稳步实施。①

（二）制定和完善中长期公共投资计划以明确政策意图方向

日本政府制定中长期经济计划明确了政府公共投资的总政策意图方向。杨书臣（1991）研究指出："1960年日本政府制定的《国民收入倍增计划》明确规定了政府公共投资的3个主要方向：（1）首先保证产业基础所必需的社会基础设施供给；（2）必须扩充住宅、生活环境等生活基础以缓和城市问题；（3）必须加强保护国土的设施等。日本政府制定公共投资专项计划则明确了公共投资基本框架并提出具体要求……日本政府在1990年6月制定的《公共投资10年计划》（1991—2000年）具体规定今后的公共投资要与多样化、高级化的国民需求相适应；在计划实施期间，还要与老龄化、城市化、国际化、信息化以及地球环境问题的进展和科学技术的高级化等经济社会问题的新变化相适应。在大型建设项目、城市改造工程、地区资源开发等方面有计划地引用民间部门的资金和经营能力，并对从事公共投

---

① 杨书臣：《日本政府公共投资如何适应经济发展的需要》，《日本学刊》1991年第10期。

资的民间资本在税收优惠、投资补贴、金融政策等方面给予优惠。"①

（三）优化经济结构，促进经济社会可持续发展

日本政府公共投资政策力求优化经济结构并促进经济社会可持续发展。杨书臣（1991）研究指出主要政策内容有四个方面："（1）发展产业基础设施，优化产业结构。日本政府历来把公路、铁路、机场、港湾建设及发展通信事业等作为建立健全社会基础设施的首要任务予以发展；20世纪80年代以来随着新技术革命和新兴产业领域飞速发展，日本政府从多方面提供了为高科技服务的产业基础设施，如高度化基础设施（如大型基础研究设施等）、融合化基础设施（如新交通系统等）、柔性化基础设施（如公共数据库等）。（2）重视生活关联投资，适应国民经济多样化需求。如面向地方扩充生活投资，以住宅、下水道和公园为生活基础设施投资的重点，发展老年人保健设施等，取得良好效果。（3）重视山水环境治理投资以保障环境和经济协调发展。如日本政府公共事业费支出构成中，山水治理费用支出的比率长期保持在16%左右。（4）不吝巨资投资教育，为经济发展积累雄厚人力资本。日本政府在发展教育上不吝投资，如在1950—1984年的34年间日本国民生产总值增加74倍，国民收入增加70倍，而同期政府财政支出中的教育支出却增加99倍之多，可见巨额教育投资是日本人力资本形成和经济成功的关键因素。"②

（四）加大公共投资力度，促进欠发达地区均衡发展

日本政府通过制定欠发达地区的开发振兴计划以促进欠发达地区经济发展。张家寿等（2007）研究指出："日本政府投入大量资金在欠发达地区投资兴建道路、港湾、机场及工业用地等基础设施，如中央政府对北海道和冲绳基础设施建设补助分别为80%和90%，对于除此之外的其他欠发达地区的补助也达到50%；日本中央政府对欠发达地区农田水利设施建设的投入承担约70%—80%；日本政府为振兴落后地区教育所花经费补助1/2，

①　杨书臣：《日本政府公共投资如何适应经济发展的需要》，《日本学刊》1991年第10期。
②　杨书臣：《日本政府公共投资如何适应经济发展的需要》，《日本学刊》1991年第10期。

对贫困地区兴建医疗设施、老人儿童福利和娱乐设施及建立公共医疗合作
体制等所需费用给予特别补助；日本成立了专门的政策性金融机构以及促
进地方开发公团、特别会计和发展基金等其他政策性金融机构为欠发达地
区提供中长期资金支持，有关法规规定欠发达地区可发行特别债券（约占
欠发达地区每年开发资金的 45%）为基础设施和基础产业发展筹备资
金……但日本经验证明，过度依赖政府公共投资的经济体制非常脆弱，从
20 世纪 90 年代末期开始，日本政府坚持在政府发挥主导作用的同时，积极
利用市场机制及吸引民间资本参与欠发达地区开发并实现区域均衡发展。"①

（五）健全了灵活高效的公共投资运行机制

长期以来日本政府为确保公共投资政策效果，构建了完备的公共投资
运行机制。邹炜等（2010）指出主要措施："（1）分层管理，两级调控。
日本凡属面向全国的产业基础设施、生活基础设施和国土保护设施等公共
投资由中央政府管理，凡属地方性的重点和一般建设工程由地方政府分工
管理。（2）制订财政投资贷款计划，完善公共投资融资机制。日本政府
利用市场机制积累邮政储蓄、医疗保险、退休养老保险等各种特别会计资
金以及暂时有不用的各种公有资金，按产业政策有计划地进行分配从而保
证重点公共投资项目的资金需要，并能发挥景气调节作用以优化调整经济
结构。（3）公共投资规模适度增长机制。日本政府公共投资增长的总趋
势来看，它既保持了较大的规模，又控制在国力可以承受的限度之内，使
其适度增长。"日本公共投资目标追求从生产优先向生活优先机制转变。
从 20 世纪 80 年代以来，日本政府的经济政策开始向"生活大国"政策
体系转换，向"重视生活"型转换，如目前一向以生产优先的日本政府
公共投资中生活、文化设施的投资已占公共投资总额的 60% 以上。日本
公共投资政策随经济周期的变化而具有弹性机制。日本政府公共投资年增
长率随再生产周期的变化成反向变化，经济景气处于高涨时或衰退时反向

---

① 张家寿、谭春枝：《日本对欠发达地区的金融支持及其启示》，《改革与战略》2007 年第
11 期。

调节如减少或增加公共投资以调节社会需求。日本公共投资重视经济效益机制。日本政府通过加强公共投资的计划性并进行可行性研究、引入民间活力等措施，有效提高了公共投资的经济效益。

三、英国

英国作为老牌的资本主义强国，其公共投资政策经验具有较强的借鉴价值。主要措施如下：

（一）高度重视公共投资对科技创新及长期经济增长的促进作用

英国政府长期重视科技创新及其对经济促进作用，在 2004 年发布《英国 10 年（2004—2014）科学与创新投入框架》，从中长期角度为英国科技创新以明确地位和经费保障，确保英国成为世界经济的知识集成和扩散中心、声誉卓绝的科技发现中心及成果转换中心，并促进英国经济长期持续增长。英国政府公共资金优先投资于科学研究基础设施建设，对于促进国民经济优先发展的研究领域如英国政府认为其战略符合国家利益则经常提供专项公共资本投入资助。如英国科技创新部 2003 年提供 6000 万英镑资助 Rutherfod Appleton 实验室建造新的世界级 ISIS 实验室设备，该项投资符合英国"中子发展战略"；为确保英国在低碳技术领域领先地位，英国政府在 2010 年则投资 30 亿英镑发展低碳环保技术；为提升英国先进制造技术，英国政府 2014 年则投资 1500 万英镑建设国家级 3D 打印中心等；设立区域创新基金促进地方企业孵化器的发展及促进区域产业基地的形成和发展。黄堃（2010）指出："英国帝国理工学院商学院教授乔纳森·哈斯克尔 2010 年根据英国商业和科研主管部门 1986 年至 2007 年数据研究指出公共资金支持科学技术研发可产生良好的经济效益，英国每年为科技研发投入 35 亿英镑公共资金可带来 450 亿英镑的经济产出，并且将公共资金投入高校研发的经济回报要高于其他民用或国防研发项目的经济回报。"[①]

---

① 黄堃：《英报告说英国公共资金用于研发可获高回报》，2010 年 3 月 17 日，见 ht-tp：//www. cnnb. com. cn。

（二）高度重视公共投资对战略性产业培育和引领作用

英国政府非常重视本国产业结构的合理化及国际竞争力，并积极运用公共投资手段优化本国产业结构促进本国经济国际竞争力。主要投入公共资本促进以下产业成长：（1）升级交通基础设施产业，通过上述公共投资提升英国交通基础设施产业竞争力。（2）新能源汽车产业。汽车产业是英国最重要行业之一，贡献了英国出口额的 10%，并提供了 70 万人就业。英国政府 2013 年联合汽车行业各投资 5 亿英镑发展低碳排放发动机技术以实现新发动机的商业化运营。（3）网络通信行业。目前英国 GDP的 6% 由互联网驱动，英国高度重视互联网产业发展，并在 2011 年投入10 亿美元提升网络安全，并在 2012 年联合企业界投资 3500 万英镑研发5G 移动通信技术。（4）新材料产业。英国政府支持发展新材料以降低碳排放，在 2012 年投资 2200 万英镑及 2013 年投资 3000 万英镑推动复合材料发展。（5）节能环保产业。如英国政府在 2010 年则投资 30 亿英镑发展低碳环保技术等。（6）生物医药产业。如英国政府 2013 年投资 1.08 亿英镑用于合成生物学及再生医学研究。（7）前沿科技产业。如英国政府2010 年投资实验光学飞行器"战术光学卫星"；在 2013 年投资 6000 万英镑研发 Skylon 宇宙飞船，并在同年投资 1.89 亿英镑用于大数据及节能运算等计算基础设施领域。

（三）完善公共资本投入机制促进欠发达地区发展

英国对欠发达地区投资的重点是加强其基础结构的建设，主要包括交通、通信、能源等生产性基础设施建设，以改善欠发达地区的投资环境；并通过地区选择援助计划、欧盟分配给英国的结构资金、企业补助计划、地区投资援助计划等资助并促进受援地区产业发展，如地区选择援助计划计划支持在欠发达受援地区落户的固定资产投资超过 50 万英镑的项目而无论投资是源于国内还是国外，并且优先扶持那些能够创造技术型就业岗位的高质量且以知识为基础的项目，资助的比例通常为固定资产投资总额的 5%—15%，质量特别好的项目最高可达 35%；企业补助计划是专门针对落户英格兰企业补助区内中小企业的，固定资产投资等于 50 万英镑的企业可以申请一次性相当于15%但总额不超过7.5万英镑的投资补助；欧盟分配给英国的结构资金重点扶持高失业率地区以提高其竞争力，加强培训以促进经济发展和创新。英国政府注重欠发达地区科技创新以促进可持续发展，力求改善创新环境，重点培养企业群。范光（2002）指出："英国政府在促进欠发达地区可持续发展时，注重利用公共资本投入培育地区强项并发展其为带动地区经济可持续增长的强大动力，并赋予地区自主使用其资源的政策灵活性，在地区事务管理方面推行公私伙伴关系以提高公共服务的质量。"①

（四）重视公共服务投入，推进基本公共服务均等化

英国政府高度重视公共服务领域的政府投入，保障公民平等享有教育、医疗卫生、社会保障等各项基本权利，并将其作为促进经济发展、调和社会关系、维护社会稳定的重要任务。英国地区间差异较大且要兼顾弱势群体，倡导公平发展的理念在教育、医疗、养老和社会保障等公共服务中均得到体现。例如，英国实行全民免费医疗；英国政府对残疾人、无工作能力者、失业者、单身母亲等弱势群体提供的社会保障可使之达到温饱状态。据统计，2008年金融危机以来，英国政府公共支出的规模仍在稳步提高，从2008—2009财政年度的6220亿英镑到2009—2010年的7018亿英镑。英国2010年教育、医疗、养老、社会福利等4个民生领域的开支约占政府公共支出的2/3和当年GDP的30%，其中医疗、教育支出分别占当年GDP的8.14%和6.1%。英国高度中央集权的财税体制使政府公共开支的绝大部分要依靠中央财政转移支付实现，地方政府仅通过征收地方税和收取部分服务费用筹集和使用少部分资金。以2010年为例，中央政府公共支出占国家公共支出的73.8%，养老金、医疗等领域的资金安排几乎全部由中央财政承担；在基础教育方面，中央财政根据地区差别、学生人数、学生结构等向每个学校分配预算资金，以体现均等性的要求。通过上述政策，确保国民享有基本公共服务均等化权利。

---

① 范光：《英国欠发达地区发展政策及模式》，《全球科技经济瞭望》2002年第5期。

（五）构建了行之有效的公共投资运行机制

杨飞虎（2010）指出："作为老牌的资本主义国家，英国的公共投资运行制度行之有效，具体如下：（1）严格政府公共投资项目资金管理。英国政府财政投资项目或计划由财政部审查并核定投资额，然后列入国家年度财政预算。（2）完善相关法律法规和造价制度。（3）构建严格完备的监督体系。（4）建立了高效的信息化管理与独立的后评价机制。英国政府投资项目从确定投资到竣工验收均实行全国联网，并设有专门的后评价机构评价项目绩效。"[①] 英国构建了可持续性地公共资本投入保障机制。傅仲保等（2010）指出："英国就政府投资建立了两个规则：一个是'黄金法则'，限制政府可以通过借债来搞建设但在一定的经济周期中只可用于资本支出；另外一个是可持续投资法则，该制度要求公共部门净债务占GDP 的比例在整个经济周期中要维持一个稳定、审慎的水平且不能超过40%。为缓解政府财政压力、降低风险和提高效率，英国政府广泛运用PPP/PFI 模式吸引社会资本参与社会公共服务基础设施建设和运营管理。"[②]

四、法国

法国作为政府在经济活动中调控能力较强的国家，其宏观经济调控经验长期值得我国借鉴，其公共投资政策经验主要有以下五个方面：

（一）科技创新中重视公共资本投入的引领作用

法国在科学技术创新方面为世界文明发展作出了杰出贡献，在若干基础研究、应用研究、工程技术以及高技术领域确立了自己的优势领域和特长技术，在空间科学、核电、航空科技、电子、高速铁路、农业等领域处于令人称道的世界领先水平。法国科技创新机制采取政府主导下的公共投入驱动模式，并在 20 世纪 60 年代至 80 年代初迎来了科技创新辉煌时代，

---

① 杨飞虎：《公共投资腐败治理的国际经验与借鉴》，《经济社会体制比较》2010 年第 4 期。

② 傅仲保、张康民、仇轶：《英国政府投资监管体系的架构和内容》，2010 年 4 月 29 日，见 http：//finance. stockstar. com。

形成基于自主创新和关键技术选择的国家创新系统，取得了如航空（空中客车）、航天（阿丽亚娜火箭）、核能（世界商业化第一）、高铁（世界领先水平）、农业（农副产品畅销世界）方面等卓越成就。1982 年 7 月法国国民议会制定和颁布了"法国科研与技术发展导向和规划法"，以立法形式明确科学技术在国民经济和社会发展中的优先地位及公共资本投入规划。但在 20 世纪 90 年代后法国错过以信息技术为核心的第四次新技术革命发展机遇，法国经济因缺乏新的经济增长点而发展无力，导致创新陷入被动及经济发展缺少后劲。黄宁燕（2009）指出："法国仍然采取政府主导下的公共投入驱动模式并大幅度增加科研与创新投入积极应对，通过采取以下措施：制定《创新与科研法》（1999）及《科研规划法》（2006）、建立全国研究与技术创新网络、规划优先领域发展、制定'企业科技创新计划'、成立国家科研署、制定'1 + 2 + 3'公共科研投入计划、创建专业化'竞争点'、支持中小企业创新等重建法国国家创新系统，提高了科技支撑法国长期经济增长能力，提高了法国国际竞争力与吸引力。"①

（二）加大公共资本投入促进产业结构优化

法国政府非常重视采用政府主导下的公共资本投入来驱动产业体系的优化和国际竞争力。政府公共投资重点扶植以下产业发展：（1）基础设施产业。如法国政府在 2013 年分别宣布投资 200 亿欧元优化公共基础设施项目以提振经济成长。（2）互联网产业。如法国政府在 2013 年宣布投资 200 亿欧元发展法国超快宽带网络等网络基础设施建设，计划 2017 年让全法国一半以上地区接入超快宽带网络。（3）新能源产业。如法国 2011 年计划投资 10 亿欧元发展核能，目前法国是全球核电占比最多的国家（74%）及全球最大的核电出口国；在 2013 年法国政府投资 1 亿欧元支持 Eskom 太阳能开发。（4）新能源汽车产业。如法国政府 2009 年投资

---

① 黄宁燕、孙玉明：《法国创新历史对我国创新型国家创建的启示》，《中国软科学》2009年第 3 期。

15 亿欧元发起"电动车战役"，计划在 2020 年之前法国的高速公路上出现 200 万辆纯电动或油电混合动力汽车。（5）创新型中小企业。如法国政府在 2012 年成立公共投资银行，计划投资 350 亿至 400 亿欧元以加快推动创新型中小企业发展。

（三）注重通过公共投资政策推进欠发达地区发展

法国推动欠发达地区经济发展主要采取"强政府"模式提供良好的制度安排以及良好的政策公共产品。杜伟（2000）指出："法国一贯使用公共投资政策来促进地区经济发展的均衡，其公共投资主要分布在相对落后地区，法国通过建立专门基金或者用法律形式保证资金源；法国政府不仅提供专项资金的支持而且为保证欠发达地区经济的自我发展，重视改善欠发达地区的教育条件，提供再就业培训、信息和基础设施服务，以开发欠发达地区的人力资源来培育其自我发展创造能力和竞争能力；欧共体于 1975 年设立'欧洲地区发展基金'用于资助、干预和协调落后地区的开发工作，为法国欠发达地区经济发展提供重要的资金支持。"[1]

（四）完善公共投资准入制度

胡元聪（2007）指出："法国在公共投资准入实践中主要采取以下措施：（1）在城市公用事业实行特许经营制度；（2）法国城镇基础设施建设资金来源主要有：市镇税收、经营开发与分摊税、城乡规划税和开发税、国家拨款、银行贷款、企业投资、发行机构投资、发行长期债券以及保险公司、老年保险等基金投资等；（3）在政策法规方面，法国《阿拉尔德法》确认市镇政府可以对公用事业的公有或私有经营者进行自由选择的法律依据，《价格放开与竞争条例》规定了政府对城市公用事业管理的权限。"[2]

（五）构建了符合国情特色的公共投资运行机制

法国作为中央集权色彩较浓厚并注重以公共投资政策调控经济的西方

---

① 杜伟：《西方国家对欠发达地区进行政府援助的经验和对我国西部大开发的启示》，《国土经济》2000 年第 5 期。

② 胡元聪：《国外公共投资准入的实践及对我国的启示》，《重庆教育学院学报》2007 年第 1 期。

发达国家，其公共投资运行经验值得我国借鉴。邵明朝（2008）指出主要经验有："（1）项目决策必须高度透明，充分尊重民意，项目实施实行合同化管理。（2）控制公共投资规模，法国公共投资主要集中在包括下一代高速铁路、城市公共交通等在内的交通、大型高科技项目发展、文化和环保设施的建设与维修等方面，并优先支持落后地区、工业衰落地区及脆弱农村地区发展；法国公共投资项目招标注重程序公开透明、体现竞争和公平。（3）严格项目资金使用管理。法国公共投资项目全面实施公共会计管理，保证及时足额到位和正确使用。"[1] 法国完善法律法规体系，使公共投资监管法治化。杨飞虎（2010）指出："法国政府公共投资实施受《公共市场法》《公共投资法》《公共采购法》《公共建筑工程指令》《电子公共采购行动计划》等程序性法律的制约，在运行上受审计法院和行政法院监管。"[2]

五、德国

德国作为社会市场经济的典型模式，经济运行绩效比较良好，这其中政府主导的公共投资政策发挥了重要作用。主要措施表现在以下五个方面：

（一）重视公共资本投入驱动创新和经济发展

德国长期以来位于科技大国和创新强国的行列，其发展创新驱动型经济被提到战略高度。根据欧盟于 2013 年年初发布的 2012—2013 年度"创新经济体"排名，德国位居欧盟第 2 位属于创新领导型国家。欧洲工商管理学院与世界知识产权组织日前联合发布的《2013 年全球创新指数》报告显示 2013 年德国创新指数全球排名第 15 位。德国在战略与规划层面重视公共资本投入对创新的驱动作用，在 2011 年德国的研发投入为 746 亿欧元约占国内生产总值的 2.9%，其中约三分之一为政府公共资金。在

---

[1] 邵明朝：《分权改革以来的法国公共投资监管述评》，《经济社会体制比较》2008 年第 3 期。

[2] 杨飞虎：《公共投资腐败治理的国际经验与借鉴》，《经济社会体制比较》2010 年第 4 期。

2004 年德国联邦政府发布《德国高科技战略》报告承诺继续加大特别是
17 个创新领域的投入以确保德国未来在世界上的竞争力和技术领先地位，
并与各州政府签订《研究与创新协议》规定大型研究协会的研究经费每
年保持至少 3%的增幅。陈强等（2013）指出："德国政府 2013 年推出
《德国工业 4.0 战略计划实施建议》支持德国工业领域新一代革命性技术
的研发与创新。德国政府重视促进区域创新的均衡发展，1991 年至 1996
年联邦政府为东部地区的转轨和重建提供了总计 170 亿马克的资助，联邦
政府以目标明确的资助措施推动东部各州开展贴近经济的研究活动。德国
政府重视发展战略性新兴产业，计划高科技战略投资 150 亿欧元将德国建
成'创意之国'，如 2010 年通过'高科技战略'在生命科学领域的项目
资助达 50 亿欧元，以此促进未来行业创新。随着创新资源在国际范围内
高速流动，德国政府致力于筹措全球创新资源以确保德国强有力的国际竞
争地位。"①

（二）重视公共资本投入驱动产业结构优化调整

德国政府非常重视产业体系的优化和国际竞争力，通过政府公共投资
重点扶植以下产业发展：（1）基础设施产业。如德国政府 2010 年投资 35
亿欧元进行市政设施建设及医院的现代化建设等。（2）生命科学和生物
医药产业。如德国政府优先资助以生命科学为代表的可持续研究领域力
度，在 2010 年向生命科学领域的项目资助达 50 亿欧元，并为 3 所大学的
生命科学专业提供近 500 万欧元的最新研发设备等。（3）新能源产业。
德国政府高度重视发展风电、太阳能、页岩气等清洁能源，在 2000 年出
台全球第一部《可再生能源法》，在 2013 年安装了欧洲最大的自主消耗
太阳能电站，其汉堡市的能源 20%是可再生能源。（4）新能源汽车产业。
如德国联邦政府在 2012 年投资 10 亿欧元在电动汽车领域进行研发，并拟
投资 2000 万欧元建设动力汽车充电站、投资 4000 万欧元扩建 50 座加氢
站。（5）节能环保产业。节能环保产业为德国最重要的绿色产业之一，

---

① 陈强、霍丹：《德国创新驱动发展的路径及特征分析》，《德国研究》2013 年第 4 期。

德国联邦政府计划从 2010 年到 2015 年将出资 20 多亿欧元用于气候变化、有效利用能源和经济可持续发展研究。班玮（2010）指出："德国将在未来几年内投入 6000 万欧元与中国、印度、俄罗斯、巴西等国开展环保和气候变化领域的科研合作，出资 9500 万欧元帮助非洲国家建立应对气候变化和提高可持续发展水平的科技能力中心。"①

（三）重视公共资本投入促进区域均衡发展

德国不仅将"实行均衡发展"被写入德国宪法，且先后制定并出台一系列保证区域、产业协调均衡发展的法律法规。德国政府通过公共投资政策促进区域协调发展的主要目标有三个：一是增长目标。通过生产要素在空间范围内的最佳配置，实现国民经济的最大增长。根据这一目标，德国投入大量的资金对欠发达地区的基础设施建设进行支援，防止资源流向富裕地区而造成经济的区域不均衡发展。二是均衡目标。各地区在收入和福利方面达到均衡。通过在各区内提供大致相同的就业岗位、住宅和服务设施以及良好的自然环境来达到均衡。三是稳定目标。通过促进和引导欠发达地区产业结构平稳发展，以增强各个地区适应经济周期的能力；欠发达地区实现产业部门多样化，并尽可能吸引那些有潜在能力的产业部门。肖慈方（2003）指出："德国主要采取以下公共投资措施：（1）共同任务补贴是鼓励对工商业和经济基础设施进行投资；（2）改善基础设施资助；（3）对改善东部经济社会环境的资助，主要是东部住宅建设修缮和城市建设资助；（4）制定和实施东部经济发展中期促进纲领。"②

（四）完善公共投资准入制度

德国在资金来源及法律制定两方面完善公共投资准入。胡元聪（2007）指出："德国公共投资准入制度主要表现：（1）德国目前每年公共投资占 GDP 比重在 3%，公共项目的资金来源为联邦、州、县三级投

---

① 班玮：《德国政府投资促进可持续发展科研》，2010 年 2 月 4 日，见 http：//news. 163. com。

② 肖慈方：《中外欠发达地区经济开发的比较研究》，博士学位论文，四川大学，2003 年，第 118—119 页。

资，地方政府投资占了公共投资的大部分。(2) 完善了公共投资领域法规制定和准入准则。德国通过《建筑和工程师酬金办法》和《合同授予规范》明确规定国家公共投资项目原则上都必须公开招标，投资估算达到 500 万欧元的公共项目必须在欧盟范围内公开招标，在欧盟公开招标的公共项目必须在欧盟的项目新闻信息系统上发布招标公告，严禁采取分标、拆标的形式规避在欧盟内招标，并且招标要对每一位投标人做到公开公平公正。"①

(五) 依法构建和完善公共投资运行机制

德国在公共投资领域强化监管，严格项目运作公开透明，完善责任追究制度，有力保障了公共投资顺利进行。杨飞虎（2010）指出："德国在公共投资领依法监管经验如下：(1) 完善公共投资项目决策监管制度。德国通过内部监督机构、审计监督、议会监督和舆论监督等三位一体的监督机制确保项目决策的公正合理。(2) 设立专门机构对项目运作全过程严格监管。(3) 采取公正透明方式进行项目招投标。(4) 建立健全公共投资责任追究制度。德国制定《联邦建筑法》《联邦承发包法》《联邦合同法》《联邦招投标法》《联邦处罚法》《惩戒法》等法规规范公共投资领域的运行规范和秩序并严格责任追究。"②

第三节　对我国的借鉴意义

一、高度重视公共投资对长期经济持续增长的需求稳定器作用

发达国家二百多年来的经济运行实践证明，经济增长是螺旋式上升的，期间不乏大起大落过程，每次经济的大幅波动导致的是社会生产力的

---

① 胡元聪：《国外公共投资准入的实践及对我国的启示》，《重庆教育学院学报》2007 年第 1 期。

② 杨飞虎：《公共投资腐败治理的国际经验与借鉴》，《经济社会体制比较》2010 年第 4 期。

极大破坏及失业率大幅上升等社会痛苦指数的上升。经济周期乃至经济危机的出现很大程度上是总需求不足导致，因此凯恩斯以赤字财政政策为中心的依靠公共投资手段驱动社会总供给及社会总需求相对均衡，在很长一段时期被证明是行之有效的。根据哈罗德—多马经济增长模型，一国或地区长期经济增长取决于资本形成率（投资率）和资本产出率（资本边际生产率），因此要保持我国经济长期持续增长必须稳定上述两个变量。由于资本产出率取决于技术进步、资本稀缺程度等因素，因此我国总需求管理政策真正能调控的变量就是资本形成率（投资率）。资本形成率包括私人资本形成率和公共资本形成率，私人资本对市场机制、利率、资本回报高度敏感，当经济陷入或预期面临危机及萧条阶段时，私人资本是不愿扩大投资甚至会缩减投资，这时稳定投资率的重任必须是政府的公共资本投入，不然经济增长率和就业率就会大幅下滑。事实上，发达国家及我国均采用公共投资政策来"稳增长、稳就业、反危机"，我国相对于发达国家政府拥有更强有力的宏观调控能力，而且我国政府债务负担相对于发达国家而言要轻很多。因此，我国还有较多的空间和余地运用公共投资手段来稳定长期经济增长，尽管运用公共投资手段稳增长不可避免会产生投资效率低下等副作用，但任何宏观政策均有成本，关键是对公共投资政策的成本收益进行合理比较。

二、高度重视公共投资手段驱动技术进步与长期经济持续均衡增长

当今发达国家均是科学技术大国及技术创新强国，其技术进步很大程度上来自于政府主导的公共资本投入驱动，发达国家研发投资中政府投入一般占三分之一左右，主要投资于基础性研究领域及战略性研究领域，并通过投资补贴等手段有效地挤入私人资本投入应用型研发领域共同推进发达国家成为创新国家。无数经典理论及政策实践证明技术进步是长期经济持续均衡增长唯一的动力源泉，也是经济和谐、包容、均衡增长的润滑剂及助推器，技术进步的扩散效应及普惠效应帮助我国经济增长突破资源、

环境、制度的一系列约束，推动我国经济和社会格局的深刻转变，因此怎么强调技术进步在我国可持续发展的战略效应均不为过。由于技术进步的外部性，因此我国技术研发特别是基础性、战略性技术研发必须采取政府主导格局，对应用性技术研发我国完全可采取政府引导下的市场主导形式。我国今后长期经济增长必须采取技术创新驱动型经济增长模式，尽管世界银行指出 2014 年中国经济规模超越美国成为世界第一经济大国，但技术支持乏力的经济增长绝对难以成为世界第一经济强国，因为缺乏可持续技术进步支持的经济增长终将因资源瓶颈限制而最终停滞乃至崩溃。

三、高度重视公共资本投入优化我国产业结构

发达国家非常重视公共资本投入对优化产业结构及培育产业结构的国际竞争力的助推作用。投资结构是产业结构形成的物质技术基础，过去的投资结构塑造了今天的产业结构，今天的投资结构又将塑造明天的产业结构，因此投资结构的前瞻性、引导性、战略性对塑造一国或地区具有国际竞争力的产业体系至关重要；如果当前投资结构错误研判了未来新兴战略性产业的发展趋向，那就决定了该国或地区未来因错失时机而导致长期经济增长的艰难。一国或地区的经济成长首先是受其产业体系成长所导引，因此产业体系是否健康、是否高度化、是否可持续增长就决定了一国或地区的经济增长是否是没有水分的、高质量的、可持续的经济增长。我国当前的产业结构还非常不合理，产业结构低度化、同质化、高耗能化、轻服务化严重，新兴战略性产业成长缓慢，这影响了我国产业体系未来的全球竞争力。我国作为一个举足轻重的大国，在目前时期已不能再纯粹依靠比较优势、资源禀赋取得国际竞争优势，应主要依靠产业体系的技术领先性、创新领先性来获取可持续的国际竞争优势。因此，我国政府必须加大对目前战略性新兴产业的直接投资，以及通过投资补贴引导民间资本投入其中。我国政府应加大投入构建战略性新兴产业的市场基础设施，降低战略性新兴产业产品的市场交易成本，并通过政府购买及政府产品价格补贴形式迅速扩大战略性新兴产业市场规模并降低产品价格，保持我国战略性

新兴产业产品在国际市场的持久引导力及竞争力。

四、高度重视公共资本投入促进我国区域经济协调均衡发展

发达国家非常重视运用公共投资政策促进欠发达地区经济社会发展，并把此作为提高国民福利、优化经济结构、促进经济稳定及均衡增长的头等目标来抓。发达国家开发欠发达地区是高度重视市场机制的主导作用，政策设计围绕充分发挥市场机制的作用以实现欠发达地区可持续发展；但这并不意味着政府可以怠政并不作为，事实上，欠发达地区经济基础设施及社会基础设施的构建及完善均采用政府主导的形式，但政府主导是弥补市场机制的缺陷，并千方百计使政策实施遵从市场机制原则并在欠发达地区培育市场及促使市场机制发挥效应。这对当前我国"中部崛起战略"及"西部大开发战略"有良好的借鉴意义，我国促进中西部地区与东部地区的均衡协调发展政府必须有所为、有所不为，我国政府的开发政策必须遵从市场规律进行，投资必须考虑经济效益及挤入民间资本参与当地的市场体系构建及培育市场机制健康运行，通过构建可持续的产业体系和就业体系来真正增进欠发达地区造血能力及促进可持续发展。对市场机制不能或难以发挥效应的领域如社会基础设施领域，我国政府必须通过公共投资手段满足欠发达地区经济和社会发展需求，以此提升欠发达地区公众福利及优化投资环境，吸引各方资本加盟以促进经济基础设施及竞争性产业的均衡发展。

五、高度重视公共资本投入促进我国基本公共服务均等化水平

国民基本公共服务均等化水平一直被发达国家所看重的，并把这作为政府的必然责任和国民的应得权利，财政部教科文司（2014）认为其主要内容包括："（1）必须提供核心公共服务和公共物品。（2）注重公共服务提供的质量，而不是其规模的大小。（3）公共服务均等化要以机会平

等为前提，通过机会平等实现结果平等。（4）公共财政资源均等化是实现公共服务均等化的基础。（5）公共服务及其均等化具有阶段性特征，如英国公共服务的阶段性特征主要表现为由最低水平向较高水平发展、由起点公平到过程公平等目标。英国政府十分重视推进科学、教育、文化、卫生、体育、医疗、社会保障等领域基本公共服务均等化水平，保障了良好的国民福利及稳定的社会经济结构。"[①] 日本政府早在 20 世纪 80 年代就确立了公共投资应服务于经济结构的调整优化，应从"生产优化"转变为"生活优化"原则，确保了日本产业结构的服务化水平及经济增长的消费驱动模式。上述发达国家经验为促进我国基本公共服务均等化水平提供了良好的借鉴，我国应强调促进国民基本公共服务均等化水平是政府责任和国民权利，应在遵从市场机制前提下由政府主导提供，主要投向为社会性或生活性基础设施，目标为提升我国国民福利水平并促进我国经济结构的优化。

六、高度重视构建高效完备的公共投资运行机制

公共投资运行机制是公共投资政策实施并发挥效应的保障机制，发达国家公共投资规模相对于我国而言要低很多，但经济运行长期比较稳定均衡。如美国及欧盟国家公共投资规模占 GDP 比例不过 3% 左右，我国在 2000 年至 2012 年公共投资占 GDP 比例均在 10% 以上，可见发达国家通过完善制度设计构建了良好的公共投资运行机制。我国当前应学习发达国家构建高效完备的公共投资运行机制经验以促进我国经济长期持续均衡增长，可考虑采取以下措施：（1）构建良好的激励约束机制，完善公共投资领域监管体系与绩效评价体系。（2）建立"政府+市场+社会"协调一致的公共投资项目决策机制，考虑并保障政府、市场和社会各方利益的和谐统一。（3）完善我国公共投资项目决策的公众和专家参与制度，推进

---

① 财政部教科文司编：《英国教科文领域基本公共服务均等化调研报告》，2014 年 5 月 6 日，见 http：//jkw. mof. gov. cn。

公共投资项目决策的透明化、科学化、民主化进程。（4）完善我国公共投资项目建设招投标制度及纯公共投资项目代建制运行机制，设计一种均衡的激励与约束机制协调和均衡相关利益各方效用函数最大化。（5）完善我国公共投资项目全程跟踪绩效审计制度，科学地评价公共投资项目的财务、社会、环境等效果，严格监督和规范公共投资行为。（6）健全公共投资领域法律体系构建工作，建立严格地适应市场经济发展的政府公共投资项目责任追究制度等。

第六章　促进中国经济长期持续均衡增长的公共投资政策

世界各国尤其是发达国家的经验表明：公共投资总是首先集中在对于经济增长可以在最短时间内发挥重大促进作用的重要领域。我国及欧美发达国家的经济发展历程也充分表明公共投资在完善一国经济基础设施及社会基础设施中的关键作用。在各类投资中，公共投资由于其公益性性质决定其主要由政府主导而不是完全依赖市场导向，公共投资结构变动在我国今后经济结构优化升级及区域经济均衡发展中具有重要意义。刘洋（2009）指出："我国公共投资政策重点应该遵循从一般性投资向战略性投资转变，从基础性领域向前瞻性领域转变，从简单维持经济高增长率向突破经济发展瓶颈目标转变的一般规律。"[①] 为促进中国经济长期持续均衡增长，必须设计科学合理的公共投资政策去有效实施并推动，但公共投资政策设计应坚持"有所为，有所不为"的原则，突出重点领域，统筹相关方面。本书建议从以下方面设计促进中国经济长期持续均衡增长的公共投资政策。

第一节　建立健全高效、可持续的公共投资制度

一、构建和完善基于公众满意度为目标的公共投资项目决策制度

我国开展公共投资活动的最终目标是提升全体国民的福利水平，这由

---

① 刘洋：《中国公共投资问题研究》，博士学位论文，华中科技大学，2009 年，第 1—2 页。

系统直接目标如宏观经济保持持续稳定增长、提供持续增长的高质量就业机会、区域经济协调发展、产业结构合理且具有国际竞争力、社会公众享有健康愉悦的工作生活环境等等组成，这要求公共投资项目决策制度要以提高社会公众的满意度为评价标准，重塑社会公众在公共投资项目选择上的主体地位，充分保障社会公众在公共投资领域终端消费者的话语权。

（一）在公共投资领域构建社会公众通畅的下情上达的偏好显示机制

我国的人民代表大会制度应该是社会公众表达需求的最佳渠道，但我国的人民代表选举制度存在候选人不合理、直接选举范围过窄和缺乏有效的监督等问题。为了表达公众的实际偏好，并有效监督政府对公共权力的行使，需要完善我国的选举制度。首先，完善候选人提名制度，如提高公众提名候选人的比例，建立候选人自愿报名登记制度等；其次，扩大直接选举范围，引入竞选机制；再次，完善人大代表监督制度，如完善代表执行职务情况通报制度、建立日常监督组织等；最后，建立专职人大代表制度。

（二）在项目决策和运营中充分保障社会公众的参与机制

我国的公共投资决策制度中，人大代表的决策权力有限，公众更是难以直接参与。久而久之，形成了政府官员以个人偏好代替公众偏好，以少数利益代表公众利益的独断决策现象。若要提高公共投资效率，使其有效满足社会公众的需求，公众参与项目决策和运营是必不可少的环节。政府部门通过对社会公众需求的调查拟定项目投资计划，论证评估后，召开相关利益人群和专家、公众听证会，广泛听取意见再进行修改。投资项目运营过程中，公众则主要以加强监督的形式参与。

（三）完善我国社区层面公共投资项目决策组织机制

谢琳琳（2005）指出："在社区层面，社区公众应成为社区内公共投资项目决策的主体，社区工作应被赋予这样的决策权利，政府只是充当协调者，做好'裁判员'和'服务员'的角色。当然，这可能意味着对当前一些相关法律政策进行必要的修订，通过政府、社会、社区有效沟通互动，力争构建一种更透明的、更具效率的、更具服务性的社区公共产品供给机制。"①

二、构建多元化、可持续的公共投资融资制度

当前地方政府借助投融资平台进行公共投资行为产生严重的"影子银行"问题，潜在财政风险、金融风险、宏观风险巨大。地方政府融资进行公共投资行为具有合理性和长期性，因此不能因为有风险就完全否定和摒弃，与其让地方政府走在政策的边缘冒着违法违规风险融资，不如合理疏通，加强监管，完善制度化、阳光化、可持续化的地方政府公共投资融资制度。根据发达国家经验，完善政策性银行体系，完善地方政府发行债券制度，完善投融资体制创新是良好的应对之道。具体如下：

（一）组建和完善政策性金融机构满足地方政府合理公共投资融资需求

应组建和完善政策性金融机构满足地方政府合理公共投资融资需求。杨波（2011）指出："具体设想如下：（1）逐步成立地方政策性银行，专门对地方基础设施提供政策性资金援助，完善政策性融资的专业化、职能化经营模式。（2）重塑国家开发银行在基础设施建设方面的政策性金融机构地位。（3）合理定位，力争有效调动社会资本，并理清同财政的关系。（4）稳定低成本资金来源渠道，在以财政资金投入为主体下，争取一些团体基金或养老基金作为稳定的低成本的资金供给来源。"②

（二）完善地方政府发行地方（市政）债券

2014年5月21日财政部网站公布了关于印发《2014年地方政府债券自发自还试点办法》的通知，允许广东以及计划单列市深圳和上海、浙江、江苏、山东、北京、江西、宁夏、青岛等省市试点地方政府债券"自发自还"，从法律上开始允许部分地方政府自行发债，这对于构建阳

① 谢琳琳：《公共投资建设项目决策机制研究》，博士学位论文，重庆大学，2009年，第117页。

② 杨波：《地方政府融资及其风险分担机制研究》，博士学位论文，财政部财政科学研究所，2011年，第125—129页。

光化的、可持续的地方政府公共投资融资制度是一项重大的制度创新。但应完善各项制度安排，明确地方政府发债只能用于地方公共性质的资本性支出，严禁用于经常性支出及弥补财政赤字，也不能涉足竞争性领域建设项目，不允许搞形象工程。最终形成高效有序的、全国统一的地方政府债券市场。

（三）构建和谐共赢的公私合作伙伴关系机制

为构建可持续的公共投资融资制度，地方政府必须引进市场经济的第三方——私人资本（包括内资或外资）。只要地方政府公共投资项目有稳定的经营预期及合理的投资回报，私人资本乐于参与，可形成政府公共产品目标→投融资平台公司→社会法人资本→社会公众资本的良性互动、和谐共赢的可持续社会公共产品供给机制。近年来，PPP 模式是一种较为流行的公私合作的创新投融资方式，可成为公共领域构建和谐共赢的公私合作伙伴关系的重要模式和运行机制。

三、建立与完善我国公共投资项目绩效评价与监管体系

建立和完善我国公共投资项目绩效评价与监管体系，可以通过科学规范的绩效评价方法，客观公正的对公共投资项目全程绩效进行合理评价；在此基础上，构建廉洁高效的监管体系，对我国公共投资项目建立严格透明的操作程序和全过程、多层次、内外有机结合的监管体系，对项目决策、建设运营全过程实施动态跟踪检查和监督。这样，对我国公共投资项目在技术上和制度上建立起科学而有效的监督约束机制，促进我国公共投资的规范化、科学化和合理化，可尽可能地提高我国公共投资项目运营绩效。措施如下：

（一）构建和完善我国以绩效导向的公共投资项目评价体系

鲍良（2009）指出："我国公共投资项目绩效基本内容概括为五个方面：（1）管理绩效。主要是以项目管理者为被评主体，评价时点应覆盖项目的从事前到事后的完整生命周期，即全过程评价。（2）经济绩效。公共投资经济绩效要求必须节约使用资金，也就是通常所讲的少花钱，多

办事。（3）社会绩效。公共投资项目运营必须考虑社会公共需要。（4）生态环境绩效。良好的生态环境是人类社会可持续发展的前提和条件。（5）可持续发展绩效。包括项目绩效和组织运营机构的完善程度、经济增长的可持续性、社会发展的持续性、环境与资源的持续性等。"①

（二）成立国家公共投资监督管理委员会，完善公共投资领域监管体系

成立国家公共投资监督管理委员会，负责各类公共投资项目监管和绩效评价工作。国家公共投资监督管理委员会应直接向全国人大负责，可暂时挂靠在国务院住建部下开展工作。国家公共投资监督管理委员会负责对国家公共投资领域统一监管，接管国务院中各部委的公共投资领域的监管职能，在管理组织上仅设中央和省级两级管理机构。国家公共投资监督管理委员会应完善全国公共投资项目网络信息建设及绩效评价工作，应完善全国公共投资项目数据库建设工作，做到公共工程项目无论金额大小均能在网上查阅项目决策、论证、立项、建设、验收、后评价等详细信息，并实时动态监管每一个项目的运行态势并设置相关指标适时预警。中央级机构负责中央级及跨区域的公共投资项目监管及绩效评价；省级机构挂靠在省住建厅下，负责本省区域内各类公共投资项目监管及绩效评价。

（三）完善我国公共投资项目绩效监管与预警监测信息网络平台建设

国家公共投资监委会应在全国范围内建立公共投资项目信息管理网络，构建项目绩效导向的网上监测与预警监管体系。各省（市）公共投资监委会应效仿国家公共投资监委会，建立本省（市）区域内的公共投资项目绩效监管与预警监测信息网络平台，本省（市）区域内的公共投资项目的立项决策、项目听证、专家论证、招标投标、建设运营、绩效评价、全程审计、投诉答疑等信息必须在网上详细登录，接受社会公众全程监督。

---

① 鲍良：《公共投资项目绩效评价与管理体系研究——以京津风沙源治理工程项目为例》，博士学位论文，中国地质大学，2009年，第18页。

（四）构建与完善我国公共投资项目全过程动态监管机制

通过对项目绩效评价全过程进行全面总结、评价，构建与完善我国公共投资项目全过程动态监管机制。借助"在线动态监测与预警+人工现场监管"相结合的动态监管机制确保监管效果，完善公共投资项目各过程评价的量化指标体系和项目监管信息系统，建立基于信誉评价制度的市场准入制度，实现项目监管的常态化、规范化、制度化。

（五）完善非经营性公共投资项目代建制运行机制

为了促进我国非经营性公共投资项目中各种资源的合理配置，必须设计一种均衡的激励与约束机制如代建模式使相关利益各方效用函数最大化。严玲（2008）指出："对代建单位而言，应提升收益的调节机制，构建绩效评价机制，重视信誉机制，健全制度约束机制等；同时，培育代建市场的竞争机制，加强代建双方的合同约束和法律约束机制，完善代建过程的监督约束机制。"[①] 在政府投资项目代建管理中实行工程担保和工程保险制度，并建立代建单位的责任追究机制，以规范代建单位行为，确保政府投资项目的成功。

四、完善公共投资项目建设招投标制度

公共投资项目建设招投标制度是保证我国公共投资项目健康有序运行的安全阀和公信增强器。然而，由于公共投资领域利益的庞大让少数非法分子觊觎在心，"圈标""围标""定标"等非法行为层出不穷，建议采取以下措施规范：

（一）构建完善的招投标领域法律制度

应根据当前我国招投标领域的最新情况，完善招投标领域法律制度建设。劳正绍（2010）提出以下建议："（1）修订相关法律法规，应适时研究修订《招标投标法》，严厉打击并杜绝'围标''圈标''定标'等非

---

① 严玲：《政府投资项目代建人激励机制研究——一个项目治理的视角》，《财经问题研究》2008年第7期。

法行为，增强招标投标制度的公正性、透明性及可操作性。（2）建设公共投资项目标准招标文件体系。（3）加快招投标的全国性立法工作。尽快完善及修订《招标投标法》《政府采购法》，逐步确立公共工程电子招投标采购的根本制度。"①

（二）采用网络平台招投标采购

对公共投资项目采用网络平台招投标采购，专家评审应通过专家库随机选择异地专家网络评审，专家意见公开并接受社会及公众的查询及质询。当前应完善高效透明的公共投资领域的网络平台建设工作，确保公共投资领域项目信息、运行信息、预警信息、项目采购及其相关信息查询均能通过网络平台顺利实现。

（三）加大对招标人、投标人、代理公司的违规违法处罚力度

应加大对招标人、投标人、代理公司的违规违法处罚力度，发现一起就处理一起，应严厉追责并在相关指定媒体上公开曝光。对造成严重事故及不良影响的公共投资领域行为应明确进行行政处罚及司法处罚，对达到一定标准的违纪人及单位要明确规定高额罚款及公共市场终身禁入，构成违法行为的应果断通过法律手段予以处理。

（四）应组建专门的招投标采购监管部门，提高监管效率

应由国家公共投资监督管理委员会组建专门的招投标监管部门对招投标领域实行全过程动态监管，充分利用社会公众为主体的第三方监管组织，对发现非法行为的第三方社会组织予以重奖。应加强基于市场信誉为基础的公共领域市场准入机制建设，提高市场准入门槛，以节约监管成本并提高监管效率，促进公共投资项目招标、投标市场健康有序发展。

五、完善公共投资项目决策社会公众和专家参与制度

当前公共投资项目决策中应构建政府、专家与公众三者良性互动的机

① 劳正绍：《关于招标投标法制建设与制度改革的思考》，《企业科技与发展》2010年第17期。

制，充分体现政府和公民社会充分互动的"互动式民主决策"模式，从而推进公共投资项目决策的透明化、科学化、民主化进程。

（一）加强我国公共投资项目决策公众参与制度

杨飞虎（2010）指出："加强我国公共投资项目决策公众参与措施建议如下：（1）明确公共投资项目决策中的公众参与权，以法规的形式确立公众听证权、公众抗辩权、公众参与决策权等。（2）根据利益相关性主体界定公众参与的实体性和程序性内容，如对某些重大的建设项目的立项应举行公众听证会议；对具体项目建设实施中与公民切身利益关联较大的决策，尤其是涉及侵害部分公民现有利益的决策，必须要有公民参与才能有效。（3）完善公共投资项目决策公众参与机制与监督机制，公众参与公共投资项目决策可以运用集体的智慧在某种程度上纠正其偏差，参与机制和监督机制在本源上是一种社会能量释放机制和纠偏机制，孕育出符合公众利益的合理政策。（4）完善公共投资项目决策公众参与保障机制。政府相关部门应充分利用各种宣传媒介，如电视、网络、报纸等途径提前公布公民参与的有关事项，成立专门的负责小组，由政府提供公众参与的经费，并成立专门的监督小组以及建立公众参与权利的救济机制，以确保公民参与权利的切实实现。"[1]

（二）完善公共投资项目决策专家参与制度

杨飞虎（2011）指出："公共投资项目决策权力的配置实质上是话语权的分配。基于利益一致基础形成的专家和官员的'知识—权力'的垄断结构将导致公共投资项目决策的公共性和民主性的失落，也将在知识论意义上损害知识的合理运用，影响公共投资项目决策结果的科学性。对于专家专业性的过度依赖，有可能过分地削弱其他参与者的参与权，特别是普通公众在决策过程中的话语权，从而导致决策正当性的降低。理性化并不能成为决策正当化的充分条件。"[2]　王锡锌（2007）指出："应加强公共

---

① 杨飞虎：《公共投资项目决策公众参与研究》，《学术论坛》2010年第2期。
② 杨飞虎：《公共投资项目决策专家参与研究》，《学术论坛》2011年第3期。

投资项目决策专家参与制度化、法制化建设，确保公共投资项目决策专家参与过程的充分公开透明，规范专家咨询论证程序，强化公共投资项目决策专家参与的角色和地位，限制官员的自由裁量权，建立健全专家参与绩效考核和责任追究制度，构建政府、专家与公众三者良性互动的机制等，从而确保专家参与的效率与效果。"①

六、完善公共投资项目绩效审计及责任追究制度

（一）构建我国公共投资项目全程动态监控绩效审计制度

国际经验表明，对公共投资项目进行全程动态监控绩效审计制度是遏制腐败，提升项目效益的有效举措。姜明（2007）指出："我国公共投资项目全程动态监控绩效审计制度应体现公共投资项目的公平性、效率性、效益性、可持续发展性等原则，设计应包括项目决策阶段的跟踪绩效审计、项目设计阶段的跟踪绩效审计、项目招标阶段的跟踪绩效审计、项目施工阶段的跟踪绩效审计等四个阶段。"② 要加强公共投资项目可持续发展的绩效审计工作，我国公共投资项目既要立足于当代人的利益要求，又要确保代际的持续发展，通过绩效审计要确保提升公共投资项目绩效。

（二）建立健全全方位、多层次的公共投资项目责任追究制度

应健全全方位、多层次的公共投资项目责任追究制度，明确公共投资项目运行程序及终身责任追究的基本原则。朱维平（2010）指出："明确规定与公共投资相关的规划、项目立项、勘察设计、咨询评估、审批核准、招投标、施工、监理、竣工验收、后评价等环节相关机构和人员各种违规违法行为终身追责。"③ 要打破当前公共投资领域集体决策、无人负责的不良现象，明确责任追究的细则，首先要敢于追究主要领导的责任，界除模糊空间。应通过专门网站、新闻媒体广泛报道公共投资领域的违法

① 王锡锌：《我国公共决策专家咨询制度的悖论及其克服——以美国〈联邦咨询委员会法〉为借鉴》，《法商研究》2007 年第 2 期。

② 姜明：《我国公共投资项目全程跟踪效益审计研究》，《山东社会科学》2007 年第 9 期。

③ 朱维平、周国栋：《政府投资责任制和责任追究制探索》，《宏观经济管理》2010 年第3 期。

腐败案件及相关人员机构的惩治状况，明确给予公共投资领域腐败、非法的人员不良后果预期，遏制其腐败及违法行为冲动。

（三）健全公共投资领域法律体系构建工作

应构建符合我国国情的公共投资法律体系，使公共投资领域运行透明化，规范公共投资领域的参与者如政府、市场机构、社会公众、专家群体等行为。当前应加快制定《公共投资条例》《公共投资项目监管条例》《招标投标法实施条例》《政府公共投资项目参建单位信誉评价办法》等法律法规，使公共投资项目实施及监管依法实施，阳光运行。

第二节　采取相机抉择公共投资政策以保持适度投资率水平

杨飞虎（2014）指出："根据哈罗德—多马经济增长模型，投资率及资本边际生产率为一国或地区长期经济增长的重要因素。其中，投资率主要受一国储蓄状况和 FDI 影响，资本边际生产率主要受资本稀缺程度和技术进步影响，长期呈递减趋势；因此，短期内决定经济增长速度的宏观变量就是投资率。结合中国当前实际情况，如何保持相对稳定的适度的投资率及资本边际生产率，是确保我国经济长期持续均衡增长的关键措施。"[①]在中国步入经济增长新常态之际，必须保持适度公共投资规模以稳定我国投资率在适度水平，从而确保宏观经济实现稳增长、优结构、稳就业的效果。

一、当前我国投资率与公共投资运行态势分析

（一）当前我国投资率水平处于持续上升的态势

改革开放以来，我国基本采取投资驱动的经济增长模式，宏观投资在

---

① 杨飞虎：《促进中国经济长期持续均衡增长中的公共投资因素——基于 1489 份调查问卷的统计分析》，《经济理论与经济管理》2014 年第 2 期。

经济增长中的分量越来越重，其主要标志是投资率长期处于趋升的态势（如图6-1所示）。图6-1反映了两种不同口径反映的投资率运行态势，其中投资率1在1980年仅有20.04%，但到2012年上升到72.13%；投资率2又称为资本形成率，是目前广为接受的衡量投资率的指标，投资率2在1980年仅有34.8%，但到2012年上升到47.76%。从图6-1还可以发现，1980年到2012年我国GDP增长率基本维持在10%左右，最高年份为1984年的15.3%，最低年份为1990年的4.07%；很明显，投资率的上升并没有导致GDP增长率的同步趋升，因此根据哈罗德—多马经济增长模型，这意味着改革开放以来我国资本边际生产率的下滑。我国投资率的上升还体现了我国经济增长的资本化倾向严重，这必然挤压居民最终消费水平；投资驱动的经济增长模式有一个显著特征，那就是经济增长的成果很难被全民均享，比较典型的就是我国垄断行业从业人员收入远远高于普通行业从业人员。而且，巨量投资意味着消耗巨量资源及极大影响生态环境，导致我国资源环境面临巨大压力，因此，我国投资驱动的经济增长模式肯定是不包容、不能持续的经济增长模式。

（二）我国宏观投资效率低下

我国的资本形成目前占GDP的45%以上，在总需求当中所占的比重接近一半，对经济增长的贡献在过去十年当中达到80%左右。如剔除掉要素配置改善效应后，生产率提高对经济增长的贡献从1991—2000年占GDP的2.5%降至2001—2010年的0.3%。我国城市层面的投资效率同样出现下滑。根据国际经验，增量资本产出率（ICOR，衡量投资与增量产出的指标）保持在3左右时资本利用是高效的，这意味着城市需要将资本形成保持在GDP的30%左右以实现10%的经济增长是有效率的，但我国城市的实际资本存量是这一水平的两倍，小城市的资本利用率最低。

国务院发展研究中心（2014）指出："日本、韩国、新加坡、中国台湾等亚洲其他高速发展的经济体都曾长期依赖高投资来实现高收入，中国的人均资本量仍远低于发达国家，所以仍要进行资本累积，但随着资本劳

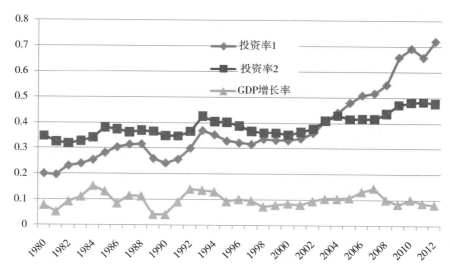

图 6-1　改革开放以来中国投资率运行态势

注：投资率 1 = 全社会固定资产投资额（现价）／国内生产总值（现价）；投资率 2 = 资本形成总
　　额（现价）／支出法国内生产总值（现价）。
资料来源：中经网统计数据库并整理获取。

动比的上升，持续的资本累积对经济增长的贡献会越来越低。"① 中国占
GDP45%的投资率同样过高，中国的增量资本产出率（ICOR）从 1991—
2011 年的 3.6 升至 2009—2011 年的 4.7，远高于韩国、中国台湾和日本
高增长时期的水平（见表 6-1）。可见，保持适度的投资规模与投资效率
对于经济长期持续增长很有必要。

表 6-1　中国与日本、韩国、中国台湾地区资本收益的比较

	固定资本形成总额 （占 GDP 比重,%）	年均 GDP 增长 （%）	增量资本 产出率
中国（1991—2011 年）	36.7	10.4	3.6
中国（2009—2011 年）	45.4	9.6	4.7
中国（2012 年）	46.1	7.8	5.4

---

　　① 国务院发展研究中心、世界银行：《中国：推进高效、包容、可持续的城镇化》，2014
年 3 月 25 日，见 http://www.drc.gov.cn。

	固定资本形成总额 （占 GDP 比重,%）	年均 GDP 增长 （%）	增量资本 产出率
日本（1961—1970 年）	32.6	10.2	3.2
韩国（1981—1990 年）	29.6	9.2	3.2
中国台湾（1981—1990 年）	21.9	8.0	2.7

资料来源：基于 CEIC 全球数据库的城镇化研究小组。

（三）当前我国公共投资运行态势分析

我国经济增长是典型的粗放的投资驱动的模式，对资本尤其是公共资本太过度依赖，导致我国公共投资处于规模趋升、效率趋降的态势。具体表现如下：

1. 公共投资规模在达到顶峰后，有趋于下滑趋势

我国公共投资规模在 20 世纪 70 年代末到 20 世纪 80 年代末期，我国公共投资占 GDP 比重基本在 5%左右；从 20 世纪 90 年代初期，我国公共投资占 GDP 比重已稳步趋于上升。在 20 世纪东南亚金融危机爆发之前，我国公共投资占 GDP 比重还基本在 10%以下，但在东南亚金融危机爆发之后，为了"抗危机、扩需求"，我国明显采取了扩张性公共投资政策，加大了基础设施领域投资，如 1997 年我国公共投资占 GDP 比重首次超过 10%，达到 10.47%。然后一路高歌猛进，在 2010 年达到峰值 22.52%后，已有明显回落的趋势，如 2011 年的比重为 18.84%，2012 年的规模为 19.19%（如图 6-2 所示）。但公共投资规模的回落是长期上升趋势中短暂的回调还是从此一路下降，其明确态势仍需进一步观察。

2. 我国公共投资占总投资比重新回落到合理区间

1978 年到 1996 年，我国公共投资占总投资（指全社会固定资产投资额）比重基本维持在 20%—30%之间，其均值占总投资的四分之一左右。然而在 20 世纪东南亚金融危机爆发之后，由于克服私人投资下滑的影响，稳定投资及经济增长，我国公共投资占总投资比重已开始超过 30%高压线，如 1997 年比重为 33.16%，然后一路上升，在 1999 年峰值达到

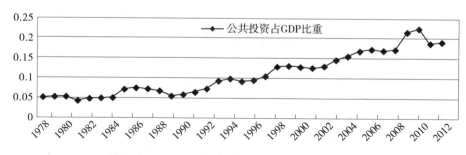

图6-2　1978—2012年我国公共投资规模一览图

资料来源：历年统计年鉴。

39.52%后一路下滑，在 2011 年比重为 27.49%，在 2012 年比重为
26.60%，继续向 25%左右的长期中位线靠拢，比重基本可认为已回落到
相对合理区间。如图 6-3 所示。

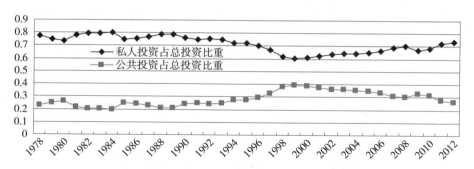

图6-3　1978—2012年我国公共投资占总投资比重图

注：总投资指全社会固定资产投资额。
资料来源：历年统计年鉴。

3. 我国公共投资效率似有好转迹象

公共投资效率可理解为单位公共投资驱动新增产出的相对能力，其取
值在 0—1 区间，最大值为 1，最小值为 0。从图 6-4 可以看出，1978 年
到 2010 年，我国公共投资效率基本上是长期趋于下滑的态势，如 1981 年
公共投资效率最高，其取值为 1；但到 2010 年公共投资效率最低，其效
率值为 0.188；但从图 6-4 中还能看出，2011 年和 2012 年公共投资效率
已有企稳好转迹象。但其动向仍需要进一步观察。

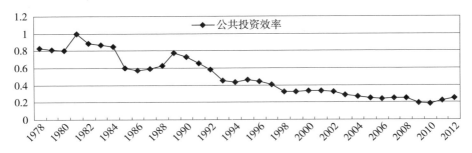

图 6-4　1978—2012 年我国公共投资效率一览图

资料来源：历年统计年鉴。

二、调控公共投资规模以确保适度投资率水平

杨飞虎（2014）指出："要促进中国经济长期持续均衡增长，稳定投资率水平是关键，由于私人投资的不确定性强，因此调控公共投资规模以确保适度、相对稳定的投资率水平成为解决问题的关键。应调控公共投资提升技术进步力度，加大公共投资引导和扶植战略性新兴产业成长力度，加大公共投资投入推进中国城市化进程力度，加大公共投资对社会基础设施投入力度等措施以稳定和调控我国适度投资率水平。"[①]　在中国步入经济增长新常态之际，应采取积极有效的公共投资政策以稳定投资率水平。具体措施如下：

（一）保持适度公共投资规模，稳定我国投资率在适度水平

我国经济长期持续均衡增长是在既有的社会经济条件、资源环境条件、技术创新条件约束下所实现的经济适宜增长速度。我国当前高达50%的投资率水平在长期是国情国力无法支撑的，因此，今后 20 年我国投资率保持在 30%—35%应是适度区间。如果资本边际生产率保持相对稳定，我国今后 20 年的年均适宜均衡增长速度可能是 6%—7.5%。由于目前每年新增投资约三分之一是公共投资，所以为稳定投资率水平，我国今后 20 年的适度公共投资/GDP 比例应保持在 10%左右。如果宏观经济运

---

① 杨飞虎：《促进中国经济长期持续均衡增长中的公共投资因素——基于 1489 份调查问卷的统计分析》，《经济理论与经济管理》2014 年第 2 期。

行过热或过冷，可以适当削减或提高公共投资/GDP 比例以稳定我国投资率在适度水平。

（二）加大公共投资提升技术进步力度，稳定中国资本边际生产率水平

中国经济增长前沿课题组（2012）指出："随着全国城市化率的不断提高、结构服务化加快、人口红利的下降，中国长期经济增长减速势成必然，技术进步为长期结构调整政策所关注。"[①] 根据哈罗德—多马模型估算，中国当前资本边际生产率水平约在 15%—20%。根据国际经验，资本边际生产率呈长期下滑的趋势，而技术进步是抵御或消除资本边际生产率下滑的有力武器。应按照《国家中长期科学和技术发展规划纲要（2006—2020）》要求，加大公共投资在科学研究及技术创新方面的投入力度，加快推进国家创新体系建设，提高自主创新能力，通过技术进步水平的提升以稳定和提高中国资本边际生产率水平。

（三）加大公共投资引导和扶植战略性新兴产业成长力度，提升中国产业结构高度化和国际竞争力

公共投资最重要的特征就是战略性、前瞻性和引导性，中国政府应从外汇储备中至少拿出 3000 亿美元成立战略性新兴产业发展基金，政府主导并吸引国内外资本加盟成立战略性新兴产业骨干企业，或以股权合作、债权扶植等方式提供民间资本主导的战略性新兴产业企业发展所需资金，并以产品价格补助的方式迅速扩大对战略性新兴产业产品的市场需求，利用中国巨大的市场和规模优势培育战略性新兴产业产品的成本优势和国际竞争优势，但在战略性新兴产业进入成长期后，政府公共投资应退出以让利让位民间资本主导。

（四）加大公共投资投入力度，推进中国城市化进程，优化中国经济结构

2012 年中国城市化率达到 52.57%。中国城市化进程必须是政府主导

---

① 中国经济增长前沿课题组：《中国经济长期增长路径、效率与潜在增长水平》，《经济研究》2012 年第 11 期。

模式，推进城市化进程可极大地释放中国的投资需求和消费需求，成为引导中国今后 20 年经济增长的重要动力源泉。陈昌兵（2010）指出："按照国际经验，一国城市化率与投资率呈'倒 U 型'曲线关系，而与消费率却呈'U 型'曲线关系。中国城市化率小于 59.93% 时，投资率随着城市化率的增大而增大，当城市化率大于 59.93% 时，投资率随着城市化率的增大而减少；然而，当城市化率小于 54.31% 时，消费率随着城市化率的增大而减少，当城市化率大于 54.31% 时，消费率随着城市化率的增大而增大。"[1] 所以，中国城市化进程可优化经济结构，改变投资消费结构扭曲的态势。

（五）加大公共投资对社会基础设施投入力度，提升中国社会福利水平

随着中国经济基础设施的健全和完善，政府主导的公共投资应加大"科教文卫体"、社会资本及公共娱乐等社会基础设施的投入，特别要加强基础教育方面的投入，提升中国社会人力资本水平，使中国从人力资源大国向人力资本强国转变。加大公共投资对社会基础设施投入还可以提升国民福利水平，提升国民的消费信心以及对国家及政府政策的满意度，真正实现经济增长的包容性和普惠性，是中国经济超越中等收入陷阱，在更高水平上实现均衡增长的关键措施。

第三节　健全和加强科技研发领域和生活性领域的公共投资政策

一、加强科技研发领域和生活性领域公共资本投入的重大意义

毋庸置疑，科学技术进步水平是推动经济长期持续增长的第一动力。

---

① 陈昌兵：《城市化与投资率和消费率间的关系研究》，《经济学动态》2010 年第 9 期。

但经济增长的意义是什么，是仅仅停留在数字层面上的为增长而增长，还是以全体国民福利水平持续增长为最终目标，这就存在对经济增长的价值判断和道德诉求问题。为增长而增长的模式由于广大国民不能持续均享经济增长成果，且增长导致严重的社会收入差距问题及资源环境问题，显然是不包容、不能持续的经济增长模式；而以全体国民福利水平持续增长为最终目标的模式由于发展成果普惠至每一国民，会极大激起全体国民的幸福感和投入经济社会发展的参与力，这是一国经济保持长期持续均衡增长的保障机制，这里要注意不能以极少数懒汉国民的机会主义而盲目揣度绝大多数国民的爱国热情。

因此，一国或地区要保持长期持续均衡增长必须要推动科学技术进步水平，通过科学技术水平进步构建可持续的资源、环境利用机制，突破经济社会可持续发展的瓶颈；但在科技进步推动经济增长时要坚持包容性、普惠性、可持续的长期经济增长模式，宁可经济增长速度适度放缓，也要坚持实实在在、没有水分、有利于经济结构优化、全民福利水平持续提升的普惠制经济增长模式。而实现上述两者的有机结合，政府主导的公共投资政策可能是较好的实现途径。

二、我国科技研发领域和生活性领域公共资本投入现状

根据相关统计数字，2013 年我国全年研究与试验发展（R&D）经费支出 11906 亿元，比上年增长 15.6%，占国内生产总值的 2.09%，其中基础研究经费 569 亿元。但是应指出的是，经费支出包含人工费及日常办公费用，这和资本性支出完全不是一个概念，资本性支出指的是形成固定资本的行为。根据国家统计局统计口径，本书认为目前形成公共资本的为全社会固定资产投资指标中按行业投资于公共领域的九大行业的固定资产投资行为，包括：（1）电力、煤气及水的生产和供应业固定资产投资（A1）；（2）交通运输、仓储及邮电通信业固定资产投资（A2）；（3）科学研究、技术服务和地质勘查业固定资产投资（A3）；（4）水利、环境和公共设施管理业固定资产投资（A4）；（5）居民服务和其他服务业固

定资产投资（A5）；（6）教育固定资产投资（A6）；（7）卫生、社会保障和社会福利业固定资产投资（A7）；（8）文化、体育和娱乐业固定资产投资（A8）；（9）公共管理和社会组织固定资产投资（A9）等。其中，上述（1）至（4）项可纳入生产性（经济性）公共投资范畴，（5）至（9）项可纳入生活性（社会性）公共投资范畴。按照目前的国际竞争态势及我国构建具有国际竞争力的产业体系来看，我国政府公共财政投入到战略性新兴产业中的固定资本形成也可归入公共投资范畴，但由于目前缺乏相关数据，暂不统计到公共投资总额中。

　　根据上述对公共领域及公共资本的界定，本书估算 2003 年至 2012 年 10 年间我国公共领域的九大行业的固定资产投资中，仅电力、煤气及水的生产和供应业投资与 GDP 占比平均就有 3% 左右，而水利、环境和公共设施管理业投资与 GDP 占比高达 5% 左右，交通运输、仓储及邮电通信业投资与 GDP 占比更高达 6% 左右；整体而言，2012 年公共领域的行业投资占 GDP 比例将近 19.18%。具体见表 6-2。

表 6-2　2003—2012 年公共领域行业固定资产投资与 GDP 占比

年份	A1 与 GDP 占比（%）	A2 与 GDP 占比（%）	A3 与 GDP 占比（%）	A4 与 GDP 占比（%）	A5 与 GDP 占比（%）	A6 与 GDP 占比（%）	A7 与 GDP 占比（%）	A8 与 GDP 占比（%）	A9 与 GDP 占比（%）
2003	0.0292	0.0463	0.0021	0.0321	0.0018	0.0123	0.0030	0.0039	0.0159
2004	0.0362	0.0478	0.0021	0.0317	0.0020	0.0127	0.0032	0.0048	0.0152
2005	0.0408	0.0520	0.0024	0.0339	0.0020	0.0119	0.0036	0.0046	0.0158
2006	0.0397	0.0561	0.0023	0.0377	0.0023	0.0105	0.0036	0.0044	0.0138
2007	0.0356	0.0532	0.0021	0.0382	0.0016	0.0089	0.0033	0.0047	0.0119
2008	0.0350	0.0542	0.0025	0.0431	0.0017	0.0080	0.0037	0.0051	0.0119
2009	0.0423	0.0733	0.0035	0.0583	0.0024	0.0103	0.0055	0.0070	0.0139
2010	0.0391	0.0749	0.0034	0.0618	0.0028	0.0100	0.0053	0.0074	0.0141
2011	0.0310	0.0598	0.0036	0.0518	0.0031	0.0082	0.0049	0.0067	0.0119
2012	0.0321	0.0605	0.0048	0.0570	0.0037	0.0089	0.0050	0.0082	0.0116

资料来源：根据中经网数据库整理获得。

根据表 6-2 可以发现，在 2012 年我国生产性（经济性）公共投资与
GDP 占比将近 15.44%，而生活性（社会性）公共投资与 GDP 占比仅
3.74%；但在生产性公共投资中，用于科学研究、技术服务和地质勘查业
的公共投资总计仅占 GDP 的 0.48%，远远低于其余三项生产性行业公共
投资。从促进中国经济长期持续均衡增长的视角考虑，长期用于科技研发
领域的公共投资应不低于其人工或日常经费支出，至少应占我国 GDP 比
重的 2% 以上。因此，我国应加大力度，从全球政府采购或财政资助私人
资本采购反映最先进技术水平的研发设备，高新聘请全球最优秀人才研发
出国民经济发展急需的技术设备。从表 6-2 还可以看出，我国历年公共
投资中，生活性领域公共资本投入远低于生产性领域公共资本投入，如
2012 年生活性领域公共资本投入仅有生产性领域公共资本投入的 24.22%
左右。随着我国人均 GDP 逐步达到世界上中等国家收入标准，我国必须
加大生活性领域公共资本投入比重，如教育、卫生、文化、体育、居民服
务、社会保障、社会福利等领域的公共投资与居民福利水平提高息息相
关，要构建普惠性、包容性经济增长模式必须加大对上述生活性领域公共
资本投入力度，投入生活性领域公共资本应大致与生产性领域公共资本总
量大致一致。

三、健全科技研发领域和生活性领域的公共投资政策建议

（一）构建合理的科技研发领域公共资本投入机制

无数经典研究与政策实践均证明科技进步是一国或地区经济发展及社
会福利持续提升第一推动力，而教育投资及 R&D 投资则是科技进步的关
键物质基础。由于教育投资及 R&D 投资的显著正外部性，决定了该领域
投资的短缺态势，因此，政府必须加大公共资本投入教育及 R&D 领域以
克服该领域市场失灵。当然，教育投资及 R&D 投资的预期巨大的回报这
无须证明，而且这也是一国或地区经济长期持续均衡增长的物质技术
基础。

著名学者莫拉莱斯（Morales，2001）探讨了科技研发领域公共资本

投入机制指出：稳定状态平均增长率等于社会知识存量（或社会技术水平）的增长速度，存在以下内在关系：

$$\gamma = \frac{\dot{Y}_t}{Y_t} = \frac{\dot{A}_t^{max}}{A_t^{max}} = \sigma\lambda\ (n_A)^{\beta}\ (n_B)^{1-\beta} \tag{6-1}$$

公式（6-1）中，A_t^{max} 为衡量社会知识存量的参数，σ、β 为 0—1 之间参数，n_A、n_B 分别为社会包括政府和企业对应用研究、基础研究的投资力度。莫拉莱斯指出经济长期稳态增长取决于研发密度（可理解为研发投入强度）即研发资本积累，在其他条件不变时，厂商对科技研发投资及实物投资的均衡条件可以决定社会稳定状态的增长率。当社会知识存量发生变化时，会改变厂商创新成功的概率和创新收益的贴现率，进而改变厂商均衡的科技研发投资比例，并最终影响经济长期稳态增长。政府研发投资中分配于应用研究和基础研究的比例对企业研发投资决策有重要影响。如政府研发投资仅从事基础研究，并不会对企业研发投资有"挤出效应"，而且政府研发投资导致的社会知识存量增加会引诱企业研发投资增加。但政府研发投资中的应用研究会提高整个社会的创新成功率，加速创造性毁灭的过程，但对企业研发投资有挤出效应。杨朝峰等（2008）指出："提高政府研发投资促进经济增长的作用关键在于：（1）政府研发投资中基础研究与应用研究保持一定比例，如果应用研究比例过大，会不利于经济增长，政府研发投资最主要的作用在于增加社会知识的存量；（2）政府资助企业研发投资进而经济增长的拉动效应是递减的，因此政府资助研发的规模也要保持适度规模以提高公共资本投入的使用效率。"[①]

（二）加强科技研发领域公共资本投入力度

在科技研发领域离不开政府公共政策及公共资本的扶植与引导。如2006年国务院发布《国家中长期科学和技术发展规划纲要（2006—2020年）》提出全面推进中国特色国家创新体系建设，明确指出要建立多元化、多渠道的科技投入体系，国家财政投入主要用于支持市场机制不能有

[①]　杨朝峰、贾小峰：《政府公共 R&D 影响经济增长的机制研究》，《中国软科学》2008 年第8 期。

效解决的基础研究、前沿技术研究、社会公益研究、重大共性关键技术研究等公共科技活动，加强科技基础条件平台建设，建立科技基础条件平台的共享机制，并引导企业和全社会的科技投入。2012 年中共中央、国务院印发《关于深化科技体制改革加快国家创新体系建设的意见》明确指出 2020 年我国将建成中国特色国家创新体系，加快形成多元化、多层次、多渠道的科技投入体系，实现 2020 年全社会研发经费占国内生产总值2.5%以上的目标。上述政策明确了政府主导的公共资本投入的方向和强度。无数学者经典研究证明，政府主导的科技研发投资对经济长期持续均衡增长具有重要意义。严成樑（2009）指出："我国政府研发投资通过影响休闲劳动选择、消费投资（包括物质资本积累和研发投资）选择，从而影响经济增长；政府研发投资规模越大，经济增长率越高；我国政府研发投资与经济增长之间存在长期均衡关系，政府研发投资可以显著促进经济增长。"[①]

（三）加强政府主导的教育公共资本投入力度

科技进步是驱动长期经济增长的发动机和第一动力，教育提供的人力资本则是这个发动机的物质技术基础。如舒尔茨对美国 1929—1957 年间教育投资增量的收益率作了测算，发现美国教育投资对经济增长的贡献率为 33%，教育可以通过提高劳动生产率来显著促进经济增长。[②] 巴达尔奇等（Baldacci et al., 2008）指出教育和健康支出对人力资本具有显著的积极影响，从而支持更高的经济增长率。[③] 我国 2012 年国家财政性教育经费支持为 22236.23 亿元，占 GDP 比例为 4.28%，但教育行业固定资产投资却仅占 GDP 的 0.89%，远远低于 2003 年的 1.23%的比重。教育由于其典型的基础性、战略性、显著的外部性特征，决定其不能走教育产业化道路，教育投资必须有政府担当。在社会性领域公共投资中，教育投资应当

---

① 严成樑：《政府研发投资与长期经济增长》，《经济科学》2009 年第 2 期。

② ［美］舒尔茨：《论人力资本投资》，吴珠华等译，北京经济学院出版社 1990 年版。

③ Baldacci E., Clements B., Gupta S. & Cui Q., " Social Spending, Human Capita, and Growth in Developing Countries", *World Development*, Vol. 36, No. 8 (2008), pp. 1317–1341.

占据显赫的投资构成，教育投资形成培养具有国际竞争力的人力资本和合格劳动力的物质技术基础。在当今时代，没有领先全球的教育基础设施及高端技术装备，根本不可能拥有综合素质及人力资本领先全球的国民。在教育投资领域，还有许多方面亟待加强。如我国政府教育投资要确保我国省级以上重点大学的教育基础设施及技术装备要向国外知名高校看齐，至于全国重点大学如985高校的教育基础设施及技术装备应达到国际一流水准甚至领先水平，要确保高校既成为全球最新教育设备及教育技术的装备者和践行者，也要成为全球一流科技创新成果的生产者和提供者。至于中学乃至小学，政府充分利用教育投资提供先进的教育基础设施，如先进的多功能教学大楼，设备齐全的图书馆、体育馆、实验室，完备的信息化教学设备，先进的远程全国精品课程共享教学平台等。针对全国低收入家庭，政府教育投资完全可以免费提供电脑及免费提供远程优质网络课程教育支持服务，确保城乡低收入家庭及孩子享有基本教育均等化服务。陈朝旭（2011）指出："我国经济增长能够促进公共教育投资增加，公共教育投资的增加也有助于经济增长。应从制度上保证教育投资的规模，逐步形成教育促进经济增长的良性机制，避免因教育投资匮乏和使用效率低下而对经济的长期可持续发展造成负面影响。"[1]

（四）加大生活性领域公共资本投入力度，确保全国基本公共服务均等化水平

加大生活性领域公共资本投入力度是确保我国国民享有基本公共服务权利，并持续提升国民福利水平的有力措施，是促进我国经济长期持续均衡增长的关键，也是我国社会主义市场经济体制下经济增长的核心目标及归宿。但生活性公共领域不同于经济性公共领域的可经营性公共产品特征，生活性公共领域行业几乎都是纯公共产品行业，极少数具有准公共产品特征，由于不产生现金流或收入远不抵支，因此相对于社会公共需求而

---

① 陈朝旭：《政府公共教育投资与经济增长关系的实证分析》，《财经问题研究》2011年第2期。

言，生活性公共领域行业供给始终是短缺的。如高质量的学校、医院、文化场所、体育设施、优美的公共场所供给由于社会或政府资源限制，任何时候都难以满足社会需求，但这不应成为政府推诿责任的借口，政府应尽最大努力在资源所及条件下满足国民对生活性领域公共产品的需求。根据世界银行、国务院发展研究中心、财政部《中国：推进高效、包容、可持续的城镇化》中预测今后 20 年在我国城镇化进程成本中仅仅社会服务一栏中保障性住房一项支出平均每年要占 GDP 的 1%—2% 左右，然而，2012 年我国居民服务和其他服务业投资与 GDP 占比仅为 0.37%，可见，社会服务行业中我国公共投资还有很大的增长提升空间。而加大公共资本投入实现基本公共服务均等化则是保障全体国民共享改革发展成果的必经之路。搜狗百科（2014）指出："基本公共服务均等化的内容主要包括：（1）基本民生性服务，如就业服务、社会救助、养老保障等；（2）公共事业性服务，如公共教育、公共卫生、公共文化、科学技术、人口控制等；（3）公益基础性服务，如公共设施、生态维护、环境保护等；（4）公共安全性服务，如社会治安、生产安全、消费安全、国防安全等。"[①]保障基本公共服务均等化是政府的责任和国民的权利，我国中央政府应力争通过转移支付等手段确保不同城乡、不同区域国民之间人均生活性领域公共资本投入大致相当，确保我国国民都能分享我国经济增长成果。

第四节　促进区域经济持续协调发展的公共投资政策

一、当前我国区域经济持续协调发展的现状

当前我国区域发展并没有体现出持续协调的态势，具体体现在以下两个方面：

---

① 搜狗百科：《基本公共服务均等化》，2014 年 6 月 25 日，见 http://baike.sogou.com。

（一）区域人均收入呈现出总量差距拉大但比重收敛的态势

由于改革开放以来我国实行的是区域经济非均衡发展战略，在东部沿海地区优先发展战略指导下，东部地区的经济发展水平远高于中部、西部地区。随着我国先后采取了西部大开发、振兴东北地区等老工业基地、中部崛起等战略以推动区域经济协调发展，我国不同区域的人均 GDP 水平比重有收敛好转的态势。

根据国家统计局官网公布的数据，2000 年到 2012 年间，我国东部、中部、西部三大地区（按照国家统计局官网划分标准）人均 GDP 在总量上差距有拉大趋势，但在比重上有收敛的态势。从总量上分析，如 2000 年，中部地区人均 GDP 与东部地区的差距为 8083.95 元，西部地区人均 GDP 与东部地区的差距为 9037.16 元；但到 2012 年，中部地区人均 GDP 与东部地区的差距拉大到 27760.87 元，西部地区人均 GDP 与东部地区的差距为 29571.83 元。可见，东部地区人均 GDP 水平与中部、东部地区的人均 GDP 水平差距急剧扩大。然而，从不同区域收入比重来分析，如 2000 年，中部与东部地区人均 GDP 占比为 0.426856，西部与东部地区人均 GDP 占比为 0.359275，西部与中部地区人均 GDP 占比为 0.84167；但到 2012 年，中部与东部地区人均 GDP 占比为 0.55223，西部与东部地区人均 GDP 占比为 0.52302，西部与中部地区人均 GDP 占比为 0.94710。可见，三大区域之间人均 GDP 比重的收敛态势比较明显。具体见表 6-3。

表 6-3　2000—2012 年我国三大区域人均 GDP 及其占比

年份	东部地区人均 GDP（元）	中部地区人均 GDP（元）	西部地区人均 GDP（元）	中部与东部地区人均 GDP 占比	西部与东部地区人均 GDP 占比	西部与中部地区人均 GDP 占比
2000	14104.58	6020.63	5067.42	0.426856	0.359275	0.84167
2001	15380.83	6562.38	5571.50	0.426659	0.362237	0.84900
2002	17119.13	7195.00	6158.08	0.42029	0.359719	0.85588
2003	19577.00	8184.50	7062.67	0.418067	0.360763	0.86293
2004	23133.91	9846.25	8463.42	0.42562	0.365845	0.85955

续表

年份	东部地区人均GDP（元）	中部地区人均GDP（元）	西部地区人均GDP（元）	中部与东部地区人均GDP占比	西部与东部地区人均GDP占比	西部与中部地区人均GDP占比
2005	27002.00	11500.38	9968.50	0.425908	0.369176	0.86679
2006	30812.73	13285.50	11759.83	0.431169	0.381655	0.88516
2007	36087.18	16049.50	14249.17	0.444742	0.394854	0.88782
2008	40385.73	19287.63	17641.92	0.477585	0.436835	0.91467
2009	43138.55	21001.13	19352.75	0.48683	0.448619	0.92151
2010	49836.00	25521.25	23482.42	0.512105	0.471194	0.92011
2011	57283.27	30897.88	28783.25	0.539387	0.502472	0.93156
2012	61998.00	34237.13	32426.17	0.55223	0.52302	0.94710

资料来源：根据国家统计局官网（http://www.stats.gov.cn）数据整理获取。

　　为了更清晰地探讨我国不同区域人均GDP的运行态势水平，以下根据表6-3数据分别探讨我国不同区域人均GDP及其占比状况，分别获得图6-5及图6-6。

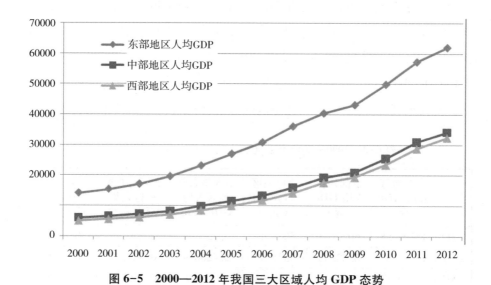

图6-5　2000—2012年我国三大区域人均GDP态势

　　从图6-5及图6-6可以清晰发现2000—2012年我国三大区域人均

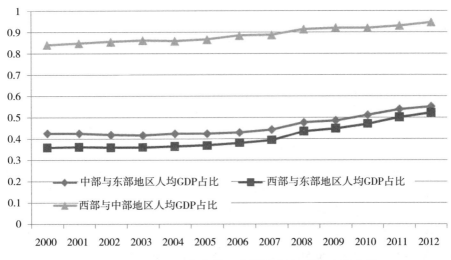

图6-6　2000—2012年我国三大区域人均GDP占比态势

GDP及其占比运行态势，可以发现中部及西部地区人均GDP收敛态势很明显，基本上有向1趋近的态势；但中部、西部地区人均GDP虽然与东部地区有趋近的态势，但差距仍很明显，如东部地区人均GDP基本上是中部、西部地区人均GDP的2倍左右，可见要实现我国各区域持续协调发展仍是一艰巨的任务。

（二）各区域综合发展及民生状况存在明显差距

根据中国统计学会和国家统计局统计科学研究所设计的地区发展与民生指数，可以相对科学的对我国各区域协调发展状况进行综合分析。发展与民生指数评价指标体系（Development and Life Index，简称DLI）包括经济发展、民生改善、社会发展、生态建设、科技创新和公众评价（公众评价暂未开展）六大方面，共42项指标。发展与民生指数的计算与合成借鉴了联合国人类发展指数（HDI）等有关方法，根据每个评价指标的上、下限阈值来计算其指数（即无量纲化），指数介于0至100之间，根据指标权重合成分类指数和总指数，用以反映各区域协调发展及民生改善总状况。以下是2000—2012年我国东、中、西部及东北地区发展与民生指数，具体见表6-4。

表6-4 2000—2012年我国各地区发展与民生指数

单位:%

	2000	2001	2002	2003	2004	2005	2006	2007	2008	2009	2010	2011	2012
东部地区	46.39	47.98	49.72	51.20	52.73	54.45	56.90	59.61	61.62	64.49	67.10	69.38	71.57
北京	64.08	66.37	68.16	69.51	73.52	75.59	78.20	81.35	82.85	84.90	85.33	87.64	90.18
天津	53.11	56.12	58.92	59.85	61.52	63.05	65.90	68.11	69.95	72.83	74.90	76.74	78.65
河北	38.14	39.47	40.88	41.86	42.66	44.78	46.62	48.68	50.58	53.37	56.60	58.79	60.27
上海	62.01	63.39	63.75	66.78	68.58	70.34	72.64	75.76	76.46	79.12	82.49	84.24	85.53
江苏	46.25	48.01	49.80	52.17	54.85	56.08	58.46	61.65	63.97	68.01	70.95	74.11	77.02
浙江	49.07	50.54	51.86	53.70	54.94	58.10	60.90	63.16	65.00	67.69	70.96	72.56	75.43
福建	45.80	47.33	48.86	50.31	51.47	52.58	54.27	56.77	59.71	61.99	63.73	66.43	68.54
山东	41.76	42.86	44.82	46.60	47.47	49.32	52.39	55.19	57.05	59.72	61.71	63.92	65.67
广东	50.54	52.43	54.50	54.82	56.31	57.28	59.45	62.03	63.85	66.21	68.75	70.64	72.85
海南	40.55	41.71	42.88	43.25	43.97	44.93	46.70	48.91	49.78	52.85	55.54	58.63	61.44
中部地区	36.85	38.39	39.59	40.61	41.80	43.45	45.54	48.42	50.30	53.19	55.51	58.04	60.35
山西	34.31	35.71	38.36	38.87	39.52	41.44	44.67	47.62	48.46	52.24	54.54	56.57	59.77
安徽	36.13	37.14	37.99	38.49	40.48	41.18	43.42	46.31	49.08	52.24	54.60	57.89	60.09
江西	35.80	37.41	39.52	40.98	42.25	44.83	46.13	49.56	52.13	54.62	56.63	58.70	60.46
河南	35.85	37.54	38.64	40.26	41.30	42.70	44.76	47.46	49.03	51.58	53.76	56.72	59.04
湖北	40.35	41.20	42.71	43.53	44.37	45.97	48.41	51.18	52.67	55.75	58.08	60.02	62.41
湖南	37.89	40.32	40.45	41.23	42.38	44.60	46.23	49.03	50.97	53.72	56.36	58.69	60.88
西部地区	34.18	35.31	36.80	37.58	38.57	40.40	42.10	45.44	47.07	50.05	52.64	55.43	58.22
内蒙古	35.78	36.64	37.73	38.73	40.36	43.15	45.38	50.21	49.67	52.39	54.69	56.85	59.14
广西	34.83	36.51	38.30	39.15	40.01	42.42	43.86	46.34	47.64	51.09	52.93	54.33	57.55
重庆	36.14	37.79	39.11	40.36	42.45	44.94	47.50	51.08	53.38	56.41	59.49	63.69	65.87
四川	35.46	38.17	39.86	40.02	40.92	42.56	44.79	48.92	50.63	53.64	55.92	58.95	61.54
贵州	28.66	29.55	31.01	31.97	33.23	36.69	37.24	40.17	41.19	44.40	47.93	51.21	54.07
云南	35.42	33.79	34.99	36.25	37.15	38.79	39.58	42.96	44.69	47.77	50.13	52.95	56.20
西藏	30.09	32.10	33.72	34.94	36.39	35.80	38.82	39.88	40.94	43.40	46.32	47.85	50.65
陕西	38.21	38.86	40.04	40.01	40.57	41.32	43.59	47.01	50.12	52.67	56.14	58.79	61.63
甘肃	29.31	30.41	32.19	33.07	34.30	35.33	35.90	38.40	40.35	43.15	45.58	49.60	52.40
青海	31.06	31.97	33.58	34.95	35.43	36.82	38.91	39.81	41.01	42.93	45.82	48.68	51.93

续表

	2000	2001	2002	2003	2004	2005	2006	2007	2008	2009	2010	2011	2012
宁夏	31.37	32.29	34.33	35.41	36.86	37.89	40.09	43.28	44.90	46.68	49.92	50.80	53.88
新疆	30.92	31.11	32.51	34.67	34.35	35.49	37.17	39.90	41.54	44.46	47.12	49.42	52.10
东北地区	40.32	41.48	43.01	44.43	45.51	46.56	48.68	51.18	53.11	55.63	57.97	60.03	62.04
辽宁	42.42	43.59	44.90	46.88	48.04	49.89	52.29	54.44	56.41	58.81	61.21	64.07	65.84
吉林	40.18	41.78	43.18	44.46	45.83	45.85	47.66	50.67	52.59	55.01	57.21	58.77	60.28
黑龙江	38.11	38.94	40.79	41.70	42.49	43.37	45.37	47.88	49.76	52.47	54.82	56.32	58.96

资料来源：中国统计学会和国家统计局统计科学研究 2012 年地区发展与民生指数（DLI）统计监测结果，国家统计局，2013 年 12 月 31 日。

从表 6-4 可以发现 2000—2012 年间，我国各省及各区域经济社会发展及民生状况均有持续改善，但不同省份及不同区域发展的状况不同，存在明显的差距。从省份来看，2012 年发展与民生指数最高的北京市高达 90.18%，然而最低的西藏自治区仅有 50.65%；从区域来看，2012 年我国东部地区、中部地区、西部地区、东北地区发展与民生指数分别为 71.57%、60.35%、58.22%、62.04%，差距明显。因此，区域协调发展战略应在政策上力求我国不同区域不同省份的发展与民生指数趋于一致。

从表 6-4 可以探析我国 2000 年到 2012 年间不同地区不同省份的发展与民生指数，为更清晰分析不同区域的发展与民生指数运行态势，以下构建了我国 2000—2012 年不同区域发展与民生指数运行态势图，具体如图 6-7 所示。

从图 6-7 可以很清晰地发现我国 2000—2012 年不同区域发展与民生指数都呈持续上升的良好态势，而且中部地区、西部地区、东北地区发展与民生指数收敛的态势很清晰，表明上述三个地区持续协调发展的状况较为理想，最为理想的是西部地区进步最快，这说明西部大开发战略起到明显效果。但从图 6-7 也可以发现，东部地区和其余三个地区的发展与民生指数并没有收敛的态势，这些都需要政策面高度重视。

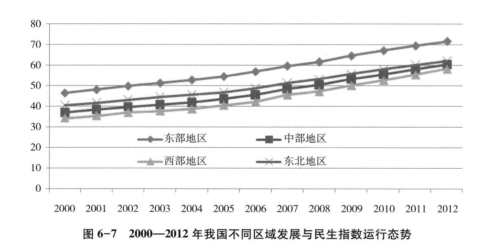

图 6-7　2000—2012 年我国不同区域发展与民生指数运行态势

二、促进我国区域经济持续协调发展的公共投资政策

（一）构建完整的区域地方公共投资政策体系

我国地方公共投资政策受中央政府的区域公共投资政策的影响和制约。由于中西部地区内部各区域经济发展差异较大，地方公共投资政策制定与实施缺乏稳定性、系统性、科学性，中央政府制定和实施的区域公共投资政策作为中央政府推动区域经济发展的重要政策易受地方政府与中央政府之间的讨价还价博弈的影响，缺乏稳定性，还没有形成一整套成熟而规范的区域公共投资政策。应构建完整的区域地方公共投资政策体系，包括以下内容：（1）制定合理的地方公共投资政策目标。应该包括地方公共投资项目选择与区位选择的合理性，地方公共投资必须与区域经济发展适应性，地方公共投资政策与国家宏观经济政策协调性，地方公共投资政策要与区际间公共投资政策协调等。（2）选择恰当的地方公共投资政策工具。地方公共投资政策工具主要包括中央政府对地方政府的投资补助，地方政府财政支出，私人外国资本对区域的投资，鼓励提供地方公共产品的政策优惠和制度安排等。（3）构建地方公共投资政策制定、实施、调整与改进的制度安排体系。要通过地方政府职能转变，从地方政府行为方面来规范地方公共投资决策。要建立和完善有关的法律法规，防止短期行

为和盲目行为。要建立地方公共投资政策制定与实施的组织机构，形成组织保障体系。总之，中央政府的全局性公共投资，对区域协调发展具有关键性影响，科学合理的地方公共投资政策对推动区域经济发展至关重要。应构建完整的区域地方公共投资政策体系，积极发挥好地方公共投资促进区域经济发展方面的积极作用。

（二）中央政府应加大区域公共投资配置力度促进区域经济社会协调发展

中央政府扩大对落后地区的公共投资有利于缩小区域发展差距，实现区域经济协调发展。而中央政府在中西部地区的公共投资有利于弥补中西部地区公共投资资金不足，推动中西部地区的市场化进程，进一步提高中西部地区参与市场竞争能力。中西部相对落后地区地方政府的公共投资筹措能力较弱，中央政府的公共投资对区域经济发展创造公平政策环境，缩小区域发展差距，促进我国区域经济协调发展和市场经济一体化进程具有重要意义。现在我国不同省份之间、三大区域之间，存在经济社会发展的巨大鸿沟，如不高度重视发达区域对相对落后区域的"虹吸效应"，将导致强者恒强的马太效应极化及区域发展差距的进一步拉大，中央政府应加大对中部、西部地区省份公共投资转移支付力度以克服该类区域公共资本形成之不足。中央政府应探讨区域公共投资的空间布局优化的制度设计，为区域公共投资的资源优化配置提供科学化和程序化的决策依据，提高公共资源的布局效率。中央政府应大力推动建设与区域经济社会发展目标密切相关的、能极大提高区域公众满意度及福利水平的公共投资项目，增强相对落后区域的造血能力及内生发展能力，实现各区域的协调发展。

（三）组建以区域基本公共服务均等化为目标的地区发展一致性基金

中央政府应保障相对落后区域公众享有与相对发达区域基本公共服务均等化的权利，中央政府应通过战略性、前瞻性、长期性的手段及制度设计，培育固定长期性资金支持相对落后地区公共事业发展，使各区域投向基本公共服务领域的人均公共资本趋于一致，使各区域公众都享有相对均等的基本公共服务，这方面组建地区发展一致性基金可能是较好的制度设计。如欧盟运作多年的欧洲地区发展基金、欧洲社会基金以及欧洲农业指导和担保基金都致力于促进落后区域人均 GDP 向区域平均水平的收敛，实现区域发展的一致性，并在具体操作中将受益区域的公共基础设施、人力资本以及农业发展作为三大优选投资目标。我国构建的地区发展一致性基金应主要投向科教文卫体及战略性新兴产业培育等外部性很强的公共领域，以增强相对落后地区经济长期内生增长能力。

（四）保持适度区域公共投资规模

我国各区域等量公共资本的经济增长效应低于等量私人资本的经济增长效应，因此，在区域投资规模的配置上，应控制公共投资的规模和范围，充分发挥私人投资的经济增长效应以促进区域经济增长最大化。但是，公共投资是经济社会发展的公摊资本和先行资本，规模适度、结构合理的公共投资降低私人投资成本并引致私人投资规模的增加；而一味排除公共资本将导致社会公共产品稀缺，大大增加私人资本成本并阻碍私人投资的积极性。因此，保持适度的公共投资规模对区域经济社会发展具有积极的意义，可参照著名财政学家道尔顿的最优公共投资准则，即最优公共投资规模应是公共资本边际产出等于 1 时的规模，可按照该原则配置区域公共投资效率规模。

（五）合理配置区域公共投资结构和私人投资结构，保持区域发展效率与公平的协调统一

资本在当前及今后相当长的期间仍是推动我国区域发展最主要动力，尽管当前我国公共资本及私人资本供给均超过最优规模，但只要公共资本的边际产出大于 0，增加公共资本促进区域经济增长就有现实意义。当前中部、西部地区公共资本供给相对于东部而言存在短缺现象，在区域公共投资的配置上中央政府应采取积极措施使中部、西部地区人均公共投资超过或至少不低于东部地区；但由于东部地区的市场化水平、规模经济及经济效率远强于中、西部地区，等量私人投资在东部的效率要强于中、西部地区，因此私人投资的配置应让市场起决定性作用。区域资本配置应兼顾效率与公平原则，短期看，东部与中、西部地区的发展鸿沟难以缩小，但

从长期看，随着中央政府巨量公共资本改善中、西部地区投资环境及拉动中、西部地区经济内生增长，各区域人均 GDP 应有长期收敛的态势。①

第五节　促进战略性新兴产业成长的公共投资政策

一、发展战略性新兴产业是体现国家意志的战略行为

国务院在 2010 年出台《国务院关于加快培育和发展战略性新兴产业的决定》指出加快培育和发展战略性新兴产业对推进我国现代化建设具有重要战略意义，计划到 2015 年，我国节能环保、新一代信息技术、生物、高端装备制造产业、新能源、新材料、新能源汽车产业等七大战略性新兴产业形成健康发展、协调推进的基本格局，对产业结构升级的推动作用显著增强，增加值占国内生产总值的比重力争达到 8% 左右；计划到 2020 年，战略性新兴产业增加值占国内生产总值的比重力争达到 15% 左右，吸纳、带动就业能力显著提高，创新能力大幅提升，掌握一批关键核心技术，在局部领域达到世界领先水平，形成一批具有国际影响力的大企业和一批创新活力旺盛的中小企业，建成一批产业链完善、创新能力强、特色鲜明的战略性新兴产业集聚区。② 我国战略性新兴产业在我国国民经济中的地位地位和作用越来越强，如 2012 年新一代信息技术产业、生物产业的主营业务收入分别高达 74844.3 亿元、18939.7 亿元。③

我国发展战略性新兴产业是培育 21 世纪具有国际竞争力的可持续发展产业体系的战略行为，这对我国新旧产业更替、新兴消费市场拓展、要素市场进步、产业结构升级、构建低碳循环经济模式具有重要意义，是推动我国产业结构升级和经济结构优化、转变我国发展模式、促进我国经济

---

① 杨飞虎、伍琴：《我国公共投资区域结构效率探析》，《经济问题探索》2014 年第 7 期。

② 江国成：《2020 年战略性新兴产业增加值占 GDP15%》，2010 年 10 月 19 日，见 http://www.sina.com.cn。

③ 数据来源于 2002 年至 2013 年《中国高技术产业统计年鉴 2013》。

长期持续均衡增长的决定性力量。如图 6-8 所示。

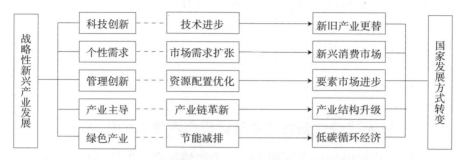

图 6-8　战略性新兴产业发展推动我国经济增长方式转变

　　促进战略性新兴产业健康发展是体现我国国家意志的战略行为，我国中央政府是战略性新兴产业发展政策干预的最高行政主体，通过合理的政策设计和制度安排，中央政府能够有效管控战略性新兴产业发展。我国中央政府通过全局主导性、战略安全性、发展新型性、科技创新性、产业体系可持续性、产业体系国际先进性等方面全面评价和管控我国战略性新兴产业的有序健康发展（如图 6-9 所示）。李勃昕（2013）指出："战略性新兴产业的提出具有鲜明的国家特色并具有重要战略地位的产业。由于产业的发展与权益主题息息相关，而权益主体的最高形式即是国家，因此，战略性新兴产业体现了国家产业发展战略意图。在全球的大环境及压力下，各国纷纷将通过发展战略性新兴产业以优化结构保持经济持续稳定增长。各国已越来越意识到战略性新兴产业成为国家产业竞争力的核心要素。我国战略性新兴产业发展体现了我国产业发展战略意图，是实现我国产业结构升级和经济增长方式转变的重要载体，通过技术创新、个性需求、管理创新、产业主导和节能减排，战略性新兴产业发展能够有效推动国家经济走上集约型发展道路，有助于促进我国经济长期持续均衡增长。"①

　　我国战略性新兴产业发展迅速，但加快我国战略性新兴产业的发展，提高其竞争水平，关键是要解决技术突破的问题。我国重点发展的七大战

　　① 李勃昕：《中国战略性新兴产业发展研究》，博士学位论文，西北大学，2013 年，第 79—82 页。

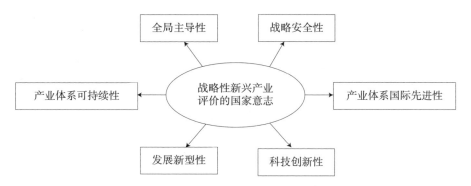

图 6-9　战略性新兴产业发展是我国国家意志行为

略性新兴产业中，虽然有一些在规模与技术上都已经达到世界前列水平，但与发达国家相比，我国在关键技术的自主创新等方面还不具竞争优势，设备主要依赖进口，技术也从国外获得，这些现状就导致了我国战略性新兴产业在成长过程中面临成本高、竞争力弱的困境，核心技术的研发与成果转化已经成为整个产业结构升级的瓶颈，从而对我国战略性新兴产业进一步开发国内国际市场产生了很大的制约。在战略性新兴产业的成长过程中总是面临着较大的风险与较高的研发投入，因此单个企业由于缺少充足的资金与冒险精神，往往缺少创新的动力，所以要鼓励企业创新，很大程度上就得依赖于政府的激励与扶持政策。李媛（2013）指出："我国政府应积极承担其在战略性新兴产业技术创新中的作用，稳步增加对战略性新兴产业重点领域的公共资本投入，建立和完善多元化、多渠道的公共资本投入模式，对前沿性、关键性和共性基础研究要加大支持力度，提升企业的自主研发能力，力争突破关键技术并抢占科技制高点。"[1] 具体如图 6-10 所示。

二、促进战略性新兴产业可持续成长的公共投资政策

（一）组建中国战略性新兴产业发展投资有限公司

大力发展战略性新兴产业体现了国家意志，由于其战略性以及对我

---

[1] 李媛：《中国战略性新兴产业的成长机制与实证研究》，博士学位论文，南开大学，2013年，第7—9页。

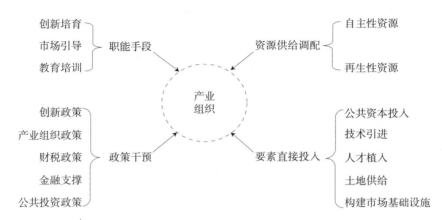

图 6-10 战略性新兴产业发展中的国家支持行为

国构建具有国际竞争力的可持续产业体系所具备的关键推动力量，因此在尊重市场机制的前提下，运用国家力量推动该产业持续健康发展是绝对有必要的。根据我国当前国情，组建隶属于国务院国资委直接管理的央企中国战略性新兴产业发展投资有限公司（简称中新公司）应恰逢其时，可依照 2007 年成立的中投公司，从国家外汇储备中拿出 3000 亿美元注入资本金。中国战略性新兴产业发展投资有限公司主要业务范围主要是直接投资设立目标公司、投资参股或控股国外符合我国战略性新兴产业发展的技术领先的企业，并全球采购有助于提升我国战略性新兴产业发展能力的先进设备和技术；在国内，主要参股我国战略性新兴产业中的股份制企业或民营企业，主要提供持续的资本金支持。中国战略性新兴产业发展投资有限公司还有一个重要任务是从事战略性新兴产业领域里的基础性和应用型关键技术研发，在尽量引进、吸收、借鉴国外先进技术基础上，加强我国在该领域可持续自主研发能力以及技术水准赶超国际一流水准的能力，以国家结合市场的力量弥补我国战略性新兴产业领域研发投入的不足，并力求能创造国际上战略性新兴产业的技术标准体系。为了实现对我国战略性新兴产业提供可持续的金融支持，中国战略性新兴产业发展投资有限公司可控股成立战略性新兴产业发展银行，专门对我国战略性新兴产业的中小、小微企业提供可持续的融资服务。

（二）对我国战略性新兴产业提供持续的公共资本投入支持

当前战略性新兴产业对我国国民经济和社会发展贡献越来越大，据估计，2010 年战略性新兴产业增加值约占我国 GDP 4%。而根据我国相关发展规划，2020 年战略性新兴产业增加值要达到我国 GDP 的 15%。根据上述规划，投入战略性新兴产业里的资本总量将是惊人的天文数字。按照目前国际上公认的适宜的资本产出比 3 倍计算，2010 年我国 GDP 为 401513万亿元，此时投入战略性新兴产业里固定资本存量约 48181.56 万亿元；按照 GDP 年均增长 7.5% 估算，到 2020 年，投入战略性新兴产业里固定资本存量约 339747.05 万亿元（2013 年价格）；而且考虑到战略性新兴产业主要是制造行业，可能真实的资本产出比要在 3 倍以上。战略性新兴产业发展显然具有显著的外部性及高风险性，因此，在我国战略性新兴产业发展的初期乃至成长前期，政府要战略性积极参与，其行业初始启动资本、后续追加资本及研发资本投入，政府公共资本投入要承担显著的比例。在战略性新兴产业发展所需的市场基础设施、网络基础设施、市场体系构建等公共产品提供方面，政府公共资本都要担当主导角色。至于对战略性新兴产业投资补贴、税收减免、产品采购、产品价格补贴等都可纳入公共资本投入范畴，因为上述政府公共财政支出使战略性新兴产业中的企业相应节省的资金可用于设备购买、技术更新改造等方面，相应增加了企业资本的总量和质量。但当政府公共资本独资或参股投入的相关企业进入成长后期时，政府不应与民争利，应果断转让相关股权给国内外私人资本，增强私人资本投资运营战略性新兴产业的动力以促使该产业持续健康成长。

（三）加大清洁能源行业的公共资本投入支持

国家主席习近平指出中国面临能源需求压力巨大、能源供给制约较多、能源生产和消费对生态环境损害严重、能源技术水平总体落后等挑战；必须从国家发展和安全的战略高度，审时度势，借势而为，找到顺应

能源大势之道。① 而政府加大清洁能源行业的公共资本投入支持可能是较
好地应对措施。路透社（2014）指出："根据联合国环境规划署（UNEP）
和彭博新能源财经的研究报告，2013 年全球可再生能源投资的 1/5 由中
国贡献，中国太阳能产能翻番。2013 年中国可再生能源投资达 563 亿美
元问鼎全球投资榜榜首。报告还显示 2013 年不包括水力发电的可再生能
源占全球发电总量的 8.5%。"② 罗伯特·波林和迪恩·贝克（Robert
Pollin & Dean Baker，2009）指出美国需要建立一个有竞争力的可再生能
源制造业，成为世界上最大的可再生能源市场使用市场，并为美国创造就
业提供新引擎，但可再生能源制造业的发展需要更多公共投资承诺。美国
国家可再生能源实验室估计在技术上高达 25 万兆瓦的风力发电可在大湖
开发，开发这项技术所需的投资水平范围介于 5000 亿至 1 万亿美元之间；
假设这项工作将在 10 年左右完成，每年的新增工作岗位会产生总数约
660000（花费 500 亿/年，10 年）和 1300000 个就业岗位（花费 1 千
亿/年，10 年）。从上述资料可见，世界主要国家对清洁能源行业发展不
吝重金，我国有庞大的外汇储备、庞大的能源消费市场以及体系齐全的制
造行业，在政府公共资本的投资引领及投资补助、产品价格补贴下，完全
有能力在太阳能、光伏产业、风力发电行业走在世界前列。林春挺
（2014）指出："当前根据我国国情，应优先加大公共资本投入发展核能
产业，从成本角度考虑，作为清洁能源的核电是治理当下中国大气污染的
最经济的选择，2013 年我国新增核电装机容量为 2 吉瓦（GW）；据德意
志银行预计，2014 年我国新增核电装机容量为 8 吉瓦（GW），到 2020 年
投运装机容量达 58 吉瓦（GW），在建装机容量达 30 吉瓦（GW）。据中
国核能行业协会估算，2020 年前我国核电直接投资将达 6400 亿元，其中

---

① ［英］凯瑟琳·布拉西克，汪析译：《外媒：中国推进能源革命，欲成生态文明国家》，
2014 年 6 月 14 日，见 http://oversea. huanqiu. com/article/2014-06/5019795. html。
② 路透社：《2013 年可再生能源扩大发电总量占比，中国首度问鼎投资榜首》，2014 年 4
月 10 日，见 http://china. huanqiu. com/News/mofcom/2014-04/4963342. html。

设备投资为 4800 亿元。"① 显然，公共资本投入支持是我国清洁能源行业发展的物质基础。

（四）加大新能源汽车行业的公共资本投入支持

新能源汽车产业跨越式发展离不开国家战略支持。刘浩（2014）指出："发达国家高度重视均通过制定完善的产业政策并加大公共资金投入以驱动新能源汽车产业发展。如 2009 年'美国创新战略'鼓励消费者购买电动汽车；2009 年日本制定并实施'绿色税制'对购买'下一代汽车'进行税收优惠；法国政府从 2008 年起提供新能源汽车补贴累计达到 23 亿欧元；德国政府规定 2015 年年底之前购买的纯电动汽车免缴车辆税，且期限从 5 年延至 10 年；英国交通部 2010 年规定对新能源汽车购置者将补贴购置款项的 25%，但不超过 5000 英镑。而且各国纷纷抓住时机，将资本投入新能源汽车研发及产业化发展。"②

我国新能源汽车行业发展离不开政府公共资本支持。2012 年国务院印发了《节能与新能源汽车产业发展规划（2012—2020 年）》，规划到 2020 年新能源汽车累计产销量超过 500 万辆；2014 年财政部联合科技部、工业和信息化部、发展改革委公布了《关于进一步做好新能源汽车推广应用工作的通知》，明确了对新能源汽车销售的财政补贴政策。以一辆新能源汽车政府财政平均补贴 5 万元计算，政府在 2020 年用于新能源汽车行业的公共财政支持将高达 2500 亿元，这是一笔非常庞大的公共资本投入。在直接公共资本投入之外，政府用于新能源汽车行业的研发投资，建设新能源汽车产业的配套基础设施均需巨额公共资本投入，如建设电动汽车充电站、汽车充电桩，开发高性能动力电池等。

（五）加大公共资本投入支持国家宽带计划实施

高速发展的互联网产业改变了经济和社会的发展格局，已成为各国制

---

① 林春挺：《核电千亿盛宴民企跃跃欲试：平均每年开工 6 台机组》，2014 年 6 月 4 日，见 http：//business. sohu. com。

② 刘浩：《世界各国新能源汽车产业政策一览》，2014 年 2 月 20 日，见 http：//www. cai-gou2003. com。

胜 21 世纪的关键产业。方黄（2011）指出："为应对新的竞争格局的来临，世界主要国家纷纷推出国家宽带计划，如美国 2011 年 2 月 4 日美国白宫发表美国创新战略报告，提出在未来 5 年内使美国高速无线网络接入率达到 98%；日本 i-Japan 战略 2015 计划大力发展超高速宽带建设（固定宽带速率达到 Gb 级、移动宽带速率为 100Mb 级），将使任何人无论何时何地都可以安全放心且快速地进行信息处理；欧盟数字化议程计划到 2015 年实现欧盟 50% 的购物和使用公共服务的行为通过在线方式实现；韩国则在 2009 年决定未来 5 年内投资 189.3 万亿韩元（约 1.1547 万亿人民币）发展信息核心战略产业。"[①] 实施国家宽带计划要耗费巨额公共投资，这是因为国家宽带计划的显著正外部性决定其基础研发及网络基础设施建设主要由政府或政府主导的公共企业进行。我国应充分利用我国的巨额外汇储备，全球采购实施国家宽带计划所需的关键设备、急需物资、核心技术等，构建我国的联通城乡的无线高速网络，并对低收入家庭实施基本网络服务免费计划。我国以无线高速网络为核心特征的国家宽带计划如顺利实施，将极大推动依赖互联网程度较高的新一代信息技术产业发展，如 2012 年我国新一代信息技术产业主营业务收入已高达 74844.3 亿元。同时，将极大降低社会经济运行成本，提高国民工作生活便利度及福利水平，提升经济社会的运行效率。

第六节　推进高效、包容、可持续的城镇化的公共投资政策

一、高效、包容、可持续的城镇化内容概述

我国 2013 年人均 GDP 为 6629 美元，已是上中等收入国家；但要成

---

① 方黄：《世界主要国家与我国宽带产业的对比》，2011 年 3 月 10 日，见 http：//tech. qq. com。

为高收入国家，继续推进经济长期持续均衡增长，必须建立新的增长方式，应更加注重协调发展及依靠提高生产率和创新能力，更加公平地分配经济增长成果，更加强调环境可持续性，以上目标已体现在我国"十二五"规划中，我国城镇化进程将为实现上述目标发挥重要作用。国务院发展研究中心（2014）指出："城市地区可以提供有效的要素市场，并通过释放集聚效应继续推动经济转型和生产率提高，促进创新和新观念的涌现，通过不断增长的中等收入群体扩大内需，为服务业发展提供空间，节约能源、土地和自然资源，这样的高效、包容、可持续的城镇化将服务于中国经济长期持续均衡增长目标。"①

2014 年 3 月 25 日，国务院发展研究中心和世界银行发布新报告《中国：推进高效、包容、可持续的城镇化》。中国财政部部长楼继伟指出："城镇化是中国保持经济持续健康发展的强大引擎，必须坚持以人为核心的城镇化，以体制机制创新为保障，通过改革释放城镇化发展潜力。要加快财税体制和投融资机制改革，推广运用政府与社会资本合作模式（PPP），建立多元、可持续的城镇化建设资金保障机制。要逐步解决农业转移人口的基本公共服务问题，建立财政转移支付同农业转移人口市民化挂钩机制，推进以人为核心的城镇化。"国务院发展研究中心（2014）指出："管理好城镇化……必须建立推动城镇化高效、包容、可持续发展的体制机制。其中，高效指中国的新型城镇化应该促进生产要素在城乡之间、城城之间以及城市内部优化配置，增强城市创新能力，实现城镇化的集聚效应；包容的含义是要让全体人民，特别是农民、弱势阶层参与发展，要公平分享城镇化的成果，其中最重要的是，要创造更多的就业需求，提供公平、平等的公共服务；可持续的城镇化就是以生态文明的理念为引领，构建绿色产业体系，形成绿色消费模式，增强绿色保障能力，实

---

① 国务院发展研究中心：《中国：推进高效、包容、可持续的城镇化——国务院发展研究中心与世界银行联合报告建议以市场为基础配置土地、劳动力和资本》，2014 年 3 月 25 日，见 http：//www.drc.gov.cn。

现人与自然的和谐相处。"①

　　然而,《中国:推进高效、包容、可持续的城镇化》报告指出:"我国城镇化进程中城镇化总成本占 GDP 的比重居高不下,如预测在 2013—2030 年间,所有城市公共服务、基础设施和保障性住房的年均成本约占 GDP 的 6.1%。由于农业转移人口的融入和政府大规模的保障性住房计划,初期(2013—2017 年)城镇化成本一度会达到占 GDP7.3%的峰值。而且根据过去的经验,近 3/4 的成本由政府通过基础设施开发公司和融资平台公司支付。在改革的情景下,城市密度更高,对基础设施投资需求更少,尤其是在道路方面。对城市的住宅和现有城市土地增值征收不动产税,以及对存量土地的资产经营,完全可以弥补土地用途转换减少的收入。对财政体制进行重大改革,改变地方政府的激励机制,调整地方税收基础和政府间财政体制,并规范地方政府举债行为。在改革情景假设下,在土地政策和地方政府举债方面进行改革,并保留一部分土地收入和地方举债。如果完全没有土地收入和地方举债,那么财政空间不足以覆盖城镇化的支出。"② 见表 6-5。

表 6-5　城镇化的成本和财政空间:基准情景和改革情景(占 GDP 比重)

	基准情景				改革情景			
	2008—2012	2013—2017	2018—2030	2013—2030	2008—2012	2013—2017	2018—2030	2013—2030
城镇化成本(投资和运营维护支出)	8.6	7.3	5.6	6.1	8.5	6.8	4.9	5.4
基础设施投资	3.5	2.7	2.5	2.5	3.4	2.1	1.7	1.8
道路	1.9	1.4	1.2	1.3	1.8	0.9	0.7	0.7
地铁	0.5	0.6	0.6	0.6	0.5	0.6	0.6	0.6

---

① 国务院发展研究中心、世界银行:《中国:推进高效、包容、可持续的城镇化》,2014 年 3 月 25 日,见 http://www.drc.gov.cn。

② 国务院发展研究中心、世界银行:《中国:推进高效、包容、可持续的城镇化》,2014 年 3 月 25 日,见 http://www.drc.gov.cn。

续表

	基准情景				改革情景			
	2008—2012	2013—2017	2018—2030	2013—2030	2008—2012	2013—2017	2018—2030	2013—2030
排水	0.1	0.1	0.1	0.1	0.1	0.1	0	0
污水处理	0.2	0.1	0.1	0.1	0.2	0.1	0.1	0.1
园林绿化	0.4	0.3	0.2	0.2	0.4	0.2	0.1	0.1
垃圾处理	0.1	0.1	0.1	0.1	0.1	0.1	0.1	0.1
供水	0.2	0.1	0.1	0.1	0.2	0.1	0.1	0.1
供热	0.1	0.1	0.1	0.1	0.1	0.1	0.1	0.1
社会服务	5.1	4.6	3.1	3.6	5.1	4.8	3.2	3.6
保障性住房	2.0	1.4	0.5	0.7	2.0	1.4	0.5	0.7
教育（含劳动力成本）	3.1	3.2	2.6	2.8	3.1	3.3	2.7	2.8
公共卫生	0.0	0.0	0.0	0.0	0.0	0.0	0.0	0.0
中央和地方政府								
财政空间	33.3	31.8	30.4	30.8	33.3	29.8	29.9	29.9
财政收入	25.0	26.5	25.9	26.0	25.0	26.7	26.7	26.7
净借款额	8.3	5.3	4.5	4.7	8.3	3.1	3.1	3.2
总支出	31.9	31.1	29.9	30.0	31.8	30.5	28.3	28.9
经常性支出	23.6	23.6	23.3	23.4	23.6	23.6	23.2	23.3
资本支出	6.0	4.7	3.4	3.8	5.9	4.3	3.0	3.4
利息	2.3	2.9	2.9	2.9	2.3	2.6	2.1	2.2

资料来源：世界银行、国务院发展研究中心、财政部：《中国：推进高效、包容、可持续的城镇化》。

　　然而，上述测算显然低估了中国城镇化成本。根据表 6-2，以本书估算的 2003 年至 2012 年 10 年间我国公共领域的九大行业的固定资产投资来看，仅电力、煤气及水的生产和供应业投资与 GDP 占比平均就有 3% 左右，而水利、环境和公共设施管理业投资与 GDP 占比高达 5% 左右，交通运输、仓储及邮电通信业投资与 GDP 占比更高达 6% 左右；整体而言，2012 年公共领域的行业投资占 GDP 比例将近 19.18%。根据表 6-2 还可以发现，2012 年我国生产性（经济性）公共投资与 GDP 占比将近 15.44%，而生活性（社会性）公共投资与 GDP 占比将近 3.74%。显然，生产性公共投资数额远远高于生活性公共资本投入。我国如保持经济处于长期持续均衡增长状态，必须要扩大生活性公共投资占 GDP 及公共投资总比重以提升国民福利水平，真正实现经济的长期包容性、普惠性增长。然而，通过比较表 6-2、表 6-5，可发现表 6-5 中测算的我国城镇化成本中遗漏了表 6-2 中很多公共领域行业的投资，显然低估了我国城镇化成本。而上述公共领域九大行业投资主要是由政府及政府主导的公共企业所实施。因此，考虑城镇化进程中小城镇对私人资本的吸引力问题，各级地方政府想当然的让市场主导、政府引导的模式是不可能加快推进我国高效、包容、可持续的城镇化进程的。市场化的自发引导过程绝对是较为缓慢的、大中城市优先发展的城镇化过程，城镇化的过程就意味着小城镇的凋敝和大中城市的膨胀，这和政策面的期望可能背道而驰。因此，各级政府应充分利用市场机制，有效利用公共投资政策工具主导我国高效、包容、可持续的城镇化进程绝对是我国各级政府无法躲避的责任和使命。

二、推进高效、包容、可持续的城镇化进程的公共投资政策

据世界银行、国务院发展研究中心、财政部测算，我国城镇化成本的四分之三由政府通过基础设施开发公司和融资平台公司支付，严格而言，其实就是由政府财政承担或政府承担或有债务，总之，政府的责任是无法推卸。为推进高效、包容、可持续的城镇化，政府必须设计合理公共投资政策，建议如下：

（一）完善城镇化进程中可持续的公共资本投入机制

根据上述分析，我国城镇化成本在 2013—2017 年间每年占 GDP 比重粗略估计应该在 10% 以上，这么庞大的资金投入单靠政府是无法承受的。且不说当前各级政府财政几乎都是吃饭财政，如果没有预算外的土地财政收入支持，地方政府在城镇化进程中可能无心及无力推动。因此，城镇化

进程应是政府、社会及新入市民合理分担各自成本的机制。这其中政府的公共资本投入是关键的关键，政府只有合理、高效地加大前期公共资本投入，才能构建良好的人文居住氛围及投资环境氛围，诱致以私人资本为主的社会资本增强盈利预期而加大投资力度，从而形成支持可持续就业体系及产业体系的市场环境，良好的人居环境及就业环境才能心甘情愿地推动农民进城置业，安居乐业。因此，政府的公共资本是先行资本及城镇化启动资本。如何保障各级政府对于城镇化进城可持续的公共资本投入能力呢？显然，土地财政是难以持续的，政府税收也很难有很大余地支持城镇化建设，解决之道还是要靠引致私人资本（内资或外资）加盟解决。如允许符合条件的地方政府以具有吸引力的利率发行地方政府债券和城投债券，规定专项投入城镇化进程中的公共基础设施建设，而偿债基金既可用体现代际公平原则的发新债还旧债方式处理，也可用增值后的土地转让收入及产业体系增强后的新增税收解决。对于经营性的公共产品，全部采取公私合作如 PPP、PFI 方式或以特许经营方式授权私人资本投入运营如 BOT 等方式，当前的地方政府投融资平台应该转型为公私合作以市场化机制进行公共产品生产的关键支撑体系。政府撬动私人资本加盟城镇化进程中公共产品生产和提供的另一种关键利器是以投资补贴方式杠杆化撬动私人资本投入，如投资补贴机制设计符合预期，将会引致庞大私人资本投入到公共领域建设经营；政府既达到提供合理规模经营性公用产品目的，又能实现可持续的引致私人资本从事城市化建设的目标，对构建可持续的公共资本投入保障机制至关重要。

（二）优化公共资本投入结构以加强城镇化的包容性与可持续性

政府主导的公共投资必须优化投入结构。我国城镇化进程的战略导向是重点发展中小城市和小城镇，逐步实现城乡统筹发展及城乡一体化。然而，现阶段中小城市特别是小城镇对吸引农民进城置业并安居乐业是没有吸引力的，最关键的是人居环境不包容，市场体系及产业体系不具备可持续性，很难实现绿色发展及包容发展。政府主导的公共资本在小城市及小城镇发展的初期，必须提供完备的公共基础设施，既包括道路、水电气、邮电通信、互联网、园林绿化等，又包括体系齐全的学校、医院、公园、图书馆、艺术馆、博物馆、文化设施、体育设施、社会福利设施等等，上述很多基础设施是不产生现金流或很少产生现金流，而且小城镇又很难获取土地转让收入，因此，小城镇建设的初期公共基础设施成本必须全部或绝大部分由政府提供。只有政府主导创立了小城市或小城镇舒适美观的人居硬件设施后，再因势利导，根据当地特色发展特色、有竞争力的产业体系，政府的公共资本可与私人资本合作兴建各种产业发展必需的市场设施，优化投资环境，吸引私人资本投资以形成特色产业经济，增强市场造血机制，最终形成可持续的产业体系和市场体系。当小城市和小城镇能实现可持续的良性发展循环后，政府公共资本投入应限制在公共基础设施等纯公共产品领域及特色产业或新兴战略性产业的培育领域，对经营性公共产品应通过各种政策及机制设计让私人资本主导提供；政府要高度关注生活性基础设施的提供及维护，要确保小城市及小城镇与大中城市相比，能提供更绿化优美的环境、更干净的空气和水、更舒适便捷的生活、更特色的具有竞争力的产业体系和市场体系、更稳定的就业渠道，切实吸引大中城市市民分流并重新置业及农民放心进城并安居乐业。

（三）加大现代化交通网络投资，采用公交导向发展模式推进城镇化

我国高速铁路、城市轨道交通、航空航运交通等现代化交通网络超常规跨越式发展，为区域经济均衡发展和城镇化进程提供源源不断的新动力。我国现代化交通网络推动着区域一体化、同城化时代比预期时间来得更快，高速铁路促使大区域范围高端资源要素整合，高速铁路的网络化使知识、资本、技术等新产业的发展要素集聚的程度更高，中心城市、大城市的"虹吸效应"加剧；同时，高铁站、空港带动的新产业区又成为新兴产业和现代服务业的新载体。当前和未来进入高铁网络的中心城市、枢纽站点，理应谋划好新产业集聚区的建设，并以此为抓手来优化产业的空间布局。而中心城市的轨道交通建设将直接重组城市和都市圈的产业空间、生活空间，有利于促进服务业结构升级及提升经济容积率。预计城市轨道交通网络到 2020 年将超过 6000 公里，累计投资将超过 4 万亿元人民

币，高铁和快速铁路网络会将人口超过 50 万的所有主要城市连通起来。李程骅（2013）指出："应充分把握和利用我国现代化交通网络超常规跨越式发展对驱动城镇化的战略机遇，科学规划城市群、都市圈内各城市功能定位和产业布局，也有助于缓解大城市中心城区压力，强化中小城市产业功能，增强小城镇公共服务和居住功能，推进大中小城市的产业互融和空间融合，促进合理的空间层级体系和特色性功能区的协调发展。"①

（四）加大教育投资力度，构建可持续的城镇化进程就业体系

促进我国高效、包容、可持续的城镇化的核心环节是如何培育满足社会需求的拥有较好专业技能的劳动者。在从农民向市民转变的过程中，从农业转向城市的制造业及服务业就业可能让农民面临从心理上到技能上的全面转变，只有给进城农民提供可持续的就业机会才能真正让农民融入城市社会，才不至于像候鸟一样在城市和农村之间迁徙。构建进城农民可持续的就业体系关键在于政府的教育投资力度。正如世界银行、国务院发展研究中心、财政部报告估算的城镇化成本中教育方面的支出占 GDP 的比重高达 3% 左右，考虑到 2012 年我国教育支出占 GDP 比重才 4% 左右，可想而知，教育今后在国家及城镇化进程中的地位及作用是多么显赫！而教育的显著外部性特征使教育类似纯公共物品特征，政府必须承担义不容辞的责任；城镇化进程中由农民转化而来的新市民更应靠政府教育投资进行各种针对性的专业培训及技能培训才能达到合格新市民所具备的人力资本水平。政府针对性地兴建教育培训基础设施，聘请合格的专业讲师，以及新建和完善就业培训体系，构建完备的就业服务体系及就业信息系统，真正让愿意就业的新老市民有能力及有机会就业，通过可持续的就业支持让城镇化中的新老市民分享国家发展的成果及福利。

（五）加大政府公共资本支持力度，构建可持续的城镇化进程产业体系

应该指出，我国城镇化进程中可持续的产业体系是可持续就业体系的

---

① 李程骅：《新型城镇化战略下的城市转型路径探讨》，《南京社会科学》2013 年第 22 期。

前提和基础。对于大中城市而言，可持续的产业体系意味着产业体系具有国际竞争力；而对于小城市及小城镇而言，可持续的产业体系意味着产业体系具有区域特色从而具有国际竞争力或国内竞争力。典型的如义乌小商品市场在全球都具有良好的市场信誉及竞争能力，显然与之相关的产业体系具备可持续的全球竞争能力。然而，具有国际竞争力的产业体系形成离不开公共资本的投入支持。典型的如目前我国战略性新兴产业中，对于处于初创期的相关企业政府要通过公共资本全力支持，如目前的新能源产业、新能源汽车产业，一旦离开政府公共资本投入或投资补贴，根本无法有效创造市场需求并实现规模经济生产的目标。同样，在小城市及小城镇中的特色产业体系的培育期及成长前期也不能离开政府公共资本投入以提供技术、必要的先进设备、必要的市场基础设施建设等，但政府公共资本在上述产业体系具备可持续的良性发展轨道时退出，确保赢利机会让私人资本分享以实现产业体系及就业体系的可持续良性互动发展。

（六）加大公共资本投入改造大中城市郊区及旧城区，推动大中城市人口有序增长

我国的高效、包容、可持续的城镇化进程同样体现在大中城市区域，在大城市郊外建设环境优美、居住舒适、为大城市生活设施及产业体系服务的卫星城，其可持续的发展能力更强。毕竟，像长沙、合肥、南昌等大城市，其目前城区的外延向外发展1公里的空间完全具备，这所吸纳的新市民远远高于新建几个小城镇所吸纳的人口数量，而各种公共基础设施建设成本可能更低。因此，除少数特大城市之外，目前，发展良好的大中城市的郊外建设卫星城或新区是另外一种高效、成本低廉、可持续的城镇化模式，当然各种经济性或社会性基础设施仍离不开政府公共资本主导建设。另外，可对现有的大中城市的旧城区进行改造，提供低收入市民可负担的住房，减少低密度开发和城市扩张。国际经验表明，郊区的开发虽然可以带来经济效益，但通常在5—7年达到峰值后就开始减退；而城市核心地区的改造由于涉及更为复杂的土木建设，不仅要对公共空间加以升级，还要改善目前所需的服务，因此需要更高的前期成本，但一旦恢复了

这些地区的活力，这些核心地区就可以在较长时间内吸引更多的投资，具有自我延续发展的能力。国务院发展研究中心（2014）指出："由于老城区及棚户区改造往往成本高昂，必须政府提供公共资本支持或投资补贴，才会引致私人资本有兴趣加入。在经合组织国家中，低收入市民住房占住房存量的比例通常为 10%—20%，政府还可以提供专门补贴用于可负担住房的建设如保障性住房体系等。将大中城市现有的老旧建筑及棚户区进行改造，达到起码的安全标准，这样也可以为新增城市低收入市民提供合理的、可负担的住房。在城市开发过程中整合'城中村'的土地，可以增加低收入住房的供给，并可有效推动城市人口有序增长。"①

---

① 国务院发展研究中心、世界银行：《中国：推进高效、包容、可持续的城镇化》，2014年 3 月 25 日，见 http：//www. drc. gov. cn。

第七章　研究结论与展望

第一节　研究结论

　　中国正处于一个关键的转折点，需要寻找面向未来的发展新模式。过去基于政府投资、高储蓄和劳动密集型产品出口的经济发展方式难以长久维持。新一届国家领导人所面临的挑战也在于寻求新的增长模式，"克强经济学"的思想主线是调整经济结构，以短痛换取长期利益，着眼于长期经济增长，强化市场主体作用的发挥。但政府主导的公共投资所带来的资本积累是中国三十多年经济高速增长之谜的关键钥匙，在未来的长期持续均衡增长中仍然扮演重要的角色。市场在资源配置领域发挥决定性作用，但政府的引导作用在经济结构调整中的作用更加突出，公共投资政策和机制是中国经济长期持续均衡增长的制度保障，公共投资本身则通过调整供给因素，即通过影响劳动、资本和技术进步三个方面的因素来促进经济长期持续均衡增长。中国经济长期持续均衡增长的第一驱动力仍然依靠技术进步水平。国内外经典文献及政策实践早已证明，技术进步是经济产生长期恒定、内生增长的最重要驱动力量；持续的科技创新及关键技术的突破将有助于我国长期经济增长突破人口红利消失、资源环境恶化等发展瓶颈的制约，技术创新的效应扩散功能、经济协调功能及降低成本功能将导致我国经济长期在一个更宽广的平台上动态均衡的持续增长。事实上，我国推进技术进步水平稳步提升是有物质技术基础的，其关键还在于政府研发公共资本投入和创新机制设计。此外，无论是扩内需还是城镇化建设，政府的作用都不容忽视，基础设施建设、公共服务均等化和人力资本积累均是政府公共投资的重要作用领域。

本书基于中国经济长期持续均衡增长所面临的挑战和动力，明晰目前中国经济转型和保持增长的症结所在。采用严密的数理逻辑阐明公共投资在长期经济增长中的驱动机制、适度规模、结构、效率及效应问题，并辅以科学的实证方法予以验证。在充分进行理论分析与实证分析的基础上，本书研究获得以下有价值结论：

一、中国公共投资对经济增长存在长期均衡的正向促进作用

（1）从全国层面看，我国公共投资诸变量与产出 GDP 之间存在长期均衡的协整关系。（2）1978 年到 2011 年，我国私人资本的产出弹性（0.401）大于公共资本的产出弹性（0.182），并且资本投入的产出弹性（0.182+0.401＝0.583）明显大于劳动投入的产出弹性（0.463），资本投入与劳动投入的弹性之和（0.182+0.401+0.463＝1.046），说明在该期间内中国总量生产函数略呈规模报酬递增态势。（3）我国东部、中部、西部地区公共投资对经济增长均呈现正向效应。但中部地区公共投资经济增长效应最高，公共资本经济增长弹性为 0.406；其次为西部地区，公共资本经济增长弹性为 0.214；最低为东部地区，公共资本经济增长弹性为 0.193。这说明了中部地区人均公共资本相对于东部、西部地区而言，处于相对稀缺状况。（4）我国东部地区省份的公共投资经济增长效应普遍低于中西部省份，这说明大多数东部地区省份公共资本总量相对于中西部地区省份而言相对过剩，其推动经济增长的动力在趋缓，因此应加大中西部地区省份的公共资本投入及公共资本存量在全国的相对比重。（5）我国各省的公共投资政策虽然对经济增长产生正面影响，但没缩小地区间经济差距。中央政府及各省政府在具体公共投资政策的制定和实施中，应力争在确保经济增长目标的同时尽量缩小经济差距。

二、中国经济长期持续均衡增长中存在公共投资适度规模

本书基于内生经济增长模型，将公共投资最优规模置于经济长期持续均衡增长的框架中，对公共投资最优规模进行实证分析，结合理论推导和中国国情，运用联立方程、三阶段最小二乘法分析了我国公共投资规模的影响因素，并运用动态面板数据模型和联立方程估计方法估算出中国公共投资最优规模为 GDP 的 9.9%；并基于生产函数法获得以下结论：当公共投资的边际收益等于边际成本，即公共资本边际产出为 1 时，1978—2011 年间中国公共投资的最优规模为 9.7%；中国经济长期持续均衡增长存在公共投资的最优规模，约占 GDP 的 12.57%，为促进中国经济长期持续均衡增长，必须高度重视公共资本投入的规模、结构、效率和效应问题。

三、促进中国经济长期持续均衡增长应优化公共投资结构

本书指出中国公共投资在城乡结构、区域结构及行业结构上配置不合理，城乡之间、区域之间发展的马太效应极化，必须加强及完善政府主导的公共投资体制提升公共投资配置的城乡结构、区域结构及行业结构的优化及合理化以扭转这种态势并实现全国城乡之间、区域之间、行业之间发展的相对均衡。研究发现中国目前公共投资城乡结构分布存在严重失衡，公共投资的城乡结构性安排在实现城乡统筹发展以及城乡公平分配方面的表现差强人意，在统筹公共投资的城乡分配问题上，需要建立公平的公共投资政策来实现城乡之间的协调发展。研究发现中国东部、中部、西部三大区域的公共投资经济效率均低于私人投资，为最大化发挥公共投资和私人投资促进经济增长效应，应减少各区域内部总投资中公共投资的比重；但在公共投资的区域配置结构中，应相应减少东部地区比重，增加中部、西部地区的相对比重。研究指出中国公共投资行业结构变动对经济增长有积极影响，如教育及公共管理和社会组织行业投资所引致的新增产出最为显著，如教育行业投资额增加 1% 将引致该行业新增产出增长 1.195%；整体而言，我国公共领域行业投资与行业新增产出仍保持正向关系，但投

资驱动产出增长能力却有逐年下滑的态势。

四、促进中国经济长期持续均衡增长应提升公共投资效率

本书指出当前中国经济增长是典型的、粗放的投资驱动的模式，对资本尤其是公共资本太过度依赖，导致我国公共投资驱动经济增长的效应及效率明显下降，如存在中国公共投资驱动经济增长的总体经济效率持续下滑，公共投资占 GDP 比重趋升但推动经济增长的动力减弱，中国当前公共资本边际产出低位徘徊导致宏观投资效率低下，中国公共资本边际就业人口呈不断下降趋势导致经济陷入"无就业增长"陷阱，中国当前公共资本产出比趋于上升导致宏观公共投资回收周期延长等问题，并剖析了当前中国公共投资经济效率低下的原因。探讨了中国公共投资产出效率，私人资本经济效率较高，公共投资占总投资比重越大，总投资效率越低，应控制公共投资占总投资的比重。探析了中国公共投资效率边界，指出从1998 年起我国进入公共资本供给过度阶段，中国绝大多数年份公共投资最优规模与 GDP 占比约为 8%—13%。探析了中国公共投资结构效率，基于 DEA-Malmquist 指数方法，全面剖析了中国公共投资的城乡结构效率、区域结构效率、行业结构效率等，指出上述方面均存在等量公共投资驱动经济增长的能力下滑问题。

五、应发挥公共投资效应以促进中国经济长期持续均衡增长

本书指出中国在促进经济长期持续均衡增长过程中，必须在市场机制起主导作用的前提下强调政府的保障力和对市场的纠偏力，而科学合理地利用公共投资手段，充分发挥公共投资对中国经济社会运行的优化效应是中国经济保持长期持续均衡增长的关键。公共投资对提升中国居民福利水平、增加就业质量和机会、引致私人投资增长、引领战略性新兴产业成长、引导城镇化进程健康有序开展等效应是我国今后 10—20 年宏观经济运行"优结构""稳投资""稳就业""稳增长"的关键，公共投资的普

惠性及战略性决定了其将在中国今后 10—20 年普惠性、包容性经济增长模式构建中扮演无可替代的角色。指出人均公共投资的增长可以促进福利水平的提高；指出生产性公共投资对中国产生正向就业效应，消费性公共投资对中国产生负向就业效应；发现公共投资与私人投资关系是一种典型的"倒 U 型曲线"，私人投资与公共投资等变量之间存在长期均衡的协整关系；指出部分战略性新兴产业指标与公共投资之间存在显著的正向长期均衡关系；指出我国公共投资与城镇化率存在长期均衡的稳定的关系。上述研究对制定相关政策有重要参考价值。

六、设计有效的公共投资政策以促进中国经济长期持续均衡增长

本书分析了发达国家如美国、日本、英国、法国、德国促进经济长期持续均衡增长的公共投资政策经验，指出发达国家促进经济长期持续均衡增长的公共投资政策经验的重要借鉴意义，如：（1）高度重视公共投资对长期经济持续增长的需求稳定器作用；（2）高度重视公共投资手段驱动中国技术进步与长期经济持续均衡增长；（3）高度重视公共资本投入优化中国产业结构；（4）高度重视公共资本投入促进中国区域经济协调均衡发展；（5）高度重视公共资本投入促进中国基本公共服务均等化水平；（6）高度重视构建高效完备的公共投资运行机制等。

在借鉴发达国家促进经济长期持续均衡增长的公共投资政策经验时，本书指出应从六个方面设计促进中国经济长期持续均衡增长的公共投资政策：（1）建立健全高效、可持续的公共投资制度；（2）采取相机抉择公共投资政策以保持适度投资率水平；（3）健全和加强科技研发领域和生活性领域公共资本投入力度；（4）设计公共投资政策以促进区域持续协调发展；（5）设计促进战略性新兴产业成长的公共投资政策；（6）设计推进高效、包容、可持续的城镇化的公共投资政策等。

第二节　进一步研究展望

促进中国经济长期持续均衡增长的公共投资问题博大精深，本书尽管进行了有益地尝试，但真正完全有效地解决该项问题仍需要笔者与实务界及学术界同仁孜孜不倦地努力，对该项问题地研究和探讨永无止境，只有逗号，没有句号。作为本书研究的支持和延续，笔者计划未来在下述领域进行以下研究计划：

一、继续关注和探讨促进中国经济增长的公共投资规模、结构、效率及效应问题

这是本领域的常规性研究，对该问题的研究有利于合理判断和预警我国公共投资运行态势，有利于调整和制定合理有效的公共投资政策。

二、新型城镇化进程中的公共投资问题

由于新型城镇化的巨大成本及外部性问题，决定了各级政府在充分利用市场机制下，必须有效利用公共投资政策工具主导我国高效、包容、可持续的城镇化进程，这是我国各级政府无法躲避的责任和使命，因此，研究新型城镇化进程中的公共投资问题意义重大。

三、战略性新兴产业发展中的公共投资问题

大力发展战略性新兴产业体现了国家意志，由于其战略性以及对我国构建具有国际竞争力的可持续产业体系所具备的关键推动力量，在尊重市场机制的前提下，应运用国家力量推动该产业持续健康发展，因此，研究战略性新兴产业发展中的公共投资问题非常重要。

四、区域发展战略中公共投资问题

当前"一带一路"战略、京津冀协同发展战略、长江经济带战略作

为当前事关中国国运的三大宏大区域经济战略，对实现中国的大国崛起及经济的长期持续均衡增长意义深远。上述三大战略的有效实施均离不开政府主导的公共投资政策支持，可作为未来重要研究方向努力探究。

附录　关于中国经济增长和公共投资问题的调查说明

一、关于中国经济增长和公共投资问题的调查问卷

您好！非常感谢您在百忙之中对本次问卷调查的支持和配合！

本项调查基于国家社会科学基金重点项目《促进中国经济长期持续均衡增长的公共投资问题研究》而开展，您的回答及建议对该领域学术研究及国家完善公共投资领域管理有重要借鉴价值。谢谢！

注：公共投资是指国家财政性资金或公共事业企业主导投资的建设项目，如道路、机场、邮电通信、"水电气"、城市广场及"科教文卫体"领域等项目。

1. 请问你的学历程度是：

A. 本科　　B. 硕士　　C. 博士　　D. 其他

2. 你认为今后 10—20 年，制约中国经济持续均衡增长的最主要因素是什么？

A. 收入差距过大　　B. 技术创新乏力　　C. 人力资本效果差

D. 经济结构扭曲　　E. 资源环境恶化　　F. 政治体制改革滞后

G. 过于依赖政府投资

H. 其他_____

3. 你认为今后 10—20 年，促进中国经济持续均衡增长的最主要因素是什么？

A. 城市化进程　　　B. 技术进步　　　C. 收入差距缩小

D. 经济结构优化　　E. 资源环境改善　　F. 政治体制改革

G. 投资效率提升　　H. 其他_____

4. 你认为促进中国经济长期持续均衡增长，公共投资的最主要作用是什么？

A. 提供优越的生态环境　　B. 促进技术创新　　C. 熨平经济增长波动

D. 主导城市化进程　　　　E. 提供完善的公共基础设施

F. 引导新兴产业成长

5. 你怎么看待当前我国政府及公共事业企业主导的公共投资项目？

A. 十分必要，加大投资　　B. 效率低下，控制规模

C. 界定范围，缩小规模　　D. 腐败横行，加大监管

E. 应引入市场机制与民间资本　　F. 其他_____

6. 您认为目前政府官员或公共企业在公共投资项目决策过程中考虑最多的是？

A. 社会效益　　　　B. 资金回报　　　C. 领导意志　　D. 腐败收入

E. 自身利益最大化　F. 生态环境　　　G. 项目发展前景

H. 技术可行性　　　I. 可持续发展　　J. 其他_____

7. 你认为政府对公共投资项目的监管有效吗？

A. 非常有效　　B. 比较有效　　C. 一般　　D. 效果很差　　E. 说不清

8. 对公共投资项目的监管，除了依靠政府部门外，目前更应采用：

A. 通过专家委员会反映民意，提出意见

B. 向公众公布项目情况，召开听证会

C. 通过各种新闻媒体及时报道"问题项目"

D. 通过热线电话进行反映意见和建议

9. 加强社会公众对公共投资项目的监管，当前最应该做什么？

A. 完善项目公示制度　　　　B. 完善专家评议制度

C. 立法保障公众参与项目决策　D. 重奖举报腐败行为的公众

E. 立法保障公众的知情权　　　F. 鼓励公众参与项目决策

10. 您认为公共投资项目中专家咨询机制面临的最大问题为？

A. 流于形式 B. 专家不"专" C. 专家服从领导意志

D. 专家无责任约束 E. 其他_____

11. 如果建立公共投资项目听证制度参加听证会的代表分为 **3** 类：政府官员、公众、专家，您认为这三者的人数比例应为：

A. 4：3：3 B. 5：3：2 C. 3：4：3 D. 4：4：2

E. 其他_____

12. 你认为当前我国政府及公共事业企业主导的公共投资项目运行有效率吗？

A. 很有效率 B. 较有效率 C. 一般 D. 没效率 E. 完全没效率

13. 影响我国公共投资项目运行低效率或决策失误的最主要原因是什么？

A. 缺乏科学论证 B. 领导个人决策 C. 决策分权机制不健全

D. 项目决策难度大 E. 缺乏专家、公众、执行者参与

F. 违反决策程序 G. 腐败因素 H. 其他_____

14. 为促进中国经济长期持续均衡增长，治理公共投资腐败问题最有效办法是？

A. 强化教育，建立思想道德预防机制

B. 公开透明，建立项目权力约束机制

C. 注重科学，建立项目规范管理机制

D. 健全法规法律，建立赏罚分明激励机制

15. 为促进中国经济长期持续均衡增长，提升公共投资项目效率最有效办法是？

A. 引进市场竞争机制 B. 建立专门的政府管理机构

C. 严厉打击腐败行为 D. 建立有效的监督体制

E. 完善决策和实施程序 F. 追究决策失误责任

G. 加大公共投资项目官员激励力度 H. 其他_____

16. 为促进中国经济长期持续均衡增长，公共投资最应该投向的领

域是？

　　A. "铁、公、基" 等基础设施项目　　B. "科教文卫体" 等公益项目

　　C. 新兴战略产业　　　　　　　　　　D. "保障房" 等民生项目

　　E. 基础教育和产业　　　　　　　　　F. 科学研究

　　G. 生态环境保护

　　17. 你认为促进中国经济长期持续均衡增长，公共投资占 **GDP** 比例多少合适？

　　A. 5%以下　　　B. 5%—10%　　C. 11%—15%　　D. 15%—20%

　　E. 21%—25%　　F. 25—30%　　　G. 30%以上

　　18. 你认为促进中国经济长期持续均衡增长，公共投资主要发挥什么效应？

　　A. 社会福利效应　　B. 就业效应　　C. 对私人投资的挤入效应

　　D. 技术进步效应　　E. 促进中小企业发展效应

　　F. 引导战略产业成长效应

　　19. 你认为促进中国经济长期持续均衡增长，下面最有效公共投资政策是？

　　A. 完善公共投资项目绩效评价与监管体系

　　B. 完善我国公共投资项目决策制度

　　C. 完善纯公共投资项目代建制

　　D. 完善全程绩效审计制度

　　E. 完善项目责任追究制度

　　F. 完善项目建设招投标制度

　　G. 健全相关法律法规体系

　　H. 其他_____

　　20. 如果你认为有好的设想和建议能提升中国公共投资效率并对经济长期持续均衡增长有帮助，请写在下面：_____

二、调查方案设计及问卷发放及回收说明

1. 调查内容

本问卷分为六个部分：本次中国长期经济增长中的公共投资问题调查内容主要包括：（1）中国经济长期持续均衡增长的影响因素调查；（2）公共投资促进中国经济长期持续均衡增长的作用问题调查；（3）对当前公共投资项目监管问题调查；（4）对当前公共投资项目效率问题调查；（5）促进中国经济长期持续均衡增长的公共投资结构、规模、效应问题调查；（6）促进中国经济长期持续均衡增长的公共投资政策问题调查。

2. 调查对象与调查方法

在研究内容的设计上力求战略性、前瞻性、全面性、客观性、合理性；在调查对象的选择上在确保专业性的基础上力求参与对象的广泛性、代表性、多元性、层次性，调查对象遍及高校师生、政府事业单位经济工作人员、企业单位中高级经济管理人员以及部分普通市民，考虑到所调查问题的相对专业，因此调查对象以高校经济管理类专业师生为主，在学历层次上尽量要求本科以上；在样本区域的选择上尽量兼顾区域代表性、经济代表性以及调研便利性原则，因此在东部沿海地区选择了经济发达的北京、广州、杭州作为样本调查城市，在中部地区选择了南昌、武汉、合肥作为样本调查城市，在西部地区选择昆明作为样本调查城市，在上述城市里主要采取问卷面访调查、小型座谈会调查、邮寄问卷调查、网络问卷调查等方式。

3. 调查问卷数量及经费预算

为兼顾调查效果的一般性、规律性、效率性及经济性，本次调查问卷容量设计为 2000 份。考虑到给调研员劳务费及调查对象适度激励，每份问卷预算 20 元，合计该项调研活动总预算经费为：2000 份×20 元/份＝40000 元。

4. 调查结论

根据对本次调查的 1489 份问卷的统计分析，可获取对决策参考较有价值的信息。如绝大多数调查对象认为制约促进中国经济持续均衡增长的最主要因素都是技术进步；中国公共投资项目监管效果较差、效率低下，导致低效与决策失策主要原因是决策分权机制不健全，应该加大监督力度，明确立法保障社会公众对公共投资项目拥有知情权、决策参与权等；当前公共投资决策中，官员及相关企业首先考虑的是获取自身利益最大化，专家咨询最大的问题就是专家服从领导的意志，公共投资项目听证制度中参加的政府官员、公众、专家合适比例为 3∶4∶3；公共投资促进中国经济长期持续均衡增长的最主要作用是引导战略产业成长；为促进中国经济长期持续均衡增长，公共投资最应该投向的领域是"科教文体卫"等公益项目，公共投资与 GDP 最合适比例应在 5%—20%，公共投资最主要发挥的应是社会福利效应等；治理公共投资腐败问题的有效措施是公开透明、建立项目权利约束机制，最有效公共投资政策是完善公共投资项目绩效评价与监督体系等。上述信息对改进和提升公共投资效率并促进中国长期经济增长具有重要的理论和决策参考价值。

5. 调查问卷发放及回收

本项调查共发放调查问卷 2000 份，总计回收有效调查问卷 1489 份。在参与本项活动的调查对象中，具有博士学历程度的调查对象有 75 位，约占总人数 5.0%；具有硕士学历程度的调查对象有 360 位，约占总人数24.2%；具有本科学历程度的调查对象有 1031 位，约占总人数 69.2%；还有 23 位调查对象约占总人数 1.5%的学历程度为本科以下。调查对象学历分布的相对合理体现了本项调查活动的数据具有较强的公信度。

本次调查问卷发放及回收如下表所示。

调查问卷发放及回收分布表

地区	问卷发放数量（份）	有效回收数量（份）	有效率（%）
北京市	300	219	73.00
广东省广州市	300	226	75.33

续表

地区	问卷发放数量（份）	有效回收数量（份）	有效率（%）
浙江省杭州市	300	122	40.67
江西省南昌市	400	356	89.00
湖北省武汉市	300	277	92.33
安徽省合肥市	200	126	63.00
云南省昆明市	200	163	81.50
总计	2000	1489	74.45

参考文献

一、中文文献

［1］［冰岛］思拉恩·埃格特森：《新制度经济学》，商务印书馆 1998 年版。

［2］［德］弗里德里希·李斯特：《政治经济学的国民体系》，陈万熙译，商务印书馆 1961 年版。

［3］［美］奥尔森：《体行动的逻辑》，陈郁等译，上海人民出版社 1995 年版。

［4］［美］埃莉诺·奥斯特罗姆：《制度激励与可持续发展》，上海三联书店 2000 年版。

［5］［美］布坎南：《民主财政论》，穆怀朋译，商务印书馆 1999 年版。

［6］［美］道格拉斯·C. 诺思：《经济史中的结构与变迁》，陈郁、罗华平等译，上海三联书店 1994 年版。

［7］［美］道格拉斯·C. 诺思：《制度、制度变迁与经济绩效》，刘守英译，上海三联书店 1994 年版。

［8］［美］罗伯特·M. 索洛：《经济增长理论一种解析》（第二版），胡汝银译，中国财政经济出版社 2004 年版。

［9］［美］罗斯托：《经济成长的阶段》，商务印书馆 1962 年版。

［10］［美］詹姆斯·M. 布坎南：《自由、市场和国家》，北京经济学院出版社 1988 年版。

［11］［美］詹姆斯·M. 布坎南：《公共财政》，中国财政经济出版社 1991 年版。

［12］［美］肯尼迪·阿罗：《社会选择与个人价值》，四川人民出版社 1987 年版。

［13］［美］理查德·马斯格雷夫：《比较财政分析》，中国发展出版社 1992 年版。

［14］［美］迈克尔·麦金尼斯：《多中心体制与地方公共经济》，毛寿龙译，上海三联书店 2000 年版。

［15］［美］舒尔茨：《论人力资本投资》，吴珠华等译，北京经济学院出版社 1990 年版。

[16]［英］阿兰·艾伯斯坦：《哈耶克传》，秋风译，中国社会科学出版社 2003 年版。

［17］［英］C. V. 布朗、P. M. 杰克逊：《公共部门经济学》，中国人民大学出版社 2000 年版。

［18］［英］哈耶克：《货币的非国家化》，姚中秋译，新星出版社 2007 年版。

［19］［英］凯恩斯：《就业、利息和货币通论》，陆梦龙译，商务印书馆 1999 年版。

［20］［英］罗伊·哈罗德：《动态经济学》，黄范章译，商务印书馆 1981 年版。

［21］［英］R. 科斯等：《财产权利与制度变迁》，刘守英等译，上海三联书店 2000 年版。

［22］［英］威廉·配第：《赋税论》，陈冬野等译，商务印书馆 1997 年版。

［23］［英］亚当·斯密：《国民财富的性质和原因的研究》（下卷），郭大力等译，商务印书馆 1997 年版。

［24］巴曙松、邢毓静、杨现领：《城市化与经济增长的动力：一种长期观点》，《改革与战略》2010 年第 2 期。

［25］鲍良：《公共投资项目绩效评价与管理体系研究——以京津风沙源治理工程项目为例》，博士学位论文，中国地质大学，2009 年。

［26］别暄：《我国公共投资最优规模分析》，硕士学位论文，华中科技大学，2010 年。

［27］财政部投资评审中心编：《政府投资项目标底审查实务》，经济科学出版社 2000 年版。

［28］蔡一珍：《公共投资经济作用分析》，博士学位论文，厦门大学，2001 年。

［29］曹建海、朱波、赵锦辉：《公共投资、私人投资与经济增长关系的实证研究》，《河北经贸大学学报》2005 年第 2 期。

［30］曾凯：《新经济史视角下的社会结构演进、制度变迁与长期经济增长》，博士学位论文，西北大学，2010 年。

［31］陈强、霍丹：《德国创新驱动发展的路径及特征分析》，《德国研究》2013 年第 4 期。

［32］陈昌兵：《城市化与投资率和消费率间的关系研究》，《经济学动态》2010 年第 9 期。

［33］陈朝旭：《政府公共教育投资与经济增长关系的实证分析》，《财经问题研究》2011 年第 2 期。

［34］陈国富：《国家与产权：一个悖论》，《南开学报》（哲学社会科学版）2004 年第 6 期。

［35］陈昆亭、周炎：《富国之路：长期经济增长的一致理论》，《经济研究》2008 年第 2 期。

[36] 陈漓高、钟俊亮：《全球金融危机后的中美长期经济增长趋势分析——基于熊彼特周期性增长理论的视角》，《未来与发展》2010 年第 4 期。

[37] 戴鹏：《我国产业调整和发展的财税政策研究》，博士学位论文，西南财经大学，2012 年。

[38] 杜伟：《西方国家对欠发达地区进行政府援助的经验和对我国西部大开发的启示》，《国土经济》2000 年第 5 期。

[39] 樊纲：《公有制宏观经济理论大纲》，上海三联书店 1990 年版。

[40] 樊胜根、张林秀、张晓波：《中国农村公共投资在农村经济增长和反贫困中的作用》，《华南农业大学学报》（社会科学版）2002 年第 1 期。

[41] 范光：《英国欠发达地区发展政策及模式》，《全球科技经济瞭望》2002 年第 5 期。

[42] 范九利、白暴力、潘泉：《基础设施资本与经济增长关系研究文献综述》，《上海经济研究》2004 年第 1 期。

[43] 范培华、王家卓：《我国教育投资——国民收入计量模型》，《数量经济技术经济研究》1986 年第 8 期。

[44] 冯涛、李英东：《国家、市场、产权关系重构与经济增长——基于中国近现代经济史的新解释》，《陕西师范大学学报》（哲学社会科学版）2009 年第 3 期。

[45] 付文林、沈坤荣：《中国公共支出的规模与结构及其增长效应》，《经济科学》2006 年第 1 期。

[46] 郭庆旺、贾俊雪：《地方政府行为、投资冲动与宏观经济稳定》，《管理世界》2006 年第 5 期。

[47] 郭庆旺、贾俊雪：《政府公共资本投资的长期经济增长效应》，《经济研究》2006 年第 7 期。

[48] 郭庆旺、赵志耘：《论我国财政赤字的拉动效应》，《财贸经济》1999 年第 6 期。

[49] 郭炎涛、朱永杰：《我国绿色公共投资的宏观效率分析》，《经济问题》2010 年第 3 期。

[50] 郭玉清：《技术内生化、长期经济增长与财税政策选择》，《河北经贸大学学报》2006 年第 9 期。

[51] 韩志峰：《中国政府投资调控研究》，博士学位论文，中国社会科学院研究生院，2001 年。

[52] 何继新：《农村基本公共产品供给投资导入模型与农村社会价值增值研究》，知识产权出版社 2013 年版。

[53] 桁林：《是什么因素创造了长期经济增长的根本动力》，《浙江学刊》2003 年第 3 期。

[54] 洪亮：《社会资本与民间资本关系的理论演变》，《财经问题研究》2001 年

第 1 期。

　　[55] 胡华庭:《我国政府投资范围界定方面存在的主要问题及其解决思路》,《税务与经济》1999 年第 5 期。

　　[56] 胡苗:《法美两国公共投资监督借鉴》,《财政监督》2006 年第 13 期。

　　[57] 胡学勤:《论我国长期经济增长方式的战略导向》,《经济纵横》2007 年第 6 期。

　　[58] 胡元聪:《国外公共投资准入的实践及对我国的启示》,《重庆教育学院学报》2007 年第 1 期。

　　[59] 黄宁燕、孙玉明:《法国创新历史对我国创新型国家创建的启示》,《中国软科学》2009 年第 3 期。

　　[60] 黄有光:《效率、公平与公共政策》,社会科学文献出版社 2003 年版。

　　[61] 姜明:《我国公共投资项目全程跟踪效益审计研究》,《山东社会科学》2007 年第 9 期。

　　[62] 蒋时节、刘贵文、李世蓉:《基础设施投资与城市化之间的相关性分析》,《城市发展研究》2005 年第 2 期。

　　[63] 蒋时节、周俐、景政基:《分类基础设施投资与城市化进程的相关性分析及实证》,《城市发展研究》2009 年第 9 期。

　　[64] 金春田、刘玮英:《澳大利亚对公共投资的监管及启示》,《中国经贸导刊》2007 年第 18 期。

　　[65] 孔华生:《发挥财政职能、加强公共投资财政研究》,《财政研究》2001 年第 5 期。

　　[66] 孔令润:《哈耶克与凯恩斯的论争与启示》,硕士学位论文,云南大学,2010 年。

　　[67] 孔振焕:《我国公共投资推动经济增长的效果评价及对策分析》,《发展改革》2004 年第 9 期。

　　[68] 赖旭宏:《民间资本进入公共投资领域问题应用研究》,硕士学位论文,重庆大学,2004 年。

　　[69] 李勇:《发展战略,产权结构和长期经济增长》,博士学位论文,西北大学,2013 年。

　　[70] 李琳:《公共投资与城乡区域结构的调整》,《经济研究参考》2007 年第 47 期。

　　[71] 李猛:《公共投资的地域分配政策对区域经济影响的一般均衡分析》,《工业技术经济》2009 年第 7 期。

　　[72] 李媛:《中国战略性新兴产业的成长机制与实证研究》,博士学位论文,南开大学,2013 年。

　　[73] 李勃昕:《中国战略性新兴产业发展研究》,博士学位论文,西北大学,

2013 年。

　　[74] 李程骅：《新型城镇化战略下的城市转型路径探讨》,《南京社会科学》2013 年第 22 期。

　　[75] 李金华：《对中国战略性新兴产业发展的若干思辨》,《财经问题研究》2011 年第 5 期。

　　[76] 李世蓉、蒋时节、户邑：《城市化进程对基础设施投资的需求量分析》,《城市发展研究》2005 年第 4 期。

　　[77] 李燕萍、吴绍棠：《武汉市战略性新兴产业发展的公共创新服务平台研究》,《科技进步与对策》2012 年第 2 期。

　　[78] 李增刚：《包容性制度与长期经济增长——阿西莫格鲁和罗宾逊的国家兴衰理论评析》,《经济社会体制比较》2013 年第 1 期。

　　[79] 李长风：《经济计量学》,上海财经大学出版社 1996 年版。

　　[80] 李治国：《转型期中国资本存量调整模型的实证研究》,《南开经济研究》2002 年第 6 期。

　　[81] 廖楚辉、刘鹏：《中国公共资本对私人资本替代关系的实证研究》,《数量经济技术经济研究》2005 年第 7 期。

　　[82] 林毅夫、刘培林：《经济发展战略对劳均资本积累和技术进步的影响——基于中国经验的实证研究》,《中国社会科学》2003 年第 4 期。

　　[83] 林毅夫：《发展战略与经济发展》,北京大学出版社 2004 年版。

　　[84] 林兆木：《危机对我国中长期经济增长格局的影响》,《山东经济战略研究》2009 年第 7 期。

　　[85] 刘晴：《战略性新兴产业研发活动公共资本和私人资本的演化均衡——基于公共资本投入的视角》,《软科学》2012 年第 10 期。

　　[86] 刘洋：《中国公共投资问题研究》,博士学位论文,华中科技大学,2009 年。

　　[87] 刘伟、许宪春、蔡志洲：《从长期发展战略看中国经济增长》,《管理世界》2004 年第 7 期。

　　[88] 刘剑、胡跃红：《财政政策与长期经济增长——基于内生增长理论的解说》,《山西财经大学学报》2014 年第 10 期。

　　[89] 刘国亮：《政府公共投资与经济增长》,《改革》2002 年第 4 期。

　　[90] 刘京豫：《人力资本投资与中国经济长期增长》,硕士学位论文,首都经济贸易大学,2007 年。

　　[91] 刘溶沧、马拴友：《赤字、国债与经济增长关系的实证分析——兼评积极财政政策是否有挤出效应》,《经济研究》2001 年第 2 期。

　　[92] 刘小莹：《公共投资对我国东中西部地区收入差距的影响》,硕士学位论文,西南财经大学,2012 年。

［93］刘勇政、冯海波：《腐败、公共支出效率与长期经济增长》,《经济研究》2011 年第 9 期。

［94］刘长生、郭小冬、简玉峰：《社会福利指数、政府支出规模及其结构优化》,《公共管理学报》2008 年第 3 期。

［95］刘治彦：《关于我国经济结构优化问题的思考》,《青海社会科学》2013 年第 2 期。

［96］刘忠敏、马树才、陈素琼：《我国政府支出和公共投资对私人投资的效应分析》,《经济问题》2009 年第 3 期。

［97］刘卓珺、于长革：《公共投资的经济效应及其最优规模分析》,《经济科学》2006 年第 1 期。

［98］娄洪：《长期经济增长中的公共投资政策——包含一般拥挤性公共基础设施资本存量的动态经济增长模型》,《经济研究》2004 年第 4 期。

［99］骆永民：《基础设施投资效率的空间溢出与门限效应研究》,《统计与信息论坛》2011 年第 3 期。

［100］吕开颜：《腐败、公共投资与经济增长》,《上海经济研究》2008 年第 2 期。

［101］吕立才、徐天祥：《公共投资与私人投资在我国农业增长中的作用及关系研究》,《中央财经大学学报》2005 年第 11 期。

［102］马军伟：《我国七大战略性新兴产业的金融支持效率差异及其影响因素研究——基于上市公司经验证据》,《经济体制改革》2013 年第 3 期。

［103］马利军：《产权、政府、开放支撑长期经济增长的三大体制因素》, 硕士论文, 浙江财经大学, 2011 年。

［104］马树才、孙长清：《经济增长与最优财政支出规模研究》,《统计研究》2005 年第 1 期。

［105］马拴友：《中国公共资本与私人部门经济增长的实证分析》,《经济科学》2000 年第 6 期。

［106］马拴友：《政府规模与经济增长：兼论中国财政最优规模》,《世界经济》2000 年第 11 期。

［107］马栓友：《积极财政政策的效应评价》,《经济评论》2001 年第 6 期。

［108］马拴友：《公共教育支出与经济增长——我国财政教育支出的最优规模估计》,《社会科学家》2002 年第 3 期。

［109］孟祺：《基于产业集聚视角的新兴产业发展研究》,《科学管理研究》2011 年第 4 期。

［110］彭代彦：《西部开发的公共投资取向》,《统计研究》2002 年第 3 期。

［111］钱谱丰、马添翼：《试析政府公共投资的经济增长效应》,《金融教学与研究》2007 年第 2 期。

［112］秦熠群、卫建华：《我国长期和短期边际消费倾向的实证分析及对策研

究》,《价格理论与实践》2005 年第 1 期。

[113] 饶晓辉:《财政支出的效率和规模——基于中国实证分析》,《统计与信息论坛》2007 年第 3 期。

[114] 任树本、江显华:《美国政府投资项目监管的特点及启示》,《中国投资》2001 年第 4 期。

[115] 日本经济企划厅编:《国民收入倍增计划》,商务印书馆 1980 年版。

[116] 沙治慧:《西部大开发继续推进中的公共投资研究》,博士学位论文,四川大学,2005 年。

[117] 沙治慧:《城乡公共服务均等化建设中公共投资及其作用领域探析》,《四川大学学报》(哲学社会科学版) 2012 年第 2 期。

[118] 沙治慧:《公共投资与经济发展的区域协调性研究》,《经济学动态》2012 年第 5 期。

[119] 邵明朝:《分权改革以来的法国公共投资监管述评》,《经济社会体制比较》2008 年第 3 期。

[120] 邵雪峰:《财政转型下的公共投资结构分析》,《吉林大学社会科学学报》2007 年第 5 期。

[121] 时雁、蔺楠、余淑萍:《新兴产业集群形成中公共风险资本与私人风险资本合作机制研究》,《科技进步与对策》2012 年第 1 期。

[122] 舒元、谢识予、孔爱国:《现代经济增长模型》,复旦大学出版社 1998 年版。

[123] 孙成权、张海华、王振奋:《美国政府研发投入与优先领域及启示》,《中国科技论坛》2006 年第 3 期。

[124] 孙久文、李爱民、夏文清:《"十二五"时期区域公共投资政策体系建设》,《经济与管理评论》2012 年第 6 期。

[125] 万道琴、杨飞虎:《严格界定我国公共投资范围探析》,《江西社会科学》2011 年第 7 期。

[126] 汪伟:《公共投资对私人投资的挤出挤进效应分析》,《中南财经政法大学学报》2009 年第 5 期。

[127] 汪伟:《公共投资产出效率与经济增长之相关性分析:1978—2007》,《经济问题探索》2010 年第 3 期。

[128] 王威:《公共投资的区域经济增长效应》,《当代经济管理》2008 年第 2 期。

[129] 王威:《论我国公共投资结构的调整与优化》,《理论界》2008 年第 3 期。

[130] 王威:《公共投资效应的制约因素及提高途径》,《辽宁大学学报》2008 年第 3 期。

[131] 王威、潘若龙:《公共投资的就业效应——基于 VAR 模型的检验分析》,《社会科学战线》2009 年第 4 期。

［132］王威:《中国公共投资效应研究》,博士学位论文,辽宁大学,2009 年。

［133］王国刚:《城镇化:中国经济发展方式转变的重心所在》,《经济研究》2010 年第 12 期。

［134］王敬军:《战后日本政府投资研究》,硕士学位论文,吉林大学,2004 年。

［135］王军:《中国财政支出结构的国际比较》,《计划与市场》2002 年第 5 期。

［136］王君萍、孔祥利:《公共支出最优规模:1978—2003 的样本数据求解》,《财经论丛》2006 年第 5 期。

［137］王明华、张健:《人力资本投资、经济增长与城乡收入差距》,《生产力研究》2010 年第 8 期。

［138］王锡锌:《我国公共决策专家咨询制度的悖论及其克服——以美国〈联邦咨询委员会法〉为借鉴》,《法商研究》2007 年第 2 期。

［139］王晓丽:《我国城镇化发展与产业结构、投资的动态分析》,《中国物价》2013 年第 6 期。

［140］王艺明、陈美兰、王晓:《自然灾害对长期经济增长的影响》,《经济管理》2008 年第 Z1 期。

［141］肖慈方:《中外欠发达地区经济开发的比较研究》,博士学位论文,四川大学,2003 年。

［142］肖兴志、谢理:《中国战略性新兴产业创新效率的实证分析》,《经济管理》2011 年第 11 期。

［143］肖兴志:《中国战略性新兴产业发展的财税政策建议》,《财政研究》2011 年第 12 期。

［144］谢地、丁肇勇:《公共投资、经济增长与腐败的相关问题研究》,《求是学刊》2003 年第 1 期。

［145］谢富胜、陈享光:《改革开放以来技术改造投资规模的实证分析》,《经济理论与经济管理》2004 年第 4 期。

［146］谢进城、张东编:《投资学导论》,中国财经出版社 2002 年版。

［147］徐小钦、袁凯华:《城市化驱动经济增长的机制与特点研究——来自省际面板数据的经验证据》,《经济问题探索》2013 年第 5 期。

［148］徐旭川、杨丽琳:《公共投资就业效应的一个解释——基于 CES 生产函数的分析及其检验》,《数量经济技术经济研究》2006 年第 11 期。

［149］徐祖跃、彭疆鸣、胡学奎:《增强战略性新兴产业自主创新能力的税收激励制度》,《税务研究》2012 年第 6 期。

［150］严玲:《政府投资项目代建人激励机制研究——一个项目治理的视角》,《财经问题研究》2008 年第 7 期。

［151］严成樑:《政府研发投资与长期经济增长》,《经济科学》2009 年第 2 期。

［152］严成樑、崔小勇:《资本投入、经济增长与地区差距》,《经济科学》2012

年第 2 期。

[153] 严成樑、龚六堂：《最优财政政策选择：从增长极大化到福利极大化》，《财政研究》2012 年第 10 期。

[154] 严成樑：《社会资本、创新与长期经济增长》，《经济研究》2012 年第 11 期。

[155] 杨波：《地方政府融资及其风险分担机制研究》，博士学位论文，财政部财政科学研究所，2011 年。

[156] 杨朝峰、贾小峰：《政府公共 R&D 影响经济增长的机制研究》，《中国软科学》2008 年第 8 期。

[157] 杨飞虎：《经典模型对投资与经济增长问题的诠释及我国借鉴价值》，《经济问题探索》2009 年第 3 期。

[158] 杨飞虎：《公共投资腐败问题及治理研究》，经济科学出版社 2011 年版。

[159] 杨飞虎、周全林：《我国公共投资经济效率分析及政策建议》，《当代财经》2013 年第 11 期。

[160] 杨飞虎：《地方政府过度投融资行为动因分析及治理建议》，《经济问题探索》2014 年第 1 期。

[161] 杨飞虎：《促进中国经济长期持续均衡增长中的公共投资因素——基于1489 份调查问卷的统计分析》，《经济理论与经济管理》2014 年第 2 期。

[162] 杨飞虎、伍琴：《我国公共投资最优规模探析——经济长期持续均衡增长视角》，《经济管理》2014 年第 6 期。

[163] 杨书臣：《日本政府公共投资如何适应经济发展的需要》，《日本学刊》1991 年第 10 期。

[164] 杨晓华：《中国公共投资与经济增长的计量分析——兼论公共投资对私人投资的挤出效应》，《山东财政学院学报》2006 年第 5 期。

[165] 姚洋：《什么样的政府有利于经济增长》，《杭州（我们）》2010 年第 12 期。

[166] 姚芸芸、蔺楠、余淑萍：《我国战略性新兴产业集群公共风险资本与私人风险资本介入研究》，《科技进步与对策》2012 年第 19 期。

[167] 叶敏、江秀凯：《德国政府投资项目的管理》，《科学决策》2006 年第 3 期。

[168] 亦东：《关于投资结构问题研究的新进展》，《中共山西省委党校学报》1995 年第 5 期。

[169] 殷强：《中国公共投资效率研究》，经济科学出版社 2008 年版。

[170] 尹贻林、卢晶：《我国公共投资对私人投资影响的经验分析》，《财经问题研究》2008 年第 3 期。

[171] 于爱晶、周凌瑶：《我国政府投资与经济增长、居民收入和就业的关系》，《中央财经大学学报》2004 年第 2 期。

［172］于凌云：《教育投入比与地区经济增长差异》,《经济研究》2008 年第 10 期。

［173］于长革：《经济增长与政府公共投资分析》,《经济科学》2004 年第 6 期。

［174］于长革：《政府公共投资的经济效应分析》,《财经研究》2006 年第 2 期。

［175］余红艳：《城镇化发展与财政政策相关关系的实证分析》,《统计教育》2008 年第 11 期。

［176］袁富华：《长期增长过程的"结构性加速"与"结构性减速"一种解释》,《经济研究》2012 年第 3 期。

［177］岳立、赵海涛：《公共投资与社会福利的动态相关性：1978—2008 年——基于 VAR 模型的分析及检验》,《统计与信息论坛》2010 年第 11 期。

［178］张胜、郭军、陈金贤：《中国省际长期经济增长绝对收敛的经验分析》,《世界经济》2001 年第 6 期。

［179］张勇、古明明：《公共投资能否带动私人投资：对中国公共投资政策的再评价》,《世界经济》2011 年第 2 期。

［180］张光南、周华仙、陈广汉：《中国基础设施投资的最优规模与最优次序——基于 1996—2008 年各省市地区面板数据分析》,《经济评论》2011 年第 4 期。

［181］张海星：《公共投资与经济增长的相关性分析——中国数据的计量检验》,《财贸经济》2004 年第 1 期。

［182］张海星：《中国公共投资与经济增长的协整检验》,《财政研究》2004 年第 7 期。

［183］张家寿、谭春枝：《日本对欠发达地区的金融支持及其启示》,《改革与战略》2007 年第 11 期。

［184］张维迎：《理性思考中国改革》,《企业党建》2006 年第 6 期。

［185］张卫国、任燕燕、侯永建：《地方政府投资行为对经济长期增长的影响——来自中国经济转型的证据》,《中国工业经济》2010 年第 8 期。

［186］张许颖：《中央政府和地方政府投资行为博弈分析》,《经济经纬》2007 年第 3 期。

［187］张治觉：《经济增长与政府支出的最优规模——基于国家效用函数的研究》,《决策参考》2007 年第 22 期。

［188］张中华：《论我国财政投资的效率及其制约因素》,《中南财经政法大学学报》2002 年第 2 期。

［189］张中华、谢升峰：《西方公共投资效应理论综述》,《经济学动态》2002 年第 7 期。

［190］张中华、谢升峰：《我国财政投资效率评价》,《财政经济评论》2003 年第 1 期。

［191］赵玉林、徐娟娟：《创新诱导主导性高技术产业成长的路径分析》,《科学

学与科学技术管理》2009 年第 9 期。

　　[192] 赵志耘、吕冰洋:《政府生产性支出对产出资本比的影响——基于中国经验的研究》,《经济研究》2005 年第 11 期。

　　[193] 郑群峰、王迪、阚大学:《中国政府投资挤出（挤入）效应空间计量研究》,《财贸研究》2011 年第 3 期。

　　[194] 郑书前:《和谐社会视野下的公共投资法律体系的重塑》,《山东社会科学》2006 年第 6 期。

　　[195] 中国经济增长前沿课题组:《城市化、财政扩张与经济增长》,《经济研究》2011 年第 11 期。

　　[196] 中国经济增长前沿课题组:《中国经济长期增长路径、效率与潜在增长水平》,《经济研究》2012 年第 11 期。

　　[197] 中国经济增长与宏观稳定课题组:《中国可持续增长的机制:证据、理论和政策》,《经济研究》2008 年第 10 期。

　　[198] 中国经济增长与宏观稳定课题组:《城市化、产业效率与经济增长》,《经济研究》2009 年第 10 期。

　　[199] 中国社会科学院经济研究所经济增长前沿课题组:《财政政策的供给效应与经济发展》,《经济研究》2004 年第 9 期。

　　[200] 周晶、何锦义:《战略性新兴产业统计标准研究》,《统计研究》2011 年第 10 期。

　　[201] 周立、刘勇、陈清:《城市化发展中的投资需求问题探析》,《中国软科学》2001 年第 2 期。

　　[202] 周国栋、吴明坤:《西方发达国家的政府投资项目责任追究制度》,《中国工程咨询》2007 年第 11 期。

　　[203] 朱维平、周国栋:《政府投资责任制和责任追究制探索》,《宏观经济管理》2010 年第 3 期。

　　[204] 朱文珍、曾志艳:《基于误差修正模型的我国社会投资就业效应研究》,《特区经济》2012 年第 2 期。

　　[205] 庄子银:《企业家精神、持续技术创新和长期经济增长的微观机制》,《世界经济》2005 年第 12 期。

　　[206] 宗振利:《城镇化进程中公共投资结构的优化》, 硕士学位论文, 青岛科技大学, 2010 年。

　　[207] 邹恒甫:《积累欲、节俭与经济增长》,《经济研究》1993 年第 2 期。

　　[208] 邹炜、李世新、李亚培:《日本的公共投资政策及历史借鉴》,《青海金融》2010 年第 10 期。

二、英文文献

　　[1] Antonio & Aubyn, "Macroeconomic Rates of Return of Public and Private Invest-

ment: Crowding-in and Crowding-out Effects ", *Manchester School*, Vol. 77, No. s1 (2008).

[2] Agénor, Pierre-Richard, "Infrastructure Investment and Maintenance Expenditure: Optimal Allocation Rules in a Growing Economy", *Journal of Public Economic Theory*, Vol. 11, No. 2 (2009).

[3] Arrow K. & Kruz M., *Public Investment, the Rate of Reture and Optimal Fiscal Policy*, Baltimore: John Hopkins University Press, 1970.

[4] Aschauer & Greenwood, "Macroeconomic Effects Offiscal Policy", *Carregie Roehester Conference Series on Public Policy*, No. 23 (1985).

[5] Aschauer D. A., "Is Public Expenditure Productive?", *Journal of Monetary Economics*, Vol. 23 (1989).

[6] Augustin Kwasi Fosu, Yoseph Yilma Getachew, Thomas Ziesemer, "Optimal Public Investment, Growth, and Consumption: Evidence from African Countries", *Brooks World Porerty Intitute Working Papers* (2012).

[7] Bairam E. & Ward B., "The Externality Effect of Government Expenditure on Investment in OECD Countries", *Applied Economics*, Vol. 25, No. 6 (1993).

[8] Bajo-Rubio O. & Sosvilla-Rivero S., "Does Public Capital Affect Private Sector Performance? An Analysis of the Spanish Case, 1964–1988", *Economic Modelling*, Vol. 10, No. 3 (1993).

[9] Baldacci E., Clements B., Gupta S. & Cui Q., "Social Spending, Human Capita, and Growth in Developing Countries", *World Development*, Vol. 36, No. 8 (2008).

[10] Barro Robert J. & Grossman H . I., "A General Disequilibrium Model of Income and Employment", *American Economic Review*, Vol. 61, No. 1 (1971).

[11] Barro Robert J., "Government Spending in a Simple Model of Endogenous Growth", *Journal of Political Economics*, No. 98 (1990).

[12] Barro Robert J., "Economic Growth in a Cross Section of Countries", *Quarterly Journal of Economics* (1991).

[13] Cassou S. P. & Lansing K. J., "Optimal Fiscal Policy, Public Capital, and the Productivity Slowdown", *Journal of Economic Dynamics and Control*, Vol. 22, No. 6 (1998).

[14] Conrad K. & Seitz H., "The Economic Benefit of Public Infrastructure", *Applied Economic Journal*, No. 26 (1994).

[15] Daron Acemoglu & James A. Robinson, *Why Nations Fail: Origins of Power, Poverty and Property*, New York: Randon House, 2012.

[16] Demetriades P. & Mamuneas T., "Intertemporal Output and Employment Effects of Public Infrastructure Capital: Evidence from 12 OECD Economies", *The Economic Jour-

nal, Vol. 110 (2000).

[17] Destefanis & Sena, "Public Capital, Productivity and Trade Balances: Some Evidence for the Italian Regions", *Empirical Economics*, No. 37 (2008).

[18] Devarajan S., Swaroop V. & Zou H., "The Composition of Public Expenditure and Economic Growth", *Journal of Monetary Economics*, Vol. 37 (1996).

[19] Eaton J. & Kortum S., "Trade in Ideas: Patenting and Productivity in the OECD", *Journal of International Economics*, Vol. 140, No. 3/4 (1996).

[20] Erden L & Holcombe R. G., "The Effects of Public Investment on Private Investment in Developing Economies", *Public Finance Review*, Vol. 33, No. 5 (2005).

[21] Estache A., "On Latin America's Infrastructure Privatization and Its Distributional Effects", *Ssrn Electronic Journal*, 2003.

[22] Etsuro Shioji, "Public Capital and Economic Growth: A Convergence Approach", *Journal of Economic Growth*, No. 6 (2001).

[23] European Trade Union Confederation, "A New Path for Europe: ETUC Plan for Investment, Sustainable Growth and Quality Jobs", Adopted at the Meeting of the ETUC Executive Committee on 7 November 2013.

[24] Gannon C. & Liu Z., "Poverty and Transport", *General Information*, Vol. 95, No. 2 (1997).

[25] Georgios Karras, "Foreign Aid and Long-run Economic Growth: Empirical Evidence for a Panel of Developing Countries", *Journal of International Development*, Vol. 18, No. 1 (2006).

[26] Grimaud A. & Rouge L., "Non-renewable Resources and Growth with Vertical Innovations: Optimum, Equilibrium and Economic Policies", *Journal of Environmental Economics and Management*, No. 45 (2003).

[27] Holtz-Eakin, "Public-Sectorrivate Capital and the Productivity Puzzle", *Review of Economic and Statistics*, No. 76 (1994).

[28] J. Rodney Turner, "On the Nature of the Project as a Temporary Organization", *International Journal of Project Management*, Vol. 21 (2003).

[29] Jacoby H., "Access to Rural Markets and the Benefits of Rural Roads", *The Economic Journal*, No. 110 (2000).

[30] Jengfang Chen, Woody M. Liao & Chiachi Lu, "The Effects of Public Venture Capital Investments on Corporate Governance: Evidence from IPO Firms in Emerging Markets", *ABACUS*, Vol. 48, No. 1 (2012).

[31] Jeong B., "Policy Uncertainty and Long-run Investment and Output across Countries", *International Economic Review*, Vol. 43, No. 2 (2002).

[32] Kaganovich, Zilcha, "Education, Social Security and Growth", *Journal of*

Public Economics, Vol. 71, No. 2 (1999).

[33] Khalifa H. Ghali, "Public Investment and Private Capital Formation in A Vector Error-Correction Model of Growth", *Applied Economics*, Vol. 30, No. 6 (1998).

[34] Linnemann, Ludger & Andreas Schabert, "Optimal Government Spending and Unemployment", *Tinbergen Institute Discussion Paper*, TI 2008- 024 /2.

[35] Lucas R. E., "On the Mechanics of Economic Development", *Econometric Society Monographs*, No. 29 (1998).

[36] Lynde C. & Richmond J., "The Role of Public Capital in Production", *Review of Economics & Statistics*, No. 74 (1992).

[37] Man Weining & Koo Won W., "Productivity Growth, Technological Progress, and Efficiency Change in Chinese Agriculture after Rural Economic Reforms: ADEA Approach", *China Economic Review*, No. 2 (1997).

[38] Mario Seccareccia, "The Role of Public Investment as Principal Macroeconomic Tool to Promote Long-Term Growth", *International Journal of Political Economy*, Vol. 40, No. 4 (2011).

[39] Marrero, Gustavo A., "Revisiting the Optimal Stationary Public Investment Policy in Endogenous Growth Economies", *Macroeconomic Dynamics*, Vol. 12, No. 2 (2008).

[40] Martinez & Gonzalez-Paramour, "Convergence across Spanish Regions: New Evidence on the Effects of Public Investment", *The Review of Regional Studies*, No. 30 (2003).

[41] Mosley P. & Hudson J., "Aid, Poverty Reduction and the New Conditionality", *The Economic Journal*, No. 114 (2004).

[42] Munnell A. H., "Why has Productivity Growth Declined? Productivity and Public Investment", *New England Economic Journal*, No. 1 (1990).

[43] Musgrave R. A., *Fiscal Systems*, New Haven: Yale University Press, 1969.

[44] Musgrave R. A., *Fiscal Policy for Industrialization and Development in Latin America*, Gainesville: University of Florida Press, 1969.

[45] N. Gregory Mankiw, David Romer & David N. Weil, "A Contribution to the Empirics of Economic Growth", *The Quarterly Journal of Economics*, Vol. 107, No. 2 (1992).

[46] Otto G. & Voss G. M., "Public Capital and Private Production in Australia", *Southern Economic Journal*, Vol. 62, No. 3 (1996).

[47] Pevcin P., "Economic Output and Optimal Size Government", *Economic and Business Review*, Vol. 6, No. 3 (2004).

[48] Raurich X. & Sorolla V., "Unemployment and Wage Formation in a Growth

Model with Public Capital", *UFAE and IAE Working Papers*, Vol. 508, No. 2 (2002).

[49] Robert Pollin & Dean Baker, "Public Investment, Industrial Policy and U. S.", *Economic Renewal Working Paper Series from Center for Economic and Policy Research*, 2009.

[50] Roemer J. E., *Equality of Opportunity*, Cambridge: Harvard University Press, 1998.

[51] Rogers, Andrei & Williamson, Jeffrey G., "Migration, Urbanization, and Third World Development: An Overview", *Economic Development and Cultural Change*, Vol. 30, No. 3 (1982).

[52] Romer P. M., "Increasing Returns and Long-run Growth", *The Journal of Political Economy*, No. 94 (1986).

[53] Romer P. M., "Endogenous Technological Change", *Journal of Political Economy*, Vol. 98, No. 2 (1990).

[54] Rostow W. W., *Politics and Stage of Growth*, Cambridge: Cambridge University Press, 1971.

[55] Schumpeter J., *The Theory of Economic Development*, Cambridge: Harvard University Press, 1934.

[56] Walter H. Fisher & Stephen J. Turnovshy, "Public Investment, Congestion, and Private Capital Accumulation", *The Economic Journal*, Vol. 108, No. 5 (1998).

[57] Weber M., *The Protestant Ethic and the Spirit of Capitalism*, New York: Charles Scribners Sons, 1958.

[58] Xiaobo Zhang & Shenggen Fan, "Public Investment and Regional Inequality in Rural China", *EPTD Discussion Paper*, No. 71 (2000).

[59] Xu B. & Chiang E. P., "Trade, Patents and International Technology Diffusion", *Journal of International Economic Development*, Vol. 14, No. 1 (2005).

[60] Yamado N. & Ohkawara T., "The Regional Allocation of Public Investment: Efficiency or Equity", *Journal of Regional Science*, No. 40 (2000).

[61] Yu Changge, "An Analysis of Economic Effect of Government Public Investment", *Journal of Finance and Economics*, No. 2 (2006).

[62] Zhang J., "Optimal Public Investment in Education and Endogenous Growth", *Scandinavian Journal of Economic*, Vol. 98, No. 3 (1996).

后　记

　　本书系国家哲学社会科学重点项目"促进中国经济长期持续均衡增长的公共投资问题研究"（12AJL006）成果。感谢国家哲学社会科学规划办公室提供的宝贵的研究机会，自立项以来，项目组成员孜孜以求，勤勉不倦，力求提交达到国家水平的理论研究成果。由于研究内容的宏大及水平认识的有限，在两年多的研究时期内深感"停杯投箸不能食，拔剑四顾心茫然。欲渡黄河冰塞川，将登太行雪满山"。然而，学者的使命是攻坚克难，逆流而上，力求做到"路漫漫其修远兮，吾将上下而求索"。

　　"长风破浪会有时，直挂云帆济沧海。"在本项目完成并成书之际，本人对曾关心和帮助本书编辑出版的各位同仁表示深深地感激和谢意。感谢江西财经大学王小平教授、陆长平教授、陈富良教授、李志强教授、周全林教授、万春副教授对本书的不懈指导和热忱关怀，感谢湖北省发展与改革委员会张成博士对本书的大力支持，感谢中国人民大学博士生伍琴、李冀恺及江西财经大学博士生晏朝飞，硕士生孟祥慧、吴楠、李翠、彭筱薇、彭慧群、杨静雅、王志芳等人对本书的积极参与和认真编校核对。在本书的修改和写作中，我的爱妻黄素娟给予了默默支持和积极无私的奉献，在此深表感动感谢。

　　在本书的写作中，参考和借鉴了前辈及同行的大量研究成果，在此一并表示感谢！

　　感谢生活，感谢大家！

杨飞虎

2016 年 12 月于南昌